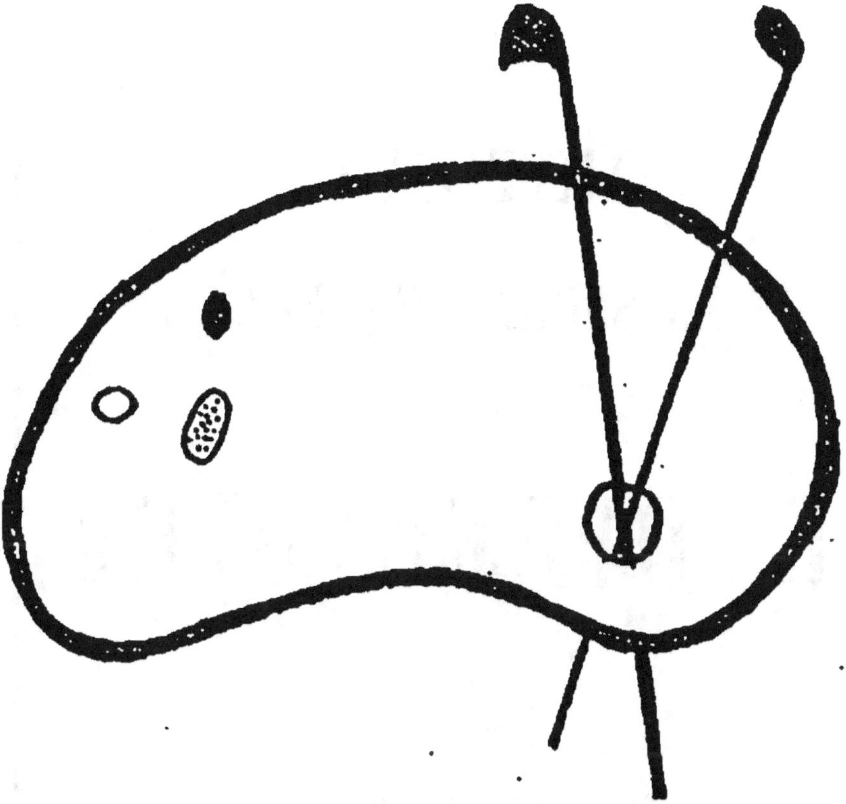

**DEBUT D'UNE SERIE DE DOCUMENTS
EN COULEUR**

EDMOND ET JULES DE GONCOURT

HISTOIRE

DE LA SOCIÉTÉ FRANÇAISE

PENDANT

LE DIRECTOIRE

NOUVELLE ÉDITION

PARIS
BIBLIOTHÈQUE-CHARPENTIER
G. CHARPENTIER ET E. FASQUELLE, ÉDITEURS
11, RUE DE GRENELLE, 11

G. CHARPENTIER et E. FASQUELLE, Éditeurs
11, rue de Grenelle, Paris
Extrait du Catalogue de la BIBLIOTHÈQUE-CHARPENTIER
à 3 fr. 50 le volume

GONCOURT (Edmond de)

LA FILLE ÉLISA	1 vol.
LES FRÈRES ZEMGANNO	1 vol.
LA FAUSTIN	1 vol.
CHÉRIE	1 vol.
LA MAISON D'UN ARTISTE AU XIXᵉ SIÈCLE	2 vol.
LES ACTRICES DU XVIIIᵉ SIÈCLE { Madame Saint-Huberty	1 vol.
Mademoiselle Clairon	1 vol.
OUTAMARO	1 vol.

GONCOURT (Jules de)

LETTRES, précédées d'une préface de H. Céard	1 vol.

GONCOURT (Edmond et Jules de)

EN 18***	1 vol.
GERMINIE LACERTEUX	1 vol.
MADAME GERVAISAIS	1 vol.
RENÉE MAUPERIN	1 vol.
MANETTE SALOMON	1 vol.
CHARLES DEMAILLY	1 vol.
SŒUR PHILOMÈNE	1 vol.
QUELQUES CRÉATURES DE CE TEMPS	1 vol.
PAGES RETROUVÉES, précédées d'une préface par Gustave Geffroy	1 vol.
IDÉES ET SENSATIONS	1 vol.
THÉÂTRE (Henriette Maréchal. — La Patrie en danger)	1 vol.
PORTRAITS INTIMES DU XVIIIᵉ SIÈCLE	1 vol.
LES ACTRICES DU XVIIIᵉ SIÈCLE (Sophie Arnould)	1 vol.
LA FEMME AU XVIIIᵉ SIÈCLE	1 vol.
LA DUCHESSE DE CHATEAUROUX ET SES SŒURS	1 vol.
MADAME DE POMPADOUR	1 vol.
LA DU BARRY	1 vol.
HISTOIRE DE MARIE-ANTOINETTE	1 vol.
HISTOIRE DE LA SOCIÉTÉ FRANÇAISE PENDANT LA RÉVOLUTION	1 vol.
HISTOIRE DE LA SOCIÉTÉ FRANÇAISE PENDANT LE DIRECTOIRE	1 vol.
L'ART DU XVIIIᵉ SIÈCLE. *Trois séries :* Watteau; Chardin; Boucher; Latour; Greuze; Les Saint-Aubin; Gravelot; Cochin; Eisen; Moreau-Debucourt; Fragonard; Prud'hon	3 vol
GAVARNI. — L'Homme et l'Œuvre	1 vol.
JOURNAL DES GONCOURT. — Mémoires de la Vie littéraire	6 vol.

8996. — Imprimeries réunies, rue Mignon, 2, Paris.

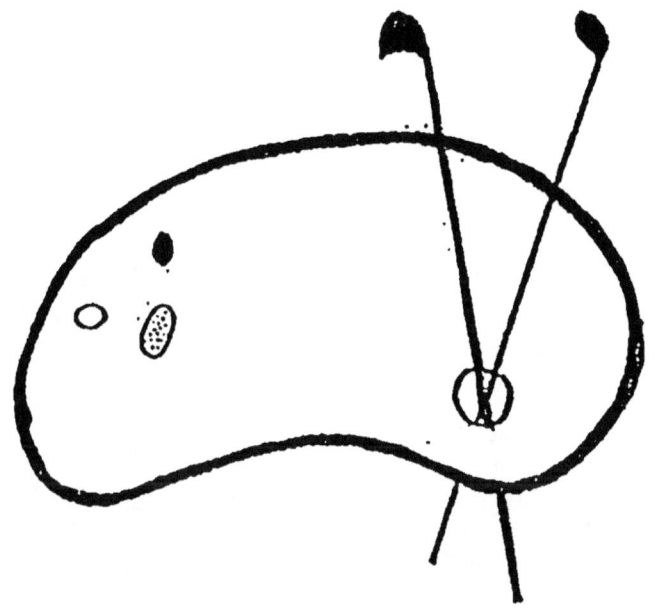

FIN D'UNE SERIE DE DOCUMENTS
EN COULEUR

HISTOIRE
DE LA SOCIÉTÉ FRANÇAISE

PENDANT

LE DIRECTOIRE

G. CHARPENTIER ET E. FASQUELLE, Éditeurs
11, RUE DE GRENELLE, PARIS

ŒUVRES D'EDMOND ET JULES DE GONCOURT
PUBLIÉES DANS LA BIBLIOTHÈQUE-CHARPENTIER
à 3 fr. 50 le volume

Edmond de GONCOURT

La fille Élisa. 30e mille...	1 vol.
Les frères Zemganno. 8e mille.....................................	1 vol.
La Faustin. 17e mille...	1 vol.
Chérie. 16e mille..	1 vol.
La Maison d'un artiste au XIXe siècle...........................	2 vol.
Les actrices du XVIIIe siècle : Madame Saint-Huberty...	1 vol.
— Mademoiselle Clairon. 3e mille..	1 vol.
L'Art Japonais. — Outamaro.......................................	1 vol.

Jules de GONCOURT

Lettres, précédées d'une préface de H. Céard. 3e mille........	1 vol.

Edmond et Jules de GONCOURT

En 18**..	1 vol.
Germinie Lacerteux...	1 vol.
Madame Gervaisais..	1 vol.
Renée Mauperin...	1 vol.
Manette Salomon..	1 vol.
Charles Demailly...	1 vol.
Sœur Philomène..	1 vol.
Quelques créatures de ce temps...................................	1 vol.
Idées et sensations..	1 vol.
La Femme au XVIIIe siècle...	1 vol.
Histoire de Marie-Antoinette.......................................	1 vol.
Portraits intimes du XVIIIe siècle. Études nouvelles d'après les lettres autographes et les documents inédits................	1 vol.
La du Barry...	1 vol.
Madame de Pompadour..	1 vol.
La duchesse de Châteauroux et ses sœurs......................	1 vol.
Les actrices du XVIIIe siècle (Sophie Arnould)...............	1 vol.
Théâtre. (Henriette Maréchal — La Patrie en danger).......	1 vol.
Gavarni. L'Homme et l'Œuvre.....................................	1 vol.
Histoire de la Société française pendant la Révolution.....	1 vol.
Histoire de la Société française pendant le Directoire......	1 vol.
L'Art du XVIIIe siècle, 1re série (Watteau. — Chardin. — Boucher. — Latour)...	1 vol.
2e série (Greuze. — Les Saint-Aubin. — Gravelot. — Cochin)......	1 vol.
3e série (Eisen. — Moreau-Debucourt. — Fragonard. — Prudhon)..	1 vol.
Pages retrouvées avec une Préface de G. Geffroy. 3e mille........	1 vol.
Préfaces et manifestes littéraires. 3e mille......................	1 vol.
Journal des Goncourt...	6 vol.
Les Goncourt, par Alidor Delzant.................................	1 vol.

2331-92. — Corbeil. Imprimerie Crété.

HISTOIRE

DE LA SOCIÉTÉ FRANÇAISE

PENDANT

LE DIRECTOIRE

PAR

EDMOND ET JULES DE GONCOURT

NOUVELLE ÉDITION

PARIS
BIBLIOTHÈQUE-CHARPENTIER
G. CHARPENTIER et E. FASQUELLE, Éditeurs
11, RUE DE GRENELLE, 11
—
1892

AVERTISSEMENT

L'histoire politique de la Révolution est faite et se refait tous les jours.

L'histoire sociale de la Révolution a été tentée pour la première fois dans ces études, qui ont aujourd'hui l'honneur d'une nouvelle édition : l'*Histoire de la Société française pendant la Révolution*, que va suivre : l'*Histoire de la Société française pendant le Directoire*, en ce moment sous presse.

Peindre la France, les mœurs, les âmes, la physionomie nationale, la couleur des choses, la vie et l'humanité de 1789 à 1800, — telle a été notre ambition.

Pour cette nouvelle histoire, il nous a fallu découvrir les nouvelles sources du Vrai, demander nos documents aux journaux, aux brochures, à tout ce monde de papier mort et méprisé jusqu'ici, aux autographes, aux gravures, aux dessins, aux tableaux, à tous les monuments intimes qu'une époque laisse derrière elle pour être sa confession et sa résurrection.

Le public et la critique ont bien voulu nous tenir compte de notre travail : nous les en remercions.

Edmond et Jules DE GONCOURT.

Mai 1861.

HISTOIRE

DE LA

SOCIÉTÉ FRANÇAISE

PENDANT

LE DIRECTOIRE

Paris après la Terreur. Les encans. Le Pont-Neuf. La Cité et ses églises. La Sorbonne et les colléges. L'ancienne Comédie-Française. Le café Procope. Le faubourg Saint-Germain et ses églises, hôtels, maisons religieuses. Les quais. Les Invalides. — Les Champs-Élysées. Le quartier Saint-Honoré. La place de la Révolution. Les Tuileries. La place des Victoires. Les Capucines. La Chaussée-d'Antin. Architecture et mobilier du Directoire. La chambre de Mme Récamier. Les faubourgs Saint-Denis, Saint-Martin. La Courtille. Le faubourg Saint-Antoine. — La place de la Bastille. Les boulevards. La rue de la Loi. Le palais Égalité. — Le Louvre. La place du Châtelet. Les Halles. Rues Montmartre, Saint-Denis, Saint-Martin, du Temple. La place de Grève. Le Marais et ses hôtels, églises, couvents. La place Royale. L'Arsenal. — Environs de Paris. Chantilly, Choisy, Marly, etc. Versailles. Trianon.

Un jour, le Paris du Directoire alla voir au Palais-Royal le Paris de 1789.

C'était un plan en relief de quinze pieds de diamètre sur une échelle d'une ligne par onze pieds[1]. En ce carton colorié, la ville de Louis XVI revivait tout entière, avec ses

---

1. *Petites Affiches.* Vendémiaire an v.

rues et avec ses carrefours, avec ses palais, avec ses couvents et les clos de ses couvents, avec ses hôtels et les jardins de ses hôtels. La figuration était exacte, merveilleuse et comme animée, et devant ce tableau si vif, si parlant, si présent, Paris, s'oubliant, se repromenait sous les murs de la Bastille.

Cependant, que de changements!

Je voudrais, comme au sortir de ce plan qui n'est plus, repaître mes regards du Paris de la Révolution. Je voudrais le dire mutilé d'hier, et tout fumant encore. Je voudrais m'emparer de la Babylone une semaine, un jour, une minute de ces années; et, voyageant par ses rues, je voudrais faire toucher de l'œil les décombres, les traces de sang, les ruines et les métamorphoses.

Au hasard, allons. Des affiches partout[1]; les murailles semblent bâties en papier; — aux fenêtres, des chiffons en lambeaux tricolores[2]; — des ruisseaux de boue, d'urine et de savon; — des fontaines sans eau[3]; — des bains fermés seize mois, faute d'eau[4]; — des boutiques et des dépouilles à tout coin; — des maisons qui ont encore pour enseigne un bonnet rouge[5]; — des morceaux de décrets de la Convention, demeurés aux arbres de liberté morts[6]; — les passants s'arrêtant aux images de Louis XVI[7]; — des cordes tendues dans les rues par les voleurs[8]; —

---

1. *Dictionnaire néologique des hommes et des choses*, par Beffroi de Reigny, 1795-1800.
2. *Journal du Bonhomme Richard*, par Lemaire. Brumaire an VI.
3. *Le Nouveau Diable Boiteux*, par Chaussier. An VII. — *Le Bien-Informé*. Vendémiaire an VI. — 4. *Petites Affiches*. Germinal an VI.
5. *Le Thé*. Juin 1797.
6. *La Petite Poste de Paris ou le Prompt Avertisseur*. Messidor an V. — 7. *Id.* Messidor an V.
8. *Les Actes des Apôtres*, par Barruel Beauvert, vol. I. 1796.

parfois, une nuit, tous les réverbères d'une rue enlevés[1]; — la police engageant les étrangers à ne partir qu'au jour[2]; — des animaux errants dans les carrefours, et les *Petites Affiches* annonçant : « On a trouvé *un cochon;* on voudra bien le réclamer[3]; » — des traiteurs par centaines, qui ne replient leurs tables qu'au fond des nuits[4]; — des marchands de vin et d'eau-de-vie par milliers[5]; — des étonnements pour la livrée bleu céleste d'un ambassadeur qui passe[6]; — les plus beaux hôtels, la proie des confiseurs, des restaurateurs, des comestibliers[7], ou devenus hôtels garnis; — la population augmentée de plus de 150,000 âmes, la France affluant à Paris pour participer aux distributions de pain de la Commune[8]; — les rues débaptisées; — les maisons numérotées, dénumérotées renumérotées, dénumérotées et renumérotées encore[9]; — les églises déshonorées; la croix remplacée par un bonnet rouge sur une pique; le fronton disant encore : *Le peuple français croit à l'immortalité de l'âme et à l'existence de l'Être suprême*[10]; — quelquefois sous le witchoura d'un cocher de fiacre, un gilet d'ancienne livrée[11]; — si loin que vous alliez, sur les palais, sur les grands murs

1. *Le Grondeur*. Mars 1797.
2. *Fragments sur Paris*, par Meyer, traduits par Dumouriez, Hambourg, 1798, vol. II. — 3. *Petites Affiches*. Ventôse an IV.
4. *L'Accusateur public*, par Richer-Serisy, vol. I.
5. *Aspect de la France*. An VIII.
6. *Paris pendant l'année 1796*, par Peltier, Londres. Avril.
7. *Journal de France*. Prairial an V.
8. *Paris*, par Peltier. Février 1796.
9. *État actuel de Paris* (par Préclen). An XII, vol. I. — *Encore un tableau de Paris*, par Henrion. An VIII.
10. *Aperçu de l'état des mœurs*, par H. Maria Williams. An IX.
11. *Une Journée de Paris*, par Ripault. An V.

des jardins, les mots : *Propriété nationale à vendre;* — dans le discrédit de l'assignat, les cochers de fiacre, aussitôt arrivés à la file, demandant au chef de la colonne : « Combien? » et le chef de la colonne répondant : « Cinq! — six! — huit! » une syllabe qui fixe le prix de la course pour le jour à cinq, six ou huit mille livres[1]; — de loin en loin, des queues d'hommes déguenillés, processionnant piteusement : créanciers d'émigrés ou de condamnés qui s'acheminent vers quelque homme de loi pour faire preuve de leurs créances[2]; chamarrés de plus belle, les charlatans qui se cachaient alors qu'on portait tout l'argent, l'or et les paillons à la Monnaie[3]; et médecins en plein vent par ci, et médecins en plein vent par là, et baladins faisant entrer la Révolution dans leurs *boniments*[4]; — aux bric-à-brac des quais, accrochés les portraits de famille; et le ci-devant rentré en France retrouve banalement exposés, balancés à un clou, un parent, un ami que lui a pris Fouquier-Tinville!

Spectacle étrange! une moitié de Paris vend l'autre!... tout le ci-devant Paris est à l'encan! Partout biens nationaux à vendre! partout vente d'effets et de mobiliers au nom et profit de la République! — C'est la liquidation de la guillotine.

Vente des condamnés, des émigrés, des confisqués, des ruinés! Paris! un marché où la voix des crieurs jamais ne repose. Qui veut des hôtels? qui veut des meubles? Les experts de tableaux et d'objets d'art, Clisorius, Regnault, Constantin, Paillet, Lebrun, ne suffisent pas aux catalogues.

---

1. *Fragments sur Paris*, vol. I.
2. *Petites Affiches*. An II, III, IV, *passim*.
3. *Coup d'œil sur Paris, suivi de la nuit du 2 au 3 septembre an III*.
4. *Le Nouveau Paris*, par L. S. Mercier. An V, vol. V.

L'hôtel Bullion, rue Jean-Jacques Rousseau, a, tous les jours de ces années, ses magasins pleins, ses salles remplies. — Des hôtels Bullion s'ouvrent à tous les coins de la ville. Poix, fabricant de meubles, rue Saint-Denis, se met à faire de sa boutique une salle de vente pour toute espèce de curiosités, avec une retenue de six pour cent [1]. Les huissiers priseurs, à l'étroit dans leur local ordinaire, transforment l'ancienne Comédie-Italienne, rue Française, 13, en salle de vente [2]. Le Palais-Royal est un bazar : salle de vente, maison Égalité, sous le théâtre de la Montagne, n°s 72 et 75 [3]; — dépôt central de commerce ou nouvelle maison de Bullion à la maison Égalité, arcades 162, 3, 4, 5, 6, 7, 8 et 169, pour vente d'effets de tout genre [4]; — chez le citoyen Lecordier, maison Égalité, 232, une vente incessante, et le matin depuis onze heures jusqu'à deux, et le soir depuis cinq jusqu'à neuf [5].

Vente chez les morts! vente chez les vivants! Vente chez Boutin, ancien trésorier de la marine, condamné par la loi, en sa maison, rue de Clichy, 354 [6]; — vente au dépôt national, rue Cérutti, de meubles et effets de la *femme Calonne*, émigrée; — vente d'effets mobiliers après l'émigration du ci-devant baron de Breteuil, rue de la Convention, ci-devant cul-de-sac Dauphin; — vente du *nommé Barentin, ci-devant garde des sceaux;* — vente des ci-devant princes de Condé, de Bourbon *et de la fille de ce premier*, en la maison de Breteuil [7]; — vente dans la maison de la condamnée femme Marbeuf, à Chaillot; — vente, rue du Faubourg-Honoré, des mobiliers du *condamné*

---

1. *Petites Affiches.* Germinal an IV. — 2. *Id.* Thermidor an III.
3. *Id.* Pluviôse an II. — 4. *Id.* Nivôse an IV.
5. *Id.* Thermidor an III. — 6. *Id.* Ventôse an III.
7. *Id.* Pluviôse an II.

Buffon et de la *condamnée* Lévi[1]; — maison Saint-Priest, rue du Faubourg du Roule, 128, vente des meubles *après le décès de Louis Noailles* [2]; — vente à l'hôtel de l'Infantado, rue Saint-Florentin, 666, des effets qui ont appartenu à Stanislas-Xavier, ci-devant Monsieur[3].

Vente chez les ci-devant; vente chez les révolutionnaires; vente chez Danton, cour du Commerce, de la collection des auteurs latins de Barbou, soixante-dix volumes reliés en maroquin vert[4]; — vente après le décès de la citoyenne Théos, rue Contrescarpe, de beau linge de corps et de ménage en coton[5].

Vente de laïcs! vente de religieux! vente de cabinets! vente d'églises! vente d'ornements d'église, velours, drap d'or, satin, damas, gros de Tours, richement brodés, brochés et galonnés en or et argent, dont plusieurs sont garnis en perles fines, dans la maison nationale dite Nantouillet, rue Neuve-Augustin, près celle Gaillon[6].

Et bibliothèques reliées par Derome et Padeloup, et collections, et bijoux, estampes, tableaux, mobiliers, pièces de perse à bouquets, guirlandes et fleurs fond or, services en damassé de Silésie, petite Venise, œil de perdrix; paravents et dessus de porte en pierre de lard, jattes en porcelaine de Sèvres, candélabres et vases montés en girandoles et en lis, encoignures en racine d'acajou, en bois de rose, en noyer de la Guadeloupe; lits en pékin blanc peints en façon de Chine, tentures de tapisserie de Beauvais et de Tours, pendules en cartel d'or moulu, consoles dorées, sculptées en glands d'épinards, guéridons

---

1. *Petites Affiches.* An III. — 2. *Id.* Germinal an III.
3. *Id.* Thermidor an IV. — 4. *Id.* Messidor an III.
5. *Id.* Ventôse an IV. — 6. Pluviôse an IV

ornés de camées peints par Lagrenée; tabatières d'or, boîtes de vieux laque, d'agate, de sardoine, de piqué, de malachite, d'écaille avec miniatures, émaux et peintures par Degaux et Mailly, miniatures de Hall, vases de porphyre rouge, jaspe fleuri, granit, vert antique, porcelaines craquelé fin, bleu céleste, et violet de la Chine, claviers de Blanchet, vases de spath fluor, tables à la Tronchin, pendules à mouvement de Lepaute et Robin [1], — tout cela d'être jeté à de dérisoires enchères! — Et non-seulement l'on vend aux dépôts nationaux, aux maisons d'émigrés, aux salles de vente, au ci-devant Châtelet, au bureau du domaine national de Paris; mais chaque maison presque a son vendeur de richesses princières; et dans les sections boueuses et populacières, jusque dans la rue Saint-Antoine, et jusque dans la rue Beaubourg [2], des ameublements sans prix sont étalés dans les ruisseaux!

Mais une course sans suite, une promenade rapide et désordonnée ne suffisent guère à qui veut voir et savoir le Paris de la Révolution. — A nous donc, les livres, les archives, les almanachs, les États, les Guides, les Voyages, et tous ces témoins nous menant et nous guidant, ressaisissons, section par section, le Paris oublié de 1795, de 1796, de 1797.

Que la Cité, berceau de Paris, ait nos premiers pas. — Voici le Pont-Neuf, le Pont-Neuf et ses industries en plein vent; à la seconde arche, qu'est ce bâtiment ruiné, où la République a logé un corps de garde [4]? — La Samaritaine. Le toit est effondré de la bâtisse d'Henri IV; plus

---

1. *Petites Affiches*, passim. — 2. *Id.* Ventôse an IV.
3. *Id.* Pluviôse an III.
4. *Nouvelle vision de Babouc, ou la Perse comme elle va.* An V.

de gaie sonnerie carillonnante aux jours de fêtes de l'Église; plus la Samaritaine de plomb doré accoudée au puits de Jacob pour écouter la parole de Jésus! plus de cascade murmurante dans le bassin doré[1]! — La petite place où s'élevait la statue équestre du bon roi, la petite place où tonna en 1792 le canon d'alarme[2], l'herbe l'a prise[3]; un limonadier la mesure pour y établir son café, ses tables et ses comptoirs[4]. Hâtez-vous de regarder la belle grille du Palais : on veut qu'elle aille fermer les Tuileries du côté de la place du Carrousel[5]. Les statues de la Prudence et de la Justice, dont Germain Pilon avait entrelacé les mains au-dessus du cadran de l'horloge, — brisées[6]; la cloche du lanternon qui surmonte la tour, l'ancien *tocsin du Palais*, — fondue[7]; le Palais lui-même n'est plus ce qu'il était : entrez-y, ce n'est plus le *Palais marchand*, le marché des colifichets, des brochures, de la mode; boutiquiers et chalands, le Palais-Royal lui a tout pris; dès le mois de mars 1791, Marlin ne compte plus que trois boutiques ouvertes dans sa grande salle vide[8], et le libraire Janet, qui, en 1797, passe du Louvre dans la salle Mercière, au coin de la galerie des prisonniers[9], est le dernier fidèle au Palais marchand.

La Sainte-Chapelle, découronnée de sa flèche avant la

---

1. *Les Adieux de la Samaritaine.*
2. *Lettres sur Paris*, Heidelberg, 1809.
3. *Fragments sur Paris*, vol. I.
4. *Miroir de l'ancien et du nouveau Paris*, par Prudhomme. 1804.
5. *Petite Histoire de France* (par Marlin), le deuxième mois de la République, vol. II.
6. *Premier Rapport sur le vandalisme*, par Grégoire.
7. *Description de Paris et de ses édifices*, par Legrand. 1809.
8. *Petite Histoire de France*, vol. II.
9. *Petites Affiches*. Prairial an V.

Révolution, est devenue un magasin de papiers de justice. Les reliques ont été dispersées; l'ostensoir en argent de quatre pieds de haut, le petit modèle en argent doré, enrichi de pierreries, pesant 600 marcs, ont été fondus[1], et l'église basse est à louer trois cents livres[2]. L'ancien hôtel du premier président de Paris, — qui sera la Préfecture de Police, — est une municipalité[3].

Du palais jusqu'au bout de l'île, ce terrain noir d'églises et d'abbayes, où les rues étaient empêchées par les bâtiments pieux, ce pays de *moinerie* a été visité par la Révolution. Supprimé, Saint-Barthélemy; supprimé, Saint-Pierre des Arcis; supprimée, Sainte-Croix; supprimé, Saint-Eloi des Barnabites; supprimé, Saint-Germain le Vieux; supprimée, la Madeleine; supprimé, le monastère de Saint-Denis de la Chartre; supprimé, Saint-Landry; supprimé, Saint-Aignan; supprimé, Saint-Pierre aux Bœufs[4]; supprimées, toutes ces maisons de Dieu rassemblées et agglomérées, supprimées par le décret de l'Assemblée nationale du 2 février 1791; et, dépouillées de leurs objets d'art, démolies ou promises au marteau, elles sont à la merci de qui les possède et de qui les habite. Saint-Eloi des Barnabites est une fonderie de canons; Saint-Denis de la Chartre est marquée pour être détruite; Saint-Landry a perdu le sépulcre de Girardon, sa Descente de croix, ses bénitiers en porphyre, les plus beaux de Paris[5]; sur le terrain de Saint-Pierre des Arcis s'établit un théâtre: le *Spectacle de la Veillée*[6]; Saint-Barthélemy, — la fille de la vieille église où l'héritier d'Hugues Capet se plaisait à chanter au lutrin,

---

1. *Les Ruines parisiennes depuis la révolution de 1789* (par Jacquemart), an VII. — 2. *Petites Affiches*. Vendémiaire an V.
3. *État actuel de Paris.* An XII, vol. II. — 4. *Ruines parisiennes.*
5. *Id.* — 6. *État actuel de Paris*, vol. II.

— est le *Théâtre de la Cité*; l'écriteau banal se balance sur d'autres : *A vendre ou à louer* la ci-devant église de la Madeleine; s'adresser au citoyen Sandrié, propriétaire, rue Neuve des Mathurins, n° 686[1]; *à vendre ou à louer* les quatre murs de Saint-Germain le Vieux et ses dépendances: s'adresser au citoyen Ivert, notaire, rue Sainte-Croix de la Bretonnerie, n° 27[2].

Parmi ces décombres et ces transformations, à côté de l'Hôtel-Dieu, l'*Hospice de l'Humanité*[3] où les malades n'ont plus les soins des cent trente religieuses de Saint-Augustin[4], — Notre-Dame est demeurée debout, et sans autre locataire que la déesse Raison. Ses façades sont meurtries; plus de tableaux dans la nef; des barriques de vin plein son chœur[5] : et, derrière son chevet, les statues des rois de France pourrissent dans l'immondice[6]. — Dérision de l'histoire! C'est tout à côté de Notre-Dame, c'est dans la maison archiépiscopale, que l'Assemblée nationale, réunie après les journées d'octobre, a déclaré les biens du clergé *biens nationaux !*

L'île Saint-Louis, — maisons abandonnées, rues où l'herbe pousse[7]. Dans l'île, encore une église supprimée : l'église Saint-Louis, dont le cimetière dans l'intérieur d'une cour, foyer de corruption, réclame longtemps les soins de l'édilité[8]. A l'extrémité de l'île, l'hôtel Lambert est sauf : il a sauvé de la vente du fermier général Lahaye les peintures de Lebrun et de Lesueur[9]. En face, l'hôtel Breton-

---

1. *Petites Affiches*. Nivôse an III. — 2. *Id.* Ventôse an III.
3. *Journal de Perlet*. Novembre 1793.
4. *Le Pariséum*, par Blanvillain. 1809.
5. *Journal de Paris*. Floréal an v.
6. *Censeur des journaux*. Juillet 1796.
7. *Lettres sur Paris*, Heidelberg, 1809. — 8. *Ruines parisiennes*.
9. *Paris tel qu'il était avant la Révolution*, par Thierry. An IV.

villiers voit sa galerie peinte par Bourdon, Charmeton, Baptiste, et ses grandes salles déshonorées et mutilées par des bureaux et des logis d'ouvriers; son ordonnance bouleversée par des cloisonnages; ses peintures éraflées par des hôtes grossiers. Quoi de neuf encore, depuis 1789, en ce quartier tranquille, en ce Marais entouré d'eau? — Les bains de Poitevin sont descendus de la pointe de l'île au pont Marie[1]; et le fameux Delorme, le décorateur des desserts du dix-huitième siècle, est mort, et l'on vend en son domicile, quai de la Liberté[2].

Au bout du pont de la Tournelle, vous chercherez la porte Saint-Bernard. Il n'est plus, l'arc de triomphe où le ciseau de Tuby avait habillé Louis XIV en dieu antique, gouvernant un vaisseau à pleines voiles. Vainement une société d'artistes réunie au café Froment, rue Saint-Honoré, rédigea, le 18 septembre 1791, une pétition contre la destruction de ce monument, adjugé à vil prix au citoyen Dumier[3] : la porte Saint-Bernard a été abattue. Près de là, la prison de la Tournelle n'est plus qu'un souvenir; plus une trace du « séjour terrible des gens condamnés aux galères; » plus une trace des cachots souterrains que les ouvriers eurent si grand'peine à détruire[4].

Au côté droit de la porte Saint-Bernard, derrière les Miramionnes, aujourd'hui pharmacie générale des hôpitaux, — l'immense terrain ! C'est le ci-devant couvent des Bernardins, dont la municipalité se préparait, en 1791, à faire le centre de la section[5]. Entre le cloître des Bernar-

---

1. *Petites Affiches.* Pluviôse an II. — 2. *Id.* Pluviôse an v.
3. *Chronique de Paris.* Septembre 1791.
4. *Journal manuscrit de Ville;* 11 octobre 1791, B. I. Cabinet des Estampes.
5. *Ruines parisiennes.*

dins, devenu le bureau du receveur des domaines[1], et l'abbaye Saint-Victor, devenue une pension[2], la charmante église de Saint-Nicolas du Chardonnet a été dépouillée de son calvaire magnifique sculpté par Poultier sur les dessins de Lebrun[3]. Et qui a acquis Saint-Nicolas, et travaille à la détruire? Une association singulière : un prêtre marié et un cocher de fiacre, qui, messes et chevaux aux orties, soumissionnent églises sur églises, louant l'une, démolissant l'autre, vendant les sculptures pour la pierre, s'acheminant à grand train vers la fortune. La culbute arrivée, Défagot, le cocher de fiacre, remonta sur son siége; Dubois, l'ex-prêtre, se fit bouquiniste[4].

La place Maubert, peuplée par Jeaurat de marchandes de poisson et de pommes groupées sous l'écusson fleurdelisé de sa fontaine, ne voit plus les Carmes courtiser ces robustes voisines. La porte de l'abbaye est fermée, et son portail, qui tombe aux premières années du dix-neuvième siècle, ne sera plus le décor et le fond de tableau des scènes populaires croquées par nos Ostade.

A gauche de la porte Saint-Bernard, le collége des Écossais a perdu le précieux manuscrit de Jacques II, passé, dit-on, en Angleterre[5]. Là est Sainte-Pélagie, prison sous Robespierre[6]. La Pitié est l'*Hospice des Enfants de la Patrie*[7]; et, en face la Pitié, le jardin des Plantes a écrit sur sa porte : « Citoyens, respectez cette propriété : 1° parce qu'elle tient au bien de l'humanité, au progrès des sciences utiles, et que ses produits servent à soulager

---

1. *Petites Affiches.* Nivôse an VI. — 2. *Petite Poste.* Pluviôse an V.
3. *Premier rapport sur le vandalisme*, par Grégoire.
4. *Observation sur l'ancienne maison claustrale des Minimes*, par Molinos. Collect. d'aut. de Goncourt. — 5. *Bien-Informé.* Mars 1798.
6. *Almanach des Prisons.* An III. — 7. *État actuel de Paris*, vol. II.

nos frères malades et pauvres ; 2° parce qu'elle est une propriété nationale, et qu'en cette qualité elle appartient à tous et à personne en particulier¹. » Le jardin des Plantes est embelli, agrandi. Il a bénéficié de la Révolution. Il a reçu les ménageries de Versailles et de Trianon. Il a acheté la collection de Vaillant. S'il a placé à contre-cœur le squelette de Turenne entre le squelette d'un rhinocéros et le squelette d'un éléphant, il est joyeux de ces caisses couchées à terre : la riche collection du prince d'Orange, qui va devenir française². Lacépède est revenu ; il professe la zoologie à côté de Jussieu qui professe la botanique, de Fourcroy qui professe la chimie, de Daubenton qui professe la minéralogie. Et les professeurs républicains vont bientôt avoir pour voisin Sylvain Maréchal, qui marchande une dépendance de l'église Saint-Marcel et écrira dans le presbytère Saint-Martin son *Dictionnaire des Athées*³.

Près Saint-Marcel, Saint-Hippolyte est détruit. — L'ancienne fabrique des Gobelins est réduite à la moitié de ses ouvriers⁴. — Contre le boulevard, quelques misérables chevaux étiques et poussifs, marqués du bonnet de la liberté⁵, sont promenés au Marché aux chevaux désert depuis la guerre et les réquisitions. Et, de l'autre côté, cette masse de bâtiments, la Salpêtrière, encore tachée du sang de 1792, a conservé ses malades.

Venez de là à la barrière Saint-Jacques : statues, cippes, colonnes, les dépouilles des cimetières des églises encom-

1. *Fragments sur Paris*, vol. II.
2. *Journal des Hommes libres*. Prairial an III.
3. *Voyage de l'ancien et du nouveau Paris*, 1815.
4. *Fragments sur Paris*, vol. II.
5. *Réclamation du citoyen Coco, ci-devant cheval de luxe. Tribune publique*, deuxième trimestre.

brent cet atelier de marbrier; l'étal de tous ces restes, de tous ces tronçons, de toutes ces reliques funèbres, envahit le pavé; et cette pierre contre laquelle votre pied heurte est la pierre du tombeau de Brizard, le rival de Garrick [1] !

Enfuyez-vous au boulevard Montparnasse : là rit un gai jardin. Sur la porte est écrit : *A la Grande Chaumière;* et les jeunes gens, et les gens moins jeunes, d'entrer, de se promener; les enfants d'essayer cette escarpolette où deux jeunes filles se tueront. Un déjeuner ou un goûter champêtre chez le citoyen Ettingshaussen, vins frais et liqueurs, — c'est une fête qu'on se promet, une décade d'avance, dans le ci-devant faubourg Saint-Germain. La Chaumière de cent pieds est trop petite pour le monde accouru. Poli, prévenant, le citoyen Ettingshaussen montre des fleurs, balance les marmots, exhibe « son curieux tableau en botanique, » vend ses vases en tôle ou propose sa fameuse poudre « très-bonne pour la poitrine, » offrant aux personnes timides d'en humer lui-même une prise en leur présence. Et ainsi il fonde cette *Grande Chaumière* [2], qui, de vide-bouteille de patriotes, devient un cabaret célèbre dans la section de l'Observatoire, célèbre dans tout Paris.

Le plaisir a plus gagné à la Révolution que la science. A l'Observatoire ci-devant Royal, les instrumens abandonnés gisent dans la poussière [3]. La Sorbonne, cette mère nourricière de l'étude, ce Vatican des lettres, autour de laquelle le bachelier Richelieu avait fait se presser les maisons savantes, dotant, bâtissant, rebâtissant ces colléges et ces écoles rangés en zone sous sa droite; la Sorbonne! marbres en poussière! autels détruits! Son plafond n'est

1. *Semaines critiques,* vol. II.
2. *Petites Affiches.* Thermidor an II.
3. *Fragments sur Paris,* vol. II.

plus qu'un brouillard. Quelqu'un a coupé la tête du beau portrait du cardinal, par Champagne [1]. La Révolution n'a pardonné au mausolée de Richelieu, que parce que sa baïonnette a rencontré Lenoir qui couvrait de son corps le chef-d'œuvre de Girardon [2]. Que sont les dix colléges qui restaient à la mouvance de la Sorbonne en 1789? Le collége de Cluny, place Sorbonne, dont le rapport est de dix mille trois cent soixante livres de loyers annuels, est à vendre en l'étude du citoyen Collin [3]. Le philosophe Salgues tient un pensionnat au collége de Sens [4]. Sur le collége Lemoine on lit : « Boutiques propres à établir une loterie [5]. » Le collége d'Harcourt, démoli à moitié, est un atelier bruyant de tanneurs, de serruriers, de selliers [6]. Le collége Sainte-Barbe est l'atelier du citoyen Durand, mécanicien, inventeur des moulins à bras [7].

Pas plus que l'église du Cardinal, le palais de Marie de Médecis n'a été épargné : les Rubens, déménagés ; les statues du jardin, brisées ; aux murs les inscriptions de ceux qui allaient mourir encore lisibles ; sous les vieux ombrages, plus de nouvellistes : des filles [8] !

O Paris lettré! Paris élégant! Paris bavard! Paris comédien! Paris public! Paris amusé! Paris de l'arbre de Cracovie et du Théâtre-Français, de l'académie de la Guérinière et du café Procope, du café des Boucheries et de la foire Saint-Germain! Petite capitale du xviiie siècle! Je vous redemande aux échos, je vous redemande aux souve-

---

1. *Premier Rapport sur le vandalisme*, par Grégoire.
2. *Mémoire de Mme de Genlis*, vol. V.
3. *Journal de Paris*. Vendémiaire an vi.
4. *Petites Affiches*. Frimaire an v. — 5. *Id*. Pluviôse an vi.
6. *Id*. Germinal an v. — 7. *Id*. Nivôse an v.
8. *Censeur des journaux*. Mars 1797

nirs. Et qui saura me dire où est l'arbre de Cracovie, cet arbre, — un oracle comme les chênes de Dodone, — cet arbre où Diderot venait disserter en habit de peluche, en manchettes déchirées? Et qui sait dans le quartier s'il est mort ou vivant? Et l'académie de la Guérinière, cette école qui forma à l'équitation et au monde toute la jeunesse de ce siècle mort en 89, — qui sait qu'elle est en vente? et que la Guérinière était là, là, en ce grand local en face l'Odéon, qui touche au Luxembourg[1]? Et s'ils revenaient les hommes qui ont eu leurs joies en ce coin de la grande ville, — reconnaîtraient-ils la cuisine de la veuve Trianon dans la cuisine de Marnet[2]? Reconnaîtraient-ils la foire Saint-Germain, dans ce bazar d'industrie et de négoce qu'on essaye de monter[3]? Reconnaîtraient-ils l'ancien théâtre de la Comédie en cette halle ignoble de vieux meubles[4]? — Vous seul n'avez pas changé, vieux café des Boucheries[5], où les racoleurs de Melpomène et de Thalie viennent lever régiment! Café des enrôlés volontaires de l'Art, des Célimènes à louer, des Orosmanes sans ouvrage! Que la révolution soit ou ne soit pas, toujours il faut à la France des gens de bonne volonté pour trahir Racine et Marivaux! Moquez donc, vieux café, les trônes qui croulent, les sceptres qui se brisent, les rois qui tombent : seuls les trônes de papier doré demeurent, seuls les sceptres de carton défient les 10 août, seuls les rois de théâtre sont immortels! Et si vos habitués meurent quelquefois de faim, vous leur faites crédit, et tout est oublié!

Mais vous, café Procope, vos anciens fidèles vous reconnaîtraient-ils? Il est vrai, vous avez gardé votre porte et

---

1. *Petites Affiches.* Nivôse an IV. — 2. *Id.* Germinal an VI.
3. *Id.* Pluviôse an VI. — 4. *Id.* Frimaire an V.
5. *Semaines critiques*, vol. I.

votre galerie, votre comptoir dans une niche qui semblait un autel, les médaillons pendus à un ruban sculpté de chaque côté du comptoir, vos pilastres, vos colonnes et ce cabinet du *Bosquet* où les arbres peints sur les glaces s'arrondissaient en dômes, et semblaient s'enfuir, comme les allés d'un parc aérien [1]. Pourtant, qui vous reconnaîtrait, aux singulières gens qui encombrent vos tables? — Qui vous reconnaîtrait, Théâtre-Français, avant que vous ne soyez l'Odéon? Plus de place de distinction! Plus rien qui puisse humilier la majesté populaire [2]! Plus d'aristocratie de loges ni de balcons! Le rang des premières ne porte plus qu'une vaste galerie tournante. Plus de loges d'avant-scène : à leur place, des niches où s'élèvent les statues de la Liberté et de l'Égalité, une coupole tricolore, et aux colonnes des troisièmes, les bustes des amis ou martyrs de la Liberté [3]. Qui vous reconnaîtrait, Théâtre-Français, flanqué de ces quatre cabarets, cavernes de tumulte, d'où s'échappent les tempêtes pendant tout le Directoire [4]?

De ce Théâtre-Français, tirez une ligne perpendiculaire qui aboutisse à la Seine; à l'ouest, tirez du haut du boulevard jusqu'au fleuve une autre ligne, le long de l'hôtel Biron et du Palais-Bourbon; bornez le quadrilatère au nord par la Seine, au sud par la rue de Vaugirard, vous tenez le Paris de la noblesse.

La noblesse de Louis XV avait vécu, la noblesse de Louis XVI vivait là. Là, sauf quelques vieilles familles attardées au Marais, — toute grande famille avait son nid royal, son palais. Là, l'aristocratie française s'était retranchée, — laissant les riches tout neufs aller au Roule

---

1. *Topographie de Paris*, B. I. Cabinet des Estampes, vol. CXXI.
2. *Almanach des Spectacles de Paris*. 1794, Duchesne.
3. *Petites Affiches*. Juin 1794. — 4. *Le Thé*. Avril 1797.

et vers les Porcherons, où tant d'or devait suivre les fermiers généraux. Là, l'opulente et magnifique architecture civile du xviii° siècle avait accumulé les merveilles et triomphait. Là le terrain était rogné aux monuments religieux ; et les hôtels, rangés l'un à côté de l'autre, montraient des jardins qui étaient des parcs.

Dans cette rue de Tournon, encore effondrée par les charrettes sorties de la prison du Luxembourg [1], — ici, est l'hôtel de Nivernois, dont Peyre a fourni les dessins, où Durameau a peint, au plafond, des Amours et des Colombes, dont Berruer a sculpté les torchères [2]. Dans son salon, tout égayé de petits vers, l'ambassadeur Méhémet-Effendi va faire prières et génuflexions [3]. En face l'hôtel Valois, de l'autre côté de la rue, plus de trace de la collection de gravures de M. d'Héricourt, la plus belle qui fût à Paris [4].

Errez par les rues de Varennes, de Grenelle, de Saint-Dominique, de l'Université, de Bourbon, que tous ces hôtels vous sembleront défigurés : leurs anciens hôtes les reconnaîtraient-ils? Destructions, appropriations commerciales ou gouvernementales, changements qu'apportent les propriétaires de chaque jour, — tout conspire pour leur bouleversement. Si les rentiers ne veulent en payement de leurs rentes [5] ces hôtels dégradés, saccagés, débarrassés de leurs plombs et de leurs statues, abandonnés, mal en point, mal couverts, livrés à la pluie [6] ; la spéculation n'est point si timide que les rentiers. Que tous les mois l'on mette en adjudication publique la soumission des réparations à faire à tel ou tel hôtel, — un mois, par exemple, à l'hôtel Mailly

1. *Semaines critiques*, vol. II.
2. *Paris tel qu'il était avant la Révolution*, par Thierry. An IV.
3. *Voyage descriptif de l'ancien et du nouveau Paris.* 1815.
4. *Paris tel qu'il était.* — 5. *Accusateur public*, vol. I.
6. *Voyage de Paris vers la fin de 1793.*

pour onze mille cinq cent soixante-deux livres [1], — peu importe aux agioteurs d'immeubles. Ils se jettent avec fureur sur le faubourg Saint-Germain. Parfois, un hôtel se vend quatre fois dans quinze jours, sans qu'aucun des acquéreurs daigne le voir ; à peine s'informe-t-on s'il est bien patrimonial, bien de moine ou d'émigré [2].

Si ce n'est un spéculateur qui acquiert ces demeures admirables, c'est une entreprise de plaisir ou de commerce qui s'y établit. Un habile homme s'est souvenu de la chanson : *Quand Biron voulut danser* [3]... et l'hôtel Biron, rue de Varennes, ce ci-devant jardin public de la bonne compagnie, devient un bal. Le voisin de l'hôtel Biron, l'hôtel d'Orsay, dépouillé de tous ses dieux de marbre, décor de son jardin et de sa magnifique terrasse sur la rue de Babylone [4], tous dieux mis en vente le 11 septembre 1791 [5], est fait bal, puis gymnase [6], puis se transforme en une espèce de bazar, où la miroiterie, la tabletterie, les modes ont leurs petites boutiques de vente, découpées dans les grands appartements [7].

Et les plus beaux, et les plus riches, et les plus renommés, et l'hôtel de Matignon, qui appartenait au prince de Monaco, et l'hôtel Rohan-Chabot, et l'hôtel Montmorency-Tingry, n'ont-ils pas une fortune pareille à la fortune de cet hôtel qui a eu le peuple pour tapissier : l'hôtel Castries? à la fortune de cet hôtel aujourd'hui un atelier de télégraphie : l'hôtel Villeroy [8]?

1. *Petites Affiches.* Germinal an v.
2. *Voyage à Paris vers la fin de 1793.*
3. *Censeur des Journaux.* Juillet 1797.
4. *Topographie de Paris*, B. I., vol. CXII
5. *Journal manuscrit de Wille*, B. I.
6. *Programme des Jeux Gymniques*, ouverts à Paris, rue de Varennes, n° 667. An vi. — 7. *Petites Affiches.* Pluviôse an vi.
8. *Voyage de l'ancien et du nouveau Paris.* 1815.

Ne sont-ils pas tout aussi méconnaissables, les hôtels fastueux de Novion et de Narbonne-Pelet, rue de la Planche? N'est-il pas tout aussi ruiné, rue de la Chaise, l'hôtel Vaudreuil, ce musée splendide de tableaux français où, — parmi les plus belles œuvres de Boule, — Berthelemi, Francisque, Millet, Lemoine, Vanloo, Mignard, de Troy, Trémollières, Hubert-Robert, Boucher, Lagrenée, Greuze, accompagnaient une réduction du tableau des *Horaces* de David, datée 1785, saluaient *la Sainte Famille* du Poussin[1]?

Descendant la rue du Bac pour gagner la rue de Grenelle, vous passez devant l'hôtel Galiffet, devenu, avec sa galerie de quatre-vingt-dix pieds de long, ornée de quarante colonnes corinthiennes, la résidence du gros Lacroix, le ministre des relations extérieures[2].

Rue de Grenelle, les hôtels Berrier, Lamarche ; en face l'hôtel Lamarche, l'hôtel Villars, si superbement décoré[3], l'hôtel de Beuvron, l'hôtel de Salle, l'hôtel de Gouffier, l'hôtel d'Estrées, ne sont pas en meilleur état que leur voisine la fontaine de Grenelle, déshonorée par des affiches et des placards[4], et dont les statues détériorées réclament l'opération de l'encausticage[5].

Non loin, l'hôtel Brissac, — salle des gardes! portraits de famille ! cheminées en marbre vert d'Égypte! collection d'antiques! *la Marchande d'Amours* de Vien[6]! — l'hôtel Brissac est une succursale de Bullion : on y vend des livres[7].

---

1. *Paris tel qu'il était.* An IV. — 2. *Fragments sur Paris*, vol. II.
3. *Topographie de Paris*, B. I., vol. CXVII.
4. *Souvenirs de Paris en 1804*, par Kotzebue, vol. I.
5. *Productions des Arts*, par Landon, 1803, vol. III.
6. *Paris tel qu'il était.* An IV.
7. *Petites Affiches.* Pluviôse an VI.

Rentrant dans la rue Saint-Dominique, vous songez à l'hôtel de Luynes, à l'escalier peint en architecture par Brunetti, à ces figures qui peuplaient les entre-colonnements[1]. Le voici, l'hôtel de Luynes; quel tapage ! Quelle marmaille dans les salons ! De l'hôtel de Luynes, le citoyen Baudin a fait une crèche payante pour les enfants de quinze mois à sept ans[2].

Bien national, la rue de l'Université ! bien national, l'hôtel Molé, bien national, l'hôtel d'Aligre !

Rue de Bourbon, le fameux hôtel de Salm, ce palais bâti sur les dessins de Rousseau, dit Legrand[3], sur les dessins du prince, affirmait le concierge du prince en 1790 ; ce palais ridicule bâti pour un souverain « dont l'armée ne s'élevait pas à la moitié du quart de deux mille mâles[4] ; » ce palais qui coûta au bâtisseur trois ou quatre villages qu'il possédait dans les Vosges ; cet hôtel qui deviendra l'hôtel de la Légion d'honneur ; ce palais triomphal est la demeure d'un ex-barbier de Corbigny, enrichi au jeu de l'agio ; et pour voir, quand ce parvenu donne des fêtes, les illuminations de son hôtel, Paris accourt dans la rue, jaloux de cet homme qui doit garder si peu longtemps cette colonnade et son opulence.

A côté de l'hôtel de Salm, qui va être vendu, un écriteau est à la porte du petit hôtel Villeroy, dont la vue sur la Seine est si charmante. Et de quelque côté que vous alliez, les écriteaux vous poursuivent : à vendre l'hôtel Maillebois[5] ; — à louer l'hôtel Kinski, rue Saint-Dominique ; — à louer, rue des Saints-Pères, le grand hôtel de Pont[6].

---

1. *Paris tel qu'il était.* An IV. — 2. *Petite Poste.* Thermidor an V.
3. *Description de Paris,* par Legrand, 1809.
4. *Petite Histoire de France,* vol. II.
5. *Petites Affiches.* Prairial an V. — 6. *Id.* Vendémiaire an VI.

Le petit hôtel de Conti est un marché aux chevaux [1]. Allez vers le Luxembourg : à vendre, soixante-cinq mille livres, le magnifique hôtel de la ci-devant princesse de Condé, son jardin anglais de quatorze cents toises, ses bâtiments, qui ont coûté plus de huit cent mille livres [2]. Le ci-devant hôtel de Bourbon, rue de l'Égalité, est transformé par le citoyen Reich en maison garnie de la Paix [3]. Et poussez jusqu'au quai des Miramionnes : à vendre, l'hôtel Nesmond [4]. Enfoncez-vous dans le quartier Mouffetard : le ci-devant hôtel de Scipion est la manutention et la cuisine des hôpitaux de Bicêtre, de la Salpêtrière, des Enfants de la Patrie [5].

Revenez, remontez la rue des Saints-Pères, suivez la rue Jacob, descendez par la rue des Marais, dans cette rue de Seine demeurée la rue des jeux de paume [6], que de nouveauté en l'hôtel de la Rochefoucauld ! C'est, à l'heure où nous sommes, un entrepôt de marchandises d'occasion à vingt-cinq pour cent au-dessous du cours. Dans cette chambre où le duc avait voulu, pour réjouir ses yeux, une Vierge de Raphaël, un tableau d'histoire du Tintoret, un paysage de Ruysdaël, deux marines de Vernet ; dans ce cabinet qui gardait, glorieux héritage de famille, la coupe de cristal donnée par le sultan Galga III, fils du khan des Tartares, au roi Leckzinski [7] ; — cent pièces de Mâcon sont empilées ; quinze lanternes sont accrochées au plafond ; on débite des fichus et de la porcelaine, des meubles et des tabatières *à la République* [8]. En ce rez-de-chaussée, où le duc de Chabot, amateur honoraire de l'Académie royale

1. *Petites Affiches.* Germinal an v. — 2. *Id.* Frimaire an vi.
3. *Id.* Floréal an v. — 4. *Id.* Fructidor an v.
5. *État actuel de Paris.* An xi, vol. II. — 6. *Id.*
7. *Paris tel qu'il était.* An iv. — 8. *Petites Affiches.* Floréal an iii.

de peinture et de sculpture, avait rassemblé mille chefs-d'œuvre des trois écoles[1], — des baignoires sont installées[2]; les tuyaux de conduite d'un bain public se font jour à travers les pilastres doriques de la façade, tandis que des bois et des poutres traînent dans ce jardin dessiné par le fameux jardinier Barbier[3].

Si, sur cette rive gauche de la Seine, le patrimoine de la noblesse a été maltraité de la sorte, le patrimoine de Dieu a été moins bien traité encore. Derrière l'hôtel la Rochefoucauld, que sont les Petits-Augustins? Devant lui, que sont les Grands-Augustins? Au-dessus de lui, qu'est l'abbaye Saint-Germain des Prés? Aux Grands-Augustins, les archives de l'ordre du Saint-Esprit, la gloire de la maison, ont été brûlées[4], et, avant qu'il ne devienne le marché de la volaille, une rue, que baptisera une victoire, va couper ses bâtiments en deux[5]. Les Petits-Augustins sont les Invalides des objets d'art mutilés, arrachés au vandalisme; c'est un pêle-mêle de divinités, d'images païennes et d'images saintes. Dans le jardin, aux verdures désordonnées et vivaces, aux clôtures de bois, aux branchages enlacés, dans ce jardin où les merveilleuses viennent apprendre l'antiquité, le moyen âge et la renaissance, en se promenant, la blancheur des marbres est égarée dans l'émeraude des feuilles. Sur une pelouse, la Diane de Poitiers caresse son beau cerf, et dans une chapelle d'ombre, se cache le tombeau d'Héloïse et d'Abeilard[6].

1. *Paris tel qu'il était.* An IV.
2. *Petites Affiches.* Germinal an IV.
3. *Topographie de Paris*, B. I., vol. CXI.
4. *La Trompette du père Duchêne.*
5. *Etat actuel de Paris.* An XI, vol. II.
6. *Topographie de Paris*, B. I., vol. CXI.

Une raffinerie de sucre est établie sous l'abbaye royale de Saint-Germain des Prés[1], sous cette bibliothèque, la plus riche de France après celle du roi, sous cette bibliothèque enrichie des livres de l'abbé d'Estrées, des livres de l'abbé Renaudot, des livres du cardinal de Gesvres, des manuscrits du duc de Coislin; une raffinerie de sucre s'est établie sous le cabinet d'antiquités rassemblées par Monfaucon[2]. Un incendie éclate le 19 août 1794; adieu tant de richesses! Il y eut des gens de sens que cet incendie n'étonna pas; ils trouvèrent mille raisons d'être à cette catastrophe opportune qui avait réduit en cendres les travaux du comité du 31 mai, les travaux du comité central des Quatre-Nations, les travaux du comité du tribunal révolutionnaire[3]. Pourtant, à quelque chose l'incendie fut bon : il fit prendre l'arrêté suivant, le 15 frimaire an III, à la Commission temporaire des arts, adjointe au Comité d'instruction publique : « Il ne sera établi à l'avenir aucun atelier d'armes, de salpêtre, ou magasins de fourrages dans des bâtiments où il y a des bibliothèque, muséum, cabinet d'histoire naturelle ou collection précieuse des sciences et des arts[4]. » En l'an V, la Poste aux chevaux déménage de la rue Contrescarpe à l'abbaye royale de Saint-Germain quasi réduite à son église[5]; Benoît Bailly y suspend, au-dessus de ses toiles et de ses nankins, son enseigne, son perroquet mignon, dit *Perroquet vert*[6]. En l'an VI, l'enregistrement de la République loge en la cour abbatiale[7].

---

1. *Censeur dramatique*, vol. I.
2. *Almanach des gens de bien*. 1707
3. *Censeur des Journaux*. Mars 1706.
4. *Catalogue d'autographes* de Burc.
5. *Petites Affiches*. Thermidor an V. — 6. *Id.* Pluviôse an V.
7. *Id.* Frimaire an VI.

Supprimée, démembrée, la communauté des Dames de Bellechasse de la rue Dominique, sur le terrain de laquelle passera la rue de Bellechasse; — supprimée, la Visitation de la rue du Bac; — supprimées, les communautés de la rue de Grenelle, les Jacobins, les Carmélites, l'abbaye de Panthémont, l'abbaye royale de Panthémont, transformée en église consistoriale des protestants [1]; non loin, supprimées, démembrées, les Récollettes, les Cordelières.

Seuls, les édifices de charité et de secours aux malades ont été respectés. Passés des mains monacales aux mains laïques, ils ont changé de nom, sans changer autrement; ainsi la Charité des hommes est l'hôpital de la Charité; l'hôpital des Petites-Maisons est l'hospice des Ménages, la maison royale de l'Enfant-Jésus est l'hospice des Orphelins [2]. Les Incurables ont conservé leur appellation épithétique : les prêtres ont été, en cet hôpital, plus regrettés qu'en tout autre, et l'on est étonné de lire, à la date du 26 février 1793, dans un rapport du marquis de Sade, nommé commissaire à l'effet d'examiner les Incurables, alors qu'une nouvelle salle appelée salle Pétion était créée dans le bâtiment occupé par les sœurs grises : « Ces bonnes âmes, — les malades, — se plaignent aussi des secours. Les femmes, toujours plus désirantes de ces sortes de choses que les hommes, nous ont généralement demandé un ou deux prêtres de plus. Cette consolation nous a paru bien juste à leur accorder [3]. »

L'abbaye de Notre-Dame au Bois, la jolie abbaye, ce salon pieux, ce cloître mondain, cette retraite aimable de femmes de grand nom, n'a pas trouvé grâce. Qui pour-

---

1. *Etat actuel de Paris*, vol. II. — 2. *Id., ibid.*
3. *Collection d'autographes* de Goncourt.

tant lui aurait prédit qu'elle serait vendue au nom et au profit de la République, alors qu'elle était cette hôtellerie dévote que nous montre ce plan manuscrit du xviiie siècle, alors qu'elle avait pour pensionnaires Mme de Poissy, Mme de Mérode, Mme de Vintimille, Mlle de Ravignan, toutes dames avoisinées d'un confesseur et vivant l'absolution sous la main[1] ? — Vendus, achetés, tant de souvenirs ! et par qui ? Par la Caisse des rentiers, par cette société qui engage les créanciers de l'État à convertir leurs inscriptions en biens nationaux, par cette Caisse des rentiers qui a déjà acheté le jardin des Filles-Dieu, rue Saint-Denis, l'immense couvent des Nouvelles-Catholiques, rue Sainte-Anne ; la maison dite la Régie des Fiacres, faubourg Saint-Denis ; le ci-devant couvent des Capucins du Marais[2]. — Puis la voici encore à vendre en l'an vi, l'Abbaye-au-Bois; encore aux enchères l'abbaye fameuse qui n'est pour les vendeurs, qui n'est pour les enchères rien autre chose qu'un capital de quatre cent trente-deux mille quatre cent livres susceptible d'un revenu annuel de onze mille six cent vingt livres[3].

Les acquisitions ne restent guère aux acquéreurs, de ce côté. En face l'Abbaye-aux-Bois, les Prémontrés de la Croix-Rouge ont été achetés par un malheureux, tenté par le démon de l'agio. Le pauvre Derbelin espérait revendre avant de payer. Il ne vendit pas, il ne paya pas, il se pendit au cordon de sa sonnette, rue Poupée[4]. C'était, pour mourir incognito, se pendre trop près de l'imprimerie de *la Clef du Cabinet*, de *la Feuille Économique* et

---

1. *Topographie de Paris*, B. I., vol. CXII.
2. *Petites Affiches*. Pluviôse an vi. — 3. *Id.* Brumaire an vi.
4. *Journal de France*. Fructidor an v.

de *la Décade Philosophique*[1]. Paris, donc, apprit sa mort le matin — et l'oublia le soir. Les spéculateurs l'avaient oubliée en l'apprenant; ils coururent à la remise en vente des terrains et bâtiments des Prémontrés[2].

Le séminaire de Saint-Sulpice, — voyez-donc, des langes sèchent aux fenêtres; des capucines enroulent leurs fleurs et leurs feuilles autour des ficelles tendues : c'est aujourd'hui l'hôtel des femmes et des enfants des citoyens qui se battent à la frontière[3]. A côté du séminaire, bientôt démoli, l'église fermée à temps, — les ouvrages de Bouchardon et la Méridienne à peine entamés[4], — l'église est de bas en haut badigeonnée d'un beau badigeon jaune. Elle doit cela aux pinceaux du citoyen Ambroisini, le glorieux successeur de Bourani et de Jouanin, qui menace de ses talents, dans tous les journaux, toutes les églises de France[5].

Ici dorment les poussières irréconciliées de Voltaire et de Rousseau. Le Panthéon, sa lanterne et sa croix enlevées, attend une statue colossale de la Renommée dont le modèle en plâtre est jeté dans un coin de l'atelier de Dejoux, l'argent manquant pour le couler en bronze[6]. Ravagé à l'intérieur, menaçant ruine[7], le Panthéon se soutient entre l'église Sainte-Geneviève démolie, et l'église Saint-Étienne du Mont, où les iconoclastes, les bas-reliefs de Germain Pilon mutilés, n'ont pas même laissé, sur leur marbre modeste, les épitaphes de Pascal, de Racine, de Lesueur[8].

1. *État actuel de Paris*, vol. II.
2. *Petites Affiches*. Brumaire an VI.
3. *Petite Histoire de France*, vol. II.
4. *Premier rapport sur le vandalisme*.
5. *Petites Affiches*. Prairial an IV. — 6. *Déjeuner*. Mai 1796.
7. *Les désastres du Panthéon français*.
8. *Troisième rapport sur le vandalisme*.

Au midi du Panthéon, dans cette campagne où la verdure est libre, dans ce faubourg ombreux et aéré, dans ces rues ébauchées de Vaugirard, d'Enfer, du Faubourg-Saint-Jacques, dans ces rues où l'on bâtit encore des moulins [1], les grandes abbayes à l'aise n'ont pas manqué d'amateurs. Les bâtiments et les immenses terrains des Chartreux sont vendus, dès 1792, à une compagnie hollandaise, trois millions six cent mille livres [2]. La maison conventuelle des Filles de l'Instruction chrétienne, mise en adjudication en la salle de vente des biens nationaux, salle de l'Oratoire, rue Saint-Honoré, est achetée par la Caisse des rentiers [3]. La Caisse des rentiers achète et partage avec Gilbert Desvoisins la maison et le jardin des Feuillants de la rue d'Enfer [4]. Les Carmes-Déchaux de la rue de Vaugirard sont un magasin de lentilles, de féveroles, de bœuf salé, de fanons de baleine [5].

Le Val-de-Grâce, cette royale chapelle qui gardait les cœurs des princes et des princesses de la maison de France, a conservé son précieux pavé sous son plancher, son autel et son baldaquin cachés par l'emmagasinement des effets militaires [6].

Port-Royal des Champs! — ci-devant ruine, ruinée encore par la révolution! Bien national, l'école dévastée des Pascal, des Tillemont, des d'Andilly, des Nicole, des Arnaud et des Lancelot! C'est à peine si quelque pans de murs soutiennent encore les terrasses de ce *Désert*, où venaient conférer les religieuses de Port-Royal. — Une

---

1. *Petites Affiches.* Germinal an v.
2. *Journal de Perlet.* Juin 1792.
3. *Petites Affiches.* Brumaire an v.
4. *Id.* Pluviôse an vi. — 5. *Id.* Germinal an iv.
6. *Description de Paris,* 1809.

grange, la maison de M. de Sainte-Marthe ! Les bestiaux
paissent au milieu des débris persécutés du couvent : où
était le cœur de l'église, un marsaule dresse sa tige [1].

Et de chaque côté de cette immense voie de catholicité
et de latinité, la rue Saint-Jacques, que prolonge son faubourg, nombrez les édifices condamnés ! Le couvent regardant le Val-de-Grâce, le couvent des Carmélites, d'abord
un lieu de vente au profit de la République, est offert aux
acheteurs par le citoyen Rougeot, homme de loi, qui fait
le plus grand éloge des matériaux de son église [2]. Une
blanchisserie bertholienne blanchit les toiles peintes, les
indiennes, les fils et les tissus de coton écru dans les bâtiments des Ursulines, les voisines des Carmélites [3]. Les
Feuillantines sont démolies aux trois quarts; et sur le ciel,
du milieu des arbres, la moitié d'une arche s'élève désolée [4],
tandis que l'on adjuge les matériaux de la démolition d'une
partie de la maison conventuelle de Saint-Michel, rue des
Postes [5]. A louer, pour trois, six ou neuf ans, une belle église
entourée d'appartements et tribunes, l'église de la Visitation
de Sainte-Marie [6]. En face, l'église de Saint-Étienne des Grès
que le marteau attend, le couvent des Jacobins est démoli [7].
De l'église Saint-Benoît, une chapelle latérale deviendra le
théâtre du Panthéon. Saint-Jean de Latran est en ruine. La
chapelle Saint-Yves est démolie [8]. Regardons aux alentours
de la rue Saint-Jacques : les bâtiments des Cordeliers, déjà
démolis en grande partie pour créer la place devant l'École
de chirurgie, reçoivent de nouveaux coups, qui font an-

---

1. *Les Ruines de Port-Royal-des-Champs en 1809*, par Grégoire, 1809.
2. *Petites Affiches*. Fructidor an IV. — 3. *Id*. Messidor an V.
4. *Topographie de Paris*, B. I., vol CXXVI.
5. *Petites Affiches*. Fructidor an IV. — 6. *Id*. Messidor an V.
7. *État actuel de Paris*, vol. II. — 8. *Id*.

noncer la vente en leur église, « de bois de charpente de différentes grosseurs, de dalles, de quantité d'ardoises, de marches toutes prêtes à poser[1]. » L'église Saint-André des Arts, avec façade sur trois rues, est à vendre trente mille livres[2], et sera démolie dans deux ans pour faire une place[3].

Que ce quartier ravagé n'a-t-il contenu plus de menuisiers comme le menuisier de la rue de Vaugirard, au coin de la rue de Bagneux, Chabant! Églises et couvents n'auraient pas une pierre, pas une poutre de moins! Le bon chrétien, et le marchand habile, que le citoyen Chabant : « Ayant été bien pénétré de voir la suppression du culte catholique et la dévastation des églises qui y étaient consacrées, il n'y a pas prêté son ministère; il l'offre aujourd'hui au public et aux autorités constituées pour leur rétablissement en conformité des lois[4]. »

Redescendus sur les bords de la Seine, le quai des Augustins s'offre à vous; le quai des Augustins, royaume de la librairie, dont les caves mêmes retentissent du gémissement des presses[5]! Au-dessus d'un peuple de Momoro, de Tellier, de Poinsot, de Delalain, trône Pierre-Nicolas-Firmin Didot le jeune, ci-devant imprimeur de Monsieur, entouré de ses trois autres frères, l'un graveur en caractères, l'autre fabricant de papiers, tous quatre fils de Pierre-François Didot le jeune, tous quatre formant la branche cadette de cette branche aînée composée de Pierre Didot l'aîné, imprimeur aux galeries du Louvre, et de Firmin Didot,

1. *Petites Affiches.* Messidor an III. — 2. *Id.* Fructidor an IV.
3. *Topographie de Paris*, B. I., vol. CXX.
4. *Petites Affiches.* Messidor an III.
5. *Le Nouveau tableau de Paris, ou la Capitale de France dans son vrai point de vue*, 1799.

libraire, graveur en caractères, tous deux fils du typographe illustre François-Ambroise Didot, retiré depuis 1789 [1].

Au couvent des Grands-Augustins, il vous faut visiter cette façon d'original : le peintre Martin, ce prince des brocanteurs ; brocanteur qui a huit cents tableaux dans son atelier, au couvent ; homme brusque et bourru, morigénant le Conservatoire du Musée national, mais fureteur, mais dépisteur des grandes collections, par ces temps de dispersion des belles choses ; actif et habile voyageur à la suite du vandalisme, courant la France, retrouvant des chefs-d'œuvre, achetant des Raphaëls deux louis, à table d'hôte et demandant de sa collection une rente viagère [2].

La belle ligne de quais, à partir du quai des Augustins, pour le commerce de la curiosité ! Les grands hôtels qui la tenaient tout entière, démembrés par la révolution, — ce ne sont que boutiques ; ce ne sont que *petits Dunkerque* étalant à un vitrage, à une fenêtre, à un coin de mur, étalant même sur la dure, et l'art, et le mobilier, l'héritage tout entier du siècle proscrit. Et ainsi se fonde le musée de nos quais modernes.

A ce passage des batelets [3], là où la Seine attend un pont, — le collége Mazarin, saccagé à l'intérieur, est le collége des Quatre-Nations.

Une affiche collée sur le vaste bâtiment des Théâtins l'annonce à louer par bail de trois, six, neuf ans. Il peut faire, — dit l'affiche, — le plus beau et le plus grand magasin de Paris, ou un manége ; il est possible d'y loger trente à quarante chevaux, ou une magnifique sellerie ; cent cinquante voitures y seraient remisées à l'aise [4]. Provisoire-

---

1. *Spectateur du Nord*, vol. xii. — 2. *Fragments sur Paris*, vol. II.
3. *Petites Affiches.* Ventôse an vi. — 4. *Id.* Pluviôse an v.

ment une pension bourgeoise s'est installée dans le portail à cariatides [1].

Au quai Malaquais, autre pension bourgeoise, mais d'un genre singulier : Galignani et son épouse, voulant faire servir la mode aux rapports internationaux des peuples, donnent des thés à tant le cachet, où l'on se perfectionne, en famille, dans les langues anglaise et italienne [2].

Voltaire est mort au coin de la rue; et de la maison où est mort Voltaire, Villette est sorti pour changer le nom du quai, et le baptiser du nom du mort [3].

Rue de Beaune, au Dépôt des monuments des sciences et des arts recueillis par la Commission temporaire des arts, le citoyen Naigeon, peintre, membre du Conseil de conservation, donne des leçons gratuites de dessin à cinq ou six jeunes républicains [4]. La maison de Nesle, qui va appartenir au procureur Vigier, est un encan où passent la grande statue équestre de Louis XIV et l'Amour de Falconet [5].

Du ci-devant hôtel Bouillon, vous pouvez toujours faire signe à la galiote du pont National, qui part tous les matins pour Sèvres [6].

Au quai d'Orsay, Albert ajoute à ses bains des bains médicinaux, « pour remédier à l'état d'égarement d'esprit dans lequel sont tombés une quantité d'individus des deux sexes depuis la révolution [7]. »

Passé tous les étroits jardins des hôtels de la rue de Lille, ci-devant Bourbon, — ce pont, achevé en 1790, ce

1. *Petites Affiches.* Floréal an v. — 2. *Id.* Germinal an vi.
3. *Lettres b.... patriotiques du père Duchêne*, par Lemaire, 1790.
4. *Naigeon au ministre de l'intérieur*, 7 ventôse an vi. *Collection d'autographes de Goncourt.* — 5. *Petites Affiches.* Thermidor an v.
6. *Id.* Floréal an vi. — 7. *Journal de Paris.* Vendémiaire an vi.

pont qui devait être le pont Louis XVI, est le pont de la Révolution. Du palais qui lui fait face, du Palais-Bourbon, un barbare a muré les fenêtres et les entre-colonnements [1]. Tout est dévasté, tout a été vendu au Palais-Bourbon ; et les meubles de taffetas flambé de la salle du conseil, et les tapisseries [2], et le buste du roi de Prusse sculpté à la manière de Curtius [3]. Un citoyen veut qu'il soit *gymnase de la jeunesse* [4]. Mais il devait être le palais du gouvernement parlementaire : les Cinq-Cents l'occupent.

Votre regard court au dôme des Invalides ; il lui demande ces statues qui défiaient les vents : les statues sont à terre, et on les y laisse [5]. Quelque mutilé invaincu, quelque soldat de la Vendée, tout triste de n'avoir pu servir la patrie qu'en une guerre civile, vous montrera le Prytanée de la France, l'église fermée et devenue un magasin militaire, les quatre fonderies élevées au bout des quatre avenues des Invalides, et les inscriptions qu'elles portent gravées huit fois et que la police de Paris oublie d'effacer : *Fabrication des canons de fusils, pour faire respecter aux tyrans l'unité et l'indivisibilité de la République ou pour leur donner la mort* [6]. Que d'allées et venues dans la cour des Invalides ! C'est le cabinet des nouvelles politiques, où l'on apprend, où l'on discute la France et l'Europe ; la promenade des bavards, des utopistes et des déclamateurs. Et tout autour des affiches, des papiers multicolores signés *Doubledent*, encombrant jusqu'à la guérite écornée du factionnaire [7], — passe et se croise un public avide de parler

---

1. *Paris*. Décembre 1796. — 2. *Petites Affiches*. Prairial an II.
3. *Lettres d'E...née de Bo...on* (Mlle Boudon), Troyes, 1791.
4. *Le parallèle du Paris de la République avec le Paris des rois*, par Lemoine, an II de la République.
5. *Voyage à Paris, vers la fin de 1793*.
6. *Fragments sur Paris*, vol. I. — 7. *Semaines critiques*, vol. III.

et d'écouter : des femmes en jupons de calmande rouge, bleue, blanche, en corsets blancs couverts d'un mouchoir à la Gertrude ; des hommes en veste courte, pantalon de laine boutonné de haut en bas, aux pieds des souliers bouclés avec des courroies, sur la tête un vieux tricorne, à la main un bâton noueux, à la bouche un brûle-gueule [1].

Et là-bas, au bout de ce champ de Mars, — la Révolution, qui n'a organisé que la victoire, n'a créé que le champ de Mars, — l'École Militaire ne montre plus cet escalier, — son orgueil, miracle de légèreté ; l'escalier a été brisé, les quatre statues qui décoraient l'escalier ont été brisées avec lui [2].

Deux ponts depuis le Pont-Neuf relient la rive gauche à la rive droite de la Seine ; et le Parisien qui veut aller du faubourg Saint-Germain aux Champs-Élysées et qui tombe sur le quai en deçà ou au delà du pont National ou du pont de la Révolution, n'a que la ressource des batelets et des bacs, loués encore en l'an VII trente-six mille livres de la Râpée jusqu'à Passy [3].

Les Champs-Élysées, ce faubourg verdoyant qui sera le faubourg Saint-Germain du dix-neuvième siècle, ce vaste jardin public le long duquel se rangent les hôtels qui ne peuvent plus, comme par le passé, avoir chez eux un jardin public, les Champs-Élysées ont gagné à la Révolution. Ce cours, où Paris s'aventurait peu, est devenu une promenade courue. Les arbres, ci-devant taillés en mur le long de la grande allée, et cintrés en dôme au-dessus des contre-

---

1. *Caricatures politiques.* An VI. — *Semaines critiques,* vol. III.
2. *Troisième rapport sur le vandalisme,* par Grégoire.
3. *Dictionnaire néologique,* par Beffroi de Reigny, 1795-1800.

allées[1], poussent en liberté et donnent toute l'ombre et tout
l'agrément qu'on peut demander à des arbres de trente
ans. Les tertres gazonnés, disparus depuis, appellent et
convient, comme des tapis garés du soleil, les jeux de l'enfance. Une armée folle et rieuse de garçonnets, tout à
l'heure *moutonnés* jusqu'à la jarretière[2], aujourd'hui en
carmagnole de siamoise rayée, un petit bonnet de police
sur la tête[3], s'ébat sur la pelouse; et dans les chemins
tracés, les parents traînent, fiers de leur fardeau, leurs
marmots couchés dans de petites voitures au milieu de
leurs joujoux[4]. Ces amusements, ces joies enfantines et
ces bonheurs paternels animent et peuplent ces Champs-
Élysées, bientôt montés à de plus hauts destins, bientôt
l'arène des coquetteries équestres. — Il est, en ces Champs-
Élysées, des recoins de verdure, des aspects de campagne
qui surprennent et distraient l'œil. L'allée des Veuves, avec
ses baraques en planches aux toits de chaume, ses treillages
boiteux, ses clôtures à moitié mangées par les plantes
grimpantes, semble une petite Thébaïde normande[5]. Mais
l'illusion d'être loin de Paris si près de Paris ne reste pas
longtemps au rêveur, et ce ne sont là qu'apparences rustiques; les jeux clandestins se cachent sous les frondées[6],
dortoirs de gueux et de gueuses pendant les étés de la Révolution[7].

Les cafés brillent le soir par toute cette campagne civilisée, depuis les hauteurs de l'Élysée jusqu'à la place de la

1. *Topographie de Paris*, B. I., vol. LXXVII.
2. *Spectateur du Nord*, deuxième trimestre.
3. *Petites Affiches*. Germinal an III.
4. *Fragments sur Paris*, vol. I.
5. *Topographie de Paris*, B. I., vol. LXXVIII.
6. *Grondeur*. Janvier 1797. — 7. *Le Babillard*. Août 1791.

Révolution [1]; depuis le citoyen Renault, qui tient un dépôt de glaces de Velloni auprès de l'avenue Marigny [2], jusqu'à Corazza, qui, son café du Palais-Royal cédé à Peyron [3], vient de s'établir au Garde-Meuble [4]. — Les Champs-Élysées, cette forêt parisienne, sont remplis de limonadiers et de traiteurs, d'amphitryons aimables du passant. Et n'ont-ils pas, les Champs-Élysées, ce glacier poli parmi les glaciers les plus polis, Travers, ci-devant officier des ambassadeurs de Venise [5], qui adresse aux dames cette galante invitation : « Madame, Travers a l'honneur de vous prévenir qu'il s'est trouvé forcé d'abandonner le service du bal de l'hôtel Marbeuf par la rétribution trop onéreuse qu'exigeaient les entrepreneurs. Le seul regret qu'il éprouve est d'être *séparé d'une société* agréable, dont les femmes qui la composent forment le principal ornement. Il espère que cette *séparation* ne sera que momentanée, et qu'il aura l'avantage de revoir chez lui, à l'hôtel de la Vaupalière, un *sexe charmant* dont le concours ne peut que contribuer au succès de son établissement. Le zèle et les soins qu'il a mis jusqu'à présent à prévenir les désirs des personnes qui l'honorent de leur présence lui sont un sûr garant des espérances qu'il doit concevoir ; et elles seront réalisées si vous lui accordez, Madame, tout l'intérêt qu'il désire vous inspirer [6]. »

Bon nombre d'hôtels dans ce quartier Saint-Honoré tombent à l'emploi de l'hôtel de la Vaupalière ; bon nombre sont faits hôtels garnis. — Et le Roule, cette Folie-Beaujon, tout ce quartier créé par l'or du financier, le pavillon de la

---

1. *Journal de France.* Pluviôse an v.
2. *Petites Affiches.* Germinal an iii. — 3. *Id.* Messidor an vi.
4. *Petite Poste.* Prairial an v. — 5. *Petites Affiches.* Avril 1793.
6. *Petite Poste.* Floréal an v.

Chartreuse, la chapelle Saint-Nicolas, et sa plaisante salle de bains, sa maison d'éducation et de charité, et l'hôtel Beaujon, — quel bouleversement! L'hôtel Beaujon est l'Élysée : un bal public. — Et Mouceaux, le *jardin anglais de M. le duc de Chartres?* Mouceaux! dont un coin simulait l'Inde, Inde dont le firmament de verre, éternellement bleu, posait sur une double allée de marronniers sculptés et coloriés; Inde dont la terre avait été rompue au caprice du prince, et qui portait, fleuris, vigne de l'Inde, caféier, palmier, bananier! — la Révolution a apposé ses scellés sur les serres chaudes de Mouceaux[1]! — Mouceaux! les grottes d'où s'échappaient des concerts invisibles : temples, colonnades corinthiennes, pagodes, laiteries en marbre blanc, statues de Bouchardon, des tombeaux, un moulin, une naumachie, des eaux, des montagnes, des vallées, des rochers hérissés de madrépores pour ficher les bougies[2], — combien tant de mensonges? combien tant de merveilles? combien tant de millions ont-ils été près de se vendre? Mouceaux a failli être adjugé deux cent mille livres! Mouceaux a failli ne pas être payé le prix du fer! le prix du plomb! le prix de la pierre[3]!

Sur la place de la Révolution, la guillotine, le terrible *moulin à silence*[4], n'est plus. Mais le peuplier de la liberté dresse encore son tronc desséché; la statue de la Liberté, que saluaient les têtes coupées, est restée debout. Elle est peinte en rose. Sur une des faces du socle, qui fut

---

1. *Premier rapport sur le vandalisme*, par Grégoire.
2. *Paris tel qu'il était*, par Thierry. An IV.
3. *Censeur des journaux.* Juillet 1796.
4. *La Descente de la Dubarry aux enfers, sa réception à la Cour de Pluton, par la femme Capet, devenue la furie favorite de Proserpine.*

le socle de la statue de Louis XV, on lit : *Elle est assise sur les ruines de la tyrannie. La postérité...* [1]. Le Temps, de son doigt justicier, a effacé le reste de la phrase. La statue de plâtre, toute fendillée, toute craquelée, a le cou malade, et les plaisants royalistes ne manquent pas de dire, en passant, « qu'un roi a besoin de toucher ses écrouelles [2]. »

A quelques pas de la guillotine, à l'entrée de la rue Saint-Florentin, l'hôtel de l'Infantado, qui a été le séquestre de la liste civile, et des ci-devant seigneurs et des ci-devant riches, exécutés place de la Révolution, ce magasin de richesses éblouissantes est un encan où les plus royales choses sont jetées à de misérables enchères ; où des statues de marbre, d'un artiste peut-être célèbre, sont annoncées à vendre comme marbre brut [3] !

Ce portail commencé, inachevé, que vous apercevez là-bas, entre les deux colonnades du Garde-Meuble ; ces fûts de colonnes à demi élevées, et comme fauchées, couronnées de petits toits en éteignoirs [4], et qui se fatiguent à attendre le fronton que leur ont promis messieurs Contant d'Ivri et Couture ; ce Parthénon, qui est une ruine avant d'avoir été un temple, — est la ci-devant église de la Madeleine. L'enceinte, à peu près couverte, sert de remise et de hangar, et garde, entassées l'une contre l'autre, les voitures de la liste civile, désobligeantes, calèches, chaises de poste, phaétons, trains d'Allemande, traîneaux, caparaçons et couvertures de chevaux en peau de zèbre [5].

Et plus loin, à côté de la Ville-l'Évêque à louer [6], un cimetière est plein d'hôtes : le cimetière de la Madeleine,

---

1. *Fragments sur Paris*, vol. I.
2. *Déjeuner*. Juin 1797. — 3. *Petites Affiches*. Vendémiaire an v.
4. *Topographie de Paris*, B. I., vol. LXXIX.
5. *Petites Affiches*. Ventôse an iv. — 6. *Id*. Ventôse an vi.

le Champ du sang, l'Haceldama de la Révolution. Cette fosse, adossée au mur de la rue d'Anjou [1], est la fosse des guillotinés. Rien n'y remue ; et troncs de ci, têtes de là, roulés pêle-mêle dans l'éternité, Danton et la Gironde, Corday et la Reine, côte à côte, y dorment leur sommeil ! Encore quelques années, — et de ce cimetière de la Madeleine, dont l'architecte Gisors voulait faire un Opéra [2], nul ne saura plus la place. Et Kotzebue le cherchera sans le trouver [3].

En face les deux chevaux des Coustou, amenés de Marly à l'entrée des Champs-Élysées, le 11 septembre 1795, par le colonel d'artillerie Grosbert [4], les Tuileries s'ouvrent par une entrée de plain-pied avec la place. La terrasse des Feuillants est condamnée à la cognée, en dépit des murmures du public. Les Tuileries sont d'ailleurs embellies ; et l'ombre de Robespierre semble encore les protéger, et pousser les vivants à la réalisation des projets qu'il formait pour elles : des tapis de verdure, des plates-bandes, des corbeilles de fleurs ont été semés sous les arbres [5] ; des statues de bronze alternent avec les statues de pierre enlevées au jardin d'Orsay [6]. Patience, encore un peu, et l'on aura des chaises : « La France ne doit s'asseoir, — dit un républicain, — que lorsqu'elle aura vaincu tous ses ennemis [7]. » Sous la terrasse des Feuillants, dans la grande allée, naguère un gazon, une double rangée d'orangers et

---

1. *Mémoires de Ferrières*, vol. II.
2. *Tableau du Muséum en vaudevilles*, par Guipava. An IV.
3. *Souvenirs de Paris*, par Kotzebue, vol. II.
4. *Fragments sur Paris*, vol. I.
5. *Censeur des journaux.* Juillet 1796.
6. *Mémoires de Barrère*, vol. II.
7. *Journal du bonhomme Richard.* Ventôse an IV.

de lauriers conduit, entre une haie de parfums, à un tertre vert entouré d'une balustrade. Au centre, en robe de chambre flottante, en perruque ronde, Rousseau est assis, tenant dans sa main une petite statue de la nature [1]. Rousseau est laissé là jusqu'en 1797, année ou l'aristocrate Méléagre vient le remplacer : « Bon ! la religion revient ! voilà déjà saint Roch et son chien [2], » s'écrie un philosophe, peu versé dans la Fable antique. Ni fleurs, ni statues, ni bancs de marbre, ne peuvent amener aux Tuileries le beau monde, qui boude les sentinelles et leurs consignes. Vieillards, berceuses, exclusifs réveillant les échos jacobins de la terrasse des Feuillants, peuplent seuls le jardin National [3]. Mais si les Tuileries sont désertes, ou à peu près, l'entour des Tuileries est fréquenté, vivant, bruyant.

Cette circonvallation de donations religieuses qui fermait le jardin du côté du boulevard, et mettait la clef des Tuileries dans la poche des Feuillants; ce rempart de bâtiments religieux adossés à la terrasse des Feuillants, prenant toute la place future de la rue de Rivoli, et allant jusqu'à la rue Saint-Honoré : l'Assomption, les Capucins, les Feuillants, que suit l'hôtel de Noailles; ce rempart n'est plus qu'une ligne de traiteurs, de restaurateurs et de maisons de plaisir. Au Pont-Tournant, qui n'existe plus, ce sont Levastre [4], et Hauteboard, qui bientôt ouvre un autre restaurant, à l'entrée des Champs-Élysées, au ci-devant pavillon Moreau [5]. Au bout de la terrasse des Feuillants, dans la cour de l'Orangerie derrière l'Assomption, Bridou-Beau-

---

1. *Fragments sur Paris*, vol. I.
2. *Rapsodies*, cinquième trimestre.
3. *Censeur des Journaux*. Juillet 1796.
4. *Petites Affiches*. Messidor an II. — 5. *Id.* Germinal an IV.

mont a installé ses tables dans le local que Soufflot habitait et que Soufflot regardait comme l'habitation la plus agréable de Paris [1]. Travers occupe les bâtiments des Feuillants avant d'aller occuper l'hôtel de la Vaupalière [2]. Entre le café Hottot et l'ancienne salle de la Convention, Sédille souffle ses fourneaux [3]. Dans la cour du Manége, et ses salons ouverts sur la terrasse des Feuillants, le successeur de Gervais, Legacque [4], résiste longtemps à Véry, le frère du Véry du Palais-Royal, qui finit par hériter de son local. Dans cette même cour du Manége, et dans l'hôtel de Noailles dégarni, pour le Musée, de ses beaux tableaux par la commission temporaire des arts [5], — Venua établit son café de Vénus, bientôt nommé l'*Odéon de l'Hôtel de Noailles* [6]. Certains ne lui pardonnent guère cette prostitution d'une grande demeure. Le café de la Vénus, que les Thébains appelaient populaire, — dit Lavallée, — une annexe de la Courtille! où sous une treille de Lancret, au centre d'un chapelet de lampions fumants, des garçons bouchers dansent avec des filles en bonnet rond! Le café de Vénus! un salon de papier peint, aux rideaux de siamoise à carreaux où les clercs de procureurs, sur les tables boiteuses des Porcherons, prennent des glaces avec des cuillers d'étain [7]!

Violé par la Révolution, violé par les insurrections, le château des Tuileries montre, du côté du Carrousel, sa façade écornée de place en place, et les mots écrits en gros caractères autour des entailles faites aux pierres par le canon : *Dix août* [8].

Là siégent les Anciens, dans cette salle de la Convention,

---

1. *Petites Affiches.* Messidor an III. — 2. *Id.* Juin 1794.
3. *Id.* Fructidor an III. — 4. *Id.* Fructidor an IV.
5. *Id.* Germinal an III. — 6. *Semaines critiques*, vol. I. —7. *Id.*
8. *Fragments sur Paris*, vol. I.

aux murs peints en marbre jaune veiné, sur ces bancs de drap vert, au-dessous de ces vastes amphithéâtres elliptiques, au-dessous de ces trophées de drapeaux et de ces statues en manière de bronze : Numa, Lycurgue, Platon, Brutus[1].

Vous êtes sorti des Tuileries par la ruelle étroite, au bout du Manége, qui lie la rue Saint-Honoré au jardin National; vous avez regardé les Jacobins, l'antre patriotique, et Saint-Roch, dont la démolition n'est arrêtée qu'en l'an v[2]; vous êtes remonté à la place Vendôme, cette cour d'honneur de palais où les fermiers généraux faisaient demeure, — un socle taché de taches brunâtres, reposoir sanglant des funérailles de Saint-Fargeau, occupe son milieu; les administrations, les industries particulières ont envahi les hôtels; sur une porte vous lisez : *Agence générale des Rentiers*, et sur l'autre : *Magasin militaire établi pour le droit de préhension*[3]. Et peut-être est-il, comme ses voisins, un magasin de casiers et une halle de commis, cet hôtel, qui contenait ce poëme de naïades, cette merveilleuse salle de bain : de petits amours manneken-piss, emplissant une vasque où nageait une sirène; l'eau, cascadant d'urnes penchées par des Amours, noyant des femmes au beau corps; et Neptune, avec son trident, commandant à tout ce drame humide, en porcelaine blanche sur fond bleu de ciel, encadré dans le bronze doré[4].

A travers la place, deux grandes portes se font face, l'une est la porte des Feuillants, qui vous barrent les Tuileries; l'autre est la porte des Capucines, qui vous barrent

---

1. *Voyage à Paris vers la fin de 1793.* — 2. *Le Grondeur.* Mars 1797.
3. *Journée des 12 et 13 germinal an* III.
4. *Plan, coupe, élévation des plus belles maisons et des hôtels construits à Paris et dans les environs*, par Krafft et Ransonnette. An IX.

les boulevards. L'on ne commencera à parler qu'en l'an VI d'une rue allant de la place Vendôme aux boulevards[1]. D'un côté de la porte des Capucines, la rue Neuve-des-Petits-Champs, de l'autre, la rue Neuve-des-Capucines, commencent. Poussez la première jusqu'au bout : voilà cette place bâtie par le duc de la Feuillade, pour la plus grande gloire du grand roi, où des fanaux éclairaient, la nuit, la statue de Louis XIV : de cette flatterie en pierre de taille, que reste-t-il? Les fanaux sont éteints avant la Révolution. Où était la statue, un obélisque, en planches peintes, disjoint par le soleil et la pluie, se dresse, monument de la victoire du 10 août[2], en face la *Tontine des Sans-Culottes*[3]. Et qu'est-elle, cette place Royale? Un cabinet de consultations, un rendez-vous d'empiriques, un marché de denrées pharmaceutiques, tout bardé d'affiches et d'enseignes. Vers cette place du commerce charlatan, où Sirabode (*sic*) commence sa renommée avec sa décoction pour les dents[4], accourent les Fleury et les Delaveronnière, tous les guérisseurs ou prétendus guérisseurs de maladies goutteuses, rhumatismales, vénériennes. Heureusement, un commerce tout autre vient un peu distraire de cette léproserie : le marchand de curiosités Forguet s'établit place des Victoires[5]; et bientôt, à côté de lui, Basan le jeune, fils de ce Basan que le duc de Choiseul appelait « le maréchal de Saxe de la curiosité[6], » de ce Basan, le prince des marchands de gravures du dix-huitième siècle, l'inventeur, ou peu s'en faut, des épreuves avant la lettre, Basan le

1. *Petites Affiches.* Ventôse an VI.
2. *Fragments sur Paris,* vol. I.
3. *Petites Affiches.* Fructidor an II. — 4. *Id.* Juin 1794.
5. *Id.* Vendémiaire an V.
6. *Catalogue raisonné du cabinet de feu Basan.* An VI.

jeune vient recommencer son père. Il édite le *Départ* et le *Retour* d'Isabey, et il annonce une collection d'estampes formée des plus précieux morceaux de la vente du citoyen Buldet, marchand d'estampes, quai de Gesvres, et des cabinets Montfirmin et Cochu [1].

De l'autre côté de la porte des Capucines, avons-nous dit, la rue des Capucines mène au boulevard. Rue des Capucines, est l'hôtel où M. Bertin, des Parties casuelles, avait réuni le plus beau cabinet de chinoiseries de l'Europe. Passé le boulevard, à l'entrée de la rue Caumartin, l'hôtel ci-devant habité par le fermier général Delahaye a perdu le jardin de Sémiramis qui verdoyait et fleurissait sur son toit [2]. Plus loin, l'hôtel d'Osmont, l'ancienne maison Sainte-Foix, bâti par Brongniart, restauré par Happé en 1798, est la proie d'un banquier hollandais [3]. Au coin de la rue du Mont-Blanc, l'emplacement de la caserne des gardes françaises démolie reste longtemps un chantier.

En suivant le boulevard, de la rue des Capucines à la rue Louis-le-Grand, vous avez côtoyé à votre droite les murs des Capucines, de ces Capucines au jardin de six arpents, aux caves contenant vingt à trente mille pièces [4]. Un temps, sur ce terrain, dans la cour du nouveau local de la vérification des assignats, il est brûlé par jour des millions d'assignats démonétisés [5]. La fumée de ces montagnes de papier en flammes à peine dissipée, des jeux, des spectacles viennent s'établir sur ce sol encore chaud.

Du pavillon de l'Échiquier, Robertson y amène son public et sa magie. Où reposait madame de Pompadour, le

1. *Petites Affiches*. Ventôse an VI.
2. *Topographie de Paris*, B. I., vol. LXXIX.
3. *Plan, coupe, élévation des plus belles maisons*. An IX.
4. *Petites Affiches*. Nivôse an VI. — 5. *Id*. Pluviôse an III.

sorcier donne les représentations de sa fantasmagorie [1]. Apparition de spectres, de fantômes, de revenants, évocation du nécromancien, expériences sur le galvanisme, — rien ne manque à son théâtre macabre. Et la grande galerie du couvent, la galerie de cent soixante-sept mètres de long, où les filles de la Passion, jambes nues, traînaient leurs sandales [2], — qu'est-elle ? Le musée du rire, le panthéon de la malice, la bibliothèque des pamphlets du crayon. Des caricatures la tapissent du haut jusqu'en bas [3]. A côté des caricatures étrangères prenant la grande place, les caricatures françaises se glissent ; toutes les choses et tous les hommes, la Révolution et la Contre-Révolution, et Malo [4] et Laharpe [5], et les mœurs et les crimes et les modes sont fouettés plaisamment en cet hôtel de l'épigramme. Et tout Paris vient là trouver bien ridicules la guillotine et les *frères-tueurs*. « Peuple de fous et de héros, » — disait l'un à ce public s'égayant sur ses maux, riant à jeun de la caricature de ses misères :

> « Peuple de fous et de héros,
> Nation toujours séduisante,
> Hier sous la main des bourreaux,
> Aujourd'hui maligne et plaisante!
> Tel l'atelier où de *Terreur*
> Vernet remplissait ses peintures,
> Après la *Tempête* et l'horreur,
> Voit naître des caricatures [6] ! »

Un badinage moqueur n'est pas plutôt en montre, qu'un

---

1. *Petites Affiches.* Pluviôse an v.
2. *Paris tel qu'il était.* An iv. — 3. *Petites Affiches.* Ventôse an v.
4. *Le Grondeur.* Avril 1797. — 5. *Semaines critiques,* vol. I.
6. *Dîners du Vaudeville.* n° 9.

autre lui succède. Ces *marmots du génie national*[1] se poussent et se pressent. C'est le sage Aristide et le vertueux Brutus, revenant de la levée d'un scellé les poches bien garnies; là, le sage Épaminondas manie l'alêne de cette main dont il agite la sonnette présidentielle de son comité. A côté du fessier étique du cheval que monte un incroyable anglomane, « le postérieur rebondi et fleurdelisé du doux Poucelin; » à côté de Mercier en bonnet de nuit, l'*Urne symbolique*[2]. Ici, un homme qui plie sous un fardeau sur lequel est écrit 750; plus loin, les remplaçants, ou le député du nouveau tiers arrive à Paris, suivant, sur une « mazette presque diaphane sa chère moitié grimpée sur un âne bâté[3]; » aux *Incroyables* répondent les *Croyables au Perron*, escamotant des mouchoirs aux incroyables[4]. Voilà Lacroix demandant à lord Malmesbury comment il se porte, et lord Malmesbury écrivant à Londres pour lui répondre[5]. Caricatures sur la guerre des cloches, et caricatures sur le club de Salm, et caricatures sur le club de Clichy. Un groupe s'est formé devant celle-ci : rien qu'une lancette, une laitue et un rat, ce qui veut dire : *L'an VII les tuera*[6].

Tresca et Levilly ne suffisent pas à graver les imaginations de l'auteur des *Croyables*[7]; Darcis passe jour et nuit à suivre, en leur fécondité, les plaisanteries magistrales de Joseph Vernet[8]; et Boilly, cet autre satirique des mœurs, ne passe de semaine sans dessiner quelque levrette habillée à la grecque, quelque barbet en costume élégant[9], quelque

1. *Rapsodies*, troisième trimestre. — 2. *Id.*
3. *Le Grondeur*. Mai 1797. — 4. *Déjeuner*. Thermidor an v.
5. *Petite Poste*. Pluviôse an v.
6. *Dictionnaire néologique*, par Beffroi de Reigny, 1795-1800.
7. *Rapsodies*, quatrième trimestre.
8. *Petites Affiches*. Pluviôse an v.
9. *Rapsodies*, quatrième trimestre.

pendant de la fameuse caricature de la mode, le *Bœuf à la mode*[1].

Et, parmi tous ces badinages, la face de la Réveillère apparaît croquée par Prudhon[2], comme la vengeance d'un Michel-Ange parmi des malices d'enfants.

Au coin de la rue Louis-le-Grand, cet hôtel, ce jardin, tenant tout le terrain entre la rue Neuve-Saint-Augustin, la rue Louis-le-Grand, et la rue de la Michodière projetée, l'hôtel Richelieu, est une maison de restaurateur, ouverte par Jousselin et Laporte, qui promettent aux consommateurs la vue de la pendule des grands appartements de Versailles[3].

Ici, à cette rue du Mont-Blanc qui montrera, jusqu'à la Restauration, la maison de Mirabeau ornée de ses bustes[4], arrêtons-nous. C'est là le cœur de cette nouvelle France, de ce nouveau Paris, de cette Chaussée-d'Antin, où émigreront la richesse et l'élégance; de cette Chaussée-d'Antin dont les actrices de la fin du dix-huitième siècle avaient deviné la fortune. Aux Mondors du Directoire, aux femmes des Mondors, les impures de Louis XV et de Louis XVI n'avaient-elles pas montré le chemin? Et, risquant les reproches de leurs amis sans voitures, n'étaient-elles pas venues se loger en ce bout du monde, en cette extrémité de la terre habitable, à la Chaussée-d'Antin? Guimard renonçait au faubourg Saint-Germain, vendait au duc de Villeroy son petit hôtel de la rue de Varennes, passait les ponts et, frappant de sa pantoufle un terrain presque vague, faisait surgir, rue de la Chaussée-d'Antin, ce petit temple grec,

1. *Semaines critiques*, vol. II.
2. Collection d'estampes Hénin.
3. *Petites Affiches*. Fructidor an IV.
4. *Souvenirs historiques sur Talma*, par Tissot, 1825.

l'envie de Paris, et ce fronton où la Terpsichore s'étalait sur un bas-relief de vingt-deux pieds de long [1]. Et à peine le temple de la Guimard achevé, Sophie Arnould veut loger tout à côté d'elle. Et la voilà sur le papier cette maison de Sophie Arnould, où nous promène un plan manuscrit de la Bibliothèque impériale; la voilà, et voilà ses salons, et voilà ses boudoirs, et voilà les deux petits salons pour les enfants de la bonne mère; et voilà même les recommandations de Sophie, demandant terrain, mesure et grandeur, semblables aux terrain, mesure et grandeur de la maison de sa rivale et voisine [2]. — Colombe cadette avait son joli petit pavillon chinois à la barrière des Porcherons [3]. — Ce petit palais bâti, en 1768, par Bellanger; boudoir en stuc, figures peintes, bas-relief d'ivoire, cadre de bronze doré, — la maison d'Adeline était rue Pigalle [4]; et c'était rue Chantereine que Dervieux, — la Dervieux tout à l'heure emprisonnée à Saint-Lazare avec le poëte Roucher [5], — que Dervieux avait son salon rond, rayonnant entre la chambre à coucher, le cabinet de toilette, le *boudoir sous la clef*, cette petite demeure, chef-d'œuvre de la science des dégagements, la plus splendide de toutes ces miniatures d'hôtel, avec sa salle de bains à décoration étrusque, sa salle à manger à arabesques d'argent, à figures peintes, où l'acajou et le citronnier se mariaient, précieusement travaillés [6].

Chose remarquable! c'est du jour où le sceptre de la mode repasse sur la rive droite de la Seine que la magnifique architecture rocaille est remplacée par le plus mes-

1. *Topographie de Paris*, B. I., vol. LXXX. — 2. *Id., ibid.*
3. *Petit journal du Palais-Royal.* 1789.
4. *Plan, coupe, élévation des plus belles maisons.* An IX.
5. *Consolations de ma captivité ou Correspondance de Roucher.* An VI. — 6. *Plan, coupe, élévation des plus belles maisons.* An IX.

quin et le plus ridicule pastiche de l'architecture antique; et qu'à l'exemple de l'extérieur, l'intérieur de l'habitation française commence à devenir le miracle du mauvais goût.

Bien avant 1789, Paris applaudit au salon de concert du duc de Laval, à ses statues, à ses médaillons sur fond bleu, à ses panneaux en bois jaune, à ses ornements en argent [1]. En 1789, Cellerier faisait régner dans le petit hôtel de Soubise, rue de l'Arcade, le mariage des stucs multicolores avec l'acajou [2]. — Rue de Chaillot, le salon de l'hôtel Marbeuf, décoré en 1790, est encore à la mode après la révolution. Corniches de stuc blanc, frises en bas-relief blanc sur fond puce, panneaux encadrés d'argent, figures blanches sur médaillon de granit bleu [3], — rien n'a vieilli de l'œuvre épouvantable de Molinos et Legrand. — Qui croirait qu'en l'an 1798 ce bel art d'enluminer les appartements et de les ornementer à la règle ait encore empiré, et que les décorateurs aient trouvé moyen de compliquer et d'aggraver encore les ornements sur champ, les têtes en coloris sur fond, les filets, les rosaces, les attributs; cette discorde combinée de tons inharmoniques, ce pêle-mêle laborieux et abominablement prémédité au compas, de stucs, de marbres, de granit, d'acajou; ce honteux tapage de lignes droites et d'arabesques maigres, et de camées de Durolin [4], toute cette tapisserie pédante?

Parcourez cette Chaussée-d'Antin, le pays du luxe où tant de millionnaires viennent cuver leur or, où tant de coquettes reçoivent toute la ville, — d'affreuses merveilles vous convaincront. Vous êtes au n° 7 de la rue du Mont-

---

1. *Topographie de Paris*, B. I., vol. CXX. — 2. *Id.*, vol. LXXXII.
3. *Plan, coupe, élévation des plus belles maisons.* An IX.
4. *Petites Affiches.* Thermidor an VI.

Blanc. L'acajou sévit dans cette chambre : pilastres en bois d'acajou, chambranles et portes en bois d'acajou, piédestaux en bois d'acajou, fenêtres en bois d'acajou. D'un filet aux mailles d'or, frangé d'or et de perles, quatre rideaux, — c'est une chambre de femme, — descendent sur un lit d'acajou. Deux cygnes de bronze doré bordent le lit d'une guirlande de fleurs échappée de leurs becs; le lit se confesse à une glace de ruelle encadrée d'un acajou à filets d'or. Et qui demeure, s'il vous plaît, en ce gynécée d'acajou? qui vit dans la compagnie de ces draperies de soie chamois, ornementées d'or, relevées sur des rideaux de soie violette ornementés de noir? qui s'est résignée à dormir entre cette table de nuit en acajou surmontée d'une corbeille de fleurs en tôle et cette autre table de nuit en acajou où pose une lampe antique en or? Quelle femme peut rêver dans ce Pompéi, borné à gauche par une statue de marbre, à droite par un candélabre de bronze? — Qui? Une femme qui fait de sa chambre le régal de ses yeux et des yeux de ses amis. Qui? La femme qui est la raison de la mode et la grâce du goût : — Madame Récamier [1]!

Quelle ville improvisée par la Révolution, cette Chaussée-d'Antin, où quelques palais d'actrices semés de loin en loin semblaient, au dix-huitième siècle, les jalons d'une cité projetée! Quelle construction rapide! quelle face nouvelle prend soudain cette terre de marais et de pépinières abandonnée aux maraîchers, ce verger bourbeux que nous montre le plan de Turgot! Les maisons viennent se ranger à côté des maisons; les bâtisses relient les cottages jetés çà et là par Bellanger; les chemins deviennent des rues, — si bien qu'en l'an III, rue Saint-Georges, un terrain de cinq

---

1. *Plan, coupe, élévation des plus belles maisons.* An IX.

cents toises, au n° 2, est seul à n'être pas bâti¹. Car ne croyez pas que le bâtiment chôme par ces années de misère générale. Les capitalistes ont trop grande défiance du papier pour ne pas l'échanger contre du solide ; et les maisons montent et s'élèvent, débarrassant, contre de bons revenus, les propriétaires de leurs assignats et de leurs inquiétudes². La spéculation, la mode, les hommes d'affaires, ont adopté ce quartier ; et, enchérissant sur les colifichets ruineux du dix-huitième siècle, ils autorisent le mot de l'architecte de Wailly mourant : « Je ne vois dans tous les modernes salons de Paris que les tombeaux des anciens Romains ou les nouvelles boutiques des rues de Londres ; bientôt l'architecture sera dirigée en France d'après le goût des limonadiers et des marchandes de modes³. »

Partout ici le plaisir occupe, comme ses domaines, les ci-devant jardins et les ci-devant palais. — Rue de Provence, les wiskis se pressent ; ils passent sous cette grande arcade, ornée de refends et de bossages ; ils glissent sur les deux chaussées établies aux deux côtés du jardin, et se vident à couvert au pied du grand escalier de ce bel hôtel théâtral, l'hôtel Thélusson, bâti en 1780 par Ledoux pour madame Thélusson. L'orchestre résonne ; et valseurs et valseuses tournoient dans ce salon, dont Callet a peint les plafonds, tandis que les paresseux causent ou regardent par les fenêtres toute la longueur de la rue Cérutti jusqu'au boulevard⁴. Et sitôt que les musiques se taisent, sur la terrasse au-dessus de la masse de rochers rustiques portant les huit colonnes corinthiennes de l'avant-corps de l'hôtel,

1. *Petites Affiches.* Vendémiaire an III.
2. *L'Arétin français*, troisième raisonnement.
3. *Paris*, par Peltier. Décembre 1798.
4. *Description de Paris*, par Legrand, 1809.

ce ne sont que galants et galantes qui se font éventer par le vent frais de la nuit. — Un ci-devant tailleur de la reine a installé un splendide hôtel garni dans le bel hôtel Pinon, rue Grange-Batelière [1]; le restaurateur Roze a pris un autre hôtel de la même rue pour y dresser ses tables [2]. — Rue de Clichy, le jardin Boutin devient Tivoli.

Derrière le jardin Boutin, l'hôtel de Grammont a été dépouillé en vente publique. Le ci-devant possesseur écrit aux journaux pour prier les personnes qui, en ventôse et en frimaire de l'an III, tant en sa maison rue de Clichy, 345, qu'à la maison Bullion, ont acheté des tableaux, portraits de famille pour la plupart, d'en donner avis au citoyen Dufay, qui les remboursera avec bénéfice [3]. L'hôtel de Grammont est transformé en pension : une pension singulière d'enfants et de grandes personnes, du prix de douze cents livres par an, avec collation le soir dans sa chambre; pension où les parents peuvent prendre un appartement à côté de leurs enfants pour surveiller leur éducation [4]. — Un terrain de deux cent soixante-cinq toises, provenant de l'ancien domaine des Mathurins, cul-de-sac Taitbout, est en vente sur la mise à prix de sept mille sept cent soixante-huit livres trente sous six deniers [5].

Remontez par les Porcherons jusqu'à la foire Saint-Laurent, jusqu'au ci-devant couvent Saint-Lazare, cette ferme au milieu de Paris dont la récolte, tant en grains qu'en foin, est encore annoncée à vendre en 1797 [6]; — dans les bâti-

---

1. *Fragments sur Paris*, vol. I.
2. *Histoire du bataillon des jeunes citoyens à l'attaque du faubourg Saint-Antoine*, le 4 prairial an III.
3. *Petites Affiches*. Thermidor an III.
4. *Petites Affiches*. Floréal an V. — 5. *Id.* Brumaire an IV.
6. *Journal de Paris*. Messidor an V.

ments du couvent, un marbrier a établi ses ateliers et offre aux acheteurs l'autel de Sainte-Perrine de Chaillot [1]. — Quelles fanfares! Où priaient les sœurs de la charité de Saint-Laurent, en face de Saint-Lazare, une école de trompettes s'exerce et s'époumonne [2]. — La foire Saint-Laurent est à louer, et reste à louer : nul ne veut s'aventurer à prendre à bail, à partir du 1er avril 1797, un grand emplacement avec bâtiments et construction, l'ancien emplacement du spectacle du citoyen Nicolet [3]. — Les Récollets, après maintes appropriations, deviennent l'hospice des Vieillards. L'hôpital Saint-Louis devient l'hôpital du Nord [4]. Dans ce faubourg Saint-Denis, le beau jardin! Oui, citoyen, vous répond le fleuriste Tripet. — Les belles tulipes! — Oui, citoyen, trente mille tulipes tricolores; le fameux jardin du marquis de Gouvernet n'en contenait que vingt mille [5].

A la barrière, le combat du taureau a survécu à l'anathème et aux défenses de Manuel [6]; et faites quelques pas en avant, vous êtes en pleine terre de Courtille.

La Courtille et Belleville ont toujours de petits vins pour les ripailles, et des bosquets pour les danses. La révolution n'a rien ruiné par là, et le peuple et la joie s'y donnent rendez-vous, tout comme jadis. On y chante, on y saute, on y lève le coude, on y embrasse, et on y casserait les plats s'ils n'étaient en étain. La Courtille! c'était en 1793 un Tivoli populaire! Sous les arbres, chez Dunoyer,

---

1. *Petites Affiches.* Prairial an v.
2. Haute Cour de Justice. Copie des pièces saisies dans le local que Babeuf occupait lors de son arrestation. Frimaire an v.
3. *Petites Affiches.* Vendémiaire an v.
4. *État actuel de Paris,* an xi, vol. I.
    Petites Affiches. Floréal an iii. — 6. *Id.* Fructidor an iv.

républicains et républicaines se trémoussaient de leur mieux. Les mamans, les papas, les enfants en petites vestes mangeaient, et tiraient le broc du baquet d'eau fraîche. Les chiens nettoyaient les assiettes. Des filles en ceinture tricolore, un bouquet entre les deux seins, minaudaient avec des soldats qui les lutinaient de près. Les danseuses, la gorge entourée d'une ruche de dentelle ou cachée sous un fichu menteur, faisaient voltiger leurs jupes roses, bleues ou blanches. Des chasseurs de la république, au casque d'or, à l'habit bleu à revers rouge, au gilet et à la culotte jaunes, frappaient de leur sabre sur la table pour se faire servir. Ici un galant au bonnet rouge élégant, — bonnet bleu, à large bande rouge, — à la carmagnole rayée de couleur tendre, entraînait une belle coiffée d'un chapeau conique entouré de roses. Un cor, un violon, un basson semblaient aux amoureux la plus belle musique du monde, et les baisers marquaient la mesure à la Courtille, et les baisers marquaient la mesure à Belleville, à l'Ile-d'Amour, sous la grande tonnelle de la danse, que coiffait un bonnet rouge, balancé par les zéphyrs[1].

De plus sages vont s'amuser plus loin que Belleville. La famille en bande, avec la tante, l'oncle et le neveu, marche par les prés, au soleil des décadis ; le père porte les petites provisions dans une serviette, au bout de sa canne appuyée sur son épaule[2] ; l'on part, l'on se promène, et l'on est arrivé au pays des lilas, des cerises, des guinguettes[3], des plaisirs bourgeois et des joies honnêtes : au Pré Saint-

---

1. *Gouaches de Beugnet. Collection de Goncourt.*
2. *Mes Promenades philosophiques*, par Cousin d'Avallon, 1801.
3. *Pariséum ou Tableau de Paris.* 1809.

Gervais, où « bonnement l'on casse l'éclanche[1], » et d'où bonnement l'on revient le cœur dispos, l'estomac heureux, la conscience nette et le jarret leste.

Le faubourg Saint-Antoine, le faubourg du travail, dont tous les habitants étaient tout' à l'heure exemptés de la maîtrise par les priviléges de l'abbaye de Saint-Antoine[2], ce faubourg actif où l'on faisait, où l'on vendait, en 1788, des meubles d'un bout jusqu'à l'autre[3], a chômé pendant la révolution. Les clubs ont fait tort aux ateliers; l'éloquence a nui au rabot.

Pourtant, que de terrain rendu aux grandes entreprises, dans tout ce quartier ! Dans la seule rue de Charonne, trois maisons religieuses font place à l'industrie. — Au faubourg, le couvent de Bon-Secours est débarrassé des inscriptions pieuses qui décoraient la frise de la porte d'entrée. Une filature de coton y emménage. En face, le prieuré des filles de la Madeleine de Tresnel est encore propriété nationale. Des mécaniques battent dans le couvent des Filles-de-la-Croix, qu'un mur sépare du couvent de Tresnel[4]. La ci-devant abbaye des Dames de Saint-Antoine est l'*Hospice de l'Est*[5].

Allez vers la barrière du Trône-Renversé, le long de cette grande voie manufacturière où les portes ont gardé leurs ci-devant enseignes, les *têtes noires* et les *boules blanches*[6], — ici est la brasserie du *général mousseux*, de Santerre, le Lafayette de la canaille. Santerre a abdiqué

---

[1]. *Je m'en f... ou les pensées de Jean-Bart*, vol. I.
[2]. *État actuel de Paris*. An XI, vol. I.
[3]. *Tableau de Paris*, par Mercier. 1788, vol. VIII
[4]. *Mémorial parisien*, par Dufey. 1821.
[5]. *État actuel de Paris*. An XI, vol. I.
[6]. *Mémorial parisien*. 1821.

sa popularité; c'est aujourd'hui un simple débitant de bière, un peu ruiné, et ne vendant guère. Sa machine à feu est inoccupée; et il est en instances auprès du ministre de l'intérieur pour que le gouvernement la lui achète. Il lui écrit qu'avec la somme accordée il pourra recommencer la fabrication de la bière nommée *ale* et *porter*, « semblable à celle des Anglais, seule liqueur qui puisse supporter la mer, en concurrence avec celle de l'Angleterre et le vin de Bordeaux. — En soutenant ma fabrique, vous entretenez une manufacture rivale de celles des Anglais, et vous me mettez à même de fournir une liqueur faite d'objets produits par notre sol et particulièrement recherchée de l'étranger[1]. »

Plus heureuse que la brasserie de Santerre, la manufacture de glaces voit se relever sa fortune, grâce à cette mode nouvelle de décorer de glaces cafés et boutiques[2].

Malgré le manque d'ouvriers habiles, Olivier, le successeur de son père dans cette fabrique de porcelaine qui compte soixante ans d'existence et de renommée, a courageusement lutté pendant la révolution avec les anciens produits de la fabrique de Wedgwood, en Angleterre, et mérite les couronnes du Lycée des Arts[3].

Quoi! plus d'ouvriers, plus de travail, en cette fabrique honorable et fameuse du faubourg Saint-Antoine? Voyez, rue de Montreuil, ce bâtiment élevé sur les cinq arpents de la Folie-Titon, ce bâtiment où entraient tous les matins trois cent cinquante ouvriers, d'où sortaient tous les ans deux cent mille livres de main-d'œuvre; cet

1. *Catalogue d'autographes.* Janvier 1854
2. *Mes Matinées à Paris.* Lausanne. 1800.
3. *Fragments sur Paris*, vol. II.

hôtel orné de quinze mille livres de glaces, de douze mille livres de gravures rares et de dessins choisis ; cet hôtel, acheté et bâti par un homme qui ne gagnait, en 1752, que quarante écus par an, et quittait son premier patron avec dix-huit livres d'économie ; voyez cette magnifique ruche ouvrière, où se fabriquèrent, pour la première fois à Paris, des papiers vélin supérieurs aux papiers vélin anglais ; des papiers d'imprimerie supérieurs aux papiers de la Hollande ; des papiers veloutés à quatre-vingts teintes, égalant les tentures des Gobelins[1] : eh bien, le maître de ces métiers, de cet hôtel, de cette fortune gagnée, pleure et ses glaces, et sa collection de dessins, et son argenterie, et son argent, et quarante mille livres de produits, et sa maison délabrée ; il pleure, entre tout ce qu'il regrette, sa médaille d'or : *Artis et industriæ præmium datum Joanni Baptistæ Reveillon. Anno 1785*[2].

Des plus hautes fenêtres de la maison de Réveillon, apercevez-vous cette abbaye dans la campagne ? C'est l'abbaye de Picpus, prison sous Robespierre, dont les hôtes entendaient les guillotinades de la barrière du Trône-Renversé[3].

Ces décombres, que Palloy n'a pu entièrement disperser sur la France, ces décombres où les étrangers viennent prendre quelque pierre ; — cette place non encore débarrassée et dont les lots déblayés sont en adjudication[4], est la place de la Bastille. La déesse égyptienne de la fête de la Régénération, statue de plâtre bronzé, y est encore debout[5].

1. *Discours sur le luxe et l'hospitalité*, par Mme de Genlis. 1791.
2. *Apologie de Réveillon.* — 3. *Lettres sur Paris.* Heidelberg, 1800.
4. *Petites Affiches.* Fructidor an IV.
5. *Fragments sur Paris*, vol. I.

A droite, une maison se dresse presque seule, au milieu des jardins maraîchers qui bordent le boulevard jusqu'au boulevard du Temple[1] ; sur le mur de son jardin est écrit :

« Ce jardin fut planté
L'an premier de la liberté. »

C'est l'hôtel que Caron de Beaumarchais s'était fait construire par l'architecte Lemoine.

Voici la cour entourée d'une galerie couverte, et ses vingt arcades soutenues par des colonnes ; voilà sur son piédestal, au milieu de la cour, la copie en plomb du gladiateur antique de l'hôtel Soubise. La salle à manger est toujours décorée de sa frise ornée de griffons, modelée sur celle du temple antique d'Antonin et Faustine à Rome, et la glace de cheminée continue à répéter la vue du boulevard et de la côte Ménilmontant ; le salon a gardé ses portes en glace, ses frises en camaïeu, ses huit tableaux de sites champêtres et de ruines par Robert ; l'antichambre, la statue de Voltaire par Houdon ; le jardin, son pavillon dédié à Voltaire, avec l'inscription : *Il ôte aux nations le bandeau de l'erreur* ; son lac alimenté par la pompe de Chaillot, son petit temple de Bacchus[2]. La terrasse à gauche, du côté du boulevard, est décorée des bas-reliefs provenant des démolitions de la porte Saint-Antoine, où la Seine et la Marne épandent l'eau de leurs urnes penchées[3]. A droite, sont toujours les bâtiments de location, les boutiques et les logements[4], qui étaient dans l'hôtel de Beaumarchais, comme l'utile dans l'agréable, et qui disaient

1. *Plan de Paris.* 1797.
2. *Description de Paris*, par Legrand. 1809.
3. *Petites Affiches.* Janvier 1791.
4. *Description de Paris.* 1809.

que le poëte, en ses plus folles dépenses, n'oubliait jamais le spéculateur. — Tout est sauf, et le peuple en sa visite au mois d'août 1792 a tout respecté : pour avoir cueilli une giroflée dans le jardin, une femme a reçu de la bande vingt soufflets ; elle a manqué aller se baigner dans le *bassin de Peupliers*[1]. Mais où est-il le maître de ce jardin dont les arbres ont l'âge de la liberté, le maître qui était si heureux de faire un *humus* à ses fleurs des ruines d'une prison, et de moquer l'ombre d'une bastille avec les riantes splendeurs de sa villa? A peine a-t-il sauvé sa tête ; et, Figaro sans pain, il rôde par l'Angleterre. Et à quoi sert le palais de Beaumarchais? Il est la remise des caractères de Baskerville[2].

Le boulevard du Temple, le boulevard des Audinot, des Nicolet, des Sallé, et des Yon, et des Godet, et des Bancelin et des Émery ! ce boulevard des spectacles, des cafés, des restaurateurs et des jardins publics ; ce rempart de joies, de liesses, de bruits, de folies, où le beau monde même venait s'oublier et s'ébattre ! ce boulevard allant de la rue d'Angoulême à la rue de Bondy, du café de l'Europe dit *Café vert* au Wauxhaal d'été, — quelle décadence ! Ce n'est plus que le Palais-Royal ignoble des crapuleux faubourgs, où se démènent, s'agacent et s'égosillent ivrognes et prostituées, histrions imberbes et Phrynés de huit ans, crincrins et chansons ! Et cornemuses qui jouent, et tambours qui résonnent aux fenêtres, et timbales qui retentissent, et violons qui grincent, et clarinettes qui glapissent, et cafés à concerts, et monstres, et femmes sans bras, et bœufs de Hongrie, et aboyeurs des petits théâtres, prome-

---

1. *Mémoires sur les prisons*. Collection Barrière et Berville, vol. I.
2. *Petites Affiches*. Ventôse an IV.

nant une grande pancarte[1], et joueurs de gobelets, et équilibristes, et spectacles dont l'annonce jaillit de la bouche d'un canon peint : *Amusements militaires, jeu martial*[2], et pâtissiers et charlatans, élixirs et paillasses, et dans le charivari partout ces cris : « Ici ! ici ! entrez ! entrez[3] ! » — Que d'adresse il a fallu à Curtius pour glorifier à heure juste toutes ces popularités si vite dévorées par la révolution ! Il s'est tiré d'affaire en ne s'attachant pas plus à ses grands hommes de cire que le peuple à ses grands hommes de chair et d'os : suivant l'opinion publique, changeant les noms selon les circonstances, la Lescombat en Marie-Antoinette[4], débaptisant ses bustes tous les huit jours depuis 1789 ; et le voilà se dépêchant de supprimer lord Malmesbury qui vient de recevoir l'ordre de quitter la République[5].

Les montreurs d'animaux féroces n'ont pas quitté le boulevard du Temple ; ils allèchent le public avec leurs singes patriotes qui, sur l'épithète d'*aristocrates*[6], leur sautent à la gorge.

Au café Godet, Godet est devenu veuf, Demarsay a succédé à Godet[7], et les glaces de Demarsay ne valent pas celles de Godet. Le café de la Victoire offre sur son théâtre, pour une bouteille de bière, le jeu de Monrose et de sa femme mademoiselle Reine, la ci-devant danseuse de Nicolet. Des Cauchoises trônent au comptoir du café Normand[8] ; cris et disputes au café de Nicolet, la resserre des

---

1. *Neues Paris, die Pariser und die Garten von Versailles.* Altona, bei J. F. Hammerich. 1801.
2. *Ueber Paris und die Pariser*, von Friederich Schulz. Berlin, 1791.
3. *Neues Paris, die Pariser.* — 4. *Les B... de Thalie.* 1793.
5. *Rapsodies.* Décembre 1796.
6. *Journal durant un séjour en France*, par Moore. Philadelphie, 1794. — 7. *Tribunal volatile.* An XI. — 8. *Id.*

marchandes du boulevard, le refuge des bonnes d'enfants; plus calme est le café de l'Ambigu, tenu par Fortin [1], où les honnêtes gens mènent leurs épouses se rafraîchir au sortir des spectacles [2].

Battant, courant le boulevard des petits spectacles, ce visage émérillonné, cette coiffure ébouriffée, cette tournure burlesque, qu'est ce fou? — Greuze, le peintre de la vertu, Greuze, l'habitué de ces coulisses ignobles, Greuze qui échauffe son génie parmi les impures des Délassements et de partout; prenant la Gosset jeune pour modèle de son Accordée de village, prenant peut-être modèle de sa Dame de charité parmi les bacchantes de la Delaunay [3].

En face cette armée de théâtres, rangée en bataille, le *Cadran bleu* retentit de la joie des révolutionnaires qui viennent « y dépenser le fruit de leur brigandage et la dîme du sang [4]. » — Le café des Arts, ci-devant Alexandre, tantôt ouvert et tantôt fermé, rouvre son joli théâtre, remonte ses jolis décors, et ramène le public à ces arlequinades [5] jouées par le maître du café mieux que par Laporte.

Le Turc de l'enseigne du jardin Turc fume toujours indolemment sa pipe [6]. Les ballons de verre surmontés d'un croissant s'allument, comme ci-devant, sur la terrasse garnie de monde; mais ce sont pauvres diables et pratiques peu payantes que les pratiques actuelles du jardin Turc! rentiers à sec et la poche plate, essayant de vivre sur leurs anciennes dépenses, d'attendrir M. Émery, et de consommer le moins qu'ils peuvent [7]. Désirez-vous être assourdi, entrez au café voisin, le café Deschiens : « Trois écorchants

---

1. *Les B... de Thalie.* 1793. — 2. *Tribunal volatile.* An xi.
3. *Les B... de Thalie.* 1793. — 4. *Semaines critiques*, vol. III.
5. *Tribunal volatile.* An xi.
6. *Topographie de Paris*, B. I., vol. C. — 7. *Tribunal volatile.* An xi.

violons, une basse fêlée, deux cornets à bouquins et trois voix de corbeaux détonnent à l'envi les saints airs patriotiques ; » et des bouches brûlées d'eau-de-vie râlent et clament : *Aux armes, citoyens*[1].

Et au coin de la rue du Temple, cet Éden illuminé et tout sonnant de musiques : — courez, appareilleuses, filles vêtues de soie, les pieds trempés de boue, petites ouvrières prostituées, — courez le long de ces arcades à jour, passez cette maison à balcon, l'ancienne maison de L'Hôpital, montez l'escalier qui mène à ces arbres taillés[2] : c'est *Paphos*.

Boulevard ruiné ! si bien ruiné qu'il est à vendre, à vendre comme un ci-devant hôtel ou une ci-devant communauté. A vendre le boulevard du Temple ! A vendre la salle de spectacle de Lazary, ci-devant la salle des élèves de l'Opéra ! A vendre le terrain de la salle de spectacle des Associés ! A vendre le terrain du pâtissier Roussard ! A vendre les six toises cinq pieds un pouce de face sur le boulevard du café Turc ! A vendre, le 7 brumaire an VI, et le terrain de Curtius et le terrain de la Galiote, et le terrain des Ombres chinoises, et le terrain du café Cretté[3] !

La rue de Bondy, — où s'est ouvert derrière la salle, aujourd'hui vide, de l'Opéra, un encan de voitures et de chevaux, — a perdu la merveilleuse galerie de tableaux et de curiosités du duc de Chaulnes, vendue dès 1790[4]. Ces cheminées fumantes, vis-à-vis l'Opéra, sont les cheminées du restaurateur Dujardin[5]. Ces cheminées fumantes, à côté de l'Opéra, dans la maison qui fait l'angle de la rue

---

1. *Semaines critiques*, vol. II.
2. *Topographie de Paris*, B. I., vol. XCIX.
3. *Petites Affiches*. Fructidor et brumaire, an VI.
4. *Id*. Septembre 1790. — 5. *Id*. Frimaire an II.

de Bondy et du faubourg Saint-Martin, sont les cheminées du célèbre Cailleux[1].

L'attique dégradé de la porte Saint-Martin réclame les maçons[2]. La porte Saint-Denis, débarrassée brutalement des inscriptions en l'honneur de Louis XIV, mutilée, menace ruine[3].

Sur ces boulevards Saint-Denis et Saint-Martin, trottant menu, lestes et vives, vont ouvrières et grisettes, dans un fourreau d'indienne, fond blanc à fleurs, tablier de taffetas noir, fichus de mousseline, bonnettes de linon sans rubans[4]; — tout un peuple de petites femmes, œil mutin, nez au vent, les cheveux cachés dans le bonnet blanc, noué en madras, dont les cornes coquettes badinent sur le front; un fichu jaune au cou, une petite camisole blanche jetée sur le dos. Elles portent à la main leurs petites provisions dans un sac de toile; elles retroussent une jupe rayée de rouge, et elles montrent un petit pied chaussé de vert, bien pris dans un bas blanc à coin vert [5]. Que de tous ces chignons qui courent sur les boulevards, chignons bruns ou blonds, sans un grain de poudre, l'artiste qui demeure ici près, rue Sainte-Apolline, le fameux portraitiste en cheveux, ferait un bel usage, et tirerait de jolies miniatures brunes ou blondes!

Au coin de la rue de la Lune et du boulevard, ces quatre étages sont loués : — combien? Douze cents livres[6]! Vous vous récriez; et pourquoi? C'est le prix ordinaire : le grand hôtel de Moscovie, rue des Petits-Augustins, n'est-il

---

1. *Petites Affiches.* Thermidor an II.
2. *Description de Paris*, par Legrand. 1800. — 3. *Id.*
4. *Décade philosophique*, vol. III.
5. *Costumes parisiens de la fin du dix-huitième siècle*, par Lamésangère. — 6. *Petites Affiches.* Pluviôse an V.

pas loué sept mille livres? et le bel hôtel Breteuil, rue Saint-Honoré, quatre mille livres [1]; rue des Lombards, la maison du *Grand Monarque*, quatre mille livres [2]; la maison au coin de la rue Charlot et du boulevard du Temple, neuf mille [3]; la maison rue Saint-Honoré, au coin de la rue de la Convention, en face Saint-Roch, six mille quatre cents [4]; la maison des marchands drapiers, rue Montmartre, en face la cour Mandar, quinze cents [5]; la maison du faubourg Saint-Honoré, faisant l'angle de la rue Verte, avec neuf croisées sur cette rue, huit sur la rue du faubourg, et quatre boutiques, six mille cinq cents [6]? Et si les maisons sont louées si peu, elles coûtent encore moins. La maison du coin de la place Vendôme et de la rue des Petits-Champs est vendue, par Joachim Thibout, trente-deux mille livres [7]; la grande maison, appelée Café Foy, rue de la Loi, 36 et 37, est vendue, par Charles Boyer et sa femme, cent quatre-vingt mille livres [8]; le grand hôtel Massiac, place des Victoires, est à vendre deux cent mille livres [9]; la maison numéro 6, place Vendôme, est vendue cent cinquante mille livres [10]; rue de Grenelle Saint-Germain, l'hôtel Maillebois est acquis au prix de soixante-dix mille livres [11]; l'hôtel Nesmond, quai des Miramionnes, au prix de six mille livres [12]. Et, la famine et l'agiotage aidant, les excellents marchés! Le Temple de Flore, aux Champs-Élysées, est cédé pour cent barriques de bœuf salé [13]; l'hôtel Langeron pour quinze

---

1. *Petites Affiches*. Frimaire an v.
2. *Journal de Paris*. Germinal an v. — 3. *Id*. Floréal an v.
4. *Id*. — 5. *Id*. — 6. *Id*. Messidor an v.
7. *Petites Affiches*. Germinal an vi. — 8. *Id*. Pluviôse an v.
9. *Id*. Fructidor an v. — 10. *Id*. Germinal an vi.
11. *Id*. Prairial an v. — 12. *Id*. Fructidor an v.
13. *Paris*. Janvier 1799.

mille quintaux de blé; et des terrains, boulevard de la Madeleine, pour une rente de cent quarante-trois setiers de blé, froment loyal et marchand [1].

Sur le boulevard Poissonière, l'hôtel d'Uzès, — tout ce terrain entre la rue Montmartre et la rue Saint-Fiacre, — devient la Régie de l'enregistrement et des domaines nationaux. — « A un sou, à deux sous la pièce ! » — ce cri des quais ne cesse d'étourdir les passants du boulevard Montmartre; et pêle-mêle, étalés sur la terre, aux pieds de l'aboyeur, les livres se heurtent : les *Contes de La Fontaine* jetés sur un bréviaire, un pamphlet de Voltaire montant sur un Nicole, un panégyrique de saint Louis, dans la reliure à tours, à bonnets de Liberté, et à piques des *Révolutions* de Prudhomme [2]. A ces cris répondent les cris des recruteurs ambulants de la loterie, sortis des six cents bureaux des collecteurs, courant tout le jour d'un bout de Paris à l'autre, et jetant aux passants : « Trois mille francs pour vingt-quatre sous! Achetez, votre fortune est toute faite [3] ! »

Au coin de la rue de la Loi, l'ancien hôtel Bondy, bâti par Brongniart, est Frascati ; en face, à l'entrée de la rue Grange-Batelière, l'hôtel Choiseul, devenu un encan national, livre aux enchères le déjeuner en agate orientale de Gabrielle d'Estrées [4].

Au voyageur las d'un si long voyage, — le voyage des boulevards, — mille lieux de repos, de réfection et de rafraîchissements, limonadiers, glaciers, restaurateurs, offrent, à la hauteur de la Comédie-Italienne, leurs tables

---

1. *Petites Affiches*. Pluviôse an VI.
2. *Paris à la fin du dix-huitième siècle*, par Pujoulx. 1800.
3. *Mes matinées à Paris*. Lausanne, 1800.
4. *Petites Affiches*. Pluviôse an VI.

hospitalières. Ici Hardy florit. Hardy doit tout ce qu'il est et tout ce qu'il a à madame Hardy, qui le doit à la révolution des repas. En 1789, on déjeunait à neuf heures, on dînait à midi, on soupait à dix heures et demie, onze heures : le gouvernement parlementaire a changé tout cela. Peu à peu on est venu à déjeuner à midi, à dîner à six, sept heures, et à manger quelque chose, un rien, à deux heures de la nuit. Les estomacs en étaient là, quand madame Hardy s'avisa de mettre adroitement quelques rognons, quelques côtelettes de mouton bien préparées, sur un petit buffet, dans sa première salle. Les habitués arrivent : « Eh ! madame Hardy, qu'est-ce que ça ? — Un supplément au déjeuner. — Bravo ! » On goûte, on applaudit. Boudins, saucisses, beefsteaks, dessert même, sont bientôt ajoutés aux côtelettes. — Madame Hardy avait inventé le déjeuner à la fourchette [1].

Velloni tient et le pavillon de Hanovre et cette maison au coin de la rue de Taitbout, où lui succède, dans l'hiver de l'an vi, le grand Tortoni, « élève de Velloni[2], » à qui Velloni révèle la recette du *moustachiolly* de Naples [3]. De l'autre côté, au coin de la rue de Grammont, le glacier Flamet remplace le glacier Montmayeux [4].

Au fond de cette rue de Choiseul, la rue de Choiseul projetée [5], comme disait la Révolution, cet hôtel, vers lequel la foule se hâte, est-ce encore quelque restaurateur, quelque limonadier, quelque glacier ? Non, c'est l'hôtel de Gesvres, — aujourd'hui un lombard ; un lombard qui vient de réduire son taux, et qui ne demande plus qu'une livre

---

1. *Paris et ses modes, ou les Soirées parisiennes*, par L...
2. *Petites Affiches*. Pluviôse an vi. — 3. *Id.* Pluviôse an v.
4. *Id.* Prairial an v. — 5. *Id., passim.*

d'intérêt par mois pour un louis! un lombard tout comme le petit hôtel Montmorency, rue Saint-Marc, comme lui bureau auxiliaire de la maison mère, l'immense lombard installé dans l'hôtel Sérilly, rue du Temple [1].

Partout ici, le boulevard, ci-devant peu construit, est peuplé de constructions pressées les unes contre les autres; quelques années ont suffi à le transformer ainsi; et ce temps semble aujourd'hui bien loin, où un grand terrain avec fondations de bâtiments était à vendre en face les Bains Chinois [2]. Les cafés occupent ce boulevard; et la place qu'ils laissent est bien vite prise par les marchands de meubles. Les brocanteurs, les revendeurs du mobilier de la France royale et de la France aristocratique pullulent le long de cette promenade de Paris; c'est une foire d'hôtels Bullion. Boulevard Poissonnière, la maison du traiteur Mauduit montre à vendre les meubles de la ci-devant cour, le beau meuble en damas bleu et blanc, représentant les forges de Vulcain [3]. Au coin de la rue Poissonnière et du boulevard, Lemotte annonce des meubles précieux à vendre.

Partout, exposé aux devantures, quelque débris du faubourg Saint-Germain et de Versailles. A l'entrée de la rue de la Michodière, la lanterne de Trianon est à vendre [4]. A l'entrée de la rue de la Loi, de l'autre côté de Frascati, est établi le revendeur Villemain, qui a le coffret de bijoux de Madame [5]. Plus loin dans la rue de la Loi, l'œil s'arrête ébloui devant la devanture du citoyen Pin : merveilles d'Arachné ! « Elles sont de nature, — dit le naïf marchand, — à ne jamais être reconstruites dans aucune fabrique de

---

1. *Petites Affiches.* Nivôse an VI. — 2. *Id.* Fructidor an III.
3. *Id.* Pluviôse an II. — 4. *Id.* Floréal an V. — 5. *Id.* Nivôse an V.

France et d'étranger, et leur usage n'appartient qu'à des souverains. » Robes, habits de cour, couvre-pieds, garnitures, vestes, rabats en point d'Argentan et en point d'Angleterre, les dentelles de la ci-devant liste civile, jupes de reine, manchettes de roi, attendent et sollicitent acheteurs, et restent aux injures de l'air, jusqu'à ce qu'une actrice, la jolie Lange, veuille bien faire emplette des dentelles de Marie-Antoinette [1] ! — Comme enseigne, à la porte pend un déshabillé de cinq mille livres [2].

Tout à côté de la Bibliothèque, le grand et le petit hôtel Talaru sont debout encore; mais qu'ils ont été une hôtellerie autre que Talaru n'avait rêvé, les construisant ! et que le beau salon du rez-de-chaussée a vu de tristes fêtes et des festins suprêmes ! — M. de Talaru s'était retiré, à la révolution, dans le petit hôtel Talaru ; il avait loué le grand à un nommé Gence, restaurateur, qui se proposait d'en faire une maison garnie. Comme bientôt il y eut à Paris plus grand besoin de prisons que d'hôtels, Gence proposa l'hôtel Talaru à la section Lepeletier comme maison d'arrêt [3]; — et cette porte que vous voyez, Talaru lui-même, et Laborde, et Boutin, tous les magnifiques Crésus de la monarchie française, l'ont franchie pour aller mourir!

La Bibliothèque, — dont le lieutenant de police Lenoir voulait faire couvrir la cour pour y placer, depuis le rez-de-chaussée jusqu'au comble, tous les livres étiquetés comme les paquets du Mont-de-Piété [4], — la Bibliothèque,

---

1. *Accusateur public*, vol. I.
2. *Petites Affiches*. Pluviôse an IV.
3. *Troisième tableau des prisons sous le règne de Robespierre*. Paris, Michel.
4. *L'an 1787. Précis de l'administration de la Bibliothèque du roi, sous M. Lenoir.*

demeurée semblable à elle-même, n'a pas été désertée par ses lecteurs pendant la révolution.

Où étaient l'hôtel et le jardin Louvois, 1793 et la Montansier ont bâti un théâtre, le théâtre devenu, de par Barrère, le palais de l'Opéra.

En face l'hôtel Vauban, devenu hôtel garni, des palefreniers et des jockeys vont et viennent; c'est un encan de voitures [1].

Quelle rue morte, malgré ses gloires, malgré Soldato et les oranges de son jardin de Malte [2], malgré Mallais, ses perruques et ses démonstrations dans l'art de coiffer les femmes [3], malgré le marchand de modes Leroi, bientôt fameux, bientôt le fournisseur d'une impératrice [4], — quelle rue morte, la rue de la Loi auprès de cette ancienne rue de Richelieu, qui passait en bruit et en embarras de voitures même la rue Dauphine, même la rue Montmartre, même la rue Saint-Honoré, même la rue Saint-Denis! Ce n'est plus un péril de suivre cette rue d'une demi-lieue de long, si apaisée et si pacifiée; l'on n'y écrase plus; le Parisien, étonné, s'y promène à son aise et en sûreté, et à peine compte-t-il en une heure d'après-midi quelques fiacres aux lents coursiers, quelques cabriolets un peu moins boiteux, et parfois deux ou trois carrosses de particuliers [5].

Pourtant, le soir, les voitures brûlent encore le pavé de cette rue fameuse, et l'encombrent à la porte du glacier Garchy; et le jour, quelquefois, une petite émeute de foule y tapage en plein air. Ce sera quelque crieuse, quelque ancienne furie de guillotine, achalandant les passants

---

1. *Petites Affiches.* Fructidor an III. — 2. *Id.* Germinal an V.
3. *Id.* Pluviôse an VI. — 4. *Paris et ses modes.* 1803.
5. *Fragments sur Paris*, vol. 1.

à quelque feuille jacobine, en hurlant d'une voix enrouée :
« Buletin de la maladie de son Altesse Sérénissime Monseigneur Cochon, lieutenant de police de la République, partisan de la contre-révolution, organisateur du soulèvement, de conspiration et de flagrant délit, et pourvoyeur de la boucherie révolutionnaire séante au Temple[1] ! »

Salut ! palais, jardin ! maison de filles, maison de jeu ! hôtellerie des passions humaines, où fut bercée la Révolution vagissante ! Forum, lupanar, club, tripot, académie de l'émeute ! Arbres dépouillés de vos feuilles, cocardes nouvelles de la jeune Liberté ! — Salut ! patrie des auto-da-fé, terre de cendres, où brûla le mannequin du pape, où brûla le mannequin de Lafayette, où brûla le mannequin du club des Jacobins ! Palais-Royal ! jardin Égalité ! boutique de pamphlets, sentine patriotique, hôtel de ville de l'opinion publique, Paris de cent cinquante arpents, foire du monde ! Parc-aux-cerfs des insurrections, — dont les jets d'eau même annonçaient des 10 août ! verdures au milieu desquelles furent promenées, comme des fruits sanglants, des têtes d'hommes sur des piques !

Que d'histoire en ce coin de Paris, en ce Palais-Royal menacé, que Merlin veut métamorphoser en casernes, où Benezech veut tracer quatre rues parallèles[2] ! Tout y raconte la Révolution : les pierres y sont encore toutes parlantes des choses qu'elles ont vues. Voici la façade de la rue Saint-Honoré où s'arrêta l'œil de d'Orléans, que la République emmenait mourir ; — dans la première cour de ce côté, vous verrez encore à l'étalage de la citoyenne Nessant-Mallet les douzaines de chemises à bas prix, pour

1. *Le Rédacteur.* Octobre 1796.
2. *Petite Poste.* Thermidor an v. - *Journal de France.* Thermidor an v.

les dons volontaires à nos frères des armées, commandées par la Convention de l'an II[1]; et au n° 229, sur la boutique de l'horloger, l'inscription est demeurée : *Fraternité ou la mort*[2]. — Les arcades, encore bruissantes, ont gardé un vague écho des cris, des huées, des vociférations de « l'Assemblée nationale des bourreaux et des bacchantes[3]; » la grande allée montre encore les pas de ces Jacobins qui y paradaient avant thermidor, coiffés de rouge, un petit bonnet rouge et leur diplôme à la boutonnière, « comme des marchands d'orviétan[4]. » De ce café, — le café de Chartres, — la cohorte des muscadins est partie pour aller déloger Marat de sa chapelle du Carrousel[5]. A cet autre café, le *café du Sauvage,* le cocher de Robespierre est *le Sauvage*[6].

Toujours comme devant, c'est le « rendez-vous, le sanctuaire et l'égout[7]; » toujours tout y est à vendre, et tout y est acheté. Toujours la foule; toujours le Palais-Royal en rut et en mouvement! Vagabonds, filous, maquignons, courtiers, en essaims et en nuées; quelques maigres honnêtes gens[8]; — des attroupements et des affiches: affiches de spectacles[9], affiches de bals avec souper, affiches de plaisir côte à côte avec des pancartes qui commencent : *Aux armes, citoyens...* ou : *Au peuple souffrant*[10]; — les premiers décrotteurs en boutique de Paris[11]; — mille

1. *Petites Affiches.* Nivôse an II.
2. *Rapsodies,* deuxième trimestre. — 3. *Lettre de M. Cérutti.* 1790.
4. *Coup d'œil sur Paris,* suivi de *la Nuit du 2 au 3 septembre.* An III. — 5. *Souvenirs de ma vie,* par M. de J..., 1815.
6. *Lettres sur Paris.* Heidelberg, 1809.
7. *Petite Poste.* Pluviôse an V. — 8. *Fragments sur Paris,* vol. I.
9. *Censeur dramatique,* vol. III. — 10. *Petite Poste.* Pluviôse an v.
11. *Mes promenades philosophiques et critiques dans Paris* par Cousin d'Avallon. 1801.

bruits : matin et soir les stentors des encans criant les enchères [1] ; — concerts de l'Harmonie dans les appartements d'Orléans [2] ; — dans les grottes souterraines, les musiques de bals impurs ; — et des fanfares de cor, sonnées par des nymphes, dans les caveaux où l'on dîne au son des instruments [3] ; — des bijoux et des liqueurs, des journaux et du sucre, des joujoux, des surplis, des instruments de physique [4], toutes marchandises étalées d'un pied en saillie [5] ; — un bazar universel où des andouilles et des jambons pendent à côté d'une poupée coiffée en cheveux d'or [6] ! — Toujours un théâtre à chaque bout : le théâtre des Variétés, qui est théâtre de la République ; le spectacle des Beaujolais, qui est salle Montansier : à un coin Talma, à un autre Brunet ! — Séraphin et Lhéritier sont revenus de Versailles à la galerie Vitrée [7] ; et Saint-Huruges est revenu de prison à son café Corrazza, où il tonne de plus belle affirmant qu'un ci-devant lièvre mangeait pour douze livres de foin par an [8].

Toujours debout, les maisons de jeu ; il n'y a de nouveau dans les tripots que l'inscription collée sur les glaces : *Ici on s'honore du titre de citoyen* [9], et la circulation gratuite de pots de bière [10].

La foule va et vient : soudain elle s'empresse autour

---

1. *Le Nouveau Paris*, vol. III.
2. *Petites Affiches.* Brumaire an VI.
3. *Le Nouveau Paris*, vol. III. — 4. *Miroir.* Germinal an V.
5. *Petite Poste.* Prairial an V. — 6. *Le Nouveau Paris*, vol. III.
7. *Petites Affiches.* Pluviôse an II.
8. *Rapsodies*, premier trimestre. An V.
9. *Voyage autour des galeries du Palais-Égalité*, par S...e (Sellèque). 1801.
10. *Le Gros lot ou une Journée de Jocrisse au Palais-Égalité*, par H. Chaussier, an IX.

de cette jeune fille qui passe avec des fleurs. Ne savez-vous pas l'histoire de la petite Marie du Palais-Royal ? la reconnaissante petite Marie, qui, autrefois obligée par madame la duchesse d'Orléans, porte aujourd'hui tous les matins, à la ci-devant duchesse ruinée, un bouquet de ses fleurs [1].

Ici, au-dessus du café de Foy, un bureau de bienfaisance et de félicité publique, un club de fous rêve des poêles en verre, et promet d'apprendre en quelques heures à tout venant à peindre quatre-vingt mille tableaux par an, à parler toutes les langues dès la première minute, et à jeter des ponts en un quart d'heure [2].

Au milieu du jardin, le Cirque, promis à l'incendie [3], le Cirque « cette remarquable chimère d'architecture [4] » que surmontaient arbres, fleurs, vases, jets d'eau, — un jardin de Sémiramis; le Cirque où l'on s'enrhumait si bien en 1789 malgré huit fourneaux [5], le Cirque où prêcha le *procureur général de la vérité*, Fauchet [6], le Cirque est aujourd'hui le Lycée des Arts; et semées, tout autour des petites boutiques qui lui sont adossées, gisent les dépouilles d'un ci-devant hôtel, d'un ci-devant palais, un meuble, un vase, aujourd'hui un groupe admirable : l'Honneur, la Prudence, la Probité, et le Temps écrasant le Vice, bronze de Jean Goujon, abandonné aux injures de l'air, des enfants, des passants [7] ! — Une ménagerie amène bientôt en

---

1. *Petite Poste.* Prairial an v.
2. *Petites Affiches.* Pluviôse an III.
3. *Liste des noms et qualités et commerces des citoyens qui ont été ruinés par l'incendie du Lycée des Arts.*
4. *Fragments sur Paris*, vol I.
5. *Tout ce qui me passe par la tête.* 1789.
6. *Révolutions de Paris*, par Prudhomme. Du 30 octobre au 6 novembre 1791. — 7. *Rapsodies*, premier trimestre.

ce pourtour « le superbe pélican du cap de Bonne-Espérance, le casoar des Grandes-Indes, sans oublier le grand Barbaro et autres singes[1]. »

L'éditeur des *Actes des Apôtres*, le libraire Gattey n'est plus; Marie Hardouin a vendu « l'antre de l'aristocratie, » la maison des n°ˢ 13, 14 et 15[2]; mais un libraire républicain a pris la vogue du libraire royaliste; un proscrit, un échappé de la Terreur, Louvet le Girondin, Louvet de *Faublas* et de la *Sentinelle*, Louvet le ressuscité, qui, ruiné par la contrefaçon de ses œuvres, a ouvert, au n° 24 de la galerie neuve, une librairie « où l'on trouve ses différents ouvrages et quelques nouveautés[3]. » Une boutique bien allant, bien marchant, la boutique du malheureux journaliste, qui traîne dans d'âcres polémiques un misérable reste d'existence. Les étrangers, les curieux y viennent voir cette sensible et courageuse Lodoïska, trônant dans la boutique d'un air viril; et ils s'en retournent, étrangers et curieux, un peu désillusionnés sur l'héroïne, mais chargés de livres par la marchande qui bénéficie habilement du roman de sa vie[4].

Puis des cafés tout neufs: le café du *Berceau lyrique*, au n° 101[5]; le café de la *Liberté conquise*, passage de Valois, en face Beauvilliers[6], et un rival de Foy, Velloni, qui de la rue Thomas-Muséum, ci-devant du Louvre, apporte au n° 65 de la Maison-Égalité son débit de glaces en brique et de chocolats à la tasse[7]. Dans cette cour des Fontaines, où sont rangés cabriolets de louage, wiskis et phaétons

---

1. *Petites Affiches*. Fructidor an v. — 2. *Id.* Nivôse an iv.
3. *Journal de France*. Pluviôse an iii.
4. *Fragments sur Paris*, vol. I.
5. *Petites Affiches*. Vendémiaire an iii.
6. *Id.* Pluviôse an iii. — 7. *Id.* Fructidor an ii.

qui portent les incroyables au plaisir[1], et les agioteurs à la fortune [2], — un singulier café, le *Café du Rach*, où le citoyen Lasablonnière tient chaude, depuis dix heures jusqu'au soir, une soupe à la tortue dont il fait payer la jatte quinze sous[3].

Le fameux marchand de gaufres *à la flamande*, Van Roos Malen, dit la Rose, est toujours digne de sa renommée[4]. Et il ne semble pas que les marchands de comestibles aient souffert de la mort du baron de Cancale, ce descendant du duc d'Épernon, ce roi des gourmets, mangeant sept cent trente-deux fois par an des fraises et du melon [5]. Les étalages affriandants sont plus nombreux que jamais. — Plus Lemoine! Mais Corcelet, Corcelet qui montre derrière ses carreaux de Bohême[6] ses véritables tablettes de bouillon[7] et ses truffes cuites au vin de Champagne[8]. Et les restaurants, que de gloires nouvelles! Quels successeurs à Huré, aux maisons de la Barrière, de la Taverne et de la Grotte flamande[9]! Beauvilliers! Beauvilliers et sa table de quinze personnes, à trois heures précises[10]; Naudet qui remplace Beauvilliers, et qui garde sur sa maison le nom de son fameux prédécesseur jusqu'à ce que Beauvilliers le lui fasse effacer par jugement; Naudet, l'ancien président d'un comité révolutionnaire, chez qui les muscadins rejettent les plats, et crient : « Quand je dîne au Comité révolutionnaire, je veux au moins manger de la viande fraîche[11]! » —

---

1. *Coup d'œil sur Paris*. An III.
2. *L'Agioteur*, par Charlemagne. An IV.
3. *Petites Affiches*. Floréal an VI.
4. *Almanach des Gourmands*. 1801. — 5. *Miroir de Paris*. 1805.
6. *Almanach des Gourmands*. 1801.
7. *Petites Affiches*. Vendémiaire an IV. — 8. *Id.* Vendémiaire an III.
9. *Tableau du Palais-Royal*. 1787.
10. *Petites Affiches*. Vendémiaire an III. — 11. *Paris*, mai 1797.

Et le célèbre Robert, et sa cave exquise! Robert qu'un souverain enlèvera à la France[1]! Et Saivres, et l'Excellent, et Véry, où l'on choisit son dîner sur une carte in-folio imprimée à quatre colonnes[2]!

Cette cuisine, où les jockeys d'ambassadeurs fument leur pipe, « digestion faisant[3], » — c'est Méot! Méot qui offre cent plats à choisir[4], Méot le cuisinier des galas du Directoire[5], Méot dont le palais va du Palais-Royal à la rue des Bons-Enfants; palais trop petit encore pour les habitués de Méot, serrés dans le salon, la salle d'audience, le grand cabinet, le cabinet en bibliothèque, la salle à manger, l'antichambre, la grande antichambre et la salle du commun du ci-devant hôtel d'Argenson[6].

Tout autour du Palais-Royal, le commerce de la gueule s'est répandu. — Tout autour du Palais-Royal, les charcutiers, au lieu des lampes de cuivre flamboyantes qui seules annonçaient autrefois leur commerce, dressent leurs étalages appétissants. Tout autour du Palais-Royal, les pâtissiers donnent à voir, non plus les énormes vases qui obstruaient anciennement leurs boutiques, mais une montre toute sucrée et toute provocante[7]. Tout autour du Palais-Royal se rangent les crémiers fameux et les bouchers par excellence, les Cheradam et les Simon. Tout autour du Palais-Royal, les traiteurs et les restaurateurs affluent. Tous

---

1. *Paris dans le dix-neuvième siècle*, par Jouhaud. 1810.
2. *Voyage autour des Galeries*. 1801.
3. *Cartel proposé par James, jockey de milord Malmesbury, à arles (Duval), premier laquais du Directoire exécutif de France, ou oyen expéditif de rendre la paix à l'Europe.*
4. *Censeur des journaux.* Juillet 1797.
5. *Le Bien-Informé.* Décembre 1797.
6. *Topographie de Paris*, B. I., vol. LXXXVII.
7. *Almanach des Gourmands.* 1801.

les commerçants de luxe ruinés par la Révolution ont imaginé de fonder leur fortune sur une chose éternelle et immuable, l'appétit de leurs concitoyens [1]. Cuisiniers d'archevêques, cuisiniers de grands seigneurs, les bons cuisiniers sur le pavé imaginent de régaler le public, au lieu de régaler des maîtres. Le goût anglais de la taverne passé en France, les repas de section devenus journaliers, l'habitude du chez soi rompue par la vie publique de ces temps [2], — chaque rue voisine a bientôt ses traiteurs, l'un rivalisant avec les huîtres vertes et les rognons à la brochette de Beauvilliers, l'autre avec le bon marché des dîners à trente-six sous de Postal, *au caveau du Palais-Égalité* [3].

Rue Saint-Honoré, c'est presque vis-à-vis le ci-devant hôtel de Noailles, Porchel qui fait noces et festins [4] ; — au n° 95, en face le passage Saint-Roch, Philpin, chez qui le dîner coûte trois livres, y compris une bouteille de vin [5] ; — au n° 160, au coin de la place du Palais-Égalité, Hubault, à l'hôtel d'Angleterre [6] ; au coin de la place Vendôme et de la rue Saint-Honoré, Berly est en renom [7]. A l'enclos Honoré, Templier, qui a quatre passages, rue Saint-Honoré, des Bons-Enfants, des Petits-Champs, et vis-à-vis la rue du Bouloy, donne à manger à quatre livres [8]. Rue de la Loi, au n° 14, c'est Herlet, qui a aussi une entrée rue Montpensier [9]. Au n° 299, en face la Bibliothèque, près de l'Opéra, Daniel [10], auquel succède Richaud, l'ancien cuisi-

---

1. *L'Expédition de Don Quichotte contre les moulins à vent*, par Saint-Aubin. Messidor an III. — 2. *Le Nouveau Paris*, vol. III.
3. *Petites Affiches*. Frimaire an VI. — 4. *Id.* Ventôse an II.
5. *Id.* Vendémiaire an III. — 6. *Id.* Pluviôse an III.
7. *Almanach des Gourmands*. 1801.
8. *Petites Affiches*. Pluviôse an III. — 9. *Id.* Ventôse an II.
10. *Id.* Vendémiaire an III.

mer du baron de Staël¹. Rue Helvétius, vis-à-vis celle Louvois, Barthelémy, dit Troin, Mancille et Simon, *tous trois Provençaux,* ouvrent leurs cabinets particuliers de quinze à vingt couverts².

La rue Vivienne a Chailleaux³; elle est glorieuse de Juliet, Juliet chez lequel commencent ces dîners mensuels des acteurs du Vaudeville, débarrassés, en fructidor an III, des femmes et des enfants, et menant gaiement la joyeuse ronde des bouteilles et des chansons⁴.

Rue Neuve-des-Petits-Champs, entre la rue Chabannais et la rue Helvétius, Bernard offre pour quarante-cinq sous : un potage, quatre plats, demi-bouteille de vin et le dessert⁵. Au coin de la rue Sainte-Anne et de la rue Neuve-des-Petits-Champs, l'hôtel du Petit-Contrôle s'honore de la célébrité du célèbre Léda⁶. Rue Neuve-des-Petits-Champs, n° 1286, près le perron du jardin Égalité, la porte cochère vis-à-vis la Trésorerie Nationale est la porte des restaurateurs Sibille et Archambault⁷. Au ci-devant Petit-Carrousel, en face le Comité de Sûreté générale, s'est établi Péron⁸. Rue du Carrousel, près la rue de l'Échelle, l'on dîne à trente-deux sous par tête chez Brunat⁹. — Allez du Palais-Royal vers la Halle au Blé; que de traiteurs ! Rue des Bons-Enfants, Chevance donne à manger pour trente sous, dans la ci-devant chapelle Sainte-Claire¹⁰; rue Pagevin, 214, près la place des Victoires, l'on rencontre Tarlé et ses dîners à cinquante-cinq sous¹¹; rue Croix-des-Petits-Champs à

1. *Journal de Paris.* Floréal an V.
2. *Petites Affiches.* Brumaire an III. — 3. *Id.* Floréal an VI.
4 *Censeur des journaux.* Novembre 1796.
5. *Petites Affiches.* Brumaire an III. — 6. *Id.* Prairial an V.
7. *Id.* Ventôse an II. — 8. *Id.* Brumaire an III.
9. *Id.* Thermidor an VI. — 10. *Id.* An IV. — 11. *Id.* Vendémiaire an III.

l'*Hôtel de l'Univers*, Ganneron [1]; rue Notre-Dame des Victoires, maison de Tours, Pautre et son salon de soixante couverts [2]; rue de Grenelle-Honoré, en face la petite poste des Fermes, Thilleul [3]; rue de la Jussienne, n° 165, maison des Notables, Beauvalet [4], dont le salon, de cent couverts [5], est repris par Maréchal, qui, de trois livres porte le dîner à quatre [6]; rue de la Jussienne, n° 169, près de la rue de Sully, Davion, ce traiteur généreux, qui, pour une livre dix sous, sans le vin, promet : potage, bouilli, entrée, entremets, rôti, pain et dessert [7]; et tout près de la Halle au Blé, rue Mercière, le citoyen Martin, qui donne à manger au plat à huit sous [8].

La maison Égalité est toujours le Palais-Royal. Et toujours les filles et les galeries de bois; toujours les *linons* du camp des Tartares [9]. Des filles tiennent des déjeuners et des soupers froids sous les galeries qui mènent au Théâtre de la République [10]; d'autres cachent leur commerce d'amour derrière un étalage de modes, de jarretières, de houppes, d'eau de lavande, de cadenettes, et de cire à cacheter; d'autres, logées dans le haut de ce palais, — où *Justine* et ses images sont étalées sans vergogne, — ont mis à leur porte quelque érotique tableau, sorti d'une ci-devant collection [11], comme l'enseigne de leur corps, de leurs talents et de leur métier !

La Révolution n'a balayé nulle de ces mansardes d'Augias. — Filles chez le restaurateur Mauduit ; — filles à l'*Hôtel*

---

1. *Petites Affiches.* Thermidor an IV. — 2. *Id.* Nivôse an IV. — 3. *Id.*
4. *Id.* Pluviôse an III. — 5. *Id.* Vendémiaire an III.
6. *Id.* Pluviôse an III. — 7. *Id.* Thermidor an V.
8. *Id.* Vendémiaire an III.
9. *Tout ce qui me passe par la tête.* 1789.
10. *Le Nouveau Paris*, vol. III. — 11. *Id.*

de la Paix, au-dessus du café des Aveugles; — filles au-dessus du café d'Herculanum ; — filles en la maison des Ombres Chinoises et Fantoccini français; — filles au n° 18, filles au n° 45 ; — au n° 93, une des femmes les plus célèbres du Palais, Théodore, dite Fanchonnette Daudin ; — filles au n° 81, au n° 88, au n° 104, au n° 105, au n° 108, au n° 113, au n° 114 ; — filles au n° 127, maison des Ombres de Séraphin, et Rosalie, la brune fameuse « à tournure de poupée; » — filles au n° 123, au n° 148, au n° 156, au n° 167, au n° 179 [1]. — Du côté de la rue des Bons-Enfants, ce sont les Rose, les Marguerite, les Sainte-Foix, les Brinville, les Rolando, les Sophie Pouppe, les Boston, les Louise, les Huberti. La galerie du Perron loge les Émilie, les Wallet, les Lolotte, les Victoire, les Émée, et la populaire Fanchon [2]. — Dans la maison du café de Foy, à l'exception du peintre et du restaurateur, tout est fille, du premier au sixième, de la bossue Lambertie à la blonde Rose, de la laide Hortense à la riche Denoué. — Aux galeries de bois, les Pauline, les Hélène, les Derigny, les Darminville promènent leurs chapeaux noirs à glands d'or. D'autres encore s'asseyent dans le jardin, vêtues d'un goût meilleur, et provocantes de simplicité : robe, châle, tout ce qui a mission de les voiler à peu près est gaze et linon; elles sont toutes blanches, toutes aériennes, toutes belles de ces blancheurs; et, les pieds serrés dans un satin carmin pâle, elles semblent habillées de vapeurs et chaussées de roses [3]. — Jusque sous les noires et affreuses galeries du

---

1. *Premières suites des Fastes scandaleux ou de la Galerie des plus aimables coquines de Paris, à Paphos, l'an CC.*

2. *Réponse des filles du Palais aux 1er et 2e numéros du journal fait contre elles. Discours de la belle Fanfan.* Novembre 1790.

3. *Modes et manières du jour à Paris, à la fin du dix-huitième siècle et au commencement du dix-neuvième.*

Théâtre de la République, il se fait un fourmillement de créatures dans le silence et la nuit, et belles et laides, et jeunes et vieilles, tout grouille confusément dans les impuretés de l'ombre [1].

Et quel rayonnement de débauche tout autour de ce quartier général! Que d'hôtelleries de prostitution, où non-seulement le boire, où non-seulement le manger sont payés par la fille, mais où l'hôtesse lui fait payer jusqu'au loyer de son costume, exigeant dix sous par jour pour la chemise, quinze pour le déshabillé, dix pour le bonnet, cinq pour les bas, cinq pour le mouchoir, et quatre pour le tablier [2]! — Vis-à-vis le Théâtre de la République, ce sale pâté de maison, coupé par la rue du Rempart, la rue des Boucheries-Honoré, la rue Traversière, est un monde de prostituées; et cette cour Saint-Guillaume, — cour de baigneurs et d'hôtels garnis, — est le temple ignoble des Victoire, des Sophie, des Carline. La rue de la Loi n'a pas échappé à la contagion, et son *Hôtel du Cercle* est connu des libertins. — Rue Helvétius, rue d'Argenteuil, rue des Moineaux, sont les Lavalle, les Henriette, et la maison du Pas-de-Calais, et la maison de France. — En face le Palais, la rue de Rohan a ses Rosalie; la rue de Chartres, ses Claire, et sous le guichet Marigny le commerce de la prostitution se fait en plein jour [3]. — La rue Neuve-des-Petits-Champs montre, aux fenêtres de l'*Hôtel de la Chine*, les Céleste, les Betzi, les Maxence; la rue du Bouloi, les Désirée et les Joséphine à la maison de Clermont; la rue Croix-des-Petits-Champs, les Saint-Julien et les Chonchon, au *Grand-Balcon*;

---

1. *Journal des femmes du Palais, ou Tableau de l'état physique et moral des femmes publiques*, numéros 1 et 2, novembre 1796.

2. *Le Nouveau tableau de Paris, ou la Capitale de France sous son vrai point de vue.* 1790. — 3. *Paris.* Juin 1797.

les Justine et les Miller à l'*Hôtel du Mans*, les Lise et les Rosine à l'*Hôtel de la Liberté*[1].

Au Perron, là où le Palais-Égalité fait face à la rue Vivienne, sont pendus des loques, des bas de soie pour femmes, et des gilets imprimés en basin[2].

De l'autre côté, sur la place, la façade du palais est déshonorée par de pareils étalages, par d'ignobles devantures établies de chaque côté de la grande porte, jusqu'à la rue de la Loi, et jusqu'à la rue des Bons-Enfants. Une seule boutique, parmi ces boutiques, est parée et brillante : celle de Fécond, le culottier, qui montre des maillots roses et des costumes de théâtre[3].

Débouchez sur cette place du Palais-Égalité, à gauche, au coin de la rue Saint-Honoré, vous avez le Lycée Républicain ; tournez à droite : et vis-à-vis le café de la Régence, à côté de la Civette, reconnaissez l'ancien pâtissier de la rue de Richelieu lui-même : Rouget. Lui aussi il avait fait fortune ; lui aussi il vivait en paix, la conscience tranquille, les bras enfin croisés, loin du rouleau, loin du fourneau, bourgeois, rentier, gentilhomme de bons revenus sonnants, lorsque, patatras ! la Révolution est venue. Adieu le repos ! a dit Rouget ruiné ; et cet homme supérieur aux événements, plus grand que son malheur, a repris le bonnet de coton et le tablier blanc. Il a repris boutique au n° 1355 de la place ; il a rappelé ses talents et sa fortune : un thé n'est pas de bon goût qui n'a pas des gâteaux de Rouget[4]. — Une révolution avait interrompu sa gloire : elle continue. Et

---

1. *Les Fastes scandaleux*, par un connaisseur juré, associé de l'Académie d'Asnières, secrétaire honoraire du Lycée des ahuris de Chaillot. — 2. *Petites Affiches*. Thermidor an IV.

3. *Petites Affiches*. Floréal an V.

4. *Petite Poste*. Floréal an V.

trouvez beaucoup d'hommes comme ce pâtissier, populaires deux fois dans leur vie !

Asseyez-vous au café de la Régence : plus d'échiquiers ! plus de joueurs graves ! plus de spectateurs muets ! Les échecs ne sont plus à la Régence ; ils sont où est Léger, Léger, Philidor II ! là où se lit au-dessus de la porte : *Salon des échecs.*—Entrez ; et tout de suite, l'on fait : Chut, chut, chut ! — Cet homme qui prise, qui prise quatre fois à la minute, qui fait priser sa cravate, sa chemise, sa culotte, les dames, les tours et le reste, —c'est Léger. Chut, chut ! il a poussé un pion. Et cet autre ? Cet autre est celui que les lauriers de Léger empêchent de dormir, — habit gris râpé, culotte noire jaunie, — c'est Carlier, Carlier, qui a joué dix ans avec Léger, sans perdre et sans gagner ! rivaux qui ne se pardonnent pas, qui s'estiment et ne se parlent plus [1].

De la rue Saint-Honoré, cette rue d'orfévrerie et de bijouterie [2], sortez par cette ruelle qui conduit au Carrousel, la rue de Chartres ; vous passez devant cette salle circulaire comme Feydeau, le Vaudeville, ci-devant le Wauxhaal d'hiver ; vous passez derrière l'ancien hôtel des Quinze-Vingts, ci-devant hôtel d'Amérique, maison garnie, rivale de l'hôtel d'Angleterre, fermant et rouvrant tout le Directoire [3] ; — de cette rue de Chartres, où les voitures s'accrochent et s'embarrassent, où les piétons ne s'aventurent qu'avec précaution, craignant d'être roués [4], vous débouchez dans l'étroite et sale place du Carrousel. La dernière sentinelle placée près le caveau de Marat y a gelé dans

1. *Une Journée de Paris*, par Ripault. An v.
2. *Mes matinées à Paris*. Lausanne, 1800.
3. *Petites Affiches*, passim.
4. *Petite Histoire de France*, par Marlin, vol. II.

l'hiver qui suivit le 9 thermidor [1]. Le buste de Marat qui ornait le reposoir du Carrousel, enlevé, traîné sur les pavés, puis pendu à la porte d'un boucher au coin de la rue Calande, a été brisé par les enfants à coups de pierre [2]. Les maisons qui se pressent sur la place, l'encombrent et ne lui laissent d'autres dégagements et d'autres jours que des ruelles étranglées, sont prises par la spéculation, affriandée par leurs appartements immenses. Ainsi, l'hôtel de Longueville est successivement tout ce qu'un grand bâtiment peut être ; bal, encan, mont-de-piété, papeterie, bureau de diligences [3].

Ce pâté de constructions agglomérées entre deux palais royaux, le Palais-Royal et les Tuileries, n'est égalé en saleté que par le quai qui longe la Seine. Ce quai est une cour des Miracles. Dans la fumée des cuisines en plein vent, des chiffonniers achètent des mouchoirs que leur apportent les voleurs du Palais-Royal [4]. Devant des échoppes de quatre planches, sans toit, enguirlandées de harengs et de boudins, des marmites bouillent et chantent, entre deux pierres ; et sur cette terre graisseuse, salie de miettes et de restes, des chiffons impurs, des loques multicolores, des jonchées de haillons sont étalés [5]. — Le Louvre n'a guère meilleure tournure que son quai ; et son ami, et son avocat, Voltaire, qui se démena tant pour débarrasser la Colonnade de ses parements de coquilles d'huîtres [6], Voltaire devrait revenir au monde pour sauver son gazon, le *gazon du vieux Louvre*. C'est, jusqu'en messidor de l'an VI,

1. *Charlotte Corday décapitée à Paris*, par Gouet-Gironville.
2. *Journal de France.* Pluviôse an III.
3. *Petites Affiches*, passim.
4. *Paris métamorphosé, ou Histoire de Ragot.* An V.
5. *Le Nouveau Paris*, vol. V.
6. *Le Danger des extrêmes.* An VIII.

la bourse des marchands de vieux habits, des agioteurs de vieilles défroques [1]. La Révolution n'a pas oublié de visiter l'intérieur du Louvre. En juillet 1793, elle a envoyé des ouvriers mutiler les boiseries des portes et des appartements, barbouiller les tableaux de Rigaud et de Lebrun, ornement de la salle de l'Académie des Inscriptions, effacer la figure et le nom de Louis XIV, arracher les tapisseries semées de fleurs de lis [2]. Au temps de la Terreur, la Révolution prend une des salles du Louvre pour y établir l'imprimerie nationale. C'est cette imprimerie nationale, sise au Louvre, que Robespierre augmente, pour l'impression du Bulletin des lois, de deux presses montées à ses frais sous le nom de Nicolas, et dont le coût fut plus tard remboursé à la famille du condamné [3]. Au temps de l'agiotage, la Révolution dispose d'une salle au rez-de-chaussée, au-dessous de la galerie d'Apollon, en faveur de la Bourse, qui s'y installe le 1er prairial de l'an III [4]. Mais ce sont surtout les locataires du Louvre qui l'ont transformé et dégradé. L'armée révolutionnaire des artistes, campée, de par le droit de conquête, en ce logement à sa convenance, a disposé de l'immeuble selon son bon plaisir, taillant, abattant, construisant, allant jusqu'à élever de petites maisons dans les salles non terminées [5]. En ce Louvre, en cette vieille demeure monarchique, Debucourt, ce Téniers de poche, met en vente la *République française* et la *Déclaration des droits de l'homme* [6], à peu près à l'heure où son

---

1. *Le Bien-Informé.* Messidor an VI. — 2. *Mémoires de Morellet.* vol. II.
3. *Conseil des Anciens.* Discours de Richon sur la résolution du 11 pluviôse relative à l'imprimerie publique.
4. *Journal de France.* Mai 1795.
5. *Musée de sculpture et d'architecture*, par le comte de Clarac, 1841. — 6. *Petites Affiches.* Juillet 1794.

voisin de la rue Boucher, Copia, met en vente, traduites d'un pointillé merveilleux, la Liberté, l'Égalité et la Loi de Prudhon [1].

Qui l'eût dit, alors, que ces gravures patriotiques auraient les pendants qu'elles ont aujourd'hui! Pêle-mêle avec elles, le portrait de Marie-Thérèse-Charlotte, telle qu'elle était vêtue dans la prison du Temple [2], le portrait de *Capet* revêtu de tous ses ordres [3], sont exposés aux vitrines de la rue du Coq. Grande galerie des gravures, grande galerie des livres, que cette rue du Coq, où Martinet, où Pathier, le marchand d'estampes de Versailles, doublant dans le principe leur cabinet d'estampes d'un cabinet de lecture [4], viennent faire concurrence aux marchands d'images de la rue Saint-Jacques, aux Esnaut de la *Ville de Coutances*.

Saint-Germain l'Auxerrois respecté a tout à côté de lui une renommée nouvelle, une enseigne fameuse : la *Grosse Carotte* [5]; ce débit de tabac qui rivalise de vogue avec la célèbre *Carotte américaine* de la Halle [6].

Charlatans, garguilles, vendeurs et vendeuses d'orviétan au quai de l'École; charlatans, garguilles, vendeurs et vendeuses d'orviétan au quai de la Mégisserie. — Massif et délabré, les pierres déchaussées, les murs lépreux, le Châtelet a survécu; et dans l'ombre de sa porte bourdonnent et s'agitent des nuées d'hommes confuses. Le flux va et vient : ce sont des ferrailleurs. Ils entrent chez le marchand de vins sous la voûte : *Au rendez-vous des marchands* [7];

---

1. *Petites Affiches*. Prairial an II. — 2. *Id*. Vendémiaire an V.
3. *Journal des hommes libres*. Frimaire an V.
4. *Petites Affiches*. Frimaire an V. — 5. *Id*. Fructidor an II.
6. *Id*. Nivôse an V. — 7. *Id*. Pluviôse an V.

ils en sortent; ils se pressent, ils se poussent à cette vente perpétuelle des mobiliers besoigneux, à ces criées du Châtelet; achetant, revendant, trafiquant, grappillant; un jour, se lançant jusqu'à une enchère de cinquante mille livres pour le mobilier du spectacle de l'Estrapade [1] entassé sur la place; et font-ils quelque bon coup, ils s'acheminent tout fiers vers ce cabaret borgne, savourant d'avance ces fameux pieds de mouton, depuis près de deux siècles la gloire et la fortune de cette maison : *le Veau qui tette* [2].

Du cloître Sainte-Opportune, au-dessus du Châtelet, le regard rayonne, comme sur les brins d'un éventail ouvert, sur ces rues divergentes, Saint-Honoré, Montmartre, Poissonnière, Saint-Denis, Saint-Martin, Saint-Laurent, du Temple, Saint-Antoine, artères toujours battantes, toujours vivantes, d'où le commerce est porté aux extrémités de la ville, pour refluer à son cœur. Saint-Merri est bien appelé aujourd'hui : *le Temple du commerce* [3]. Les rues, les marchés se hâtent à occuper les terrains religieux. Le soleil et l'air descendent dans cette ville ouvrière; un peu de jour est fait dans ce quartier étouffé qui commence à la Halle et va jusqu'au faubourg Saint-Antoine.

Les bâtiments de Sainte-Opportune, — aujourd'hui un dépôt de pruneaux de Tours [4], — disparaîtront. — Une lettre du sculpteur Mouchy, relative à quelques sculptures de Sainte-Opportune, n'est pas sans intérêt; elle montre le peu de cas que les artistes d'alors faisaient de l'art du passé, et la joie que procurait à un propriétaire le débarras d'un objet d'art. « Monsieur (la lettre est adressée à M. Burel, sous-chef au bureau de liquidation à l'Hôtel-de-Ville),

---

1. *Petites Affiches.* Thermidor an III.
2. *Almanach des Gourmands.* 1801.
3. *État actuel de Paris*, vol. I. — 4. *Petites Affiches.* Nivôse an VI.

aussitôt votre lettre reçue, je me suis transporté dans l'église Sainte-Opportune, pour y examiner les trois anges en question. Quoique d'un faible mérite, j'ai cependant jugé qu'ils pouvaient convenir et trouver place dans l'occasion. En conséquence, j'ai pensé qu'ils méritaient beaucoup au delà des frais du transport aux Petits-Augustins... Après cet examen, j'ai été en prévenir M. Sal, négociant, rue Saint-Martin, qui m'a paru fort satisfait en le déchargeant de cet objet [1]... »

Le Cimetière des Innocents est déjà un marché avant la Révolution. Des plaintes fort vives sont faites sur ce marché en 1789. Le marché des Innocents et le marché de la halle au Blé, — toutes les halles à peu de chose près, — étant cédés à des compagnies, et livrés par ces compagnies à des marchands payant leur place, cette mesure, disent les Doléances, prive les vendeurs ambulants et la consommation de la vente foraine des fruits à couteau et à noyau, et empêche au marché des Innocents la vente des légumes [2]. La Révolution prêta l'oreille aux réclamations, et, en 1791, la halle au Blé fut balayée d'échoppes [3].

Quel tapage de voix, de couleurs, d'aspects, ce marché des Innocents! Sous quatre à cinq parasols en toile cirée de quinze pieds de diamètre et peints en rouge,—regardez! tâtez! achetez! tout le linge de hasard de Paris est là. Les Grâces de Goujon, amenées au centre de la place, de l'encoignure des rues Saint-Denis et aux Fers, voient l'ouvrier et le rentier ruiné, en quête de son drap et de sa chemise, regardant au soleil la trame usée, hochant la tête, la re-

---

1. *Collection d'autographes* de Goncourt.
2. *Doléances à MM. les députés de Paris aux États généraux pour les marchands et autres des halles de Paris.* 1789.
3. *La Lanterne sourde.* 1791.

gardant encore, et se décidant à faire emplette. Des bonnes femmes, des vieillards traînant la jambe, des mères portant de petits enfants pâles, se hâtent vers cette boutique du marché aux Poirées où le pharmacien Quinquet les console gratuitement et les guérit pour un peu plus [1]. Le matin, cette halle de vieilleries est toute fraîche et toute champêtre : un marché aux fleurs la pare et l'embaume, fleurit la rue aux Fers, et poussant jusqu'au quai, fait se trahir la violette et éclater la giroflée entre les ferrailles et les armures gisantes [2].

Saint-Eustache a été un temple de la Raison ; son mobilier a été vendu en floréal de l'an II [3].

Sur la gauche de ces halles, dont l'une, la halle au Blé, garde à son côté la colonne de Catherine de Médicis, — rue du Bouloi, grande surprise, grande curiosité du public, grande joie des archéologues! Sur l'ancien emplacement de la douane, — où fut l'hôtel de Soissons, qu'un dessin de Wille nous montre, en 1747, ruiné, demi-écroulé, ébranlé du reste [4], — les ouvriers, en creusant des caves, viennent de mettre à découvert le royal bain de la Florentine et de ses filles d'honneur. Les niches destinées aux baignoires de Catherine et de son escadron de suivantes sont visibles ; et sur l'ordonnance rehaussée de bossages à congélations et de mascarons, Millin et autres de prononcer les noms de Lescot et de Goujon [5].

Fort hâtées, des soubrettes passent, qui n'ont guère le temps de donner un coup d'œil à la trouvaille ; petit pot

---

1. *Petites Affiches.* Germinal an IV.
2. *Paris à la fin du dix-huitième siècle,* par Pujoulx, 1800.
3. *Petites Affiches.* Floréal an II.
4. *Topographie de Paris,* B. I., Cabinet des Estampes, vol. XXXV.
5. *Magasin encyclopédique,* vol. XII.

en main, elles courent chercher le lait d'ânesse pour leurs maîtresses, rue Montmartre, près la cour Mandar, à l'hôtel Charost. Une étable, le petit hôtel Charost[1]! et son aîné, le grand hôtel Charost, rue Honoré, est un hôtel garni tenu par Deharme[2], qui tenait tout à l'heure *l'Étoile d'or*, rue des Grands-Augustins, et cette marmite célèbre d'où sort à toute heure du jour et de la nuit un chapon au gros sel[3]. — Rue du Gros-Chenet et rue de Cléry, les salles de vente de Lebrun ne désemplissent pas ; et tous les amateurs le complimentent de sa salle neuve vitrée, de son rez-de-chaussée tapissé de tableaux, de sa galerie qui surmonte les tableaux, et où l'on peut s'accouder pour tout voir sans fatigue[4]. Un émule pourtant vient à Lebrun : un café de la rue du Petit-Carreau est saisi d'une belle émulation, et son propriétaire, Libert, offre dans ses salons l'exposition aux artistes qui auraient des tableaux dont ils voudraient se défaire[5].

Toutes les merveilleuses de Paris se croisent dans cette rue odorante, la rue Montorgueil, ci-devant Comtesse-d'Artois. Où se parfumer, dit la mode, si l'on ne se parfume rue Montorgueil? L'air y est de roses; le vent y semble une haleine de tubéreuse! Que parlez-vous de Fargeon? Il y a si longtemps qu'il est fameux; et puis ce faubourg du Roule, c'est un voyage. Mailhe? Il faut passer les ponts. Mais la rue Montorgueil et le magasin de *Provence et d'Italie*[6]! quel atelier! les amours y battent la moelle de bœuf et la bergamote! Et poudre à la maréchale, ami-

---

1. *Petite Poste.* Prairial an v.
2. *Petites Affiches.* Prairial an v.
3. *Almanach des Gourmands.* 1801.
4. *Topographie de Paris*, B. I., Cabinet des Estampes, vol. XXVIII.
5. *Petites Affiches.* Vendémiaire an v. — 6. *Id.* Nivôse an v.

don de Hollande, poudre à la rose muscade, rien n'est bon, rien n'est de ton, rien n'a une fleur d'arome, qui ne vient du magasin de Provence. Érambert et ses éponges de Venise [1]; Garnier, qui se fait un titre d'avoir cessé son commerce tout le temps des lois révolutionnaires [2], et lui-même, l'heureux inventeur de cette eau de pigeon qui rend le teint frais et empêche de vieillir [3], lui-même, ce médecin des rides, ne peuvent enlever une pratique au magasin de Provence et d'Italie, à la rue nouvelle de la parfumerie!

La vieille rue de la bonbonnerie, la rue des Lombards, n'a changé que ses enseignes. Le *Grand Monarque* est devenu le *Grand Vainqueur* [4]; mais les sucreries du Grand Vainqueur sont restées dignes du Grand Monarque. N'importe, les palais royalistes lui ont gardé rancune de s'être débaptisé; ils se sont retournés vers le *Fidèle Berger* et vers les *Vieux Amis,* célèbres pour leur sucre d'orge [5], — sucre d'orge qui n'a de rival que le sucre d'orge à la bergamote, *bonbon ordinaire du feu roi Stanislas,* fabriqué par Moutonneau, de la rue du Coq [6].

Qui la reconnaîtrait, à huit ans de 1789, cette rue qui passe sur un côté du marché des Innocents, la rue Saint-Denis? Quelle est cette figure toute neuve qui couronne le campanile d'une horloge, remplaçant la vieille croix de l'église du Saint-Sépulcre? C'est la statue du dieu du commerce, élevée sur la première cité ouvrière. La spéculation hollandaise a acheté ici église, couvent, dépendances, a jeté un million huit cent cinquante mille francs sur les

---

1. *Petites Affiches.* Juin 1794. — 2. *Id.* Messidor an v.
3. *Id.* Thermidor an III. — 4. *Id.* Germinal an v.
5. *Almanach des Gourmands.* 1801.
6. *Journal de Paris.* Germinal an v.

devis des architectes Sobre et Happé; et bientôt monte, au milieu des maisons vieilles, noires, insalubres, de cet ancien quartier de la cour des Miracles, le vaste ensemble de ce logis d'ouvriers, ceignant de son arcature blanche et de ses entre-colonnements ioniques le parallélogramme appelé *Cour Batave*[1].

Du même côté, l'abbaye de Saint-Magloire, cette abbaye de douze femmes, *religieuses aristocrates*, sur la tête desquelles les patriotes appelaient tout à l'heure les foudres municipales[2], sert de lieu de vente, avant d'être démolie, pour tous les instruments des salpêtriers de 1793[3].

A gauche de la rue, un corps de garde occupe la moitié de la chapelle Saint-Jacques[4]; à droite, la Trinité est un autre corps de garde[5]. Toutes ces abbayes, toutes ces églises, toutes ces chapelles ont été une merveilleuse ressource dans les premiers temps de la milice citoyenne, dans le premier feu du zèle, dans le premier élan des patrouilles, dans la première furie de surveillance : corps de garde à la Jussienne, corps de garde à la fontaine des Innocents, corps de garde aux Prémontrés et corps de garde aux Cordeliers, deux corps de garde au Pont-Neuf, et corps de garde à l'église des Petits-Pères, et corps de garde à l'église Saint-Eustache[6]!

A gauche, l'église Saint-Sauveur, dont on ne trouve plus vestige dans les premiers plans du XIXe siècle; les bâtiments des Filles-Dieu, qui disparaissent comme l'église

---

1. *Description de Paris et de ses édifices*, par Legrand. 1809.
2. *Les Ruines parisiennes, depuis la révolution de 1789*, par Jaquemart. An VII.
3. *Petites Affiches*. Prairial an V. — 4. *Etat actuel de Paris*, vol. I.
. *Rapport de Molinos*. Collection d'autographes de Goncourt.
6. *Ruines parisiennes*.

Saint-Sauveur; les bâtiments de l'Union chrétienne, qui disparaissent comme les bâtiments des Filles-Dieu.

A l'ancien n° 18, dans le portail de l'ancien Saint-Chaumont, au coin de la rue de Tracy, Sansom et compagnie [1] dédaignent, comme leurs collègues Fernandez père et fils de l'abbaye Saint-Germain, les petits articles de mercerie du xviiie siècle énumérés dans l'adresse de *la Navette d'or* gravée par Lebas; ils commencent ces premiers grands magasins de blanc, ces premiers grands bazars encyclopédiques où se vendent toutes les étoffes d'une époque; ils montrent étalagées toutes les combinaisons du fil, de la soie, de la laine, du coton, multipliées encore par la multiplicité pompeuse des appellations : toiles de Courtrai, toiles d'Orange, toiles de cretonne, linons, organdis, sicilienne, canaderis, manchestin, gragramme rayé, espagnolette, italie, nankinette rayée pour robes rondes à *la Spalestine*, et florence pour douillette à *la Palmire*, et turquoise rayée pour camisole à *la Patagone* [2].

Rue Saint-Martin, qu'est-il advenu de la fameuse abbaye Saint-Martin des Champs? En l'an de révolution 1791, l'on disait qu'une société de patriotes hollandais, ne craignant ni les revenants ni la contre-révolution, l'avait achetée deux millions deux cent mille livres [3]. Elle voulait en faire, ajoutait-on, une succursale du Palais-Royal. D'autres Hollandais, à la même époque, avaient les mêmes vues sur l'abbaye Saint-Germain des Prés [4]. Quoi qu'il en soit, *l'École républicaine des Jeunes Français*, tenue par le conventionnel Léonard Bourdon, est ouverte à Saint-Martin des Champs, en mai 1792. Bourdon mettait-il ses élèves au

---

1. *Petites Affiches.* Nivôse an vi.
2. *Id.* — *Journal de Paris,* passim.
3. *Annales patriotiques.* Août 1791. — 4. *Id.*

brouet de Sparte, et, malgré son ancienne pièce de *Férulus,* critique de la ci-devant éducation, attachait-il les récalcitrants avec des anneaux de fer dans un cachot [1]? Fréron l'affirme. Affamés et maltraités ou non, Bourdon garda ses élèves et son école, devenue l'*Institut des enfants des défenseurs de la patrie,* jusqu'en l'an IV. La pension ferme alors, et il est annoncé à vendre dans le prieuré le théâtre des pensionnaires, composé d'une bâtisse de trente-trois pieds de longueur, avec décors, accessoires, pupitres, loges, banquettes d'appui [2].

L'église Saint-Nicolas des Champs a été l'église révolutionnaire des mariages de Paris, célébrés tous les décadis; et les poëtes de la Révolution qui rêvaient pour l'hyménée régénéré des autels mystérieux, des architectures perdues dans des bois de jasmin d'Espagne, des escaliers de marbre de Paros, sont de fort mauvaise humeur contre les marches boueuses du temple de la Vénus légitime, contre la gueuserie qui l'assiége, et le cloaque qui l'entoure [3]. La petite église Saint-Julien des Ménétriers a été démolie en 1790 [4]. L'église Saint-Merry est, nous l'avons dit, un temple consacré par la Révolution au Commerce [5]. Dans cette rue du Temple, qui a les débuts de Babin, le costumier de toutes ces petites troupes éphémères qui n'ont pas grande abondance de garde-robe [6], — le monastère des dames de Sainte-Catherine sert de grenier aux farines de l'approvisionnement de Paris [7].

1. *L'Orateur du peuple.* Germinal an III.
2. *Petites Affiches.* Fructidor an IV.
3. *Encore un tableau de Paris,* par Henrion. 1801.
4. *Dictionnaire topographique, étymologique et historique des rues de Paris,* par la Tynna. 1817. — 5. *État actuel de Paris,* vol. I.
6. *Tribunal volatile.* — 7. *État actuel de Paris,* vol. I.

Retour des choses humaines! Le Temple, qui a gardé le roi, garde Drouet!

Les élèves du maître de pension Moreau ont pour jardin le jardin de l'hôtel de Boufflers, enclos du Temple[1], et prennent leurs récréations sur la *belle pièce de gazon roulé*[2]. — Les Carmélites de la rue Transnonain ont été supprimées. Vers la Grève, les bâtiments des Pères de la Merci sont mis en vente à quatre-vingt-quinze mille sept cent cinquante livres[3]. Les Carmes-Billettes ont failli, du vivant de Danton, devenir le boudoir d'une de ses maîtresses[4]. Le cloître de Sainte-Croix de la Bretonnerie est un enclos[5].

La Grève, cette ci-devant place des supplices et des fêtes, de la roue et des arcs de triomphe, n'a pas changé à la Révolution. On y a tué; et on y a dansé! Les feux de joie y ont succédé aux massacres et les massacres aux feux de joie[6]! Même bruit, même foule, même spectacle et même public qu'hier. Et de ces populaces émeutières, foulant la Grève, l'œil interroge souvent la fenêtre d'un peintre en bâtiment de la place : un paravent, représentant la prise de la Bastille, se montre à cette fenêtre-là toutes les veilles d'insurrection[7]. La Grève est-elle tranquille, une population de gourmets, de piqueurs de vin, d'amateurs et de marchands, dont le nez rubicond raconte l'expérience, descendent en ces bienheureuses dix-huit

---

1. *Petites Affiches.* Frimaire an v.
2. *Topographie de Paris*, B. I., Cabinet des Estampes, vol. C.
3. *Petites Affiches.* Pluviôse an vi.
4. *Dictionnaire géologique des hommes et des choses.* 1795-1800.
5. *État actuel de Paris*, vol. I.
6. *Le Nouveau tableau de Paris.* 1790.
7. *Censeur des Journaux.* Juin 1796.

salles des caves de l'Étape, situées sous l'Hôtel-de-Ville[1]. Là, passe, repasse, offert aux enchères, tout le vin vieux de la France du vieux temps : des caves aussi précieuses que cette cave du duc de Mazarin, riche de vingt-cinq mille bouteilles de champagne[2]; des caves aussi précieuses que celles de la duchesse de Grammont, de Conti; aussi précieuses que celle de la reine, vendue par petits lots de vingt-cinq bouteilles à Gaillordon, près Sèvres[3]; des caves de liqueurs inestimables comme celle de Wermerange, comme celle du château de Chantilly, dont l'eau-de-vie, conservant vingt-trois degrés malgré sa vieillesse, se vend soixante francs la bouteille[4]; ou même des caves pareilles à la cave du baron de Staël. Les déguenillés de la Grève, devant qui défilent ces tonneaux opimiens et ces vins de cent feuilles, se consolent, et noient leurs envies et leurs regrets à ces cantines établies autour de la Grève, à ces tables dressées sur tout ce quai, au coup de sept heures du soir, où les assiettes de trois harengs grillés, saupoudrés de ciboules, disputent la place aux terrines de salade et de pruneaux[5].

Faut-il dire le Marais, la capitale du dix-septième siècle, cette province enclavée au milieu du Paris du dix-huitième[6]? Faut-il dire ce qu'il a été fait de ces hôtels dont les uns étaient des gloires, les autres des souvenirs? Les dénombrerons-nous, et irons-nous rue par rue, les cherchant, les retrouvant, et ne sachant si nous les avons retrouvés, tant ils sont renouvelés et défigurés? Comme partout où la pierre était un témoin de l'histoire, une re-

1. *Petites Affiches.* Frimaire an v.
2. *Correspondance manuscrite du président Bouhier*, B. I.
3. *Petites Affiches.* Vendémiaire an v. — 4. *Id.* Thermidor an III.
5. *Le Nouveau Paris*, vol IV.
6. *Un Provincial à Paris pendant l'année 1789.* Strasbourg.

lique du passé, — l'énumération serait lamentable et monotone. L'hôtel de Soubise, l'inimitable modèle des richesses et des élégances intérieures du siècle de Louis XV, voit mille industries hétérogènes occuper ces salons et ces cabinets, que la rocaille, comme une fée, parait de ses enchantements inégalés! Pourquoi nous fatiguer encore à compter les usurpations de l'industrie? L'hôtel Canillac est le bureau des voitures pour Juilly [1]. La Révolution a dévasté les murs de l'hôtel de Juigné, dont les peintures rivalisaient avec les peintures de l'hôtel Lambert. Le grand hôtel Charolais est une papeterie [2]. Et laquelle parmi ces maisons, lequel parmi ces hôtels a été mieux gardé que l'ancienne demeure de Ninon? Pourtant en ce salon, le chiffre de Ninon veille encore au-dessus de la cheminée; en ce salon, un groupe sculpté montre une femme écrivant sur des tablettes appuyées sur le Temps, et s'arrêtant pour se mirer en un miroir présenté par l'Amour; ce salon a entendu le *Tartuffe*, lu par Molière; — un marbrier y dégrossit ses marbres [3]. Et l'hôtel Carnavalet, l'hôtel de madame de Sévigné, voici comment il est annoncé à vendre : « A vendre sur l'enchère de cinquante mille livres, aux criées du département de la Seine, grande et superbe maison dite *hôtel Carnavalet,* rue Culture-Sainte-Catherine, au coin de celle des Francs-Bourgeois. Dans les faces du premier étage sont des figures exécutées en bas-relief par le fameux Goujon, sculpteur; grand jardin servant de potager, le tout contenant près d'un arpent. En 1788, elle était louée huit mille livres. Cette maison peut servir à une manufacture ou à une maison de commerce [4]. »

Lamentable et monotone pareillement serait la liste

---

1. *Petites Affiches.* Ventôse an VI. — 2. *Id.* Frimaire an V.
3. *Mémorial parisien,* par Dufey. 1821.
4. *Petites Affiches.* Pluviôse et ventôse an V.

des édifices religieux supprimés, ruinés, regrettés et pleurés par les arts ! A louer présentement, les Capucins du Marais, propres à faire des magasins considérables[1]. L'église des Filles-du-Calvaire est l'entrepôt de foin d'un citoyen, qui a pour succursale de son entrepôt l'église de la ci-devant Visitation, rue Saint-Jacques[2]. L'église des Blancs-Manteaux, où circulent les brocs d'un marchand de vin, est à vendre sur la mise à prix de trente-six mille livres[3]. Ainsi les églises; ainsi les couvents; ainsi l'hospice d'Anastase; — ainsi le Petit-Saint-Antoine « qui ne guérit plus du feu, mais du déficit; » — ainsi Sainte-Marie; — ainsi Saint-Louis de la Culture, l'opulente église des Jésuites où les cœurs de Louis XIII et de Louis XIV étaient soutenus par des anges d'argent, disparus à la Révolution[4]; — ainsi l'*Ave-Maria*, une caserne[5]; ainsi les Célestins, murs nus, ce musée religieux, dont les Petits-Augustins recueillent l'héritage magnifique; les Célestins, une forge! puis une ruine noircie par l'incendie[6]! Ainsi l'église des Minimes, l'ambulance des blessés de la Bastille[7], acquise en l'an VI, par les propriétaires de l'église Saint-Nicolas du Chardonnet, l'ex-prêtre Dubois, et le cocher de fiacre Défagot! l'église des Minimes, et son portail de Mansard, démolis par Dubois lui-même, à qui une pierre en tombant cassa la jambe; démolis, et le terrain tamisé.

Mais quoi? voici tout auprès un domaine national qui n'est devenu ni un grenier, ni une fabrique, ni une ruine. Plus de traces du séjour d'une administration révolution-

---

1. *Petites Affiches.* Thermidor an v. — 2. *Id.* Nivôse an v.
3. *Id.* Ventôse an v.
4. *Ruines parisiennes.* — *Premier Rapport sur le vandalisme,* par Grégoire. — 5. *État actuel de Paris,* vol. I.
6. *Petite Poste.* Messidor an v.
7. *Catalogue d'autographes* Labouisse-Rochefort.

naire : l'entrepreneur expert de bâtiments, le citoyen
Guillé, a tout réparé sur les plans du citoyen Goullet; et
le bâtiment a propreté d'aspect, commodité de logement.
Ancienne maison claustrale des Minimes, vous êtes devenue
la *Maison de retraite des Minimes*. Vous êtes une hôtellerie
tranquille, un gîte de repos, un hospice aimable, ouvert
par les propriétaires, les citoyens Christophle frères, « aux
rentiers et pensionnaires de l'État qui, réduits à un faible
revenu, y jouissent, comme simples locataires, de l'aisance de la vie pour le prix d'un loyer très-ordinaire et
par l'effet d'une réunion bien entendue. » Les fortunes
amoindries, les âmes blessées par la Révolution, trouvent,
en ce Port-Royal garni, l'allégement et les consolations
d'une vie doucement régulière, et d'une société qui s'entr'aide fraternellement à porter ses regrets, ses misères,
ses années. Un parfum du vieux monde est dans ce cercle
de locataires des Minimes, tous gens de bonne rencontre,
amis par le hasard d'un même logis, mais vieux amis déjà
par les sympathies partagées, les communs souvenirs, les
plaisirs, qu'on prend de compagnie, les chagrins qu'on
essaye d'oublier ensemble : MM. de Chatillon, de Roque-
mont, des Essarts, le fameux chanteur Albanese, l'abbé
Dupont de Compiègne, l'abbé Mauduit; mademoiselle de
Tott, la fille de l'explorateur de la Tartarie ; madame de
l'Hôpital, l'ancienne amie du prince de Soubise; et l'ex-
baronne de Princen, madame de Montanclos, qui est restée
femme auteur en dépit de la Révolution, et qui prémédite
sa comédie : *le Fauteuil*, ou son vaudeville : *Robert le Bossu*
ou *les Trois Sœurs*[1].

1. *Observations sur l'ancienne maison claustrale des Minimes,
près la place Royale ou des Vosges*, par Molinos. *Collection d'autographes* de Goncourt.

La place Royale a été la place de l'Indivisibilité ; elle n'est plus un atelier d'artillerie ; mais plus de statue de Louis XIII, plus d'hôtes en ces hôtels !

A l'Arsenal, les vers, les vers fameux de Nicolas Bourbon, écrits sur la grande porte :

> Ætna hic Henrico vulcania tela ministrat,
> Tela giganteos debellatura furores;

ces vers que Santeuil mettait au-dessus de tous les siens, sont effacés[1]. — Et dans la seconde cour des magasins de Bellone, dans cet atelier, encombré de bois précieux, l'on ne voit que meubles admirables, meubles provenant des cabinets intérieurs de Versailles et de Trianon, bijoux d'ébénisterie, que Riesener a signés, qu'il a rachetés, et qu'il ne veut pas abandonner au hasard des enchères[2].

Passé l'Arsenal, ce sont les champs. Passé la Patache, c'est la Râpée. En face la rue de Rambouillet, vous revoyez le marronnier centenaire de la Râpée. Celui qui dresse les tables à son ombre, ce n'est plus le bien-aimé Renat, l'amphitryon immortel des gardes françaises et des *caillettes*. Le citoyen Guichard lui a succédé, et continue sa gloire, ses fritures, ses buissons d'écrevisses, ses brochets au bleu, ses matelotes aux truffes, depuis trente-six jusqu'à trois cents livres[3].

Et maintenant promenez les yeux tout à l'entour de la ville, suivez toutes ces routes, effleurées hier par les carosses légers, effondrées aujourd'hui par les charretées de suspects et les transports militaires ; souve-

---

1. *Journal de l'Instruction publique*, par Thiébaut et Borelly. Nivôse an II. — 2. *Petites Affiches*. Ventôse an II.
3. *Petites Affiches*. Juin 1794.

nez-vous, et redemandez aux rives des fleuves, aux penchants des collines, aux creux des vallées, ces jardins, ces parcs, ces châteaux, ces mille petits Versailles, ces Folies des Bouret et des Samuel Bernard, ces Moulin-Joli des fermiers généraux, ces caprices de princes, ces pavillons champêtres de marbre et d'or, qui peuplaient toutes les avenues de la grande ville, et lui faisaient une ceinture de musées, une ceinture de palais cachés à demi dans la verdure ? — Qu'en ont fait le feu, le vol, et l'homme ?

Les châteaux fumant, les châteaux croulant, qu'avait dit un journal à populace ? « Les sots et les intéressés jettent les hauts cris contre les incendiaires, mais leur opération, vue politiquement, est excellente. S'il est vrai que la liberté ne puisse jamais être établie que sur l'égalité, il importe (en attendant le partage des terres des traîtres à la patrie) qu'il n'y ait plus en France de ces vastes palais à côté d'humbles chaumières qui annonçaient des maîtres et des esclaves. D'ailleurs, comment se partager ces vastes manoirs sans les démolir [1] ? »

Le beau temps, le siècle d'or pour les démolisseurs, les destructeurs, les dépeceurs ! — Le Raincy est soumissionné et adjugé pour dix mille livres [2] ! Saint-Cloud est adjugé pour cinq mille louis en numéraire [3] !

Redemandez à Saint-Denis ses tombes où tant d'histoire pourrissait ! La Révolution a violé la mort ; et l'église, mise à sac à moitié, est démolie en partie. Les oiseaux de proie nichent dans sa nef [4] !

Sur la route qui mène à Émile, ci-devant Montmo-

---

1. *Le Publiciste parisien*, par Marat. Avril 1792.
2. *Censeur des journaux*. Juillet 1796.
3. *Les Ruines*, par Lezay. 1795.
4. *Souvenirs de Paris en 1804*, par Kotzebue, vol. II.

rency, Grétry s'achemine. Il s'achemine vers l'ermitage de J.-J. Rousseau, à vendre cent vingt mille livres [1], pour reposer là sa vieillesse et sa gloire [2].

Redemandez au château d'Écouen ses galeries, ses bustes de marbre, ses pavements de faïence! Les admirables vitraux, Psyché et l'Amour, un vitrier d'Écouen les nettoie comme il nettoierait un chaudron, avec du grès en poudre [3].

Delille, vous ne chanterez plus :

> Dans sa pompe élégante, admirez Chantilly,
> De héros en héros, d'âge en âge embelli!

Fuyez, nymphes bocagères, fraîches dryades! Ces bois où la rivière de Nonette, esclave, coulait dans les bassins et les canaux; ces terrasses décorées de colonnes toscanes; cette salle de spectacle dont le fond s'ouvrait, et laissait voir, en guise de toile de fond, une cascade et huit nappes d'eau, — décor magique! l'île d'Amour, l'île du Bois vert, les portiques en treillage, le temple de Vénus, ces jets d'argent retombant dans des vases d'albâtre agatisé, la cascade de Beauvais, la Gerbe, la Fontaine, la Tenaille, la grande Cascade, le Canal des truites, le grand Canal de trois quarts de lieue; le jardin anglais, les chaumières, la ménagerie, l'étable, la laiterie, la grange rustique, dont l'ameublement était de taffetas couleur de rose garni en argent [4] : — toutes ces merveilles, ce luxe, cette féerie qui avait fait s'écrier au grand duc de Russie ébloui: «Oh!

---

1. *Petites Affiches.* Nivôse an VI.
2. *Lettres sur Paris.* Heidelberg. 1800.
3. *Manuel du voyageur aux environs de Paris*, par P. Villiers, An x, vol. I.
4. *Manuel du voyageur aux environs de Paris.* An x, vol. I.

mon Dieu, le beau tableau ! » — tout est croulé[1] ! une poussière et une ombre! Ces écuries, toutes riches de sculptures et de peintures, — *le panthéon des chevaux,* — mutilées ; les fossés de Chantilly, où l'eau courait naguère, exhalant des miasmes empoisonnés! le château qui était trois châteaux, le château de Chantilly où étaient passés en visite le roi de Danemark, le roi de Suède, le prince Henri de Prusse, — dépouillé de ses canons pris à Johannisberg[2], dépouillé de la gloire de ses murailles, de ses colonnes de marbre, de jaspe fleuri, de ses panneaux de pierre de Florence enrichis d'agate, le château de Chantilly était en l'an II une prison, une réserve pour Fouquier-Tinville. Aujourd'hui, l'industrie l'a pris, et le citoyen Peters, « entrepreneur de la manufacture de Chantilly, et propriétaire du hameau qui se trouve dans les jardins du prince, fait réparer à grands frais ce joli endroit, pour y recevoir sa bienfaitrice, la céleste Cabarrus[3]. »

A Luzarches, vous lisez sur la porte de l'ancien couvent de Saint-François : *Ite, missa est!* — Poussez la porte: vous êtes chez Sophie Arnould[4].

Au sud-est de Paris, le château de Bercy est vide ; le parc de Lenôtre a été loué à celui-ci, à celui-là : l'un a exploité les arbres, qu'il a fait abattre, l'autre a labouré les allées pour y semer du blé[5].

Remontez la Seine, au delà du Port-à-l'Anglais, une terrasse s'est abîmée dans un coude où la Seine semble endormir ses eaux. Les pierres de cette terrasse qui tombent tristement, une à une, dans le fleuve, quelques arbres,

---

1. *Feuille du jour.* Février 1791.
2. *Déjeuner du mardi ou la Vérité à bon marché* (par le vicomte de Mirabeau). — 3. *Rapsodies,* premier trimestre.
4. *Manuel du voyageur,* vol. I. — 5. *Id.*

un château en ruine, et quatre-vingt mille fagots à vendre :
— c'est tout ce qu'il reste du château de Choisy, dessiné par Mansard, terminé par Gabriel ; tout ce qu'il reste de la demeure de mademoiselle de Montpensier, du Dauphin, de madame Louvois, de la princesse de Conti, du duc de La Vallière ; tout ce qu'il reste du petit château de madame de Pompadour, des plafonds et des dessus de porte de Desportes et Bachelier, — du labyrinthe et des allées plantées par Louis XV [1] !

Près d'Yères, Brunoy, ses grilles, ses terrasses, ses groupes de figures, ce canal de deux cents toises, où le marquis de Brunoy avait fait jeter, à la mort de son père, des barriques d'encre ; la cascade et la machine hydraulique construite sur les dessins du célèbre Laurent de Villedeuil, les statues sorties du ciseau de Pajou, les Flore et les Apollon de marbre, le château de Paris Montmartel et de Monsieur, Brunoy, est le domaine du conventionnel Boursault. — « A qui appartiennent ces édifices ? — A M. Boursault. — Et ces champs ? — A M. Boursault. — Et ces avenues, et ces étangs, et ces troupeaux ? — A M. Boursault [2]. »

A Fontainebleau, cherchez les sculptures de Paul Ponce, les fresques du Primatice et de Nicolo ; cherchez l'histoire de Théagène et Chariclée de Dubois, les fleurs de Peyrotte, la fontaine de Francine ; — la moisissure vient à tous les dieux, à toutes les déesses aristocrates qui riaient par tout le château ! et il n'y a plus un meuble dans ses galeries [3] !

Sortez de Paris par la route d'Orléans : — ces champs où passe la herse, oui, là, il y avait un parc où s'étaient promenés La Motte, Fontenelle, Malézieu, Saint-Aulaire !

---

1. *Almanach des gens de bien.* 1798. — 2. *Thé.* Mai 1797.
3. *Petites Affiches.* Messidor an II.

Du château de la duchesse du Maine, de Sceaux-Penthièvre, de ce château qu'un nommé Fabre s'était fait adjuger sous la Terreur, pour faire, disait-il, du salpêtre avec du tabac[1], de ce château bientôt démoli, une orangerie montrera la place ! Et le pastoral commandant de la garde nationale du district, le citoyen Florian, se décide à mourir, voyant les démolisseurs se mettre à ces murs où Girardon, Tubi, Lebrun, Delobel, Coysevox avaient mis une toile ou un buste[2].

A Berni-le-Château, un des premiers ouvrages de François Mansard, où s'étaient succédé le chancelier de Bellevièvre, M. de Lionne, le cardinal de Furstemberg, M. de Calonne : jardins, labyrinthe, pièce d'eau, pelouses, parterres, — tout cela, un désert[3].

Près Arpajon, à Olinville, pas un baliveau du bois de cent arpents, ornement du château du maréchal de Castries[4].

Allez à l'est, allez à l'ouest, allez au midi, allez au nord : partout la Révolution a passé. Mais voici un château sauvé du marteau, un parc respecté, des charmilles restées vertes et charmantes. Sous ces voûtes de verdure, trois courtisanes passaient en chantant tout à l'heure : c'était la jeune amie de la Demailly, la Demailly, et l'enjouée Bonnefoi, la ci-devant maîtresse du ci-devant Liancourt ; c'étaient, comme on disait, les trois Grâces dont les Barrère et les Dupin troquaient les baisers. — Les festins, les voluptés riaient dans cette caverne où les convives ballottaient des têtes ! Le Vatel des fermiers généraux, amené par leur bourreau Dupin, gorgeait de mets divins les con-

---

1. *Journal de France.* Novembre 1795.
2. *Manuel du voyageur*, vol. II. — 3. *Id.* — 4. *Id.*

vives conspirateurs. La nappe était mise sur la table de proscription. Là, Vadier roulait ses cheveux blancs dans la fange d'impudiques amours, tandis que, sur une gorge vénale, Collot signait des arrêts de mort. Et c'était, sortant de cette demeure de plaisance, de son Clichy, de cette Tempé, de cette Caprée, que le Tibère-Anacréon, que Barrère, repu, prêt à salir, comme ce vil Romain, la tribune aux harangues, disait à la Convention : « Il ne faut que du fer et du pain ! [1] »

Dans l'église des Bonshommes ou Minimes, à Chaillot, on fabrique des basins et des mousselinettes, où dormaient Olivier le Fèvre, seigneur d'Ormesson, et Josias, comte de Rantzau [2].

Un traiteur a acheté Bagatelle ravagé [3].

Tombez, ombres du bois de Boulogne ! que la cognée abatte le jardin de Paris ! que de dix-huit cents arpents, cent quarante-trois soient seuls laissés parés de verdure. L'Amour lui-même aura beau pétitionner contre ce vandalisme [4], et redemander son abri de feuilles aux autorités de la République : les additions sont plus fortes que lui ; et l'on pense à abattre encore quatre-vingt-neuf arpents, quatre-vingt-neuf arpents abattus rendant deux mille deux cents cordes de bois [5].

Dans cette lande, la Muette, d'où Louis XVI data son premier édit [6], est vendue pour la démolition [7].

---

1. *L'Orateur du peuple.* Brumaire an III. — *Journal des Rieurs*, par Martainville. An III. — 2. *Manuel du voyageur*, vol. I.
3. *Censeur des journaux.* Juin 1797.
4. *Accusateur public*, vol. I.
5. *Censeur des journaux.* Juillet 1796.
6. *Le Bois de Boulogne*, par Dusausoir, an IX.
7. *Petites Affiches.* Vendémiaire an IV.

Plus une pierre de Madrid, ce château tout orné de bas-reliefs de terre vernissée de César della Robbia ; de ce Madrid dont Louis XVI avait fait présent quelques années avant la Révolution au marquis de Rosambo, le gendre de Lamoignon de Malesherbes. — Et comment Madrid aurait-il été sauvé ? le plomb de Madrid renfermait beaucoup plus d'argent que les autres[1].

Le couvent de Longchamp est démoli. L'église est une métairie. Au Calvaire, plus de croix, plus de bâtiment de prêtres et d'ermites : une maison et un jardin où Merlin de Thionville se promène. Bellevue, — cette terrasse du boudoir de madame de Pompadour, où Coustou, Falconet, Adam l'aîné, Sale, Lagrenée, Doyen, Fragonard, Boucher avaient travaillé de tout leur talent, — Bellevue est une caserne. De la statue en pied de Louis XV par Pigale, élevée dans la grande allée, — l'on n'a sauvé qu'une balustrade. Les ciselures, les sculptures, les groupes d'enfants dorés qui jouaient dans les bassins, les peintures, — brisés, effacés, dispersés ! Le salon seul a été conservé : un chef de bataillon y tient sa chambre de conseil[2].

Deux perruquiers se disputent les murs nus de Meudon[3].

Ci-gît Marly « où tout bosquet était un temple, où tout marbre était un dieu. » Là était un tableau de Van der Meulen, ici un plomb bronzé de l'Espingola ; plus loin une toile de Mignard ; dans cette salle, des tables en marqueterie enrichies de marbres de Provence, de pierres précieuses et de perles. Le parc s'enorgueillissait

---

1. Rapport sur la vente et aliénation des domaines de la couronne, fait au nom du Comité des domaines dans la séance du samedi 10 avril 1790, par Barrère de Vieuzac. — 2. *Manuel du voyageur*, vol. I.

3. *Les Ruines*, par Lezay. 1795.

de la fontaine des Vents, et des Vénus callipyges que la femme de Louis XV avait fait un peu plus vêtir ; — ci-gît Marly, des champs et quatre murs[1]. — Et la fameuse machine de Marly, arrêtée, laisse Versailles sans eau[2].

A quelques dizaines de lieues de là, dans le bassin de l'Eure, Anet, ce palais d'amour, où Philibert Delorme avait fait courir sur toutes portes et fenêtres les chiffres enlacés de Henri II et de Diane de Poitiers ; Anet, la demeure du duc de Penthièvre ; ce joyau de pierre, enchâssé dans les bois de Sorel et de Mesnil-Simon : Anet, une ruine ! plus rien que des murailles ! Les plafonds peints par Audran, brûlés ! ces murs où les allégories charmantes rayonnaient, ces peintures à fresque, — lavées, pour tirer de leurs fonds dorés quelques parcelles d'or ! ce bel escalier, dont Desgaux, inspecteur des bâtiments du roi, avait donné les plans, détruit ! Le duc de Vendôme, ce César épicurien, avait jeté l'or dans Anet : où donc ces jardins, ces terrasses magnifiques dont il avait doté le château ? et ces canaux, qu'il avait créés à si grands frais, ne sont plus que le lit d'un amas de fange, où croupit une eau pourrie ! Les parcs de Lenôtre sont coupés ; tous les bois, pour une misère, un' rien, un peu d'argent comptant, on les a vendus, donnés ; la statue en marbre de Diane de Poitiers à genoux n'est plus que morceaux ; et, au village voisin, le mausolée de Diane sert de mangeoire aux chevaux[3] !

Versailles !

Hélas ! Versailles ! — Plus d'avenue ! cette grande avenue qui commençait au-dessous de Viroflay, et ses trois allées ; cette avenue où la gloire avait croisé le génie,

---

1. *Manuel du voyageur*, vol. II. — 2. *Paris*. Décembre 1796.
3. *Manuel du voyageur*, vol. I.

où les plus belles ambitions s'étaient hâtées sur vingt-cinq toises de large ; cette route brûlée par les victoires accourues ; cette route de tant de souvenirs, dont les quatre rangs d'ormes, enfants du grand siècle, avaient vu passer sous leur ombre ceux-là qui tenaient l'épée, la fortune ou la plume de la France : Turenne, Colbert, Corneille, — abattue[1]! — Où étaient les brillants gardes à l'Hôtel des Gens d'armes de la garde du roi, quelques soldats déguenillés ; les grilles de fer de l'avant-cour, à bas ! enroulements, pilastres et couronnements, à bas ! l'herbe dans les cours, l'herbe entre les pavés de marbre blanc et noir de la petite cour ! — Montez le grand escalier : silence et nudité ! Galeries muettes ! Palais mort que ce palais, le musée du département, et bientôt le musée de l'école française[2]! Vendu le mobilier de Versailles! le grand meuble en gros de Tours broché, fond blanc, dessin de fleurs, plumes de paon, et rubans nués, frangés de soie! Vendu le grand meuble d'été en gros de Tours broché, dessin de fleurs et colorié, sur fond blanc à bouquets détachés et guirlandes, formant mosaïque, soutenu par un courant de feuillage en or parcourant le fond de l'étoffe! Vendu, ce meuble à listeaux et guirlandes en or, cordonnets et cartisanes en or bordé en mollet et crêtes soie et or[3]!

---

1. *Accusateur public*, vol. II. — *Idées et vues sur le château de Versailles*, par Luneau de Boisjermain. An VI.

2. *Semaines critiques*, vol. 1. — *Lettres sur Paris*. Heidelberg, 1809.

3. *Catalogue* des meubles et effets précieux provenant de la ci-devant liste civile, dont la vente se fera en présence des commissaires du Conseil exécutif provisoire, au ci-devant château de Versailles, le 1er messidor an II de la République, en exécution de la loi du 10 juin 1793.

— Et c'est alors qu'on voit chez des savetiers de Versailles des lits de satin à baldaquins d'or[1].

Où donc ces Véronèse, ces Dominiquin, ces Guide, ces Raphaël, ces André del Sarte, ces Carrache, ces Vinci, ces André Mantègne, ces Van-Dick, ces Holbein, et ces Poussin, et ces Coypel, et ces Mignard, qui resplendissaient aux murs ? Enlevés ! Ces ornements de Vassé ? Arrachés ! Et les scabellons d'albâtre oriental portant les bustes de porphyre ? Brisés ! Ces tapisseries, cet or, ces pierreries, et ces milliers de cristaux qui reflétaient l'incendie des bougies, où sont-ils aujourd'hui ? — Dans le sérail du dey d'Alger ! Bijoux, médailles, pierres gravées, que Séguin et Vaillant rapportèrent d'Italie, — passés en Suisse, passés en Angleterre ! — A la voûte du salon de la Guerre, que sont devenus les globes avec les armes et les couronnes de France, et la devise du roi Louis XIV entre des trophées de stuc doré ? — Brisés ! Et la grande galerie et sa voûte à berceau, où Lebrun a peint l'allégorie de Louis-le-Dieu de la paix des Pyrénées à la paix de Nimègue ? — L'humidité a fait ravage ; voyez : les traits de Turenne sont effacés ; baissez-vous, vous ramasserez à terre les écailles du *Passage du Rhin* ou de la *Jonction des deux Mers*[2] !

Abandonné, désert, Versailles ! A peine, dans les vastes salles, quelque Marocain marchandant au gardien quelque Bouchardon oublié, ou le banquier Delfons soumissionnant le tableau de *Charles I*[er].

Par là, — les petits appartements, — tout raconte Octobre ! — Prêtez l'oreille : une sourdine de flûtes et de harpes ; puis des tons mourants... C'est l'horloge restée

---

1. *Dictionnaire néologique des hommes et des choses.* 1795-1800.
2. *Fragments sur Paris,* vol. II.

dans la chambre de la Reine, immuable, et qui de ses sonneries royales a chanté toutes les heures de la Révolution dans cet hôtel royal, veuf de tous ses hôtes! — Et voilà quelque étranger, quelque voyageur qui s'arrête à écouter. Il se rappelle, dans toutes ces ruines, quelque fête qu'il vit à son premier voyage en France, un premier janvier dans ce Versailles, la procession des cordons bleus, le grand lever du Roi, la procession des chevaliers, la réception dans la chapelle, — pompes évanouies! — A la chapelle, — paroisse de rois et de reines, — pour enlever les lis incrustés, on a fendu le marbre, et la Vierge de l'autel, déguisée en Raison, a la pique en main [1].

Et le parc! les parterres envahis par la ronce et l'ivraie; — plus les eaux sautantes! plus les gerbes de vingt-neuf pieds de haut! plus les vingt-deux jets du bassin de Neptune jaillissant de vingt-deux vases! Les statues mutilées; — l'âne, la chèvre broutant le long du grand canal, au pied des dieux de le Hongre, de Mazière, de Granier, de Hardy, de Coysevox et de Girardon! — Bourbeux, le bassin de Latone! bourbeuse, la pièce des Suisses! tous ces miroirs souillés! Poudreuses, les Naïades, abandonnées de l'onde. Apollon, d'un arc brisé, menace le serpent Python, « et la nymphe qui, sous les traits de la Montespan, lui versait des parfums, n'a plus de main! » Sages, héros, déesses, sont enlevés par des vandales qui courent vendre la tête d'un dieu pour un écu [2]! — Dans l'orangerie d'Hardouin Mansart, le Louis XIV de Desjardins, un bonnet de la Liberté sur la tête; à coups de ciseau sa grande perruque a été enlevée [3], au lieu du bâton de

---

1. *Fragments sur Paris*, vol. II. — 2. *Accusateur public*, vol. II.
3. *Déjeuner.* Juin 1797.

commandement, une pique; et sur le piédestal : *Mars français, protecteur de la liberté du monde*[1].

Trianon ! voyez l'écriteau à la porte : *Propriété à vendre*. Savez-vous bien qu'on a voulu labourer Trianon? Le 28 nivôse de l'an III, « l'administration du district de Versailles prévient ses concitoyens que le Petit-Trianon, depuis trop longtemps arraché à l'agriculture, pour servir au luxe et au plaisir des tyrans et de leurs valets, en insultant à la misère du peuple, va être rendu à la culture. » Déjà étaient faits les dix lots du Petit-Trianon ! déjà étaient divisés sur le papier les douze cents arpents du petit parc, et les bâtiments, et les jardins du Grand-Trianon, « en corps de fermes, en habitations rurales[2] ! »

Le lierre aux murs de Trianon ! Plus rien de ce mobilier pour lequel le garde-meuble de la reine avait payé, de 1784 à 1789, deux cent vingt-cinq mille livres[3] ! Le meuble du petit salon de Trianon, ce meuble choisi par la reine, en poult de soie bleu, et rembourré par ses ordres uniquement en duvet d'eider; ce lit de repos enfoui sous les dentelles de soie blanche, ces trois fauteuils, ces deux chaises sur lesquels tenait sa cour d'amis; ces rideaux que nouaient des écharpes frangées de perles et de soie de Grenade, tout ce meuble douillet qu'une araignée semblait avoir brodé d'argent, — tout cela est à vendre quatre mille huit cent livres, chez un fripier de la rue Neuve-de-l'Égalité[4] !

Trianon ! les glaces cassées, les consoles brisées, les dessus de porte enlevés! On a emporté jusqu'aux ferrures

---

1. *Fragments sur Paris*, vol. II.
2. *Petites Affiches*. Nivôse an III.
3. *Défense du Garde-Meuble de la Couronne*, par Thierry.
4. *Petites Affiches*. Nivôse an v.

des portes et des fenêtres. Les appartements ont une odeur de cave. Dans la salle à manger, entassés des débris de jeux, de chars brisés, des tronçons d'animaux fantastiques, — squelettes de ces traîneaux que la jeune cour en fête, et pleine de rires, faisait voler sur les glaces de 1788! Dans cette chambre, les figures en cire, faites pour la Reine, de grandeur naturelle, des ambassadeurs envoyés en 1787 par Tippo-Saïb, l'inspecteur du château les a achetées à l'enchère, et les montre pour de l'argent [1].

Le parc, le parc planté de huit cents espèces d'arbres [2], quelle tristesse! Vendu, emporté, le jeu de bagues, sous un palanquin chinois, entouré par un demi-cercle de treillage! Vendues, les chimères et les autruches qui formaient ses huit siéges [3]! vendue, la lanterne de Trianon! vendue, cette galère dorée que les gravures donnent à voir dormant, sur l'eau, à l'ombre, sous les verdures! La salle de spectacle dans le parc, quel deuil! On a arraché jusqu'au velours bleu des siéges et des appuis de loges! — Ces mots écrits sur les deux groupes des trois Grâces qui portaient les candélabres de l'avant-scène : *En réquisition pour le Musée;* — le petit lac, un marais! — le temple de Flore, sauvé dans cette désolation, tout frais encore en ses peintures, en ses arabesques respectées, comme s'il attendait que la Reine vînt y déjeuner comme autrefois; — les huit sphinx accroupis sur l'escalier, le nez et les oreilles arrachés; — le hameau de Trianon, — et ses huit maisons, son moulin, sa grange, son école, sa laiterie, et ses chaumières, idylle de Reine, où la Reine était paysanne,

---

1. *Fragments sur Paris*, vol. II.
2. *Lettres d'E...ée de Bo...on* (Mlle Boudon). Troyes, 1791.
3. *Catalogue* des meubles et effets précieux provenant de la ci-devant liste civile.

le Roi meunier, et Monsieur maître d'école, — abandonné, ruiné, effondré; et des figures suspectes rôdant autour[1].

Qui veut, qui veut louer le Petit-Trianon? — Le limonadier Langlois et le papetier Simon y logent à tout prix, « depuis soixante-douze livres jusqu'à telle somme qu'on voudra[2]! »

1. *Fragments sur Paris*, vol. II.
2. *Petites Affiches*. Floréal an VI.

II.

**Le 9 thermidor. — Les pamphlets thermidoriens. —
L'Intérieur des Comités révolutionnaires. — Réaction sociale contre la Terreur.
Les muscadins. Le 13 vendémiaire.**

>   Eh! pourquoi voulez-vous, Romains, qu'on se sépare?
>   Quelle indigne terreur de votre âme s'empare?
>   Voilà donc ces grands cœurs qui devaient tout souffrir!
>   Ils osent conspirer, et craignent de mourir!
>   . . . .
>   Croyez-vous du péril par là vous délivrer?
>   Non; si Néron sait tout, votre impuissante fuite
>   Ne dérobera pas vos jours à sa poursuite.
>   . . . .
>   Courez tous au Forum; moi, d'un zèle aussi prompt,
>   Je monte à la tribune, et j'accuse Néron;
>   Je harangue le peuple, et lui peins sa misère;
>   J'enflamme tous les cœurs de haine et de colère!

A ces vers d'*Épicharis et Néron*, la France, assise le 9 thermidor au théâtre de la République, se dresse en révolte. Mais tout à coup, comme si le pas redouté du dictateur emplissait de sa victoire l'escalier de la rue de la Loi, il se fait en cette chambrée d'esclaves, aussitôt rassise, un silence d'effroi [1].

Ce n'est que le lendemain, ce n'est que le 10 thermidor, quand tout Paris a vu dès le matin, à l'aube qui blanchissait, l'effigie sacrée de Sylla traînée dans les ruisseaux de la rue Honoré, que Paris, que la France éclatent en un cri, en un millier, en un million de cris : *Mort aux Jacobins!* Du sang! demandent toutes les voix; du sang! demandent toutes les plumes; du sang! demandent tous les deuils; et de toutes ces portes, veuves d'un hôte, où l'ange exterminateur a laissé une trace de son doigt rouge, sort l'ombre d'un fils mené par un père, d'un père mené par un fils qui murmure : « Mort aux Jacobins! »

Les presses, si longtemps muettes, n'ont pas assez de bras, les papeteries ruinées n'ont pas assez de papier, les colporteurs anhélants n'ont pas assez d'haleine, pour livrer aux *maudissements de la postérité* les mille feuillets de ce gouvernement de la mort. Et partout, là où ils avancent la tête, inquiets et tremblants, les frères coupe-tête ne rencontrent que guillotines dressées par la presse vengeresse.

Citoyens, entendez, entendez crier :

L'agonie des Jacobins, *Les grandes litanies des Jacobins avec leur meâ culpâ*, *Coupez les griffes au parti féroce*, *Le cri de la vengeance ou l'alleluia des honnêtes gens*, *Dénonciation contre les intrigants des Jacobins*, *Les c... des Jacobines visités par le peuple*, *La mesure d'habits pris aux Jacobins*, *Donnez-nous leurs têtes ou prenez les nôtres*, par Martainville, *Les Jacobins convaincus d'imposture*, *Les crimes des Jacobins*, *Les Jacobins d'aujourd'hui rappelés à l'ordre par un Jacobin d'autrefois*, *Les Jacobins sont f... et la France*

---

1. *Souvenirs d'une actrice*, par Louise Fusil. 1841, vol. I.

est sauvée, L'enterrement des Jacobins ou le sang des patriotes qui crie vengeance, Je ne suis plus Jacobin et je m'en f... ou entretien de Tranche-Montagne avec Brise-Raison, La grande détresse des Jacobins qui n'ont plus le sol ou avis aux valets des émigrés pour aller échanger leurs douze francs contre une carte de Jacobins, La pelle au c... des Jacobins léguée par Jean-Jacques Rousseau au peuple français, par Dusaulchoy, *Gare le mors aux dents, Grande découverte d'un affreux complot des Jacobins, Toute la vérité ou histoire impartiale des Jacobins, Les Jacobins aristocrates, fédéralistes et contre-révolutionnaires, Les Jacobins assassins du peuple, Les Jacobins hors la loi.*

Dans tout ce papier, qui pue le sang, nulle part le sourire de l'esprit français : l'ironie a été vaincue par l'échafaud et rejetée comme une arme de salon. Et quand elle reprend sa place usurpée par la rage sans trêve des premiers jours, quand Martainville écrit les *Galbanons de Bicêtre*, quand Villenave publie la *Jacobinade*, vous êtes, non plus la veille, mais le lendemain des satisfactions, le lendemain d'une victoire : les Jacobins sont fermés. Quand *les crimes, le jugement, la confession et les dernières paroles de Fouquier-Tinville et de ses complices avant d'aller au supplice* sont mis en vaudevilles, vous avez dépassé le jour de l'expiation, le 17 floréal de l'an III.

Mais aujourd'hui, ce sont les jours après, et sans distraction, et tout donnés à la curée promise aux vengeances; ce sont les jours où toutes les colères, leur sac à la main, comme la veuve de Béthulie, sont tournées vers ces têtes, que la *panthéonisation* de Marat, que la journée de Germinal s'essayent à leur dérober; vers toutes ces têtes entêtées sur leurs épaules, et qui les font attendre; vers cette tête de Carrier, qui ne tombera que cinq mois après celle de Robespierre ; vers cette tête de Fouquier-Tinville, qui ne tombera que quatre mois après celle de Carrier ; vers ces têtes de Collot, de Billaud, de Barrère, trois fois demandées, refusées trois fois.

Que tous les pianos de Paris gémissent la complainte de Montjourdain[1], et pleurent soir et matin « ces générations amoncelées dans la mort[2], » — il ne suffit de larmes : il faut du sang. Il faut aux victimes des deux, trois, quatre, cinq échafauds de Paris, de rouges libations ; il faut vouer à la satisfaction de leurs mânes toute la queue de Robespierre, et Carrier, et Amar, et Vouland, et Lebon, et Fouquier-Tinville, et Bourdon, et Louiset, et Granet, et Maure, et Vasseur, et Lacombe, et Caraffe, et Duquesnoy, et Duhem, et Moïse Bayle, et Collot, et Billaud, et Barrère.

« Votre cercueil est creusé, malheureux ! vous vous débattez en vain sur les bords de la tombe ; en vain vous cherchez à traiter avec les furies, à temporiser avec la mort[3], » leur crie Fréron de son *Orateur du peuple ;* et à sa voix c'est encore : *Que de têtes qui branlent ou grande prédiction pour l'an III de la République, Le masque de verre, La queue de Robespierre, Rendez-moi ma queue, Coupons-lui la queue, Défends ta queue, La grande queue de Lecointre, La grande queue de Barrère ou danger d'aller aux Jacobins, L'ombre de Camille Desmoulins, Liste de proscription de plusieurs Jacobins contre les bons représentants du peuple, les généraux patriotes, les écrivains révolutionnaires, les négociants, Les parties honteuses de Robespierre restées aux Jacobins, Avis aux successeurs de Robespierre, Biblio-*

---

1. *Petites Affiches.* Vendémiaire an III.
2. *Ma Catilinaire,* par E. B. Courtois, député du département de l'Aube. Distribué par ordre de la Convention, l'an III de l'ère française. — 3. *L'Orateur du peuple,* par Fréron. Brumaire an III.

thèque choisie des Jacobins, Chef d'accusation dirigé de toutes parts contre plusieurs membres de la société des Jacobins, Grande épuration des Jacobins par le tribunal révolutionnaire, Jugement du peuple souverain qui condamne à mort la queue infernale de Robespierre, Extrait de soixante ans de vertus ou lettres écrites par Vadier à son ami Fouquier de Tinville.

Que les Jacobins s'essayent à se défendre, qu'ils fassent timidement entendre la voix de la Révolution, qu'ils cherchent à répondre et à se sauver, sous le couvert d'un titre hostile à leur parti : *Pendant que la bête est dans le piége, il faut l'assommer, A bas les brigands et les buveurs de sang, Rapport fait à la société des Jacobins par son comité de correspondance, Grande comète ou Voyez ma queue, Allégeance! Justice! Vengeance! Vengeance!!! Vengeance!!!! Les Jacobins traités comme ils le méritent,*—voilà aussitôt, les *Grandes prouesses des Jacobins ou réponse au libelle intitulé : Les Jacobins traités comme ils le méritent;* voilà l'*Avis au Peuple,* qui rappelle au courroux fléchissant les guillotinades de femmes, et dans la longue liste, la première de toutes, une pauvre cuisinière sur l'exécution de laquelle la Montagne passa tout d'une voix à l'ordre du jour [1]. Voilà *le Cri du sang* qui dit au comédien de Lyon : « Viens çà, Collot Rafliat, je vais te barbouiller la face du sang que tu as versé [2]! » Voilà le *Tu en as menti, Billaud;* voilà *le Coup de grâce des Jacobins,* qui veut le dernier supplice pour « le blanchisseur de Lebon. » Cet autre marque d'un fer rouge Barrère, « ce révolutionnaire ambidextre, qu'on a vu tour à tour enrôlé sous tous les partis et toujours aussi près du oui que du non qu'une barboteuse; cet ho-

---

1. *Avis au peuple.* Fructidor an III.
2. *Le cri du sang qui demande vengeance.*

munculo, tantôt le frondeur, tantôt le mannequin du Cromwell artésien, et qui fouillait sans pudeur le tombeau d'illustres morts comme pour se rhabiller de leur réputation en la mettant en pièces[1]. » Contre Barrère, un autre encore a pris l'épigraphe : « Il n'y a que les morts qui ne reviennent pas[2] ! » Et enfin Courtois, dans sa *Catilinaire*, leur crie à tous : « Vous sentez la mort[3] ! »

Aux temps calmes des sociétés, la comédie est le rieur châtiment des mœurs. Ceux-ci, les génies faciles et charmants, manient le fouet du ridicule, et font du théâtre, où ils moquent les modes, le costume, l'esprit du jour, un malin miroir. D'autres, cependant, cherchent à la comédie un but plus haut et plus viril. Ils lui amènent l'homme à peindre, et, tout en chargeant ses pinceaux de couleurs égayées, ils lui mettent aux lèvres une leçon de raison aimable, un enseignement d'agrément. Parfois, lorsque de nobles guerres éclatent parmi les intelligences, Thalie s'emporte un instant ; on dirait que la Muse va mordre ; mais tout de suite, et bien vite, elle reprend la dignité de son immortalité : la douce musique des anapestes reprend, et l'iambe d'Archiloque ne détonne qu'un instant dans le rhythme apaisé de Ménandre.

Mais dans les bouleversements, dans les ruines, après les crimes, la comédie serait mal venue de rester froide, de garder son rire délicat, et de ne pas déroger jusqu'à l'atellane. Alors, d'un geste, la Comédie renvoie son poëte Mo-

---

1. *Frères, tout est perdu, ou le Cri de détresse des Jacobins.*
2. Rapport à faire par Barrère au nom de l'opinion publique, ou Bertrand Barrère, représentant du peuple, juge de M. Barrère de Vieuzac, écuyer conseiller du roi.
3. *Ma Catilinaire*, par E. B. Courtois.

lière ; Palissot lui est un trop petit moqueur ; et troussant sa chlamyde, elle va aux violents et aux osés, aux pamphlétaires de la scène. Elle évoque, de partout, les plumes trempées dans les ressentiments des peuples. Elle donne à ses favoris ce sel âcre et cuisant dont parle Plutarque ; et, ses deux cothurnes posés sur les cadavres d'hier, frémissante, elle emporte l'applaudissement des souvenirs, et traîne les assassins sur la claie des risées. Quand la France est à peine sauvée, quand la Terreur est encore chaude quand ces théâtres emplis peuvent se vider tout à coup, — non comme à l'*Hecyra* de Térence, pour un combat de gladiateurs, — mais au bruit pressé du tambour, annonçant les tragédies de la rue ; quand il faut punir « les hommes qui boivent le mépris comme ils ont bu le sang[1], » — arrière la Comédie moyenne ! c'est Aristophane qu'il faut ; et si Cléon, le tyran populaire, règne et gouverne, s'il est la loi et la force, et que du Pnyx jusqu'au Port il fasse trembler plèbe et chevalier, si le faiseur de masques même n'ose figurer en carton son mufle ridicule, Aristophane lui-même monte sur le théâtre, et, le visage barbouillé de lie, il immole Cléon à Thalie-Némésis !

Le théâtre de la Cité-Variétés est plein. Les cinq rangs de loges de l'énorme hémicycle craquent sous le peuple. Tout se tait pourtant, et pendant que la toile se lève sur les *Aristides modernes, ou l'intérieur des comités révolutionnaires*, il se fait dans toute la salle, le cou tendu vers le théâtre, un silence solennel. — Soudain, un grand cri s'échappe des poitrines ; les applaudissements partent de toute la salle. Chacun a dit : « Les voilà ! » Qui ne reconnaît cet Aristide, le président du tribunal révolutionnaire ?

---

[1]. *Précis exact de toutes les persécutions.* An II.

Un fils de Figaro; comme Figaro, supérieur aux événements; mais que son père était un vaurien plus honnête! Lui, il a volé, il a été un parasite de galanterie! il a fouillé les écrins dans les alcôves, il a escroqué l'amour! Il allait être *démarquisé* à Bicêtre; la Révolution le sauve. Il se fait peuple, jette son titre de hasard, pérore et se met à arriver! Le citoyen Aristide ! Le voilà interrogeant, menant les débats, ayant droit de vie, ayant droit de mort! Les voilà! les voilà! les autres, les niais, les comparses de l'inquisition de salut public, les cannibales à la suite, les collègues d'Aristide, laquais, valets, portiers, coiffeurs! Le voilà, Fétu, le rempailleur de chaises qui s'est débaptisé et rebaptisé, et qui s'appelle Torquatus. — « Qu'appelles-tu Fétu? — dit-il fièrement à ses anciennes connaissances, — j' sommes Torquatu'[1]! » Le voilà, Scévola, le coiffeur Scévola, le gascon du peigne, qui ne poudre plus, mais qui dépêche au *grand rasoir national!* Et le citoyen Caton ! Caton l'ancien laquais, Caton qui était Champagne, et qu'on a renvoyé, et qui a fait guillotiner ses maîtres!

La Révolution a porté tous ces hommes sur la Montagne, et leur a dit, comme Nicéas au charcutier : « Vois-tu ce peuple nombreux? — Je le vois. — Tu en seras le maître souverain, ainsi que du marché, des ports et de l'Assemblée. Tu fouleras le Sénat. Tu destitueras les généraux; tu les chargeras de chaînes; tu les emprisonneras. Tu feras du Prytanée un lieu de débauche. »

Le public reconnaît tous ces hommes; il les soufflette de bravos frénétiques.

1. *L'Intérieur des comités révolutionnaires, ou les Aristides modernes*, comédie en trois actes et en prose, représentée pour la première fois à Paris sur le théâtre de la Cité-Variétés, le 8 floréal an III, par le C. Ducancel.

C'était un jeune homme de vingt-neuf ans qui remuait ainsi toute cette salle. A un dîner d'amis, après thermidor, la conversation étant venue sur les comités révolutionnaires, chacun avait apporté son mot, son anecdote. Dans cette contagion d'indignation, mille traits inouïs, le ridicule dans l'odieux, le comique dans l'effroyable, se croisaient par la table, et le jeune homme, ses souvenirs avivés par ces récits et le tableau de ce passé, s'enfiévrait à écouter. Puis, il n'y tient plus, il se lève, tout ému : « J'ai le cœur trop plein. Il faut que je me soulage. Je vais faire une comédie sur les théâtres révolutionnaires [1]. » Vingt jours après, on jouait *les Aristides modernes*, à la Cité.

Que de rappels, que de vengeances du passé dans toute la pièce! Et tout d'abord, le lieu de la scène n'est-il pas bien choisi? Dijon! Dijon! dont le comité révolutionnaire fut le seul après thermidor qui osa, dans une adresse à la Convention, traiter de conspirateurs les conventionnels qui avaient renversé Robespierre [2]! — L'intrigue marche. Les hommes du comité sont en plein exercice, prêts à tout faire, en appétit de grandes mesures, en beau train de zèle : faut-il signer des mandats, incarcérer, apposer des scellés, fabriquer des dénonciations, payer des témoins, faire des motions, sonner le tocsin, battre la générale? Ils sont omnipotents; ils ont le blanc seing de la Révolution. N'est-ce pas le temps où le représentant Piorry écrit à la Société populaire de Poitiers : « Vous pouvez tout faire, tout obtenir, tout casser, tout briser, tout renfermer, tout juger, tout déporter, tout guillotiner et tout régénérer [3]? »

---

1. *Esquisses dramatiques du gouvernement révolutionnaire de France aux années 1793, 1794 et 1795*, par M. P. C. Ducancel. 1830.
2. *Esquisses dramatiques*, par Ducancel.
3. *Histoire du terrorisme dans le département de la Vienne*, par A. C. Thibaudeau, 1795.

Aristide, Scévola, Caton, perdre leur journée? Non pas. Ils commencent par empocher les vingt-cinq mille francs en assignats saisis la veille chez le négociant Dermont! Il n'a pas fait son chemin comme les Aristide, les Scévola, les Caton, et peut-être est-il traité de *modérantin*, ce savetier qui, au 10 août, se présenta à l'Assemblée, son tablier de cuir empli de pièces d'or qu'on n'avait pas comptées, le vida sur le bureau et s'en fut [1]! — Les hommes signent un mandat contre un de leurs collègues, Dufour, un honnête homme fourvoyé dans cette bande de patriotes, et bien digne de l'ostracisme, un mandat contre sa femme, un mandat contre son fils; puis trois autres signatures et trois autres mandats contre trois individus à grosses cravates rencontrés dans un café, et dont la figure *paraissait suspecte*. Et le public frissonne à cette épithète, qui tout à l'heure était mortelle; il se souvient de ce malheureux massacré, parce qu'il portait une canne semblable à celle de M. Collenot d'Angremont [2].

Arrive Deschamps, le domestique de Dufour; et Scévola, et Caton, et Aristide, de cet homme qui vient demander si son maître est là, font un délateur, sans le savoir et sans le vouloir. Comme dit énergiquement l'orateur grec, ils tordent ses paroles pour en extraire des crimes. Appelle-t-il son maître *monsieur*, Aristide d'écrire: « Cejourd'hui, au comité révolutionnaire, est comparu Charles-François Deschamps, au service du citoyen Dufour, lequel nous a déclaré que ledit Dufour est un conspirateur forcené qui cherche à rétablir l'ancien régime en exigeant des citoyens qui sont à son service qu'ils emploient des qualifications

---

1. *Souvenirs de la Révolution*, par Maria Williams. 1827.
2. *Esquisses dramatiques.*

féodales et justement proscrites [1]. » Et pendant qu'Aristide écrit, il revient à la mémoire de tous ceux qui écoutent, il revient ces faits monstrueux, ces exemples innombrables de Deschamps moins honnêtes et moins fidèles que le Deschamps de la pièce, dénonçant la famille qui leur donnait le pain! temps de proscriptions et d'âmes viles où, comme dans l'ancienne Rome, les esclaves se libéraient par la délation! — Deschamps a refusé de signer ce qu'Aristide lui a fait dire. Le président du comité révolutionnaire écrit tranquillement au-dessous du procès-verbal : « Et a déclaré ne savoir signer, de ce interrogé. »

Ainsi ces magistrats du peuple larronnent; ainsi ils mentent; ainsi ils volent les témoignages! Du théâtre, il monte jusqu'aux dernières loges l'odeur de l'antre de Cacus; l'on respire les vapeurs du crime. Et quand Dufour vient dire : « La France n'est plus qu'une immense forêt fermée de murs, habitée par des loups qui dévorent et des brebis qu'ils massacrent [2], » il semble à tous que le théâtre de la Cité s'élargisse; que la misérable décoration de bureaux et de casiers s'abîme, et qu'apparaissent la patrie sanglante, toutes les places de France fumant de sang, les fleuves charriant le sang [3]!

La comédie flagellatrice continue. C'est maintenant la citoyenne Fanchette qui vient demander un passe-port à ce bureau de police de grand chemin. Elle veut aller à Bourges. Aussitôt les soupçonneurs, oreilles en l'air : — « Où qu' c'est, ce pays-là? C'est-il pat une ville de la Belgique? » — Tout à l'heure, les bonnes gens ne s'avouaient-

---

1. *L'Intérieur des comités révolutionnaires.*
2. *Id.*
3. *Proscription d'Isnard.* 1795.

ils pas l'un à l'autre qu'ils ne savaient pas lire ; et le plus naïf se confessait tout bas à son collègue : « Hélas ! je n'en suis encore qu'à l'alphabet ; si tu savais comme c'est difficile d'apprendre à lire [1] ! » Quoi ! n'était-ce pas alors que le département du Pas-de-Calais faisait passer au ministre un arrêté tendant à faire brûler tous les livres ! Et dans ce Brutus, dans ce Torquatus, le public moque ces représentants de la loi qui ne savaient pas griffonner leur nom [2], ces administrateurs de prison qui demandaient au prisonnier : « Qu'est-ce que tu lis là ? — C'est Montaigne. — Oh ! puisque c'est de la Montagne, bravo [3] ! » — Torquatus et Brutus essayent-ils de hausser jusqu'à l'éloquence, ce n'est point eux que la salle entend ; elle entend le superbe discours prononcé à la Commune de Paris : « *On m'accuse d'incivisme, moi qu'a voté pour la République nulle et invisible, moi qu'a fait une motion contre les trente-deux membres de la commission des Douze* [4] *!* » Et l'auditoire ne sait-il point l'histoire de ce bon sans-culotte qui s'en va par-devant un comité révolutionnaire : « Citoyens, j'ai perdu ma carte ; je viens en quérir une autre ? — Es-tu feuillant, royaliste, aristocrate, fédéraliste ? — Moi, non, citoyen ; je suis rémouleur ! » Et cette autre, lors des élections de la milice nationale : « Voyons, de quoi c'est-y qu'y s'agit ? — Il y a ballottage entre Raffet et Henriot. — Ah çà, pas d'esprit de parti ! *Moi, je vote pour Ballottage* [5] *!* »

Quand madame Dufour est arrêtée et que, pour la con-

---

1. *L'Intérieur des comités révolutionnaires.*
2. *Mémoires sur les prisons*, vol. I. Collect. Barrière et Berville.
3. *Almanach des prisons.* An III.
4. *Dictionnaire néologique des hommes et des choses.* 1795-1800.
5. *Le Journal des rieurs, ou le Démocrite français*, par Martainville. An III.

fondre, on lui montre les bouteilles de liqueur saisies chez elle étiquetées vins d'Espagne et vins de Hongrie ; quand Scévola triomphe de la trouvaille et lui dit avec une ironie majestueuse : « Tu n'es pas en correspondance avec les Espagnols ! vin d'Espagne ! tu n'es pas un agent de Pitt et Cobourg ! tu n'as pas versé de fonds dans la banque de Saint-Charles pour renverser la Constitution démocratique ! vin de Hongrie¹ ! » — à cette apostrophe inouïe, l'assemblée ne crie pas à la caricature ; elle voit encore, au 10 août, les cadavres des portiers du faubourg Saint-Germain assommés parce qu'au-dessus de leur porte on lisait : *Parlez au suisse*².

Tout à coup, dans la salle à bout d'émotion, un applaudissement immense retentit : c'est le bulletin de la correspondance de la Convention nationale, séances des 9 et 10 thermidor, qui éclate sur la tête du Comité ; c'est l'officier municipal qui entre, comme la statue du Commandeur, dans ce tripot de rapines et d'assassinats ; ce sont les gendarmes, — la loi ! la justice ! Jamais dénoûment de pièce antique, de pièce nationale, — *les Perses* d'Eschyle joués devant la Grèce entière et montrant l'ennemi fuyant, les foyers conservés, la patrie sauvée, les dieux vainqueurs, — n'alla si profondément au cœur de l'homme et ne rassasia si largement ses passions, que la Peine boiteuse enfin venue pour les Comités révolutionnaires !

Dans ce bruit, dans ce tumulte, dans ce brouhaha d'acclamations, de rires, de bravos furieux, essayez de vous figurer l'auteur, le tout jeune homme ! Il est là, dans une

---

1. *L'Intérieur des comités révolutionnaires.*
2. *Souvenirs de la Terreur de 1788 à 1793,* par George Duval, **1841.**

loge basse, caché à tous, inconnu de tous, lui dont l'œuvre roule sur tout ce public comme une tempête sur la mer ! Il ne s'attendait tout au plus qu'à huit ou neuf représentations, à un succès d'estime ; et c'est un triomphe, un événement ! Cette pauvre petite pièce, qui croyait vivre et mourir tranquillement obscure, elle est presque une contre-révolution ! Elle sera suspendue par ordre de Merlin, puis permise, puis défendue, et alternativement permise et défendue suivant le bon plaisir des gouvernants ! — Dans sa petite loge, le jeune homme, la tête perdue, n'entend plus, ne voit plus ; il perçoit vaguement un bruit énorme et terrible : c'est la salle entière qui hurle, qui trépigne, qui rit ! c'est le débordement de l'opinion publique [1] !

Demain *l'Ami des Lois* dira que l'auteur de *l'Intérieur des Comités révolutionnaires* « n'expierait point par mille morts tout le mal qu'il a fait à la liberté ; » demain, un sexagénaire incarcéré pendant tout le temps de la Terreur viendra louer une loge de baignoire pour assister à toutes les représentations de la pièce ! Il assistera à toutes ; et ne pouvant tenir sur sa banquete, se tordant de contentement, il dira cent fois, cent soirs de suite : « Oh ! comme je me venge de ces coquins-là ! [2] »

Cette pièce est le coup d'État de la réaction. Encore un mois, et la Convention, entraînée, décrète la suppression « d'un mot justement odieux : *Comité révolutionnaire* ; » encore un mois, et cette pièce, toute la France, les moindres villes de France vont l'écouter, l'applaudir. Cette pièce va être la victoire de Thermidor promenée, en grande cérémonie de rire, par tous les départements de la

---

1. *Esquisses dramatiques du gouvernement révolutionnaire.*
2. *Id.*

République. Cette pièce sera l'encouragement des timides : elle fera demander la reprise du *Brigand* à l'Opéra-Comique, la représentation de *la Pauvre Femme* à madame Dugazon[1]. Cette pièce fera patienter huit jours les impatients de la guillotinade de Fouquier-Tinville. Cette pièce va être le pilori des Jacobins ; elle sera le bûcher du bonnet rouge ; et des théâtres de province montera la flamme des turbans sanglants d'Aristide et de Brutus, brûlés aux vivat de la foule[2] !

L'Intérieur des Comités révolutionnaires ouvre l'ère de ces représentations orageuses où sur un cri, sur un mot, toute la salle est prête à broyer un homme désigné à ses colères, soudaines et terribles colères, éclatant soudainement, soifs de sang que des rencontres font naître et auxquelles tout le public s'associe, pitiés qui se tournent en fureur ! Ici, au théâtre Montansier, quelle émotion, du cintre au parterre, à cette apostrophe d'un jeune homme à son voisin : « Tu es l'assassin de mon frère[3] ! » — et que de bras tendus, que de poings montrés à cet ex-président de comité révolutionnaire ! — Là, aux Italiens, quelles promesses de sang sont faites aux mânes de ceux qui ne sont plus ! quel appétit de représailles s'empare du public, à voir une jeune fille de dix-sept ans, mademoiselle Latour du Pin, crier, dans une subite attaque de nerfs : « Les Jacobins ! les Jacobins ! ce sont eux qui ont tué mon père et ma mère !... Otez ce sang[4] ! »

La toile est tombée au théâtre de la Cité. Le public ne s'en va pas. Il appelle, il tempête, il crie, il hurle :

1. *Rapsodies*, premier trimestre.
2. *Les Actes des Apôtres*, par Barruel-Beauvert, vol. IV. 1797.
3. *Le Censeur des journaux*, par Gallais. Juillet 1797.
4. *Paris*, par Peltier. Juin 1796.

L'auteur ! On vient demander à Ducancel s'il veut être nommé. Il s'y refuse. On vient annoncer au parterre que l'auteur veut garder l'anonyme. Le public s'acharne : il reste. Il veut l'auteur ! Une demi-heure, il demande qu'on jette un nom en pâture à sa reconnaissance. Une demi-heure, Ducancel résiste. Enfin, à une voix vibrante, l'ouragan se tait ; le public s'apaise, le silence est fait : un homme, debout sur une banquette du parterre, s'écrie, la face tournée au public : « Je demande que l'on vote des remerciements au courage de l'auteur qui, en présence et sous les yeux de soixante comités révolutionnaires de la capitale, n'a pas craint de les immoler sur la scène [1] ! »

La guerre contre le *Robespierrisme* trouva, au sortir du théâtre de la Cité, une armée rangée en bataille. Cette armée, qui était téméraire pour mieux être brave, appelait les périls, les combats, l'ennemi. Elle était impatiente de vaincre, fût-ce en se colletant ; elle avait hâte de se sauver de ses remords, de se laver de défaites sans résistances, de faire oublier son silence et son sommeil pendant les mauvais jours ; et elle se jurait vengeance sur le pommeau de ses gourdins.

Cette armée était la jeunesse parisienne de l'an III.

Fatiguée de servir la barbarie, la jeunesse se refusait à renoncer plus longtemps à elle-même. Elle était lasse de faire jeûner ses passions, et d'accommoder sa vie aux lois de Sparte. Elle ne voulait plus du brouet du *maximum* et de la livrée du sans-culottisme. En elle, une immense soif de plaisirs, de jouissances, de bien-être, de luxe, germait

---

1. *Esquisses dramatiques.*

sourdement. Elle voulait avoir sur le dos un habit qui fût d'un tailleur, monter un cheval qui ne lui fût pas enlevé, la nuit, par la réquisition, faire tourbillonner une femme entre ses bras, sous les mille lumières des salons. Elle voulait recréer cette société de joie et de passe-temps, qui avait été la patrie de ses premières années, et qu'elle avait entrevue, avec ses yeux d'enfant, toute brillante et tout enivrée, par les portes entre-bâillées. Elle voulait jouir, et qu'on la vît jouir. Elle voulait la satisfaction de ses appétits, et le regard d'un public sur cette satisfaction. Il lui fallait l'ostentation, le bruit autour de ses vices et de ses amusements. Tout chez elle, — l'âge, l'instinct, la chaleur du sang, la raison même, — se révoltait contre la vie dure, maussade, besoigneuse, d'une République antisociale : le parfait bonheur de la vertu démocratique lui était de peu ; et les aspirations sensuelles de cette jeunesse renouaient, sans qu'elle en eût conscience, la chaîne de la civilisation, en poussant violemment la France vers les belles et nobles folies du luxe, vers les prodigalités et vers les fêtes.

Dans la brutalité des mœurs révolutionnaires, le bâton devient l'*ultima ratio* des protestations. Le bâton n'est pas seulement l'épée, l'arme de défense et d'attaque ; il est la mise hors la loi, il est l'ostracisme appliqué au bonnet rouge. Il ne frappe pas seulement au nom d'une cocarde et d'un parti ; il proscrit au nom de l'élégance ; et il cherche moins la mort du Jacobin que le retour de la mode. Au milieu des carmagnoles, le bâton fraye un chemin aux habits gris, *aux cravates vertes*[1] ; au milieu des têtes tondues, le bâton fraye un chemin aux cadenettes

1. *Paris.* Août 1795.

poudrées; au milieu des pantalons crottés, le bâton fraye un chemin aux *culottes tendues* [1], aux bas blancs, aux jarretières flottantes [2].

Ceux qui portent ces bâtons, les *muscadins* — que leur nom vienne des apprentis épiciers lyonnais [3] ou des pastilles musquées de l'ancienne comédie, peu importe; — les muscadins, la *jeunesse dorée de Fréron* [4], comme on dit encore, les voilà dévoués, cœurs et poignets, au pouvoir quelconque qui refera de la France le pays des jeunes gens et des jeunes choses, le pays des mœurs légères, des gaies compagnies, des récréations permises, des habits dont on parle, des femmes dont on cause, des bals qui font émeute, et des amours qui font scandale. Royalistes ou républicains, les muscadins mettent leurs désirs avant leurs préférences, leurs haines avant leurs opinions; ils n'ont pas de drapeau; ils n'ont qu'un cri de guerre : la mort aux Jacobins, les gémonies aux institutions de Saint-Just !

Les jeunes gens ont pour alliées naturelles les femmes. Les femmes, dont l'opinion est faite d'attendrissement, et dont le parti ordinaire est le parti de la charité, étaient passées de bonne heure aux persécutés, — lorsque les persécutés n'étaient que des victimes, et n'étaient pas encore une majorité. Le sol léger de la France ne porte pas volontiers les Cornélies : les Françaises aiment leur foyer, mais elles veulent le salon à côté du foyer; elles sont bonnes mères; mais, chez elles, la mère ne tue pas la femme; et leur demander de réduire leur parure à leurs

---

1. *Manuel des assemblées primaires électorales de France.*
2. *La Chronique de Paris.* Novembre 1790.
3. *Journées des 12 et 13 germinal.* Chez la veuve Gorsas. An III.
4. *Les premiers jours de prairial,* par l'auteur des journées des 12 et 13 germinal an III.

enfants, c'est leur demander plus qu'un sacrifice : une abdication. Puis toutes ces jeunes filles, qui se sont éveillées de l'enfance, pendant les sombres années de la Révolution ; ces jeunes filles dont le cœur est parvenu à l'âge des rêves, dont le corps est devenu mûr pour la coquetterie, pendant que la Terreur et la Famine étaient assises à tous les pénates ; ces enfants, qui seront des femmes demain, ont une folle envie de vivre. Elles ont amassé, dans le logis clos et solitaire, leur jeunesse et leur beauté : et, comme des vieilles filles qui voient le temps s'enfuir, une impatience soudaine s'empare d'elles. Elles ne songent qu'à se dépenser, qu'à reconquérir le temps qu'elles n'ont pas usé, qu'à se jeter dans l'étourdissement. Femmes ou filles, toutes voient dans la réaction la réouverture de la société fermée ; et dans cette vue unanime et pour ce but général, elles apportent à la cause muscadine l'immense appui de leur faiblesse, servant la contre-révolution de leurs ironies, de leurs calomnies, de leurs mépris, et parfois même de leurs amours.

Ligue singulière où les sourires encouragent les bastonnades ; ligue de sentiments, de regrets, d'espérances, d'appétits et de violences ; ligue puissante qui a encore pour elle les acteurs, ces confidents et ces maîtres de la foule. Les acteurs ont été les souffre-douleur de la Révolution ; et maintenant ils se vengent, dans les applaudissements, et des tyrans tombés, et des traîtres de leur famille. Il est d'ailleurs sur les planches de grandes douleurs inconsolées, des ressentiments amers et inapaisables qui ont leur écho dans les mille cœurs du public. A Feydeau, dans ce club harmonieux des muscadins, quand Gavaudan père paraît, toutes les mains saluent le père du guillotiné. Quand la voix d'Elleviou s'éteint dans les larmes, toute la salle pleure avec l'acteur cette femme aimée que Trial lui a prise pour la donner à Fouquier-Tinville ; et de tous ces souvenirs encore chauds, de tous ces deuils encore portés, de tous les cœurs qui se souviennent, de toutes les âmes qui ne pardonnent pas, monte une grande voix, un chant énorme, un cri de pitié, un cri de vengeance, le cantique de Thermidor, une *Marseillaise* expiatoire, qui gémit et qui rugit, qui gagne de proche en proche, de théâtre en théâtre, de rue en rue, de maison en maison, et qui s'en vient tonner un jour dans les tribunes de la Convention[1] : *le Réveil du Peuple*[2] ! Que font les ordonnances de police ? que fait l'emprisonnement de Micalef[3] ? Si le public ne peut plus chansonner les bourreaux, il ira huer les histrions. Fusil est condamné à faire amende honorable par-devant lui[4], et il faudra la victoire de vendémiaire pour que le chanteur Lays se hasarde à remonter sur la scène du Théâtre des Arts.

Ainsi, la guerre commence par des victoires. Les femmes séduisent les cœurs. Les spectacles, les acteurs enflamment les imaginations. Les bâtons de la jeunesse entament le dos des Jacobins. Louvet, que la *Chaumière indienne* fait complice des massacres de septembre, Louvet dénonce-t-il la faction, la faction l'attaque dans sa boutique. La Convention tarde-t-elle à s'épurer, la Convention est traînée dans la boue avec de grands rires. Cependant la caricature se remet en campagne, et de vifs crayons vengent l'art proscrit.

L'armée des habits carrés s'organise, se discipline, se compte ; il ne lui manque plus rien ; elle a même un gé-

---

1. Paris. Août 1795. — 2. *Id.* Juin. — 3. *Id.* Août.
4. *La Décade philosophique*, t. IV. An III.

néral, qui est Fréron. Elle a pour elle l'opinion publique, mieux que cela, mille fabriques d'opinion publique : le *Bulletin universel,* le *Républicain,* le *Courrier universel,* la *Gazette universelle*, les *Nouvelles politiques,* la *Quotidienne*, le *Postillon des armées ;* toutes feuilles aux ordres des abonnements de la ligue. La Harpe et Dussault maudissent la Révolution, du haut d'une rhétorique furibonde. Un Isaïe touché aux lèvres d'un charbon de feu, Richer Sérisy, tonne sur cette Babylone qui est la République et « trouble le désordre public [1]. » Sur toutes les tables, sur les coussins des boudoirs, traînent les déclamations, les Verrines et les Catilinaires. Les affiches de Marchéna, écrites sous l'inspiration d'une belle aristocrate, tapissent, de bas en haut, tous les murs de Paris. Les partisans du plaisir découronné prennent toutes les recrues ; ils applaudissent à toutes les flèches lancées, sans regarder au carquois d'où elles viennent. Et de la sorte, de germinal à prairial, de prairial à vendémiaire, la nation affolée, les femmes et les jeunes gens mènent et précipitent la réaction. Le branle est donné ; et cette respiration à pleine poitrine d'une génération courbée et asservie, cette rébellion de la société contre l'état sauvage, cette ambition de bien-être, ce grand mouvement des esprits, le jour où il est travesti en manifestation politique, le jour où il est tourné contre la République, ne peut s'arrêter en sa course. Surpris, dérobé en chemin par le royalisme qui a ses correspondants à Paris, ses émigrés en province, ses prêtres partout, l'élan muscadin va encore de lui-même. Et c'est alors que l'esprit public, conquis par les instruments qu'il employait

---

1. *Imbert Colomès, député du Rhône, à ses commettants.* Francfort. 1797.

fait comme le rédacteur du *Messager du soir,* ce républicain du 10 août, cet ennemi du royalisme, qui en haine de la Terreur, en haine de la journée de prairial, en haine de Robespierre qui peut ressusciter, sort le 12 vendémiaire, pour tenter dans la rue la victoire du royalisme[1].

1. *Essai sur les journées des 13 et 14 vendémiaire an* IV, par Réal. 1795.

III.

Six cent quarante-quatre bals à Paris. Le bal des Victimes. Les bals d'Aligre, d'Orsay, de Richelieu. Les *balladères* du pavillon de l'Échiquier. Le bal Longueville. — L'hiver de 1796. Le déréglement du prix des choses. — Le Perron. Le cours du louis. Les enrichis. — L'agiotage. *Le Thé à la mode ou le millier de sucre.* — Misère des rentiers.

La nuit tombe; écoutez : toute la ville est en bruit, et, fatiguant les échos, un orchestre fait de milliers d'orchestres sonne au levant et au couchant de la ville, sur la rive droite et sur la rive gauche de son fleuve. Partout, les violons chantent; et des culs-de-sac obscurs s'envolent dans l'ombre les notes criardes des archets aigres.

Les ménétriers halètent, et à tout coin, à tout carrefour, les musiques tapagent, et mêlent, sans les marier, les tintamarres de leurs rhythmes ennemis.

La France danse.

Elle danse depuis thermidor; elle danse comme elle chantait autrefois : elle danse pour se venger, elle danse pour oublier! Entre son passé sanglant, son avenir sombre, elle danse! A peine sauvée de la guillotine, elle danse pour n'y plus croire; et le jarret tendu, l'oreille à la mesure, la main sur l'épaule la première venue, la France, encore sanglante et toute ruinée, tourne, et pirouette, et se trémousse en une farandole immense et folle.

C'est le dieu Vestris qui succède au dieu Marat ! — Courez, courez partout avec votre pochette, maîtres de danse ! Allumez-vous, lustres éclatants, soleils des nuits ! Fournisseurs d'orchestre, Helman de la rue Gaillon, ayez toujours prêtes d'harmonieuses cohortes, des troupes de musiciens infatigables, en haleine jusqu'à quatre heures du matin [1] ! — Aux heures nocturnes, les marteaux frappent aux portes : Violons ! réveillez-vous ! voilà six écus de six livres, et une bouteille de vin pour votre nuit [2] ! Bienheureux le ci-devant riche qui sait râcler : il vit en faisant sauter les nouveaux riches ; et souvent un pauvre honnête homme, qui fait sa partie dans l'orchestre, reconnaissant Jasmin dans le salon, joue : *Ah! Povero*[3] !

Tout ce peuple se rue au bal. Il vit l'heure qui est, dépouillant le souvenir, abdiquant l'espoir ; il s'enivre de bruit, de lumières, de gaze remuée, de chaudes odeurs, de seins montrés, de jambes devinées, de regards, de formes, de sonorités, de la volupté des sens ; et Terpsichore suffit à les consoler dans leur peines, tous ces Français, tous ces jeunes Armagnacs deux ans arrosés du sang des échafauds où leurs pères mouraient !

On danse en fins souliers ; on danse en gros sabots ; on danse aux nasillements de la musette ; on danse aux suaves accents des flûtes ; on danse en scandant la bourrée ; on danse en sautant l'anglaise [4] ! Et le riche et le pauvre, et

1. *Petites Affiches.* Ventôse an V.
2. *Le Nouveau Paris*, par L. S. Mercier. Paris. An v, vol III.
3. *Le nouveau Diable Boiteux* (par Chaussier). Paris. An vii.
4. *Paris à la fin du dix-huitième siècle*, par Pujoulx. Paris. An ix.

l'artisan et le patron, et la bonne compagnie et la mauvaise, tous se démènent du meilleur de leurs jambes dans cette bacchanale épidémique qui court six cent quarante-quatre bals [1] !

On danse à vingt-quatre sous par cavalier, à douze sous par citoyenne, rue des Filles Saint-Thomas, entre le passage Feydeau et la rue Notre-Dame-des-Victoires, à la maison de la *Modestie*;

On danse tous les quintidis et décadis, chez le citoyen Failly, au Musée, rue de Thionville, ci-devant Dauphine;

On danse rue de la Loi, n° 1238, chez le citoyen Travers, moyennant cinq livres par cavalier;

On danse au *bal de Calypso*, chez Maloisel, faubourg Montmartre, 109 et 110, moyennant une mise décente;

On danse rue Neuve-des-Capucines, près celle des Piques, chez le citoyen Blondel;

On danse, rue du Mont-Blanc, au coin du boulevard, chez le citoyen Justin;

On danse, rue de la Loi, vis-à-vis l'Arcade Colbert, chez le citoyen Dolat, professeur de danse;

On danse, *Hôtel de la Chine*, rue Neuve-des-Petits-Champs, vis-à-vis la Trésorerie;

On danse chez Lucquet, rue Étienne;

On danse, maison Mauduit, rue Poissonnière;

On danse, rue des Prouvaires, chez Loiseau;

On danse, rue de Jussienne, chez Maréchal;

On danse, place Vendôme, chez Guittet;

On danse au bal Allemand de la rue Tiquetonne;

On danse au bal rue Neuve Saint-Eustache, où les dames seules ne sont pas admises;

---

[1] *Paris*, par Peltier. Mars 1797.

On danse, tous les dimanches et tous les jeudis, au bal d'hiver et au billard de Société, rue Saint-Jacques, n° 5, l'allée en face de la rue de la Parcheminerie, au fond de la cour;

On danse partout, on danse sur les souvenirs;

On danse au quai de la Vallée, dans l'enclos des ci-devant Augustins;

On danse au Noviciat des Jésuites;

On danse au couvent des Carmélites du Marais;

On danse au séminaire Saint-Sulpice;

On danse aux Filles de Sainte-Marie;

On danse sur le sang, on danse sur septembre!

On danse rue de Vaugirard, dans la maison des ci-devant Carmes-Déchaux [1]!

On danse dans l'ancien cimetière de Saint-Sulpice! On danse, et sur la porte sculptée, au-dessous des mots encore écrits : *Has ultra metas beatam spem expectantes requiescunt*, un joli transparent rose annonce : *Bal des Zéphyrs* [2]!

On danse sur ses larmes, on danse sur ses deuils! On danse entre fils et filles de guillotinés; et ces grandes douleurs, qui se devaient d'être immortelles, sautillent sous l'archet des rigaudonniers! Les Artémises souriantes se remuent avec grâce; les orphelins et les orphelines, toutes larmes séchées, s'enlacent pour la valse et le zéphyr. — Et comme raconte un témoin oculaire, qui est Polichinelle: « Je vis un beau jeune homme, et ce beau jeune homme me dit : Ah! Polichinelle... ils ont tué mon père! — Ils

---

1. *Petites Affiches*. An II, III, IV, V, passim. — *Paris pendant les années 1795, 1796, 1797*, par Peltier. — *Le nouveau Paris*, par L. S. Mercier. 1795, vol. III.

2. *La Chronique scandaleuse de l'an 1800*. Paris, 1801.

ont tué votre père? — et je tirai mon mouchoir de ma poche, et il se mit à danser :

> Zigue, zague, dondon,
> Un pas de rigaudon ¹ ! »

— On danse dans le faubourg Saint-Germain au *Bal des Victimes* ².

On danse du haut en bas de la société : les marchands dansent avec leurs voisines ; et la *cagnotte* paye les violons. Pour trente sous, jeunes commis et clercs dansent avec les couturières et les grisettes. Pour vingt sous, apprentis bijoutiers, metteurs en œuvre, coiffeurs, garçons tailleurs et tapissiers, dansent avec les ouvrières en linge et les femmes de chambre. Pour deux sous le cachet, les garçons cordonniers, les serruriers, charpentiers, menuisiers, dansent avec des nymphes de guinguettes, les harengères et les bouquetières ³. Et jusque dans ces granges qu'un poteau sans orthographe annonce *Faxhall*, dont le lustre est un chandelier de fer accroché à une corde, le buffet, le broc d'un garçon de cabaret, le glacier, un marchand de tisane, l'orchestre, une vielle ⁴ ; jusque dans les Porcherons de la canaille, il est une joie bondissante, des sauts, des trépignements sans cadence : on danse !

La bonne compagnie est entrée dans le branle général. Elle danse. Elle danse aux bals par abonnement. Elle danse aux bals du bel air, où il est une salle de rechange pour les pantalons couleur de chair ⁵. Elle danse, pour cinq livres.

1. *Une journée de Paris,* par Ripault. An v.
2. *Le Censeur dramatique,* vol. I.
3. *Paris à la fin du dix-huitième siècle,* par Pujoulx. An ix.
4. *Le nouveau Diable Boiteux* (par Chaussier). An vii, vol. II.
5. *Paris.* Décembre 1796.

Elle danse au n° 80 de la rue d'Orléans-Honoré, à l'hôtel d'Aligre. Elle danse au bal de l'hôtel Biron, dont Gérard dirige l'excellent orchestre. Elle danse au Lycée des bibliophiles et des nouvellistes, rue de Verneuil. Elle danse maison Égalité, aux bals du Cercle de l'Harmonie, entremêlés de morceaux de harpe. Elle danse à la maison dite des Tuileries, rue Honoré, où Krasa fait entendre l'*Instrument du Parnasse* [1]. Elle danse à la maison d'Orsay, sous des plafonds dignes de Pierre de Cortone, dans des salons décorés comme les thermes de Titus, autour des tables de mosaïque, autour des tableaux de Boucher et de Taraval [2].

Elle danse au bal de la maison de Richelieu, couronné par un ambigu. Elle danse sous ces lambris que déshonorent, le dimanche, la fumée des pipes et la flamme des punchs ; sur ces parquets que foulent des bottes huilées, où tombent et se vautrent les filles du Palais-Royal [3]. Elle y danse le samedi ; et le samedi la maison Richelieu « est l'arche des robes transparentes, des chapeaux surchargés de dentelles, d'or, de diamants, de gaze, et des mentons embéguinés [4]. »

Elle danse à ce voluptueux Wauxhaal de la rue de Bondy, dont le citoyen Joly, artiste du Théâtre des Arts, a l'entreprise.

Elle danse au pavillon de Hanovre.

Elle danse, rue de l'Échiquier, au pavillon de l'Échiquier. C'est la ci-devant maison du fleuriste Wenzell, dont

---

1. *Petites Affiches.* An II, III, IV, V, passim.
2. *Programme* des jeux gymniques ouverts à Paris, rue de Varennes. An VI.
3. *La Petite Poste.* Floréal an V.
4. *Le nouveau Paris*, vol. III.

les fleurs de papier faisaient, dit-on, la Nature jalouse [1]. Plus de débouchés à ces merveilles ! A peine, dans la salle de la fabrique, quelques ouvrières travaillant d'après la collection de fleurs et de feuilles rangée contre les murs. Et Wenzell fait de sa maison maison de plaisir, de concerts, de bals par souscription [2]. Le monde accourt, brillant et nombreux, emplissant les salons et la rotonde qu'orne l'autel de l'Amour, ou l'épreuve de la Sensibilité. Pour ses *balladères,* ainsi il appelle ses fêtes, Wenzell mêle toutes les distractions. Il évoque le rire, avant de lancer les danses; et le fameux Thiémet, le miraculeux imitateur, ne donne la place aux danseurs qu'après avoir égayé tous et toutes avec ses *Moines gourmands,* sa *Chasse du moulin,* et son *Arracheur de dents* [3].

Mais où la meilleure compagnie danse, où madame Hamelin vient le plus souvent apporter ses grâces créoles, c'est à l'hôtel Longueville, à cet hôtel Longueville à la vogue duquel succédera dans quelques années l'hôtel de Merci [4]. Là, dans ces salons majestueux comme une galerie du Louvre, roulent trente cercles de contredanse à seize; si vaste est la salle, que deux quadrilles de négresses dansent incognito dans un enfoncement près de la porte d'entrée. L'archet d'Hullin commande, et tout ce monde ondule aux accompagnements prolongés des cors qui syncopent deux mesures [5]. Trois cents femmes parfumées et

---

1. *Nouvelles lunes du Cousin Jacques.* Janvier 1791. — *Paris à la fin du dix-huitième siècle.*
2. *Fragments sur Paris,* par Meyer, traduits par Dumouriez. Hambourg. 1798, vol. I.
3. *Petites Affiches,* Nivôse an VI. — *Encore un tableau de Paris,* par Henrion. An VIII. — 4. *Paris et ses Modes.* 1803.
5. *Encore un tableau de Paris.*

flottantes, dans leurs déshabillés en Vénus, laissant voir tout ce qu'elles ne font pas voir, impudiques, « jambe fine, pied fripon, corsage élégant, main errante, gorge d'Armide, forme de Callipyge, » au bras de vigoureux danseurs, tournent et tournent encore, nouées à leurs Adonis, qui tendent une cuisse infatigable, dessinée par le nankin souple [1]. Sous les corniches d'or, mille glaces répètent les sourires et les enlacements, les vêtements balayés et moulant le corps, et les poitrines de marbre, et les bouches qui, dans l'ivresse et le tourbillon, s'ouvrent et fleurissent comme des roses!

Dans la ville, où ces hommes et ces femmes se chauffent aux lumières des bals, boivent aux coupes pleines, mangent aux buffets chargés de primeurs, — pas de pain, pas de viande à bien des tables! pas de feu à bien des âtres! Il fait dix degrés de froid [2].

A ces portes qui vomissent, à l'aube, des danseurs repus, quelque chose de grelottant, à deux genoux dans les ordures, dispute aux chiens un os mal rongé : ce sont des femmes.

Sous les roues des chars dorés, quelquefois un homme, quelqu'un tombe d'épuisement; au travers de la rue, quelquefois c'est un mourant, quelquefois c'est un mort, dont la bouche montre encore l'herbe broutée sur les places publiques [3].

Le pain coûte par arrêté du bureau central soixante francs la livre [4]. La viande coûte cent vingt livres [5]; quel-

---

1. *Le nouveau Diable Boiteux*, vol. II.
2. *L'Accusateur public*, vol. I. — 3. *Paris*. Mai 1796.
4. *Paris*, Décembre 1795.
5. *Le Censeur des Journaux*. Avril 1796.

ques bouchers la font dégraisser pour vendre le suif [1].

Triste temps ! La Faim est assise à tous les foyers, mendiante importune, et qu'on ne peut chasser. Pour la faire taire, voilà du sang de cheval cuit [2], des harengs pourris, du sirop de racine [3] ! — Triste temps ! Dans ce plat posé sur la table par la mère de famille, il y a un litron de haricots de vingt-cinq livres, du beurre pour dix livres, du charbon pour trois livres [4]. Triste temps ! Les queues affamées reprennent à la porte des boulangers, des bouchers [5]; les foules, moins turbulentes, bridées et foulées par la misère, attendent dans le silence morne [6], depuis minuit jusqu'au matin, la falourde de bois qui les chauffera deux heures. — Triste temps ! Le sucre manque aux malades de Paris [7]; les jambes de bois manquent aux amputés des armées [8] !

Le blanchissage d'une chemise vaut un écu ; la corde de bois monte de deux mille livres en deux jours [9]. L'eau vaudra plus cher que le vin. Le vin décuplera [10]. La chandelle montera à quarante-cinq livres, ce qui fera augmenter à l'Opéra d'un tiers le prix de ses places [11].

En une folle course, les dépenses de la vie déréglées vont à l'exagéré, à l'absurde. Quand l'homme d'aujourd'hui lit les chiffres de ce temps, il lui semble lire un ro-

---

1. *Le nouveau Paris*, vol. III.
2. *Les Derniers cris de l'humanité et de la Raison*.
3. *Paris.* Janvier 1796.
4. *Le Censeur des Journaux.* Octobre 1795.
5. *Le Ventriloque ou Ventre affamé.* — Suite du *Ventriloque*.
6. *Nous mourons de faim, le peuple est las, il faut que cela finisse.* — 7. *Paris.* Juillet 1796. — 8. *Id.* Juillet 1797.
9. *Le Censeur des journaux.* Mars 1796.
10. *Expédition de don Quichotte contre les moulins à vent*, par Saint-Aubin. — 11. *Journal de France.* Pluviôse an III.

man de chiffres, un conte de fée d'additions ou un voyage dans le royaume du *cher* par un Swift halluciné; et l'enchérissement réel et positif des choses de la vie semble un défi à la crédulité, sous les proportions démesurées qu'il revêt[1]. Les millions de rames d'assignats tombés dans la circulation ont amené cette étonnante dépréciation de la monnaie de la République. Pourtant l'on se tromperait si l'on croyait que l'homme qui, le jour où le louis était coté deux mille quatre cents livres papier, payait d'un louis le prix d'un objet ou le salaire d'un travail, ne payait que la valeur d'un louis. En ce jour, l'or pas plus que l'argent n'était un signe représentatif de la valeur d'un achat ou d'un payement : par sa rareté, par son mouvement de lacet entre les mains de l'agio, il n'était plus qu'un instrument de dépréciation du papier; il n'avait plus aucun rapport avec la valeur des choses, qui bénéficiaient, outre mesure, de la baisse des assignats. Alors, des paquets d'assignats pour l'heure de travail d'un ouvrier qui reçoit le pain gratis[2], des paquets d'assignats pour la botte de légumes de la maraîchère qui achète le pain au douzième; alors des journées de mille livres pour la crieuse de radis; des journées de deux cents livres pour l'ouvrier chapelier[3].

Alors, dans cette *cascade de discrédit* qui roule sur le papier, chaque jour, jetant une nouvelle masse d'assignats dans le public, ajoute à leur baisse. Alors, au mois de brumaire de l'an IV, Dubois-Crancé avoue que la fabrication des assignats suffit à peine à satisfaire, à raison de cent millions par jour, à la moitié des besoins. Il avoue que le gou-

---

1. *Marchand d'oignons devrait se connaître en ciboules*, par Saint-Aubin. An III.
2. *Journal de France*. Pluviôse an IV.
3. *Censeur des journaux*. Fructidor an III.

vernement a été sur le point de faire banqueroute par le fait du défaut de papier à fabriquer en quantité suffisante pour le service. Alors, les passants sont accostés par des mendiants qui leur disent : « Au nom de Dieu, faites-moi la charité. Il me manque deux cent trente livres pour payer mes souliers, ceux-ci prennent l'eau [1] ! » Alors les chiffres affectent des quantités tellement impossibles, que les livres de nos grand'mères ont beau les attester, les générations modernes ont peine à y ajouter foi.

Voici l'un de ces livres de comptes commençant « l'an III de la République, une et indivisible, » dont j'extrais quelques articles :

THERMIDOR.

	livres.
Dix livres de chandelles.	480
Ceinture de laine rouge.	35

FRUCTIDOR.

Blanchissage de gros du mois.	140
Payé pour la façon de deux bonnets.	64
Gaze pour trois bonnets.	100
Deux douzaines mouchoirs percale.	3,400
Pour une robe de taffetas brun.	1,040
Pour une robe batiste écrue brodée de soie.	2,500

Entrons dans l'année de la progression folle, l'an IV :

VENDÉMIAIRE.

Pour une cravate bleue et jaune en soie et coton.	200

BRUMAIRE.

Raccommodage de montre	200
Chapeau de paille noire	400
Pour trois livres de bougie à 110.	330
Bas de soie blanc, sept paires.	3,600

1. *Censeur des journaux*, Brumaire an III.

FRIMAIRE.

Pour un paquet de chandelles.	625
Provisions de fil blanc et de couleur.	2,000
Pour une livre de café.	210
Une paire de souliers	250
La moitié d'un porc.	7,000
Pour deux dindons.	500
Pour le blanchissage du mois.	600

NIVÔSE.

Très-belles chandelles, deux paquets.	2,000
Viande achetée à P.	1,000

PLUVIÔSE.

Pour cinq plumes.	2,600
Pour grillage d'une armoire de bibliothèque.	2,000
Pour torchons, deux douzaines.	5,200
Pour de la viande achetée à P.	2,000
Pour de l'huile.	3,600
Pour de la bougie.	4,000
Blanchissage du mois.	2,509

VENTÔSE.

Une voie de bois.	7,100
Pour un mantelet de tarlatane brodée.	7,000
Pour façon d'un bonnet payé à Danaé.	300

GERMINAL.

Pour robe et un éventail.	20,000
Pour frais de robe.	3,000
Pour le taffetas d'un mantelet.	3,000 [1]

Et vraiment Épiménide, qu'un malin réveille et fait

---

1. *Collection d'autographes* de Goncourt.

revenir au monde à propos en ce temps-là, n'est pas si exagéré quand il récapitule ses dépenses d'un jour :

18,650 livres ma redingote, ma blouse, ma veste et ma culotte.
4,500 — mes bas.
2,700 — mon chapeau.
3,000 — mes bottes.
600 — fiacres et dîner.
12,000 — une montre.
50 — café et liqueur.
2,800 — papier, plume, cire et bougie.
―――――
41,300 [1]

Et ces prix invraisemblables, à qui sont-ils demandés? A des propriétaires ruinés par les emprunts volontaires et forcés de la Terreur; à des propriétaires tenus uniquement, dit la Révolution, à payer un cinquième de leur revenu, mais payant les droits exigés aux barrières, l'impôt sur les portes, fenêtres, cheminées, l'impôt sur les voitures, sur les chevaux; à des propriétaires contre qui on a créé des bureaux d'inscription en sus des bureaux d'enregistrement; à des propriétaires payant droit de patente au quinzième du loyer, payant l'impôt du timbre, payant la contribution foncière au taux de la ci-devant valeur du fonds, diminuée de moitié, payant les sous additionnels, acquittant toutes ces contributions avec des payements anticipés qui font engager la propriété à l'usure [2]; à des propriétaires, dis-je, si rançonnés et tondus, qu'ils ne trouvent plus, de leur revenu net, à payer le tabac seize livres et le sel cinquante

―――――
1. *Censeur des journaux.* Brumaire an IV.
2. *Réflexions sur la Révolution de France.*

sous[1] ; qu'ils se retournent par le souvenir vers l'ancienne gabelle et l'ancien impôt, et qu'ils regrettent tristement cet affreux abbé Terray, sous le règne duquel les impositions n'étaient recouvrables que le huitième ou le neuvième mois, au lieu de l'être trente jours avant l'échéance légale du premier terme[2].

A qui sont-ils demandés, ces prix invraisemblables ? — A ces possesseurs de biens ruraux ruinés par les réquisitions de 93 et de 94, par l'impôt pour les volontaires, par la contribution extraordinaire de guerre, par l'impôt de la Vendée, par des taxes arbitraires[3] ; à ces possesseurs de terres dont les fermiers se continuent dans les baux d'avant la Révolution, voleurs du bon côté de la loi, qui peuvent payer les biens avec la récolte de l'année et qui se contentent de vendre les objets d'exploitation dix fois leur valeur, en les remboursant au prix de l'estimation[4].

A qui ? — A des propriétaires de maisons à Paris qui, payés le matin du loyer de la boutique louée en 1790 et descendus pour acheter une douzaine d'aiguilles anglaises ou une livre de poudre chez leur locataire, mercier ou parfumeur, sont obligés d'ajouter à l'assignat qui a soldé le loyer[5].

A qui? — A des créanciers de deux mille louis en 1789, que leurs débiteurs remboursent en 1795 avec cinquante louis.

A qui? — A des créanciers d'émigrés réduits à un *maximum* de rente, payés avec des capitaux grevés de

---

1. *Accusateur public,* vol. I.
2. *Censeur des journaux.* Décembre 1790.
3. *Actes des Apôtres.* Août 1797.
4. *Journal de France.* Floréal an III. — 5. *Paris.* Juillet 1790.

dettes, quoique les biens des émigrés montassent à treize milliards et leurs dettes à deux [1].

A qui ? — A des employés des administrations, qui ne peuvent recevoir un à-compte, et qui ne commencent à être quelque peu payés que lorsqu'ils imitent la levée en masse des employés de la trésorerie, déclarant un beau jour qu'ils ne laisseront plus sortir un sac avant d'avoir touché quelque chose [2].

A qui encore ? — A des rentiers viagers payés uniquement en papier par leurs débiteurs, de façon qu'ils reçoivent le dixième, le vingtième de leur revenu [3].

A qui encore ? — A des rentiers dits pensionnaires de l'État, réduits à un *maximum* de rente de quinze cents livres pour l'âge de trente ans, et de trois mille cinq cents livres pour l'âge de cinquante [4]; à de malheureux rentiers qui, endormis sous la promesse de 1796 d'être payés dans un délai de six mois d'un quart du dernier semestre de leurs arrérages, se réveillent, en leurs craintes, aux payements de vingt à vingt-cinq pour cent faits par la trésorerie en tant de mois écoulés, et calculent qu'il faudra attendre quatre ans sept mois seize jours pour recevoir un huitième d'années d'arrérages, et conséquemment trente-sept ans onze jours pour recevoir une année entière de ces arrérages [5].

C'est à toute cette foule désolée de nécessiteux et de désargentés que les choses de commun et journalier usage demandent de tels prix. Il leur faut acquitter ce budget

---

1. *Accusateur public*, vol. I. — 2. *Thé*. Juillet 1797.
3. *Censeur des journaux*. Janvier 1797.
4. *Accusateur public*, vol. I.
5. *Censeur des journaux*. Novembre 1796.

énorme de la vie à toute ces familles vivant dans l'alarme et sur le qui-vive du besoin, les yeux tournés vers le perron, cherchant à deviner sur les lèvres muettes du dieu de l'Agio s'il permettra à leurs quelques chiffons de papier, arrachés de la Trésorerie, des débiteurs, des fermiers, des locataires, de leur donner à dîner le lendemain.

C'est que sur les marches boiteuses de cet escalier qui fait face à la rue Vivienne, — le Perron, — se tiennent les tyrans du crédit, les ordonnateurs du cours du louis, les hommes qui tous les jours, sur le coup de trois heures, disent à Paris à combien il leur a plu de fixer, pour le lendemain, la valeur de la monnaie de la France. C'est leur club, à ces arbitres de l'échange, à ces maîtres du prix de toutes choses, qui secouent les cours comme ils secoueraient une bouteille, relèvent, abaissent, relèvent, précipitent, au gré de leurs calculs, numéraire, assignats, mandats, rescriptions [1].

Ils disposent du pouls de la fortune publique moribonde, et ils le promènent brusquement de la hausse à la baisse et de la baisse à la hausse, le remaniant de minute en minute, le ressuscitant une heure, et le déprimant l'heure suivante, poussant le louis jusqu'à vingt-trois mille livres, le 6 juin 1796 [2]. Qu'un de ces hommes se penche vers l'oreille du public : « Les Anglais nous ont enlevé un convoi sur lequel il y avait pour trois milliards d'écus ; — Le gouvernement va fabriquer des assignats de cent mille écus [3], » — quatre jours de suite, le louis monte de six cents livres. Et, tous les jours, ils pressent, ils avancent

---

1. *Journal des Hommes libres.* Prairial an IV.
2. *Censeur des journaux.* Juin 1796.
3. *L'Expédition de don Quichotte contre les moulins à vent*, par Saint-Aubin.

l'heure où toute la monnaie territoriale de la patrie ne sera plus qu'une montagne de chiffons, bonne à peine pour la hotte du chiffonnier. Ils sont tous, ces hommes, accoudés à la rampe, redingote bleue, chapeau rond, bottes luisantes, mâchonnant le cure-dent, gourmandant de l'œil toute cette infanterie d'agioteurs en sous-ordre dont l'uniforme est un bonnet de poil de renard [1] ; ralliant de la voix, du geste, cette armée d'aboyeurs qui lassent, à toute seconde, quiconque traverse le Palais-Égalité, de ces demandes rapides : « Vendez-vous des mandats? des assignats? vendez-vous des inscriptions? Avez-vous des quarts à vendre [2] ? » Ces hommes se sont parlé ; c'est un chamaillis de murmures et de voix basses, où l'on perçoit *cinq et demi* ; et de main en main un morceau de papier, à la hâte crayonné, circule : c'est le cours du louis, aussitôt affiché sur tous les pâtés de tous les marchands de comestibles [3]. Le passant vient de lire le chiffre mille ; il va chercher ses assignats : il repasse : la cote dit quinze cents ; en une heure, le louis a gagné cinq cents livres!

Ils sont si bien les nouveaux rois et les argentiers de la France, ces baissiers, que la France est obligée de leur aliéner le plus rare de son mobilier, le plus riche et le plus feuillu de ses forêts! Ils sont si bien les maîtres du Directoire, ces hommes du Perron, que le Directoire regarde comme un triomphe de leur arracher quelques sacs de blé, ou l'argent dont il solde sa garde, argent qu'il paye six à huit pour cent par mois [4]! Et comme si le jeu sur toutes les valeurs de la France ne suffisait pas à ces avidités rapaces, à ces cupidités surexcitées, à ces ambitions de

---

1. *Le nouveau Paris*, vol. III. — 2. *Rapsodies*. Mai 1797.
3. *Le nouveau Paris*, vol. III.
4. *Spectateur du Nord*. Février 1797.

milliards, ce sont maintenant toutes les choses de la création, tous les aliments de la vie matérielle des peuples, qu'ils jettent à la hausse, en les dérobant à la faim !

Elles naissent dans cet agio impie, les énormes, les stupides, les impures fortunes; ces fortunes qui semblent dépaysées sur le dos de leurs possesseurs, ces iniques fortunes que Rivarol appellerait « de terribles objections contre la Providence! » Enrichis, emménagés de frais dans les petites maisons et jusque chez les maîtresses des riches du ci-devant régime, moins riches qu'eux ! monstrueux enrichis à qui les millions sont de si peu, que la femme de celui-ci peut en abandonner deux à un retour de carte [1]. « A ces commis, mis comme des princes, et venus nus de leurs provinces [2], » il faut des dîners où la poularde du Mans, le faisan, la truite du Lac, l'ananas des îles, le vin du Rhin vieilli cent cinquante ans dans la cave de l'électeur de Mayence, le tokai donné par Joseph II à Louis XVI [3], éveillent le goût qui dort, piquent le gosier qui se blase ! Dans leurs salons, il faut à ces Mécènes, — et pourquoi non ? — un pauvre Triboulet de poëte, quelque Chamfort à jeun, un Horace au rabais, — qui déride leur opulence [4] ! A leurs dames, que l'antichambre entoure et poursuit, à leurs dames, maintenant roulantes dans des équipages à mille écus par jour, flanquées de perruques de deux mille livres, la croupe bâtée de point d'Angleterre magnifique [5], il faut grands dîners de décadis et loges aux trois grands théâtres. Les hôtels dorés, sculptés au mieux, les plus beaux, les plus grands, les plus nobles du faubourg Saint-

---

1. *Paris*. Mai 1700. — 2. *Journal littéraire*, vol. III. An v.
3. *Fragments sur Paris*, vol. I. — *Semaines critiques*, vol. II.
4. *Semaines critiques*, vol. II.
5. *Journal des Hommes libres*. Nivôse an IV.

Germain, les hôtels de douze cent mille livres, c'est à peine si un petit servant de Saint-Côme les trouve convenants à sa nouvelle fortune. Il faut l'arcature triomphale de l'hôtel de Salm sur la tête de l'ancien vigneron de Corbigny, qui achète du même coup et son hôtel, et Bagatelle, et l'attelage de douze chevaux du prince de Croï, et l'amour de mademoiselle Lange à dix mille livres par douze heures[1] ! A leurs fêtes, il faut une rotonde de glaces transparentes, des murs de fleurs, le gazouillement des oiseaux, les lilas jaillissant du milieu des tables et soudain balançant sur les convives leurs grappes parfumées[2] ! Il faut à ces enrichis des repas de deux cent mille livres[3], des gilets de dix-huit cent mille livres[4], des corbeilles de noces de vingt-cinq millions[5]. Il leur faut des bals avec des loteries de bijoux où tous les cartons gagnent[6] ! des bals Hainguerlot, où la maîtresse de maison, en sa complaisance, daigne accorder, à une dame de la ci-devant Cour sollicitant une invitation, un billet, — *un billet d'escalier*[7] !

Et Paris, qui voit ces enrichissements énormes, « ces fortunes colossales nées comme des champignons, » Paris est maigre; il a faim, il a soif, il grelotte, il est à bout de patience. L'exemple le tente de ces fortunes faciles, de ces opulences improvisées; et soudain une fièvre de lucre s'empare de tous. Une folie, une contagion, une épidémie frénétique prend ces estomacs creux : la misère se lance au

---

1. *Paris*, par Peltier. Août 1796.
2. *Le nouveau Diable Boiteux*, vol. II. — 3. *Paris*. Janvier 1796.
4. *Histoire curieuse et véritable des enrichis de la Révolution. Liste des principaux et de leur commerce.* An v.
5. *Paris*. Février 1796. — 6. *Le Grondeur*. Mars 1797.
7. *Semaines critiques*, vol. I.

gain ; l'agiotage fait sa proie de ce peuple ; et le dieu du Perron, le Mercure-Voleur, déployant son vol immense, plane sur ce tripot de six cent mille âmes, d'où montent en bourdonnements les cris d'enjeux et la tombée des dés pipés.

Paris, tout Paris, — c'est une rue Quincampoix! « On agiote pour vivre; et l'on vit pour agioter[1]! » — Des hommes passent; ils plient sous des fardeaux d'échantillons. Des femmes vont; leurs poches, enflées comme des sacoches, crèvent d'échantillons. Tout se tourne en jeu. Passe-t-on à Grenoble en voyage de plaisir, l'on en rapporte cinquante paires de gants que l'on revend[2]. — Aux promenades, écoutez les nymphes de l'agio attaquant les promeneurs : « Monsieur, une belle partie de batiste, — murmure une voix fraîche. — C'est peut-être du sel ou du sucre que cherche monsieur? Donnez-moi la préférence; je livre dans le jour. » — « Et moi aussi, reprend une jolie femme de l'autre côté. — Vous faut-il de la chandelle, du tabac, du savon? sont-ce des chaussures que vous demandez? J'en ai de toutes formes et de toutes grandeurs. Je fais le commerce, tout le monde le sait; voici mon adresse[3]. »

Tous vendent de tout : bijoux, vin, mouchoirs, sel, coton, pain, poudre, drap, livres, fer, beurre, fil, savon, dentelles, suif, tableaux, huile, café, poivre, charbon, diamants[4], et que sais-je?

On spécule sur tout, jusque sur la famine[5]!

1. *Paris.* Novembre 1795. — 2. *Petites Affiches.* Floréal an III.
3. *Semaines critiques*, vol. I.
4. *Tableau des mœurs publiques.* Avril 1797.
5. *L'Agioteur.* Théâtre de la République. Brumaire an IV, par A. Charlemagne.

C'est une mêlée, une anarchie! Le marchand vend tout, hors ce qu'il tient. Le limonadier vend du savon, le chapelier du café, l'épicier des chapeaux, l'apothicaire des souliers[1]! Et comme tous se sont mis à vendre, tout se met à être vendu. Les produits les plus hétéroclites, les objets les plus bizarres, les choses les plus invraisemblables et d'une singularité à peine comparable aux fournitures des usuriers de Molière, sont alors proposées aux chances de la spéculation par des particuliers et des particulières. Voici un citoyen qui voudrait céder « deux chevaux de bronze, six cent milliers pesants de bons pruneaux à trente-trois sous la livre, et une superbe électricité avec une glace de trois pouces de diamètre[2]. » Un autre, qui demeure rue du Jardin-des-Plantes, annonce à vendre « des essieux d'affûts de canon tournés à la marque de l'Arsenal, des tuyaux de pipes turques précieux en bois de jasmin et d'ébène avec embouchure d'ambre, et un *Ecce Homo*[3]. » Un autre, « des commodes en tombeaux et en demi-tombeaux, une peau de renne propre à faire une superbe culotte, et une partie de vrais crayons anglais[4]. » La citoyenne Lenormand se défera « de parties de sucre, de café, de riz, de fécule de pommes de terre, d'une robe de satin de la plus grande fraîcheur, de talc de Venise en grande quantité et de quatre tamis tout neufs. » Enfin, c'est un autre spéculateur qui veut trouver acheteur pour « une guitare, un four de pâtissier, un tambourin, un galoubet, et un lit mécanique propre pour les malades[5]. »

Toute chose d'ici-bas entre, bon gré, mal gré, dans la

---

1. *L'Agioteur.* Théâtre de la République. Brumaire an IV, par A. Charlemagne.
2. *Petites Affiches.* Prairial an III. — 3. *Id.*
4. *Id.* Messidor an III. — 5. *Id.* Floréal an III.

hausse et la baisse. « Une marchandise n'est plus une marchandise, c'est un levier au moyen duquel un décimateur habile soulève d'un portefeuille dix mille francs, qu'il remplace un quart d'heure après par dix mille cinq cents livres prises dans un autre portefeuille, dans lequel il met onze mille francs déplacés d'un autre, et toujours en conservant, à chaque mutation, un bénéfice pour ses peines [1]. » Voilà le jeu; qui ne s'y risquerait? Et du riche au pauvre, du maître au valet, une chaîne se fait d'achats, de ventes, de rachats et de reventes; de poches en poches, de mains en mains, l'objet passe, passe, gagnant, gagnant, gagnant, jusqu'à ce qu'il perde, perde, perde.

Mais voulez-vous une plus précise et plus intime peinture de ce jeu de *petit bonhomme vit encore* [2] : « Ma repasseuse entre. — Citoyen, me dit-elle, je sais que vous avez quelques fonds et je viens vous offrir un gros marché. Les souliers valent huit cents francs, j'en sais cent paires à quatre cents livres. Si vous voulez les acheter, cette après-midi, je vous les fais revendre à quatre cent dix francs. C'est mille francs que vous gagnerez. — On apporte les souliers. Je les regarde. Je les trouve décousus, tachés, décolorés, mauvais. Mais, lui dis-je, voilà des souliers qui boiront l'eau comme une éponge. — Qu'importe? répond la lingère; ce ne sont pas des souliers pour porter, ce sont des souliers pour commercer. Vous allez les acheter pour gagner mille francs, je vous les ferai vendre, cette après-midi, à un citoyen qui, en les revendant ce soir à la Comédie quatre cent vingt livres, y gagnera mille francs; celui-ci les revendra demain matin quatre cent trente livres à un

---

1. *Censeur des Journaux*. Janvier 1796.
2. *Le Miroir*. Floréal an IV.

autre qui les revendra à la Bourse quatre cent quarante livres; et ainsi de suite. — Mais le dernier? — Il n'y a pas de dernier, citoyen; parce que avant que les souliers à commencer soient arrivés à huit cents francs, les souliers à porter seront portés à douze cents francs, et de dix francs en dix francs, il y aura encore bien des mains à courir [1]... »

La blanchisseuse est courtière. La servante vend ses boucles et sa croix d'or pour agioter. La femme s'est lancée à l'agiotage avec cette passion furieuse et cette activité nerveuse qu'elle met d'habitude en toutes choses. Femmes du peuple et femmes du monde ont pareil appétit de gagner, pareil oubli du respect qu'elles se doivent; et ce sont, non des coureuses, mais d'honnêtes personnes, d'une mise décente, qui traînent dans les rues des paquets énormes de toiles et de mousselines [2]. Tant est grande la fureur, que, dans le reniement de leur sexe, elles vont jusqu'à faire vœu de simplicité de parure : elles réalisent leurs diamants pour agioter [3]. — Quel livre est jeté sur les sophas? — *L'Opération des Changes*, par Ruelle [4].

Même les sirènes d'amour, les galantes, les actrices qui aiment et vivent au jour le jour, prises du mal général, mènent de front le commerce des galanteries et des denrées! — Rien ne répugne à ces doigts délicats, faits pour manier des riens de bonne odeur; les plus jolies mains tripotent le cuir, et le suif et le beurre [5]! Les Vénus n'ont plus ni nez, ni goût, et comme l'empereur romain, elles trouvent que l'argent sent toujours bon.

1. *Censeur des journaux*. Nivôse an IV.
2. *Tout le monde s'en mêle, ou la Manie du commerce*, par le citoyen Mayeur, théâtre du Vaudeville. Pluviôse an IV. — 3. *Id.*
4. *Une journée de Paris*. An V. — 5. *Accusateur public*, vol. I.

La société singulière, la société unique, que ce monde fiévreux, haletant, l'esprit tendu, le calcul en arrêt ; que cette foire sans exemple, où tout le monde est marchand et chaland ; où tout ce qu'on mange, tout ce qu'on boit, tout ce qu'on use, circule à la ronde et fait une navette incessante ; où, pour toute causerie, ces mots seuls sonnent et résonnent :

Tenez, flairez cela, comme cela sent bon [1] !

où la femme n'est plus qu'un marchand en jupon qui sourit pour mieux vendre, un trafiquant qui, de ses grâces, achalande sa boutique ! — Tous les rez-de-chaussée sont bazars. Les maisons ne sont plus maisons ; ce sont magasins ; l'antichambre est un grenier à sel ; des cartons de dentelles emplissent la chambre à coucher. Le salon, on ne le traverse qu'entre deux files de barriques [2] ! Et ce salon, — quelles fêtes abrite-t-il ? de quelles joies sociales est-il le théâtre ? Que redisent ses échos interrogés ? Et comment s'entretiennent ces réunions qui, pour s'asseoir, sont obligées de débarrasser les meubles de pains de sucre ou de rouleaux de toile ? « Présidente, voilà une charmante broderie. — Monsieur Dupré, connaissez-vous le cours du savon ? — Comtesse, est-ce la Gossec qui vous a fait cette coiffure ? — Et les chandelles, monsieur Dupré ? — Mais je ne reviens pas des talents de votre femme de chambre. — Votre partie de souliers, présidente, est-elle vendue [3] ? » C'est le Perron monté à tous les étages des maisons de Paris ! — Étrange et nouvelle folie ! En guise

---

1. *L'Agioteur*, par Charlemagne. An IV. — 2. *Tout le monde s'en mêle.*

3. *Esquisses dramatiques*, par Ducancel. — *Le Thé ou le Millier de sucre.*

de billets doux, les bons de livraison glissent entre les doigts; des sacs à ouvrages, les échantillons jaillissent; la table à thé est un comptoir! et ces flacons, par Germain ciselés, qui jadis neutralisaient l'odeur du peuple, débouchez-les : ce ne sont parfums ni senteurs d'Arabie; c'est de l'huile d'olive de Provence, du vinaigre rosat, de l'eau-de-vie d'Andaye!

Qu'il vienne, il est temps, le poëte comique, pour châtier toutes ces madame Melcourt, toutes ces madame Germeuil, toutes ces Courtenville! Qu'il vienne, le Labruyère drolatique, pour rendre au public ce que le public lui a prêté. Que la pièce du *Thé* vienne châtier cette manie et cette furie! Que la voix de Saint-Maurice vibre à la fin de la pièce comme un accent de raison, éclate comme la dignité du bon sens : « Mesdames, abdiquez, croyez-moi, ce trafic scandaleux qui dévore les substances publiques et dégrade l'espèce humaine. La nature vous a donné les talents et les grâces en partage. Servez-vous-en plutôt pour embellir l'égalité sociale et la rendre plus aimable [1]. »

Et ce ne sera point vers les actrices de la pièce que l'acteur se tournera parlant ainsi d'une voix sévèrement conseillère; il fera face à la salle, il dira cette morale de la fable comique à ces jeunes Javottes, à ces dames Léonarde cachant sous la gaze un échantillon attaché sous un billet d'amour! Il se retournera vers ces loges où les fins cothurnes des élégantes piétinent dans le suif, le riz et la viande tombés de leurs poches trop étroites [2], et c'est aux Turcarets femelles emplissant les loges qu'il criera : « Abdiquez, abdiquez ce scandaleux trafic! »

1. *Le Thé.* M. Ménétrier, si bien renseigné sur le théâtre de la Révolution, affirme, contre l'assertion de Ducancel, que cette pièce n'a pas été jouée. — 2. *Accusateur public*, vol. I.

Ces ébauches de fortunes, ces promesses de richesses, ces rêves des Perrettes de l'agio, n'ont que quelques mois. — A demi échafaudées, les demi-opulences croulent. Les grosses spéculations entraînent, comme des torrents, tous les petits gains à leur portée. Les banquiers qui règnent sur la place, en forçant le cours, centuplent leurs profits. Et tandis que les millions font bientôt boule de neige, les centaines de mille livres se dégraissent rapidement, et viennent à rien; en sorte que, la France entrée en convalescence de l'agiotage, — les fortunes énormes restent debout, plus énormes, et la misère retombe sur tous, plus générale encore et plus profonde.

Comme une maladie acclimatée, la misère ne veut pas lâcher la France; elle y continue son règne, elle y poursuit sa domination d'angoisses pendant les années qui suivent. Là où elle ne peut aller elle-même, elle envoie la gêne. Et dans les mansardes de la ville immense, l'heure qui sonne les repas est une heure lamentable. Des milliers d'infortunes privées gémissent dans les nuits d'hiver, honteuses quand on les entend! Car les gens qui souffrent le plus, ce ne sont pas des misérables de naissance, grandis dans le dur train de vie du peuple; ce sont souvent des vieillards, bercés dans le bien-être, et dont les derniers jours n'ont pas de pain ! A quatre-vingt-trois ans, après soixante-cinq années de service, privé de tout, le général de Montalembert voit le jour où ses derniers meubles vont être mis en vente [1]; Bomare, l'auteur du *Dictionnaire d'Histoire naturelle* traduit dans toutes les langues, réduit aux deux onces de pain noir, va sur le soir, à l'âge de soixante-sept ans, chercher des glaçons à la rivière, pour les faire fondre et

---

1. *Petite Poste.* Thermidor an v.

boire¹; madame la maréchale de Duras meurt à l'hôpital Saint-Antoine²!

Que de familles indigentes poursuivies par le souvenir des anciennes richesses! Vieille mère, jeunes sœurs aux abois, qu'un fils soutenait, les aidant à vivre, et à qui la réquisition vient arracher ce fils qui leur donnait à manger et les consolait en leur détresse! Il part; et partant, il court, il cherche, il implore un homme aisé qui veuille bien s'accommoder du peu de bijoux qui lui restent. Écoutez le pauvre petit inventaire : « Une belle montre d'or à répétition à toc et à timbre avec une chaîne d'or très-forte; un crayon d'or, une montre d'argent à trois cadrans, heures, mois et jours de la semaine; une boîte en ivoire, représentant la bataille de Jemmapes, exécutée au burin et pouvant flatter un amateur³. » Hélas! que lui donnerait de tout cela un marchand? Le poids! rien que le poids de ces bijoux chers, seuls restes de l'aisance passée, bijoux dont le réquisitionnaire espère un peu d'argent pour celles qu'il laisse derrière lui, le cœur en larmes!

Là encore d'autres misérables. Et c'étaient tout à l'heure des enfants gâtés de Dieu, qui n'avaient qu'à se baisser pour ramasser les cadeaux du public, — des comédiens, des musiciens, des artistes! Grandes, imprévues et subites douleurs! —Qui supplie, qui demande, par grâce, une place aux Incurables, et qui est refusé? Qui? C'est Préville⁴! Préville qui avait tout à l'heure quarante mille livres de revenu, Préville qui gagnait avec sa femme cinquante mille livres par an, ce même Préville qui se faisait servir en vaisselle plate⁵! — Qui? C'est Balbatre⁶, Bal-

---

1. *Dictionnaire néologique.* — 2. *Paris. Juillet* 1796.
3. *Petites Affiches.* Ventose an IV. — 4. *Paris.* Décembre 1796.
5. *Les Dîners de M. Guillaume.* 1788. — 6. *Paris.* Décembre 1796.

batre qui disait : « L'orgue mène à tout ! » lui que l'orgue de Saint-Roch avait mené à être riche ! Balbatre qui portait un habit de vigogne de cent francs l'aune ! Balbatre à qui madame la duchesse de Choiseul donnait, pour accorder son piano, une bourse de cent louis et la garniture de boutons d'or massif qu'il avait à son habit de vigogne [1] !

En faveur de qui le théâtre Feydeau fait-il revivre les droits d'auteur sur *le Festin de Pierre* et *le Menteur?* En faveur de la citoyenne Dupuis Corneille Dangely, la filleule de Voltaire, réduite à la misère [2]. — Qui danse à l'Opéra? Un *diou* réduit à la besace : le vieux Vestris qui gagnait cent mille francs à Londres en quatre mois [3].

Il en est qui jeûnent et qui se taisent; il en est dont le désespoir s'empare : ils se tuent. La mauvaise conseillère court les rues : le suicide la suit. Et les nouvelles de nos victoires d'Italie se heurtent, en arrivant, contre des cadavres mutilés; l'annonce de la prise de Mantoue croise le convoi d'un malheureux qui s'est tué d'un coup de pistolet, ne pouvant survivre à ses vingt-cinq mille livres de rente [4] ! — Un autre jour, les wiskis volent sur une place tachée de sang : c'est le père de mademoiselle Raucourt, que sa fille n'a pu secourir à temps, et qui vient de se jeter d'un quatrième [5] !

La caricature est une vérité qui montre une poissarde faisant l'aumône à un rentier [6]. L'éventail peint le peu qu'il est au présent, l'éventail des rentiers qui porte écrit sur tous les côtés ce triste prétérit : « Je fus, tu fus, il fut, nous fûmes [7]. »

---

1. *Les Dîners.* — 2. *Petite Poste.* Pluviôse an v. — 3. *Les Dîners.*
4. *Petite Poste.* Pluviôse an v.
5. *Journal de France.* Messidor an iv.
6. *Petite Poste.* Ventôse an v. — 7. *Semaines critiques*, vol. II.

Pauvre rentier! S'il est garçon, il a le trésor de la philosophie; il se défend les idées tristes, comme contraires à l'hygiène de son état; le ventre creux, il figure, le cure-dent à la bouche, comme un homme qui dîne souvent. Comme il faut toujours se défier de soi, si héroïque qu'on puisse être, il s'interdit de passer près des rôtisseurs « où le tournebroche va le diable, et où le fumet de la volaille saisit gracieusement l'odorat. » Mais quelquefois le supplice de Tantale est inévitable : on demeure en face de personnes aisées; on entend à l'heure du dîner les assiettes qui roulent, les Frontins qui crient à tue-tête à la cuisinière : « Le rôt et la volaille sont-ils cuits? » En ce cas, ne pas écouter, avaler son morceau de pain, laper ses deux verres d'eau, c'est la recette des sages célibataires [1].

Mais le ménage! pauvre famille réduite *à la petite écuelle!* Le ménage, à peine une fois par décade chauffe-t-il avec un journal sa mélancolique marmite [2]! — Et les maudits enfants qui ont faim! et qui usent, comme dans un temps prospère! La mère avait détaché un pan de tenture siamoise; elle avait mis du papier à la place; l'aiguille avait couru dans la siamoise : la tenture avait fait de petits habits; mais, — c'est pitié, — malgré pièces et morceaux, voilà encore que ces marmots ont mis la siamoise à jour : « L'acier sur leur dos se briserait! » dit la pauvre mère.— Tisonnant, par habitude, le papier qui monte noirci dans la cheminée, le père se laisse aller aux souvenirs : il entend encore la chansonnette que la ménagère fredonnait en mettant le couvert; la nappe était d'un blanc à éblouir; la bouteille de vin, sortant de la cave, reposait sur la nappe; et le potage!... posé sur la table, il embaumait tout le

---

1. *Le Tourne-Broche rouillé des rentiers et des commis de bureau.*
2. *Accusateur public*, vol. I.

petit appartement... Un frisson tire le rentier du passé. Hélas! plus de nappe, plus de vin, plus de bouillon, plus de chansons! Il regarde : deux couchettes de paille dans un coin; — la montre, elle est en pèlerinage; — les meubles, ils sont partis ou s'en vont; cela va de suite ; et le petit intérieur, jadis passablement rempli, diminue ainsi peu à peu, dégarni aujourd'hui, plus dégarni, — vide bientôt [1].

1. *Le Tourne-Broche.*

IV.

La société. — La galanterie. L'amour. Les bureaux de mariage. — Les
Le divorce. — Culte du corps. Athéisme. — La mort. — La bureaucratie. —
thés. — Les femmes de la nouvelle France. *Mme Angot*.

Sous l'ancien régime, le jour du mardi gras, une heure était donnée aux domestiques pour faire les maîtres. Et c'était un rare spectacle que de voir ces affranchis d'un moment essayer la fortune, la danse, les vins et les tapis, gauches dans cette joie de hasard.

Le monde du Directoire donne la même comédie. De l'office, un bon génie l'a porté endormi au salon. Qui s'aviserait de demander à ce riche, enrichi d'un coup de dé, de savoir être riche ? Iriez-vous exiger de ce petit peuple, couché laquais, levé seigneur, qu'il soit une société, — et du Directoire, qu'il ne soit pas une mascarade ?

Faire le procès à un tel monde, le siffler sérieusement, — ce serait métier de dupe. Mais, s'il vous plaît, prenons un guide malin et indiscret, le *diablereau* de don Cléofas; et punissons en riant la nouvelle France qui passe, — la nouvelle France des carricks, des courses, des jockeys, des bals, de l'Opéra, des thés, des bouillottes, de Garchy, du bois de Boulogne, de l'Opéra-Bouffe et de Tivoli.

Cherchez-vous les salons, regardez dans la rue : promenades publics, jardins publics, bals publics, — voilà les salons du Directoire! Salons d'égalité, ouverts à deux battants, ceux-ci à tout payant, et ceux-là à tout venant! Le plaisir, ce n'était qu'une petite fête de famille : c'est un repas fraternel! Plus de caste et plus de rang! Tout le monde s'amuse ensemble, et en plein vent! La société n'est chez elle que hors de son chez-soi! La jeune fille danse avec le premier venu; actrices et femmes de directeurs, épouses et courtisanes, se coudoient et se croisent!... Un bruit, un mouvement, des rencontres! C'est délicieux, c'est incroyable!

Mais là où je vois luire ces lampes au foyer énorme, à l'éclat tempéré par des ballons de gaze [1]? — Là, ce n'est pas un salon, c'est une *réunion*. Remarquez comme on entre et comme on sort, quand on veut, comme on veut, avec qui l'on veut; on n'annonce plus, — c'est charmant! Les femmes assises là; les hommes ensemble, deux, trois, quatre, cinq, bras dessus, bras dessous, allant et venant en front de bandière [2]! Et plus de titres, que des titres civiques, par exemple : *Madame l'électrice du septième arrondissement* [3]; — c'est admirable!

On soupe; la singulière odeur! — Oui, c'est une soupe à l'oignon [4], souvenir des anciens goûts et des anciens repas des maîtres de la maison.

Et l'art de vivre, et l'art de plaire, la politesse, « ce mélange heureux d'égards et de déférences, de prévenances et de délicatesse, de confiance et de respect, d'aisance et de pudeur [5], » la politesse? — Quel préjugé!

---

1. *Lettres d'un mameluck*, par Joseph Lavallée. An xi.
2. *Semaines critiques*, vol. II. — 3. *Id.*
4. *Petite Poste.* Ventôse an v. — 5. *Lettres d'un mameluck.*

Voyez : les jeunes gens parlent aux femmes le chapeau sur la tête[1]; un vieillard est-il prévenant auprès d'elles, les jeunes gens moquent cette caricature. Ramasse-t-on l'éventail d'une femme, la femme ne remercie pas. La salue-t-on, elle ne rend pas le salut. Est-on beau, elle vous lorgne. Est-on laid, elle vous rit au nez[2]!

On applaudit; qui vient d'être spirituel? — Personne, un mot! le mot de la semaine[3] : « Si en France on cherche à se *débarrasser*, à Londres on se *dépitte*, et l'on pense à Vienne que l'Empereur a besoin de *Liége* pour revenir sur l'eau[4]! » Oui, un calembour, le calembour pur et sans mélange, véritable, le calembour orthodoxe[5]! Chamfort est mort, vive M. de Bièvre! Le calembour est l'esprit du Directoire : un calembour, et vous êtes connu! deux calembours, et vous êtes célèbre! trois calembours, et vous êtes à la mode! — O calembour! qu'as-tu fait de la conversation? Secret de la conversation, secret perdu comme celui de la peinture sur verre[6]! La conversation, qui était le monde même, si bien qu'*andare alla conversazione*, c'était la même chose qu'aller dans le monde[7]!

Regardez là : — quel scandale! des petites filles menées à ce Cercle de l'Harmonie, à ces proverbes impurs, joués par Volange, à cette scène impudique de *M. Vieuxbois*[8]! — Un scandale? Non; c'est la mode. — Et là : un ministre promène publiquement une prostituée[9]! — C'est l'usage.

---

1. *Censeur dramatique*, vol. I. — 2. *Semaines critiques*, vol. II.
3. *Paris*, par Peltier. Octobre 1797.
4. *Petite Poste*. Thermidor an v.
5. *Dictionnaire néologique*, par Beffroi de Reigny.
6. *Spectateur du Nord*, troisième trimestre. 1797.
7. *Id.*, quatrième trimestre. 1798. — 8. *Paris*. Mai 1797.
9. *Rapsodies*. Vendémiaire an v.

Toutes les convenances violées, toutes les décences bannies, toutes les fortunes déplacées, tous les liens sociaux rompus, tous les ordres confusionnés, — ce monde, qui est une cohue, a mis sa vie à jouir.

La galanterie fait son profit du déréglement de toutes choses; elle fait son profit de l'interrègne de la morale, elle fait son profit de l'ivresse universelle, elle fait son profit des orchestres, et du mariage des couples.

Cette fureur dansante, qui s'est emparée de tous et de toutes, n'est-elle pas une commodité, en même temps qu'un aiguillon? « Que de choses dans un menuet! » disait Marcel. Et Marcel disait juste. Tout le Directoire est dans la valse. Ce n'est plus alors la danse, une marche élégante ou noble, un pas sévère ou agréable, un ballet de décence et de grâce, un choix aimable de gestes et de poses cadencées, qui séduisaient comme la musique du corps. — A des danseuses sans voiles, il faut une danse abandonnée, et une sollicitation absolument physique. Comme la femme du Directoire a ravalé son ambition à n'être que désirée, elle livre plus que son sourire, plus que son regard, et plus que sa main; elle se donne toute au cavalier. C'est une ronde de volupté intime et molle, où le couple que le rhythme marie, poitrine contre poitrine, haleine contre haleine, tourbillonne, enlacé... Les mères ont peur de gronder; les maris craignent de paraître jaloux : les femmes deviennent des *sabots tournants*[1], et la valse, toute nouvelle débarquée d'Allemagne, commence en ces années de licence son règne charmant et immodeste dans les salons français dégénérés.

Les mœurs arrivent, toutes choses aidant, à une corruption telle, que les femmes en viennent à se blaser,

---

1. *Dictionnaire néologique.*

même sur le scandale. Le sentiment public les tolère en une indépendance si nouvelle, qu'elles se lassent de cette patience de l'opinion, de cette facilité inconcevable qui les suit dans leurs démarches. Rien ne leur est fruit défendu ; et que parlez-vous de la jalousie des hommes ! « Elle n'existe plus ; — dit une vérité méchante, — ils apprécient le bien par ce qu'il leur coûte. » — Comment les femmes ne seraient-elles pas rassasiées de liberté ? Elles ont permission de tout vouloir, et faculté de tout obtenir : nulle gêne, et nulle opposition ; le moindre des empêchements, la difficulté la plus mince même leur est refusée ! Arrive-t-il qu'on soit *curieuse* d'un homme [1], — c'est le terme du temps, — on le quête au spectacle, aux bals, aux promenades. On le dépiste, on le trouve, on le retrouve, on le harcèle. Cocher, chevaux, mari, tout vole, tout sert, tout vous escorte, nouvelle Didon, dans cette chasse et cette course d'amour ! On talonne l'Adonis, il se retourne, on le lorgne, on le perce à jour d'un regard, il minaude, on l'emporte [2], et on s'en fatigue, pour recommencer demain avec le même cocher, les mêmes chevaux, le même mari, le même cœur, — et un autre Adonis. — C'est un roman bien banal ; et quoi d'étonnant à ce que quelques cœurs, avides de péripéties et d'imprévu, se jettent dans un chemin moins fleuri, moins égayé, moins battu, mais d'une fantaisie plus imprévue, et d'une arrivée plus incertaine : — l'amour ?

L'amour, l'amour qui n'est pas de la coquetterie à fleur de cœur, l'amour a été traité par les événements tout comme une institution ; et il serait mort, si l'amour pouvait mourir, et s'il ne s'était transformé. Ailleurs, il

---

1. *Nos folies, ou Mémoires d'un musulman.* An VIII. — 2. *Id.*

a été dit [1] tout le sérieux que le sérieux des temps a mis dans le commerce de l'amour. L'amour n'est donc plus cette servitude sensuelle, dont les esclaves se vengeaient par la légèreté de ton et l'ironie qui accompagnaient leurs obéissances. Il est aujourd'hui un contrat, un mariage des affections de l'âme; et par un phénomène singulier, tandis que la société descend à l'idolâtrie de la matière, l'amour s'élève à être la communion de l'immatériel de l'homme et de la femme. En un mot, la Révolution développe et fait éclore, dans l'amour, le germe spiritualiste qui se trouve aux lettres de mademoiselle Aïssé, cette fille d'Asie qui lègue la mélancolie aux tendresses futures de la France. Quel caractère nouveau le Directoire donnera-t-il à l'amour solennisé par la gravité des mauvais jours? Un caractère piquant et tout neuf : il introduira le naturalisme dans l'amour. *Julie* de Rousseau, *Paul et Virginie* et les *Études de la Nature*, de Bernardin de Saint-Pierre, ont eu cette grande fortune qu'ils ont, de la nature, le décor de l'amour jusqu'à eux, fait le complice de l'amour du xviiie siècle près de mourir. Sur la foi de ces livres, évangiles des amants, tous amoureux de France intéressent à leurs soupirs le bois, l'oiseau, la source, la plante, l'arbre, le nuage, l'eau, la mer, la terre! Dans l'épître amoureuse, cet égoïsme à deux, d'une naïveté si parfaite, qu'un toi et qu'un moi emplissaient toute, — le printemps est mis en tiers. La lune et les étoiles, qui n'étaient pour les Scudéry que des termes de comparaisons galantes, sont associées aux rapports d'hommes à femmes; et l'individu qui aime prend cette persuasion que le système planétaire

---

[1]. *Histoire de la Société française pendant la Révolution.*

n'est pas indifférent à ses fièvres, à ses espoirs, à ses tourments. — Ainsi, l'amour revêt une livrée poétique; au lieu de circuler uniquement dans les veines de l'homme, il monte dans sa pensée. Il lui est une compagnie perpétuelle; et il lui peuple le monde d'yeux et d'oreilles qui le voient et l'écoutent, de confidents et de conseillers muets. L'amour se détache des sens; et au lieu de se concentrer tout en lui, il se répand en ses entours. Il prépare l'amour songeur, attristé, rêveur, rêvassier même, des siècles modernes; et quelques-uns du Directoire se mettent à voir dans l'amour une chose que le bon vieux temps n'avait guère entrevue dans ses amours : une occupation des idées, l'imagination des plus positifs, la poésie des hommes de prose.

Placez une lettre de madame de Parabère au régent, une lettre de madame de Mailly à Richelieu, une lettre quelconque de quelque autre femme aimante du XVIIIe siècle qui ait aimé avec l'amour de son temps; placez-la à côté de cette lettre écrite le 12 germinal an IV, par madame Cottin, — et vous verrez quelle révolution une révolution politique peut faire dans les modes de cœur de l'humanité, et dans les façons de faire et de dire l'amour : « Ce matin, j'errais dans le jardin, j'entendais les joyeuses chansons des fauvettes; les bourgeons s'épanouissaient, je respirais un air doux. Ah! me suis-je écrié, déjà l'amant de la nature s'avance; déjà je ressens ses délicieuses influences, tout mon sang se porte vers mon cœur, qui bat plus violemment à l'approche du printemps. Tout s'éveille, tout s'anime, le désir naît, parcourt la nature et effleure tous les êtres de son aile légère; tous sont atteints, tous le suivent, il leur ouvre la route du plaisir, tous so précipitent... Ah! mon cœur pur et paisible, s'il gémit quelquefois, ce n'est pas crainte de trop aimer [1]!... »

Cependant, dans l'anarchie sociale, dans le pêle-mêle de tous et de toutes, si les liaisons sont faciles, les mariages le sont moins. Ce monde, tout bouleversé, n'a point eu le temps de se reconnaître ; ces agrégations d'individus, mis en rapport les uns avec les autres par la famille, la fortune, la carrière, la condition, ne se sont point encore reformées ; et un mariage un peu appareillé serait un miracle, si des gens à l'affût des besoins nouveaux de la société n'aidaient à ces miracles. Un certain citoyen Liardot se mit un beau jour à considérer l'État ; et de toutes les plaies qui le frappaient, la plaie du célibat lui parut la plus grave. Il s'enquit, il chercha les causes du mal ; et sans mettre la Révolution en cause, il s'arrêta à cette idée, que nombre de personnes ne se mariaient pas parce qu'elles ne trouvaient pas le temps de se marier. De là à l'imagination d'une agence de mariage, il n'y avait qu'un pas. Liardot le fit. Il y a des bureaux de nourrices, se dit-il sans doute, pourquoi n'y aurait-il pas des bureaux de vierges, de veuves, voire même de dots? Et Liardot se vit combattant le célibat, par son bureau, bien mieux que la loi romaine par des amendes. Il ouvre un bureau de confiance, rue de la Tixeranderie, près celle des Coquilles, n°s 83 et 108, un bureau « qui donnera la facilité de trouver des partis convenables en indiquant les détails les plus exacts sur le caractère, les mœurs, la fortune, et toutes les conditions convenables en pareil cas ; » bureau où peuvent se trouver ensemble les deux partis qui, par aperçu, peuvent se convenir ; bureau de discrétion et de délicatesse, propre à sa-

---

[1]. Catalogue d'autographes Marlin. 1842.

tisfaire les citoyennes « qui par modestie, apanage de leur sexe, croiraient blesser leur délicatesse en y faisant des demandes; bureau qui n'inscrit sur ses registres que ceux qui sont pourvus de mœurs [1]. »

L'industrie de Liardot était nouvelle; le proxénétisme pour le bon motif était presque une institution. L'industrie fit de l'argent, l'institution réussit. Vinrent les concurrences : les nubiles avaient un bureau; ils eurent un journal. Un journal est publié le mardi et le vendredi, qui voue toutes ses colonnes à annoncer les cœurs disponibles de la République, enregistrant les désirs et les prétentions, les caractères, et quelquefois les fortunes. Ces petites affiches des partis s'appelaient l'*Indicateur des Mariages* [2].

Enfin, un Liardot de génie parut. Il dit : J'épargnerai aux jeunes demoiselles l'ennui d'aller chercher mariage dans un bazar d'hymen, et l'embarras de se faire inscrire dans un journal. Le nouveau Liardot louera un hôtel magnifique, et y établira une pension de demoiselles à marier. Trois jours de la semaine il y aura bal et concerts; les quatre autres, il y aura assemblée de jeu; sa femme, accoutumée au beau monde, fera les honneurs du salon; ne seront reçus que des cavaliers convenables, fortunés, éduqués, agréables, et, par ainsi, ces demoiselles choisiront, connaîtront, éprouveront et vérifieront qui leur plaira [3].

Un moraliste, étonné et indigné de ces trafics de mariage, élevait la voix : « Ce n'était pas ainsi que dans Athènes on montait les marches du temple de l'Hyménée, ni qu'on se préparait à donner le jour à des Aristides et à des Miltiades ! »

---

1. *Petites Affiches*. Nivôse an II.
2. *Bureau de confiance pour les mariages, ses bases, son organisation.* — 3. *Lettres d'un mameluck* — 4. *Id.*

Et pour que dans l'histoire de l'humanité un peuple donne l'exemple de toutes les anarchies, une loi d'anarchie dérègle la société domestique du Directoire : la loi du divorce. Les choses, les esprits, tout est vacillant, flottant ; et le foyer même de ce monde sans lendemain est précaire et transitoire. L'association conjugale n'est plus que temporaire ; cette indissolubilité, qui est la sainteté civile du devoir d'amour et la rationnelle sanction de l'union, est rayée des institutions sociales. Et par quelle condescendance aux préjugés, par quelle faiblesse devant la discipline morale des autres siècles, les législateurs de la Révolution auraient-ils laissé au lien conjugal sa solennité, sa perpétuité? Qu'est le mariage pour eux? Un simple commerce. Ce n'est ni un acte civil, ni un acte religieux ; c'est un acte naturel. « C'est la nature en action, » dit Cambacérès, dans le Projet du Code civil [1]. Et le mariage est si bien, dans l'opinion révolutionnaire, la nature en action, que la nature en action, sans mariage, a la même force que le mariage pour les intérêts les plus graves. L'enfant né hors la loi civile de la naissance, le bâtard, est admis au partage égal de la succession avec l'enfant légitime [2].

Dans cet accord de licence entre les institutions et les mœurs; dans cette autorisation, dans cet encouragement du libertinage et de l'inconduite, par le code organique de cette société et par les principes de ce code, — le beau train de famille ! Plus de scandale ! avec le *sacrement de l'adultère* [3], l'infidélité est une formalité. Se plaît-on, on s'accouple légalement. Ne se plaît-on plus, on rompt de façon aussi légale. La femme va de mari en mari, poursuivant le plaisir, indigne du bonheur, dénouant, renouant,

1. *Gazette des Tribunaux*, vol. XII. Janvier-mai 1795.
2. *Accusateur public*, vol. I. — 3. *Paris*. Février 1797.

et redénouant sa ceinture. Elle circule, comme une marchandise gracieuse. Elle est épouse le temps que cela ne l'ennuie pas : elle est mère le temps que cela l'amuse. Le mari, — c'est quelquefois un orphelin mineur, en droit de se marier sans permission aucune, et de sa seule volonté [1], — le mari court des bras de l'une aux bras de l'autre, demandant une concubine à l'épouse et le rassasiement de ses appétits à des noces multipliées, faisant de la vierge un objet de spéculation sensuelle [2]. Le mariage? qu'est-ce donc? Un bail résiliable de semaine en semaine, de nuit en nuit! Qu'est-ce? Une contredanse [3]! On divorce pour une absence de six mois, on divorce pour incompatibilité d'humeur [4], on divorce pour rien. On se marie pour divorcer; on se démarie pour se remarier, sans que l'homme ait la jalousie du passé, sans que la femme en ait la pudeur; et il semble que le mariage de ce temps ait pris modèle sur les haras où l'on procède par *essais* [5].

Aux promenades, ceux-là qui étaient époux hier se rencontrent et se croisent, déjà liés par un autre hymen [6]. Ils se sont si bien oubliés, qu'ils se saluent! Le haut, le bas de la société, toutes les classes sont en proie au divorce. Ici, c'est une mode; là, une habitude. Des femmes ci-devant, des comtesses divorcent, et sont remariées par leurs anciens domestiques [7]. A Nancy, à Metz, à chaque rentrée en cantonnement dans leurs quartiers d'hiver, les

---

1. *Tableau historique et politique des pertes, etc.*, par F. d'Ivernois. Londres 1799. — 2. *Accusateur public*, vol. I.

3. *Aux assemblées primaires de France.* Hambourg. 1795.

4. *Censeur des journaux.* Juin 1797.

5. *Du Divorce* (par de Bonald), 1801.

6. *Le temps et ses événements*, par Barbey-Duquil. An II de l'Empire français. — 7. *Messager des Dames.* An VIII.

soldats se marient en convenant d'avance qu'ils divorceront à leur départ¹. Et pourquoi le peuple ne ferait-il pas comme le beau monde? Pourquoi ne prendrait-il pas sa part du « code de débauche ²? » Jadis il battait sa femme; il se rangera : il la chassera ; et vainement le chanteur ironique s'égosille à lui chanter :

> Je n'avions qu'un' femm', et queuqu'fois
> C'était trop dans le ménage ;
> J'en aurons deux, j'en aurons trois,
> Queu délic' ! queu ramage !
> Maintenant qu'on peut divorcer,
> Queu plaisir tous les ans de se remarier !
> Comme les enfants vont s'réjouir biribi,
> A la façon de Barbari, mon ami !
>
> Il est vrai qu'i n'sauront pas trop
> Où r'trouver père ou mère,
> Ça s'ra du gibier pour Charlot
> Ou la rue Beaurepaire ;
> Car, pauv's enfants abandonnés,
> Il faudra bien qu'ils soient gueux ou guillotinés.
> La nature à tout ça sourit biribi,
> A la façon de Barbari, mon ami ³ !

La France n'est plus qu'un vaste lieu de prostitution ⁴. « Vous avez introduit en France un marché de chair humaine ! » crie Delville à la tribune nationale. Toute idée de morale conjugale disparaît de l'âme de la nation ; et tandis que les hôpitaux s'emplissent, que le nombre des enfants trouvés s'élève en l'an v à quatre mille dans le département de la Seine, et à quarante-quatre mille dans les autres

---

1. *Tableau des pertes.* — 2. *Miroir.* Floréal an IV.
3. *Le Rabâchage du père Luron.* Paris. Décembre 1796.
4. *Accusateur public*, vol. I.

départements, — le conseil des Cinq-Cents est saisi de la pétition d'un homme qui, veuf de deux sœurs, demande à épouser leur mère [1] !

Cependant que de nobles et délicates âmes froissées et rejetées ! Que de tendresses repoussées et gémissantes ! Que de cœurs déchirés par la barbarie d'un caprice, la cruauté de l'indifférence ou de l'ingratitude ! Et comme la main tremble souvent, et tâche de ne pas trembler, signant ce contrat funèbre où l'on se rend l'un à l'autre, où quelquefois l'un renonce, tandis que l'autre se libère ! « Nous avons été à la municipalité dans la même voiture; nous avons causé, pendant tout le trajet, de choses indifférentes, comme des gens qui iraient à la campagne; mon mari m'a donné la main pour descendre, nous nous sommes assis l'un à côté de l'autre, et nous avons signé comme si c'eût été un contrat ordinaire que nous eussions à passer. En nous quittant, il m'a accompagnée jusqu'à ma voiture. — *J'espère*, lui ai-je dit, *que vous ne me priverez pas tout à fait de votre présence, cela serait trop cruel; vous reviendrez me voir quelquefois, n'est-ce pas ?* — *Certainement*, a-t-il répondu d'un air embarrassé, *toujours avec un grand plaisir*. J'étais pâle, et ma voix était émue, malgré tous les efforts que je faisais pour me contraindre [2]. » Ainsi Julie Talma raconte à une amie l'agonie de son amour pendant la douloureuse cérémonie.

Mais pour une qui regrette et ne se console pas dans ses regrets, que d'impatientes et que de volages ! que d'ambitieuses de liberté ! Pour un divorce subi, que de divorces réclamés ! C'est une lettre morte que la loi chrétienne, faisant de l'épouse non un être égal de l'homme,

---

1. *Tableau des pertes.*
2. *Souvenirs d'une actrice*, par Louise Fusil, vol. II.

mais un aide semblable à lui[1]. Aujourd'hui égalité parfaite : le mari est répudiable par la femme, comme la femme par le mari. La femme dépasse l'homme en inconstance; sur cinq mille neuf cent quatre-vingt-quatorze divorces célébrés, — prononcés, veux-je dire, à l'état civil de la Commune de Paris, dans l'espace de quinze mois, la femme en a postulé trois mille huit cent soixante-dix ; et dans ce nombre, sur les onze cent quarante-cinq prononcés pour cause d'incompatibilité d'humeur, huit cent quatre-vingt-sept sont au compte de la femme [2].

Ce monde vit ravalé à ses sens, animalisé, si l'on peut dire. Il s'est mis à adorer le corps et à le cultiver ; et l'applaudissement de cette société est descendu à saluer dans l'homme la forme et la force, les belles apparences et les solidités de la matière.

Tandis que les Grâces se déshabillent, les don Juans se tournent en Hercules, et placent leur gloire à devenir des portefaix aimables. La mode est aux Crotoniates, et les générations du Directoire ne grandissent et ne vivent que dans la dépense et l'exercice de leurs muscles. — La Révolution, les besoins de défense personnelle, la chance journalière des rixes, les discussions brusquées par les arguments du poing, ont disposé les jeunes gens à cette émulation de vigueur, à ces rivalités d'Entelle. Puis, quand les temps de folie ont succédé aux temps d'anarchie, de sûreté qu'elle était, la force est devenue agrément; et dans ce bas-empire de voluptés brutales, les boules roulantes des biceps bien en chair, les attaches nerveuses des jarrets souples ont été faites une séduction et une gloire.

1. *Du Divorce.* 1801. — 2. *Censeur des Journaux.* Juin 1796.

Les dieux d'Olympie sont revenus; et cette société païenne et roulée dans les bacchanales, ivre de cette enveloppe de chair que Dieu lui prête, n'a plus d'autre autel que des statues : le Gladiateur et le Discobole.

Chacun tend à l'athlète. La vogue est aux palestres, aux jeux de barres du bois de Boulogne, où madame Tallien apporte l'encouragement de ses sourires [1], aux courses à pied de Monceaux [2], aux courses à cheval de Bagatelle, au programme que viennent de lancer les entrepreneurs des Jeux Gymniques, promettant de faire revivre rue de Varennes, à l'hôtel d'Orsay, les jeux des Celtes, des Grecs et des Romains, les luttes et les exercices, le développement des forces et la belle discipline du corps [3]. Les chevaux, les voitures rendus par le 9 thermidor au pavé de Paris, il s'allume dans tout le peuple élégant une concurrence, à toute bride, de centaures; et les rues ne sont plus qu'un cirque trop étroit, où les chars qui volent se passent, roues contre roues [4]. — Les fêtes publiques viennent sanctionner cette glorification des robustes Apollons; c'est toute la nation complice qui couronne au Champ de Mars les triomphateurs de la course équestre et les triomphateurs de la course pédestre, les Tourton et les Constantin [5]; et la France n'a plus de couronnes que pour des vainqueurs de stade !

Et la femme, cette patronne de la mode, a-t-elle protesté? Non; elle a applaudi. Non contente de fêter de sa présence et d'animer de son regard ces bas tournois, elle-même elle a jouté avec les hommes dans ces choses viriles. Émancipée par les leçons quotidiennes de ces jours sans

---

1. *Rapsodies*, deuxième trimestre. — 2. *Petites Affiches*. Fructidor an IV. — 3. *Programme des jeux gymniques.*
4. *Le nouveau Diable Boiteux*, vol. I.
5. *Bien-Informé.* Germinal an VI.

règle, et de ce siècle sans frein, elle a quitté résolûment son sexe pour aller au delà ; elle s'est prise, dans l'enivrement des engouements, à courir après une renommée d'amazone. Elle a oublié toute la parure que lui apporte sa faiblesse ; elle a laissé de côté, comme un fardeau pesant, toutes ces poésies de langueur, toute cette débilité séduisante, qui donnent à la femme le doux charme d'une fleur convalescente. Elle a voulu frapper les cœurs en étonnant les yeux, et usurper, pour plaire, un rôle qui n'est pas le sien. Adieu la compagne qui gardait le foyer ! adieu la mère qui vivait en ses pénates modestement, ses enfants sur les genoux ! adieu la providence de l'intérieur ! adieu la ménagère qui mettait sa vie dans son ménage ! Adieu, l'aiguille ouvrière et les soins domestiques ! La femme est homme [1]. C'est la rue qu'il faut aujourd'hui à la *virago !* C'est le fouet au manche de cuir qui sied à ses mains masculines [2] ; c'est la bouche d'un cheval, de deux chevaux, qu'il lui faut tenir et scier ! Alors la femme renonce à dépenser ses forces dans l'allaitement de ses enfants. En dépit de l'actrice Maurelle qui allaite son enfant, sur la scène, en plein théâtre [3], — l'usage passe de donner le sein à une petite créature bien atournée ; et des chèvres vaguant dans les carrefours par troupeaux, ou bien attachées à des échoppes de savetier [4], témoignent que ce beau zèle de maternité n'a pas duré, que la mode d'être mères a souffert de la mode d'être automédons. — Et ce ne sont que Céphyses, évadées de chez elles dès le matin, menant, fouettant, criant, courant la poste, et rouant le piéton ! Ce

---

1. *Le nouveau Diable Boiteux*, vol. II.
2. *Les Femmes ne nous mèneront plus, ou le triomphe des bêtes de somme.* — 3. *Bien-Informé.* Floréal an VI.
4. *Paris*, par Peltier. Octobre 1797.

ne sont qu'Atalantes de wiski, rivalisant de vitesse, à grandes guides, à tour de bras, — jusqu'à ce qu'un arrêté vienne les faire descendre de leur siége et les condamne à se ressouvenir d'elles-mêmes et à n'être plus des cochers!

La force, la beauté, le plaisir, la gloire, l'usage et la satisfaction du corps, la vie, en un mot, devint si sacrée parmi ce peuple, que la mort ne lui fut plus sacrée; dans ce monde, uniquement tourné à vivre, la mort perdit le respect qu'on avait d'elle; et cette leçon de Dieu passa au travers des populations sans être saluée.

La mort n'avertit plus cette société; elle ne la frappe pas de grands coups; elle ne ravit pas la pensée des survivants au delà de l'heure présente. La mort! c'est une banalité en France, depuis la Terreur! la mort, c'est une familière de la maison, depuis la guillotine! la mort! une importune, une fâcheuse, qui appelle les convives au dehors : les convives se lèvent à peine quand elle entre, et comptent à peine les places vides quand elle sort! Le cercueil? qu'est-ce? Un jouet, depuis le sac de Saint-Denis! — La Terreur, qui vendait tout, n'a-t-elle pas vendu les voitures, les effets et les ornements de la mort? N'a-t-elle pas vendu, en l'an II, rideaux, serge noire, dais, parements, tout le mobilier de la Société des deuils, rue Croix-de-la-Bretonnerie [1]? Et dans le relâchement des affections les plus naturelles à l'homme, dans l'impudeur des égoïsmes, l'humanité du Directoire, sans Dieu et sans remords, laisse mener à des portefaix [2] les funérailles de famille et d'amitié.

Plus de larmes! plus de regrets! Même ces convenances de chagrin, ces pompes de douleur, qui sont un hommage

---

1. *Petites Affiches.* An II. — 2. *Le Thé.* Juillet. 1797.

rendu par toute société à la majesté de la mort ; même cette poésie symbolique dont le païen entourait ceux qu'il perdait, cet hommage de fleurs et d'images de cire qu'il payait à la déesse Libitine, même cela dont quelques-uns voulaient honorer la mort révolutionnaire [1], — la société du Directoire le néglige, le dédaigne, le fuit. Elle meurt, et morte on la jette en terre « comme un chien [2]. » Toutes chaudes encore, les dépouilles d'un parent, d'un ami, ne sont que ce que sont « les restes d'un animal, dont on se débarrasse le plus promptement possible et uniquement par voie de police [3]. »

Les cadavres s'acheminent solitaires [4] ; personne ne fait escorte aux hôtes de l'éternité. Le cercueil n'a plus de suivants ; et, ballotté par des mercenaires, il va à l'aventure. Quelquefois des enfants soulèvent les crêpes noirs, et rient et s'amusent à faire leurs jeux de la bière [5] aux portes des tavernes où les porteurs s'enivrent [6]. Le corbillard d'un père n'a personne derrière lui [7] !

L'administration du département de la Seine est obligée de venir dire à ses concitoyens « combien elle est affligée de l'insouciance barbare avec laquelle ils enlèvent journellement les restes des personnes qui ont dû leur être le plus chères [8]. » Il est arrêté, pour essayer de rappeler la France à la pudeur, « qu'un officier de police suivra les enterrements avec un crêpe à son chapeau [9]. »

1. *Accord de la religion et des cultes chez une nation libre*, par Ch. A. de Moy. An IV.
2. *Nouvelle vision de Babouc, ou la Perse comme elle va.*
3. *Réflexions sur le culte, etc.*, par Réveillère-Lepeaux. An V.
4. *Semaines critiques*, vol. II. — 5. *Le Thé.* Juillet 1797.
6. *Des Funérailles*, par Détournelle. An IX.
7. *Journal de France.* Messidor an IV. — 8. *Id.*
9. *Censeur des journaux.* Avril 1796.

Et comme tout est devenu désert dans l'âme des vivants, tout est devenu désert dans le champ des morts : les cimetières, — où Leclerc voulait égalité républicaine de tombes et uniformité de pierres [1], — les cimetières n'ont plus leur espérance pleine d'immortalité. Et dans ces pourrissoirs abandonnés, où nul inconsolé ne pleure, les voleurs violent les cercueils et volent les cadavres [2].

Celui qui, après avoir ainsi suivi jusqu'au tombeau cette société, le scandale des sociétés humaines, jetterait là ses pinceaux, n'aurait pas rempli sa tâche. Le tableau demande encore un trait; et le servilisme nouveau qui entre dans les mœurs, l'habitude de tenir son pain du gouvernement, l'aliénation des opinions qu'on a pour celles qu'il est profitable d'avoir, l'abandon des carrières indépendantes du commerce, de l'agriculture, de l'industrie, cette mendicité honorable, devenue à la mode d'un bout de la France à l'autre, la bureaucratie, en un mot, méritent d'être signalés, non-seulement comme une plaie nouvelle de l'État, mais encore comme un symptôme nouveau des esprits.

La Révolution, en centuplant les rouages administratifs, a fait pulluler les fonctionnaires publics [3]. Les bureaux se multiplient à l'infini. Le commis, le papier, le détail absorbe tout. En trois ans, cette manie de plume, venue de Colbert, grandit démesurément. Des commis sont adjoints aux détailleurs; des expéditionnaires sont adjoints aux commis, des garçons sont adjoints aux expédition-

---

1. *Sur les institutions relatives à l'état civil des citoyens*, par Leclerc. — 2. *Corps législatif.* Discours de Pastoret sur les tombeaux.
3. *Spectateur du Nord*, deuxième trimestre.

naires ; « et cela se subdivise encore, parce que les détaillers font les détails, les affairés les affaires, les écrivains les écritures [1]. » Les agences exécutives, les comités, nourrissent des armées d'employés [2]. Cent dix-sept commis gâchent au comité de législation une besogne que cinq hommes éclairés et travailleurs mèneraient à bonne fin ; le marquis de Louvois n'avait que deux premiers commis, et l'on voit aux différents bureaux de la guerre soixante-douze chefs dont chacun a sous ses ordres vingt-cinq commis et quatre expéditionnaires [3]. — Les abus passent la croyance ; la complication des engrenages est au delà de l'imagination. Un exemple suffira : la commission de l'instruction publique, ayant besoin de deux voies de charbon, les obtient par un arrêté du comité de salut public, ordonnant à la commission du commerce de les mettre à sa disposition, et à la commission des transports de les faire porter de l'île Louviers au local de la commission de l'instruction publique ; voilà trois commissions exécutives en correspondance, et un arrêté du principal comité du Gouvernement revêtu de sept signatures, le tout pour deux voies de charbon [4] !

« Chacun de ces détails demande un homme, parce que chaque homme demande une place [5]. » — « Il faut, — dit une ironie, — que l'État donne un emploi à un homme par cette grande raison que cet homme ne sait rien faire [6]. » Le Directoire n'a garde de ne pas encourager l'épidémie :

1. *Censeur des journaux.* Septembre 1795.
2. *La Queue des commissions et agences, à raccourcir comme celle de Robespierre.* — 3. *Censeur des journaux.* Septembre 1795.
4. *Des Comités et des Commissions.*
5. *Censeur des journaux.* Septembre 1795.
6. *Lettres d'un mameluck.*

c'est gagner la France avec l'argent de la France. Et il pourrait dire des places qu'il prodigue ce que l'actrice disait de ses faveurs qu'elle ne refusait pas : « Cela me coûte si peu, et cela leur fait tant de plaisir! » — Des femmes mêmes sont faites fonctionnaires publics : madame de Rivarol est un instant *petit bout d'employé* ¹, et des filles sont sous-chefs ²! — L'administration est encombrée de milliers de fonctionnaires qui « sont à la République ce que les taupes sont au jardinage ³. » Chapeau rond sur l'oreille, le pantalon en croupe, la houppelande en sautoir ⁴, cadenettes retroussées, gambadant et se donnant des chiquenaudes, la plupart ne sont que des désœuvrés qui arrivent midi sonné, et leur toilette faite et parfaite, sans la moindre hâte ⁵.

Mais ceux-ci ont encore un rien de conscience. D'autres, moins timorés, ne paraissent à leurs bureaux que le jour où l'on émarge, et demandent naïvement, la première fois qu'ils viennent toucher, où est située la commission qui les emploie ⁶.

Il n'est pas difficile de supposer l'ignorance que de tels travailleurs apportent à leur métier. Et quand les jeunes merveilleux se résignent à écrire, fautes d'orthographe, fautes de français, fautes de sens, cela est leur moindre faute ; le leur reprochez-vous, ils ne s'en soucient guère ! Ils ont cette chose suprême, cette qualité unique qui dispense de tout, et qui mène à tout, cette qualité qui est ce

---

1. *Paris*. Août 1797. — 2. *Accusateur public*, vol. I.
3. *Spectateur du Nord*, deuxième trimestre.
4. *Grondeur*. Avril 1797.
5. *Premier interrogatoire de Schérer*. An VII.
6. *Garat et Ginguené, membres de la commission de l'instruction publique, intrigants et dilapidateurs* (par J.-L. Chalmel).

que la taille était pour M. de Poyanne dans les hommes de son régiment, le seul mérite exigé : une belle écriture. C'est là le titre, c'est là la recommandation, c'est là le droit [1] : *une écriture de bureau.*

Aussi, que de maîtres d'écritures, et que d'élèves ! À peine descendus de cheval, ces centaures que nous voyions caracolant tout à l'heure, tout suant encore, courent rue Mazarine ou rue Michel-Pelletier, chez Dessalle ou chez Saint-Cyr, chez l'élève du fameux Gallemant [2] ou chez le ci-devant maître à écrire de la ci-devant famille royale de France [3]. Quelle assiduité ! Et la ronde, et la coulée, et l'italienne, et l'anglo-française, ils demandent à tout apprendre, studieux, appliqués, attentifs, obéissants, invoquant l'ombre du grand Rossignol ! Ils courent acheter le *Grand Art d'écrire,* par le célèbre Rolland, ou Recueil des plus superbes exemples d'après ce maître. Ils courent s'inspirer à la devanture de Lenat, au Palais-Égalité, des feuilles d'écriture faites à la main dans ce qu'il y a de plus correct, par feu Hacher de Versailles [4]. La furie est générale : les parents ne rêvent point au delà d'une « bien jolie plume » pour leurs enfants. Et qu'un maître de pension promette le calligraphe Brard, un autre de riposter par le calligraphe Saint-Omer [5].

De ce monde qui taille des plumes, qui vit, qui meurt, qui aime, se marie et se démarie ainsi, — une table à thé est le rendez-vous certains soirs.

Mais ce n'est point le thé ravitaillé de quelques sand-

---

1. *Censeur des journaux.* Septembre 1795.
2. *Petite Poste.* Thermidor an v. — 3. *Miroir.* Germinal an v.
4. *Petites Affiches.* Thermidor an iv. — 5. *Id.*, passim.

wichs; c'est un thé homérique, un thé avec une dinde
aux truffes[1], un thé appuyé sur les roastbeefs saignants,
un de ces thés comme les prépare Velloni du Palais-Royal,
un thé de soixante-quinze livres (écus), et qu'on commande la veille[2]. Cette société de parvenus apporte au
salon ses grosses soifs et ses gros appétits dédaigneux de
sirops et de petits-fours. Ces forts estomacs réclament les
plantureuses platées et les spiritueux durs. Le thé, ce prétexte donné aux acteurs d'une soirée pour se mouvoir et
mettre des gestes à leurs paroles, ce changement de tableau, ce ralliement des *à parte* à la causerie générale, le thé
n'est plus qu'une pantagruélique récréation des mâchoires.
Le solide est associé à cette collation du bout des dents :
les tranches de jambon circulent autour de ces tasses jadis
fleuries des images colorées du Japon, barbouillées aujour-
d'hui des froides copies de l'art étrusque[3]; et la conversation fourvoyée, étouffée, ne se fait jour qu'entre deux
bouchées de cette perpétuelle lippée. Toutes les femmes
semblent échappées d'un carême ; elles se jettent à la
viande, goulues; et pleines, et repues, elles laissent négli-
gemment échapper « qu'un rien les indigestionne. » Mais
qui trompent-elles? Qui croit, — ce qu'elles voudraient
donner à croire, — qu'elles partagent leur appétit d'oiseau
entre la vinaigrette de Maille, l'alambic de Cadet, le pilon
de Berthellemot[4] ? Actrices sans mémoire, qui, jouant ce
rôle de petites mangeuses, l'oublient au moment même où
elles le débitent! — Semblez-vous leur attribuer une bonne
constitution, elles se fâchent, elles font avancer, entre deux

---

1. *Miroir.* Germinal an v. — 2. *Petites Affiches.* Vendémiaire an v.
3. *Spectateur du Nord,* quatrième trimestre.
4. *Journal des Hommes libres.* Brumaire an v.

vins, le grand jeu de leurs migraines ; elles calomnient les nerfs qu'elles n'ont pas ; elles se prêtent les ci-devant vapeurs, augmentées de toutes celles que les Delvaporines ont imaginées, vapeurs à l'Iphigénie, syncopes à la Didon, spasmes à la Nina, évanouissements à l'à-propos, caprices à la Médée, et lubies au cours du Mandat[1] !

Pauvres femmes, persécutées de santé ! Pauvres femmes, qui voient une dénonciation dans leur teint, et qui courent après l'atonie des femmes de l'ancien régime ! Pauvres femmes, dont les plus consciencieuses, pour brider cet appétit qui s'emporte, cette carnation qui s'empourpre, cet embonpoint qui déborde, se font phlébotomiser[2] ! — Et comprenez l'étonnement des vieux médecins : ils ont passé leurs jeunes années à fortifier, à engraisser, à colorer les gracieuses alanguies du xviii° siècle ; trente ans, ils n'ont été employés qu'à donner du ton à la génération féminine de Louis XV, et les voilà requis de pâlir, de maigrir, de débiliter les riches *tetonnières* du Directoire !

Le dur martyre ! Et non-seulement c'est le teint ci-devant que veut avoir à tout prix cette plèbe improvisée bonne compagnie, mais encore c'est le ci-devant air, et les ci-devant manières, et la ci-devant cour qu'elle veut continuer, et qu'elle singe péniblement[3]. Fille de la République, et fille mal élevée, elle la renie, pour cacher son origine ; elle a les opinions qu'il est de bon ton d'avoir, et elle travaille, et elle prend peine à attirer chez elle quelques anciens nobles, pour servir d'enseigne à ses salons tout frais ouverts. Cette bourgeoisie d'hier, qui se nomme

---

1. *Incroyables et merveilleuses*, par Henrion.
2. *Paris*, par Pujoulx.
3. *Spectateur du Nord*, deuxième trimestre.

d'aujourd'hui, met tout son orgueil à dire, à crier et à répéter : « Madame de Bourbon sort d'ici ; j'ai vu madame de Maillé, hier [1]. »

Les imaginations de jeunes filles ne s'enflamment plus que pour des galants titrés ; les jeunes ci-devant sont les ravageurs de cœurs du Directoire. Et l'on voit, aux applaudissements de la société tout entière, dans les familles les plus enfoncées dans la Révolution, des demoiselles à marier, pupilles de la Convention, chercher jusqu'à l'étranger un nom bien aristocratique qui les sauve de la popularité du nom de leurs pères [2].

Que sont pourtant toutes ces femmes encourageant mademoiselle Lepelletier Saint-Fargeau à devenir madame de Witt? Que sont toutes ces furieuses de noblesse et de particules? — Des femmes tout étonnées encore d'être des dames. — Que sont toutes ces Èves chargées par la Révolution de continuer les grâces françaises, d'être l'élégance, l'agrément et le sourire des compagnies? — Des Gargamelles, bercées dans la marée et le fromage, sautées des halles sous les lambris dorés. — Salons du xviiie siècle, où les timbres discrets faisaient un concert de murmures, où les voix tempérées s'entretenaient sans éclat comme dans une chambre de malade [3], — pour être les magiciennes de la causerie, pour la faire voler, badine, sur les modes et les colifichets, pour la faire glisser, décente, sur l'anecdote du jour, savez-vous quelles voix sont

1. *Semaines critiques,* vol. I.
2. *Félix et Amédée Lepelletier au Conseil des Cinq-Cents ou nouvelles observations sur l'adoption publique et l'affaire Lepelletier.*
3. *Spectateur du Nord,* troisième trimestre.

données, par l'ironie des temps, aux médianoches de Paris? — Des voix de crieuses de chapeaux[1] !

Si le temps revenait tout à coup sur ses pas! Margot est à la cuisine; où sont ses bracelets, ses bagues? ses doigts barbotent l'eau de vaisselle[2]; Gertrude, sans éventail, bat les habits; et Lisette fait le lit, où elle couche aujourd'hui! — Créatures fortunées! qu'on connut à la Courtille, et qu'on rencontre à l'Opéra[3], surprises par leur richesse et par leur avénement! Étourdies de luxe! dépaysées dans la soie, soudain endimanchées pour toute la semaine! maîtresses de maison toutes neuves! Elles ont beau se débarbouiller, se décrasser, se *gréciser*[4]; marchent-elles, elles se trahissent; parlent-elles, elles se dénoncent; et ce leur est un journalier supplice de convenir en elles-mêmes que les diamants ne font pas le goût, que la robe n'est rien à la tournure, et que les millions ne donnent pas l'orthographe. — Si bien parfumées qu'elles soient[5], le passé pue toujours en elle. Un ronflant : *Pardi*[6] *!* émaille leurs ripostes. Elles prennent volontiers le Pirée pour un homme, et Madagascar pour madame Ascar[7]. Elles ont une formule de réponse toute particulière : *Y a gros!* Elles affectent ces liaisons trop faciles pour lesquelles la grammaire manque d'indulgence, criant sur la porte d'un salon : « Dites à mademoiselle Julie que si elle n'est poin-z-ici à huit heures, je la lâche d'un cran[8]! »

---

1. *Paris métamorphosé, ou Histoire de Ragot.*
2. *Paris.* Septembre 1796. — 3. *Grondeur.* Germinal an v.
4. *Tableau général du goût, des modes et costumes de Paris,* par une société d'artistes et gens de lettres. An v.
5. *Petite Poste.* Messidor an v. — 6. *Une Journée de Paris.*
7. *Semaines critiques,* vol. iv.
8. *Les Vautours du dix-huitième siècle,* par Denis. 1798.

Ces femmes de la *nouvelle France,* ces caricatures qui se démènent pour être plaisantes, le facile butin pour les rieurs! et que la malice est spirituelle contre elles à bon marché! — Un d'Allainval de foire les a saisies. Une École des Bourgeoises les fouaille d'un gros rire. C'est la *Madame Angot* de Maillot. Madame Angot! il faut voir madame Angot! Il faut voir Corse dans le bonnet chamarré de rubans jaunes de madame Angot[1]! Madame Angot qui se pâme devant le rat de cave Girard, son futur gendre, drapé en chevalier de la Girardière! Madame Angot disant : *Queue magnière! Queue galantise*[2]*!* Il faut dire : *C'est incroyable!* en pensant à madame Angot! Celui-là n'a rien vu qui n'a pas vu madame Angot[3] recommandant à Nicolas de se mettre sur *son propre :* « Il faut leur z'y montrer qu'on a zeu de l'éducation comme il faut! » Bal d'Aligre, bal de Richelieu, concert de Feydeau, promenades au bois de Boulogne, vous pâlissez devant madame Angot se rêvant déjà :

> L'sapeau z'au ballon,
> Au col le médaillon,
> Ruban pour ceinturon,
> Riches blouques pendantes[4]!

Éclairage aux bougies au théâtre d'Émulation pour madame Angot, qui manque de *talocher* sa fille pour lui apprendre à aimer le chevalier! Madame Angot demandée par les ambassadeurs! Madame Angot qui s'oublie à engueuler du plus dur et de plus vert une harengère de sa famille! Madame *Angot* qui fait venir le Directoire chez

---

1. *Costumes parisiens de la fin du dix-huitième siècle,* par Lamesangère. An VII. — 2. Mme *Angot ou la Poissarde parvenue.* An V.
3. *Petite Poste.* Vendémiaire an V. — 4. Mme *Angot.*

Nicolet! Madame Angot, en syncope, repoussant le flacon de Girard, et criant d'une voix mourante : « Non, non, donnez-moi plutôt une goutte d'eau-de-vie ! » Madame Angot qui fait rire lord Malmesbury lui-même, dans une loge grillée[1] !

1. *Censeur des Journaux.* Décembre 1790.

V.

Le jour de l'an de l'an V. La décade et le dimanche. — Longchamps. — Duel de Chénier.

Voilà un bonheur dans la petite France. Voilà les enfants et aussi les mères qui se réconcilient avec la République : 1797 ramène cadeaux et bonbons. — Le jour de l'an avait été traité en suspect par la Révolution ; le vieux souhait, le souhait traditionnel : « Bon jour, bon an ! » avait été proscrit[1]. De janvier, ce mois applaudi de tant de petites mains du royaume, de ce riant ci-devant, de ce portier ouvrant l'année dans une pluie de dragées et de joujoux, la Révolution fait un citoyen exécuteur jetant la tête d'un roi en étrennes au peuple. — La liberté de 1789 était encore au berceau, que La Bletterie s'élevait contre « le fastidieux jour des visites du premier de l'an. » En ce temps, il suffisait qu'une chose fût en usage pour qu'elle fût appelée un préjugé, que dis-je ? un esclavage. « Le

1. *Dictionnaire néologique*, par Beffrol de Reigny, 1795-1800.

public, — ainsi parlait l'ennemi du jour de l'an, — ne se lassera-t-il pas bientôt de cet acte de servitude, de ces compliments annuels, bien doux, mais bien plats ; de ces visites, dont l'obligation détruit le plaisir et le mérite ? » Harpagon lui-même n'eût pas, au nom de sa bourse, trouvé contre les étrennes d'aussi forts arguments que le citoyen La Bletterie au nom de la liberté. Il prodiguait contre elles et l'injure et l'esprit : « Fausses démonstrations de l'amitié, périodique et frivole cliquetis de joues, fatigantes et avilissantes courbettes[1] ! » Quand la République, proposée par Collot d'Herbois, est décrétée — d'assaut, dit un méchant, — défenses sont faites de célébrer le jour de l'an de la monarchie : — la mort à qui fera des visites ! la mort à qui osera des compliments ! et les gouvernants vont jusqu'à faire décacheter, ce jour-là, toutes les lettres à la poste, pour s'assurer si tous ont oublié le calendrier grégorien et les souhaits de bonne année[2].

1797 est l'année choisie qui restaure la fête nationale des petits, des petites et des femmes. L'interrègne des joies d'enfance et des gourmandises satisfaites et des galanteries acceptées avait duré huit ans. Aussi, comme à cette reprise des anciens us « on se visite, on se complimente, on se fête, on se chante, on se baise toute la journée ! » Que d'épithalames, de madrigaux, de couplets prenant essor, « comme au temps de l'esclavage ! » Que de billets en prose et en vers[3] ! Que de Virgiles en famille, chantant un nouveau siècle, promettant de meilleurs jours et rimant leurs espérances ! Le jour de l'an, c'est un ami qu'on retrouve ! ce sont les anciennes joies revenues ! ce

---

1. *Chronique de Paris.* Décembre 1789.
2. *Dictionnaire néologique.* — 3. *Grondeur.* Janvier 1797.

sont les vieux liens sociaux qui se renouent ! — Comme le commerce sourit à cette fête, qui le fait riche ! Les bonbonniers, les marchands de colifichets se parent et agacent de leurs tentations les plus coquettes les belles promeneuses et les marmots promenés; le Palais-Royal, de mille mains, arrange et dispose à l'étal de toutes ses boutiques tout ce qui peut faire un désir et un bonheur : bagues à deux faces, fleurs de souci, pensées, amours tenant à un fil, boucles d'oreilles en filigrane, boîtes d'or, étuis d'or, glaciers d'argent avec leurs cuillers, coupes d'argent de formes antiques avec leurs pieds en ébène[1]. Et le soir, tout éclate de lumières dans le palais, les arcades, les devantures, et jusqu'aux noms des bijoutiers tracés sur leurs boutiques en lettres diamantées[2]. Le soir, la rue des Lombards s'illumine; elle a remis en montre ses merveilles de sucreries : les coucous dans des nids de fauvettes en sucre, et les carottes de tabac en chocolat. Et comme il est dans le présent toujours un peu du passé, parmi les bonbons plaisants, seringues, cornichons, poignées de verges, merlans frits et *viédases* d'Amérique, de savoureux capucins barbus sont jetés[3], — ironie de la religion qui fut; et devant les devantures rivalisant de feux et de goût, quelque badaud, qui n'a pas oublié, dit à demi-voix, en passant : « Si le maître de cette boutique eût osé faire un pareil étalage il y a trois ans, il eût été guillotiné[4] ! »

Le hasard lui-même se mêla de ce premier jour de l'an v, et il sembla qu'il voulait lui donner une solennité plus haute et un caractère de manifestation plus marqué, en le faisant tomber, non un jour ordinaire, mais le jour

---

1. *Le nouveau Paris*, par Mercier, vol. III. — 2. *Id.*, vol. IV. 3. *Id.*, vol. V. — 4. *Paris*, par Peltier. Janvier 1797.

de fête de l'ancien almanach, de l'ancienne royauté, de l'ancienne religion : un dimanche.

Cette fête, donnée par les anciens souvenirs au premier dimanche de l'année, ce fut la déchéance du calendrier républicain et la rentrée en grâce du jour dominical dans les mœurs nationales. Même pendant son triomphe, la décade avait été subie plutôt qu'obéie, et il fallait aux hommes de France un effort de mémoire pour ne pas boire, aux filles de la République un sacrifice d'habitude pour ne pas danser le dimanche. Thermidor emporta les protecteurs du décadi : les dates proscrites se glissèrent dans les journaux et les correspondances, sournoisement d'abord, puis la tête plus haute. Les manufactures du gouvernement, Sèvres par exemple, sonnaient bien la cloche du travail le dimanche et ne la sonnaient pas les jours décadaires ; mais c'était là une sonnerie de comédie, convenue avec les ouvriers, qui faisaient les sourds à la cloche du dimanche et venaient travailler les décadis, sans être appelés, pour ne pas perdre leur paye [1]. Vainement, le décadi, le *président de l'année civique*, persifle ce calendrier grégorien, « qui offre tant de bons jours aux grisettes et aux buveurs pour aller aux prés Saint-Gervais [2]. » Vainement le ministre de la justice Génissieux s'indigne publiquement contre un commissaire du pouvoir exécutif près les tribunaux civils et criminels du département du Bas-Rhin, lui demandant s'il est loisible de tenir audience les jours de décadi et de vaquer les dimanches [3]. Peu à peu, malgré les ordonnances de l'administration centrale [4], les

1. *Journal des hommes libres.* Fructidor an IV.
2. *Combat sanglant entre le Dimanche et la Décade.*
3. *Journal de France.* Ventôse an IV.
4. *Paris.* Décembre 1797.

marchands s'enhardissent à fermer le dimanche, réduisant les marchands du Palais-Royal à une minorité imperceptible de *décadins*[1]. Du dimanche 1er janvier 1797, la victoire est décidée pour les dominicains. La bière de Mars, débaptisée républicainement, et rebaptisée « bière de germinal[2], » reprend son nom glorieux et populaire. — Et la décade trahie, abandonnée, tombée en désuétude, se traîne, lettre morte du temps, jusqu'au 10 germinal de l'an x, où, dans un pamphlet, M. Dimanche mène au *Te Deum* de Notre-Dame la pauvre madame la Décade, bien humble en son acte de contrition[3].

Cet an v ou plutôt cette année 1797 est une audacieuse et une persévérante royaliste. A peine a-t-elle réinstallé en ses aimables fonctions le premier jour de l'an, qu'elle ramène une autre plaisante institution du passé : Longchamps, la promenade de Longchamps! — Et le concours des toilettes, la bataille des beautés, les éphémérides de la mode recommencent; et cette protestation, qui est la fête du luxe, lancée au grand trot, des boulevards jusqu'à Bagatelle, soufflète en passant, de la poussière de ses chars, la Liberté de la place de la Révolution. — C'est la renaissance officielle des voitures. Elles reprennent, à ce Longchamps, possession de ce pavé de Paris, où la Terreur laissait pousser l'herbe; et, caracolant, chevaux à toute bride, il semble qu'elles ramènent une Athènes dans la Sparte des sans-culottes.

Pourtant, ne croyez pas à une de ces royales et tranquilles processions d'opulence dont nous entretient Ba-

---

1. *Fragments sur Paris*, vol. I.
2. *Journal de France*. Floréal an vi.
3. *Rencontre de M. Dimanche avec Mme Décade*. Dialogue.

chaumont, et que traînaient des chevaux caparaçonnés de marcassite. Il n'est plus, le fameux Bournigal, sellier du roi ; et vous n'aurez point à voir de ces riches et superbement larges carrosses, de ces berlines à ressort en tire-bouchon ou à la Polignac, doublées de velours de Gênes ciselé, ou de ces trois quarts à la française, ou de ces diligences à l'anglaise avec leurs fonds or glacé, couleur puce, et leurs belles housses à jupon[1]. La Révolution les a vendues ; — mais, en revanche, vous verrez filer, comme des éclairs, tous ces véhicules nouveaux, qui semblent plus faits pour la commodité des chevaux que pour la commodité des gens, curricles rapides qui ne pèsent rien, vont la poste, et versent en un clin d'œil. — Où est-il Louis XV, qui disait : « Si j'étais lieutenant de police, je défendrais les cabriolets ! » Cabriolets, phaétons, vis-à-vis, demi-fortunes, soufflets, c'est à qui passera l'autre, c'est à qui rouera le voisin. Et bai-bruns d'emporter, dans un nuage d'arène, le *hockei* garni d'une balustrade, le hockei

Aux bois finis, en ferrure impayable[2],

qu'inventa Gagnant, le carrossier fameux[3]. — Qui dépasse le hockei? Un *carrick*, la voiture inventée à Carrick, ville d'Irlande[4] ; le léger carrick que conduit légèrement un jeune homme léger, fouettant un léger cheval sans queue et sans oreilles. Les voitures, sur deux files, vont, viennent, « se croisent et se heurtent[5]. » Les *agréables* se sont juré de couper et de bousculer les huit cents fiacres de Paris[6],

1. *Petites Affiches*. 1789, passim.
2. *Les Modes ou la Soirée d'été*, par le S...r.
3. *Éloge des perruques*, par le docteur Akerlio. An vii. — 4. *Id.*
5. *Petite Poste*. Ventôse an v.
6. *Mes Matinées à Paris*. Lausanne, 1800.

« qui se sont donné rendez-vous pour enlaidir la fête[1]. » — Autour « des hommasses Dulcinées, garrottées sur leurs selles avec de fortes sangles et de bonnes courroies de Hongrie[2], » les *anglo-cavalcadours*[3] paradent à cheval, écuyers improvisés, plus heureux qu'habiles, se criant de l'un à l'autre un bruyant et monotone : « *Weri-woel!* » — Le *weri-woel* (sic) est le salut du jour; « un jeune homme ne peut pas monter deux fois à cheval sans le prononcer très-haut plusieurs fois, sinon on a l'air d'un garçon marchand endimanché[4]. » — Tout le long de la route poudroyante, des fanfares sonnent, joyeuses; c'est l'écuyer Franconi qui a réuni tous les musiciens de son spectacle dans une vaste gondole que suit et précède toute sa troupe à cheval[5]. La gondole de Franconi passée, tous les regards sont pour les reines qui se sont partagé en sœurs le sceptre du goût et des galanteries, et qui remontent les Champs-Élysées, dans l'escorte de leurs courtisans : Madame Lanxade, la Terpsichore de Richelieu; mademoiselle Lange, et mesdames Récamier et Tallien, « qui brillent dans la foule comme de douces clartés[6]. »

Cette fête n'aurait pas été française si elle n'avait appelé à elle l'épigramme qui console en riant. Aussi voilà un grand vilain fiacre ou plutôt un grand coffre disloqué, suspendu sur des cordes, nouées et renouées en vingt endroits, les roues faites de pièces et de morceaux ; six haridelles, — des ombres de rossinantes, — suant et buttant, traînent péniblement ce carrosse de gueuserie, où sont

---

1. *Miroir.* Germinal an v.
2. *Le Censeur philosophe ou le Lucien moderne.* An v.
3. *Résurrection du véritable père Duchêne, f.....!* n° 20.
4. *Petite Poste.* Ventôse an v.
5. *Le Miroir.* Germinal an v. — 6. *Id.*

tassés six hommes plus maigres encore que les haridelles, et plus tristes; et sur le carrosse, en grosses lettres, on lit : *Char des Rentiers*[1].

Mais épigrammes, moquerie et critique des toilettes, ce n'est point le fond de la conversation de Longchamps. L'événement à l'ordre du jour a un mois de date : grand événement pour qu'une semaine ne l'ait pas fait oublier et qu'il accapare encore l'attention de ce peuple de badauds inconstants et blasés! De voiture en voiture, on se demande, en passant : « Comment va-t-il ? » — Et pourtant il y a plus de trois décades que Chénier s'est battu avec Amédée de Kerboux, et que Amédée de Kerboux a reçu une balle de Chénier.

Chénier! comme à ce nom l'opinion publique entre en colère! quelle rancune universelle s'attaque à l'auteur de Charles IX! Et par quelle popularité de haines, il expie une gloire de circonstance! — Quelquefois, les survivants de la Révolution doivent se retourner vers leurs compagnons tombés pendant la route, et, poursuivis par tant de vengeances et tant de ressentiments, envier le sommeil des Desmoulins. — Ce n'est plus le Chénier de 1790, dont le front jeune rayonnait sous le laurier frais cueilli. Les ennuis ont ravagé sa figure; il n'a plus cette physionomie animée, cet air de barde inspiré[2] : les rides de son front ont relevé ses sourcils; la contraction des muscles a renflé ses narines, et les pâles joues du poëte se sont lentement creusées[3]. Et comment garder la sérénité de son visage,

---

1. *Grondeur*. Avril 1797.
2. *Portraits de quelques personnes célèbres dans l'Histoire de la Révolution française*, peints par eux-mêmes.
3. *Actes des Apôtres*, par Barruel-Beauvert, vol. I.

dans ce continuel tourment de l'âme ! Chaque jour apporte à Chénier sa charretée d'injures ; chaque nuit le couche dans le tumulte des malédictions. Pas une heure de ces années qui laisse le repos au tragique de la Terreur ! Pas un numéro des trente-cinq journaux contre-révolutionnaires[1] ne pardonne au complice de David, au chanteur des fêtes nationales, au Pindare officiel du Directoire, qui, d'un hymne si raisonnable avait célébré la Raison, et dont la froide Muse caressait tout à l'heure de l'aile de ses rimes le front des Victoires de l'an II !

Et toujours dans le rire dont on le plaisante, dans l'ironie dont on le blesse, dans la plaisanterie qu'on lui décoche, toujours un mortel venin ! toujours cette tête d'André jetée à la face de Marie-Joseph ! et cette grande voix accusatrice qui monte de partout vers l'auteur de *Timoléon : Caïn, qu'as-tu fait de ton frère ?* De temps en temps, harcelé, acculé, éclaboussé du sang de ce frère dont on le barbouille, las de risées, à bout de silence, il fait front aux aboiements. Il se retourne furibond, et pousse droit à l'ennemi, taillant de droite et de gauche, au hasard, à tour de vers, sarcastique plus que méchant, montrant les dents pour mieux rire, diffamant la presse entière pour diffamer les journalistes, honorant du ridicule des inconnus qui n'en sont pas dignes, rimant bien, frappant fort, moquant mal, faisant un bâton du fouet léger d'Horace. Le lendemain du *Discours sur la calomnie*, la calomnie recommence, et repromène l'ombre de ce frère mort devant ce frère coupable de vivre. A la satire de *Pancrace* distribuée au Palais-Royal par de petits polissons[2],

---

1. *Analyse de mes malheurs*, par Pitou.
2. *Grondeur.* Février 1797.

Rœderer survit, et le « stupide » Léger[1] badine les colères de Chénier[2].

Que faire? Où fuir le retentissement de son nom? L'Archiloque, désespérant du silence, se jette avec rage aux fièvres de la vie. Il s'assourdit dans les émotions du jeu, dans l'étourdissement des libres amours. Aux bals des ministres, il pousse des centaines de louis d'or sur le tapis de la fortune[3]; et il va de madame Vestris[4] à madame La Boucharderie, sans que l'écho de son cœur cesse de lui apporter les reproches de l'histoire. Qui n'a entendu parler de la belle La Boucharderie « et de sa grosse perruque blonde, de son énorme chignon[5]? » Elle est partout où l'on est et partout où l'on joue, fripant des cartes au club des Échecs, au club des Arcades, au club de Valois. L'autre fois, un commissaire a voulu l'arrêter dans une maison de jeu : — « Comment! on ose arrêter la femme du président des Cinq-Cents? » a dit la belle; et par la fenêtre : « Holà! Saint-Jean, allez chercher le représentant Chénier! » Et le commissaire a fait des excuses. Et la La Boucharderie a daigné lui pardonner[6]; et elle est fièrement partie dans cette voiture que les ennemis de Chénier disent le prix du congé d'un jeune homme de la réquisition[7]. Des concerts du Théâtre Louvois aux concerts de l'Opéra, Chénier promène cette banale amoureuse, La Boucherie, comme on l'a baptisée[8]. Il la montre et l'assied à ses

---

1. *Discours sur la calomnie*, par M.-J. Chénier. 1797.
2. *La Tribune publique ou Journal des Élections*, vol. I, 1797.
3. *Rapsodies du jour*, premier trimestre. An v.
4. *Paris*, par Peltier. Août 1795.
5. *Paris*. Janvier 1796. — 6. Id.
7. *Manuel des assemblées primaires électorales de France.* Hambourg. — 8. *Rapsodies*, deuxième trimestre.

côtés, toute chargée d'or et de pierreries. Un jour, au Théâtre de la République, il la quitte un moment. Un beau jeune homme entre dans la loge, salue La Boucharderie, — c'était une vieille connaissance, — cause, et s'installe. Chénier rentre. On sort pour s'expliquer ; le jeune homme garde son chapeau sur la tête ; Chénier, qui est découvert, veut le décoiffer de vive force. Le jeune homme ôte son gant, et frappe Chénier [1].

Les journaux de s'emparer du scandale, et, la scène contée, d'ajouter : « Chénier répondra par *une tragédie, une satire* ou *un rapport* [2] ! » Amédée de Kerboux écrit au *Déjeuner* : « Citoyens, je croyais devoir garder le silence sur l'insulte que m'a faite Chénier et sur la vengeance qui l'a suivie, mais l'affaire est devenue trop publique pour ne pas en rendre un compte précis... Le fait est qu'étant au Théâtre de la République, je demandai à la maîtresse de Chénier si elle le voyait encore. Irrité de mon audace, il voulut me parler ; nous descendîmes. Avant d'entrer dans aucun détail, il m'ôte mon chapeau de dessus la tête : je lui applique sur la figure deux coups de poing vigoureux ; il crie, on accourt : on me fait lâcher prise. Il peut trouver des témoins qui nient le fait : je sais qu'il le nie lui-même ; mais je défie tous les docteurs du monde de lui ôter ce que je lui ai donné. Telle est ma déclaration. Salut. — Amédée de Kerboux [3]. » Chénier répond dans *la Sentinelle* : « Les rédacteurs du *Courrier républicain* et du *Miroir*, Poncelin, Souriguière et Beaulieu, se sont permis de publier que, dans une rixe arrivée au Théâtre de la République, je me suis laissé maltraiter de la manière qu'il serait convenable d'employer à leur égard. *Ces misérables*

1. *Petite Poste.* Ventôse an v. — 2. *Le Déjeuner.* Mars 1797. — 3. *Id.*

en ont menti. Trente témoins savent quelle a été cette rixe, et ma conduite. Il n'y a que des hommes d'une excessive lâcheté qui aient pu inventer ou propager ce bruit absurde. Je leur déclare publiquement que je les brave et les méprise partout, et que j'ai un extrême désir de leur en donner toutes les preuves dont ils auront besoin. — Marie-Joseph Chénier, *représentant du peuple*[1]. »

Le 15 ventôse de cet an v, où le duel reprend vogue, et où les élégants de la Chaussée-d'Antin et du boulevard Italien sortent le matin munis de pistolets et suivis de chirurgiens[2], — une rencontre a lieu entre Chénier et Amédée de Kerboux. Quatre coups de pistolet sont échangés, les deux premiers à quinze pas, les deux autres à six. Kerboux reçoit une balle au-dessous des côtes[3].

« Depuis la Révolution, — dit un journal, — il existe presque toujours une étoile favorable aux méchants[4]. » Un autre du même camp va jusqu'à dire : « Placer un égal danger entre un misérable et soi, c'est compromettre également sa personne et les intérêts de la société[5]. »

---

1. *Petite Poste.* Ventôse an v. — 2. *Le Déjeuner.* Mars 1797.
3. *Petite Poste.* Ventôse an v. — 4. *Le Déjeuner.* Mars 1797.
5. *Tribune publique,* vol. III. 1797.

VI.

Les jardins d'été. Biron. Mouceaux. L'Élysée. Tivoli. Idalie. Ruggieri. Concurrence des fêtes. — L'ambassadeur turc. — Les ballons. Blanchard et Garnerin. — Les glaciers. Garchy. Velloni. Juliet. — Le Petit-Coblentz. Babeuf.

C'est l'été! — Où aller? — dit la bonne compagnie. — Où se croiser, où se rencontrer? Où me retrouver? En quel lieu choisi montrer mes grâces, mes robes, mon esprit, mes ridicules? — Telle est l'inquiétude de cette société sans foyer qui se recevait, se saluait et se visitait, l'hiver, aux bals par souscription.

Où trouver ombre et verdure? — Quelles promenades courir? Le Palais-Royal est un antre de filous et de prostituées. Les Tuileries? Et la consigne donnée aux sentinelles, et la guerre faite tantôt aux cheveux plats et tantôt à la tresse[1], et la moitié de ses arbres abattus[2]. Où aller? au spectacle? C'est plaisir des vilains jours, récréation de brumaire et de nivôse.

---

1. *Petite Poste.* Messidor an v.
2. *Bien-Informé.* Brumaire an v.

Où donc sera, l'été, la statue du Plaisir, ce veau d'or du Directoire? — En mille bosquets, en mille réduits verts, sur les gazons. Le Plaisir? il trônera, il présidera, sous la feuillée, dans des feux de toutes couleurs, dans des cascades de flammes, dans les fanfares du cor, dans la musique des hautbois et des bassons, il présidera aux folies de ce monde insatiable de fêtes, de lumières, de bruit.

Le Directoire confesse officiellement que l'argent manque pour les fêtes nationales [1], — et tous les soirs, le Parisien, monté sur la butte Montmartre, voit dix feux d'artifice monter, sillonner les airs, et secouer leurs bouquets de diamants, de rubis et d'émeraudes [2].

Tout autour de Paris, les bals résonnent et s'allument. Un Colysée et un jardin anglais s'établissent dans cette plaine des Sablons [3], où jadis tout Paris se portait pour voir la revue de la Maison du roi. A Saint-Germain-en-Laye, au Wauxhaal champêtre, enclos des ci-devant Récollets, Gautier tire ses feux d'artifice. A Saint-Cloud, au clos Griel, André dirige l'illumination de cinq mille verres de couleur [4]; à Saint-Cloud, grande fête dans le petit parc : les danses courent l'orangerie; le loto se joue dans le salon de jeu; et, dans les grands appartements illuminés, les yeux indifférents se promènent sur les tapisseries des Gobelins étalées, tandis qu'on tire une loterie de porcelaines de Sèvres [5]. Ci-devant palais, ci-devant couvents, ce sont salles de danse toutes commodes : près Brunoy, à

---

1. *Ministère de l'intérieur. Fête de la Liberté fixée aux 9 et 10 thermidor. Avis et programme.*
2. *Petite Poste.* Messidor an v. — 3. *Id.* Germinal an v.
4. *Petites Affiches.* Fructidor an iv.
5. *Paris pendant l'année 1797*, par Peltier. Londres. Novembre.

Yères, Franconi fait sauter les couples dans la ci-devant abbaye [1].

A côté de Bagatelle, qui sauve les Parisiens de l'obligation de la carte de sûreté [2], le Ranelagh, ci-devant patronné par la ci-devant reine, donne des bals à trente sous, par permission de l'agent de la municipalité du canton de Passy [3]. Mouillefarine monte le Gymnase du bois de Boulogne avec ses tabagies, son jeu de boules et ses courses à pied et à cheval [4]. A Passy, le citoyen Blanchard établit un Wauxhaal d'été dans la maison de la ci-devant princesse de Lamballe, et livre au public cent cinquante pieds d'appartements ornés de glaces [5].

A Paris, cinq heures sonnant, les voitures roulent, traînant les Parisiens aux Amathontes. A six heures, Paris est émigré : les rues n'ont plus de promeneurs; la ville est déserte; plus un ouvrier aux ateliers! plus un marteau battant l'enclume [6] ! Et la bourgeoise, et la grisette, et tout le monde de s'amuser aux lampions, sous les arbres. — Rue de Varennes, Biron a un instant la vogue; mais il ne la garde pas : son jardin est coupable d'être un jardin français et de n'avoir ni pont, ni torrent, ni bosquet en façon de forêt vierge [7]. Et d'ailleurs, la mode est à la rive droite de la Seine. Comptez les jardins de la Chaussée-d'Antin. Faubourg du Roule, au coin de la rue de Chartres, c'est le *Jardin de Virginie*. Plus loin, Monceaux assemble les quadrilles sous des tentes semées sur les pelouses, tapis de velours « où la Folie agite ses grelots [8]. »

---

1. *Petites Affiches*. Fructidor an v. — 2. *Le Déjeuner*. Juin 1797.
3. *Petites Affiches*. Fructidor an iv.
4. *Semaines critiques*, vol. I. — 5. *Petite Poste*. Floréal an v.
6. *Spectateur du Nord*. Août 1797. — 7. *Paris*. Août 1797.
8. *Paris et ses modes*. An xi.

Au faubourg Saint-Honoré, le ci-devant hôtel Beaujon est loué par madame la duchesse de Bourbon à des entrepreneurs. L'Élysée, ainsi on l'a baptisé. Des ifs de lumières et des transparents sont échafaudés à côté des beaux groupes de marbre. Ces glaces, où se mira madame de Pompadour, reflètent une cohue payante. Les danseurs se pressent dans la salle de danse qui termine le rond-point du jardin. Les élégants et les élégantes emplissent les chaises à triple rang de la terrasse, causant et devisant [1].

Le jardin unique, le jardin où l'on va, le jardin où l'on dit avoir été, est rue Saint-Lazare, au n° 374. Ces quarante arpents tout verts, à l'angle des rues Saint-Lazare et de Clichy, c'est Tivoli ; le Tivoli du receveur général, le Tivoli de l'ancien trésorier de la marine, le Tivoli du guillotiné Boutin. Le voilà public, livré aux pas de tous, ce jardin qu'autrefois les étrangers et les amateurs briguaient de visiter ! Plantes rares, parterre où la Flore de la Hollande était réunie, serres où le feu arrachait à la terre les fruits des Antilles, de la Chine et de l'Indoustan, vous êtes tombés à distraire les incroyables des deux sexes ! Sous ces allées, banales aujourd'hui, se promenait à petits pas cette société charmante, la société des *Vendredins* dont M. Boutin faisait partie sous le nom de Lenôtre, et que charmait l'esprit de la célèbre Quinault [2]. — Qui songe à cela ? L'illumination est du meilleur goût. Sous la tente, un orchestre harmonieux provoque à la danse, le café regorge, le jeu de bague ne cesse de tourner. Dix mille personnes s'amusent. A peine un groupe morose passe-t-il dans toute cette joie, murmurant : « Pauvre Boutin ! c'est sa maison d'Albe qui l'a perdu ! »

[1] *Censeur dramatique*, vol. I. — 2. *Id.*

Quelle longue histoire ferait la chronique des changements de direction de Tivoli, Tivoli disputé comme un empire! Écoutons tout d'abord une curieuse récrimination de Ruggieri.

« Ruggieri à ses concitoyens. — En vendémiaire dernier, le citoyen Gérard Desrivières vint me commander une fête qu'il devait donner chez lui. Le temps et les circonstances en ayant empêché l'exécution, le citoyen Gérard vint me proposer des arrangements pour le payement de ce qui m'était dû, le feu n'ayant pas été tiré. Je ne crus pas devoir accepter la moitié qui me revenait pour mes frais. Flatté de mon procédé, il m'offrit quelque temps après de donner une fête publique dans le jardin Boutin dont il est locataire. J'acceptai la proposition et lui demandai quelle indemnité il exigeait de moi. « Aucune, — me répondit-il, — seulement le plaisir de reconnaître ce que vous avez fait pour moi, et celui de procurer à mes collègues l'entrée de vos fêtes. » J'insistai, et il me jura *sa parole d'honneur* de ne jamais exiger de moi la plus légère rétribution, *me menaçant de se fâcher si jamais je lui parlais de reconnaissance...* J'ouvris donc; le mauvais temps empêcha le monde de venir, et j'en fus pour mes frais. Le 29 messidor (dimanche 17 juillet, v. st.), l'affluence se trouva considérable... Qu'on juge de mon étonnement quand je vis le citoyen Gérard, qui m'avait tant de fois juré sa *parole d'honneur* de ne jamais exiger de moi aucune rétribution, venir me déclarer qu'il exigeait pour dédommagement la recette du jour (la plus forte que j'aie jamais faite)... Persuadé que l'énorme sacrifice que je faisais pour conserver au public la jouissance de ce local ne serait pas infructueux, je gardai le silence sur cette scandaleuse concussion. Le lendemain décadi, le citoyen

Gérard exigea que je lui abandonnasse la moitié de la recette chaque fois que j'ouvrirais; j'acceptai : mais, à la fête suivante, la recette n'ayant pas égalé la dépense, il ne voulut jamais entrer dans le déficit. Et nous finîmes par arrêter qu'il aurait, aux fêtes suivantes, le tiers franc... Enfin, le 13 de ce mois, le citoyen Gérard me déclara qu'il voulait avoir la moitié de la recette, sans entrer dans aucun frais [1]. » Ruggieri refusa de souscrire à de pareilles prétentions. Gérard Desrivières se décida à mener de front ses fonctions et ses affaires, à être législateur et entrepreneur de fêtes : il se mit à la tête de Tivoli.

Un beau jour, la maison n° 110 de la rue Saint-Lazare « est adjugée sur licitation entre Michel-Marie Ruggieri, artificier; Henri-Jacques Grillien, musicien, et Geneviève Ruggieri, sa femme; Marie-Barbe Ruggieri, épouse divorcée de Jean-Félix-Séraphin Corally; Jean-Pierre Sincher-Valroy, inspecteur des relais militaires, et Marie-Anne Ruggieri, sa femme; Françoise-Marie Ruggieri, majeure; le tuteur de deux enfants mineurs de François-Pétrony-Sauveur-Baltague Ruggieri, tous héritiers dudit feu Ruggieri, moyennant deux millions sept cent vingt-cinq mille cinq cents livres [2]. »

Aussitôt Ruggieri élève Tivoli contre Tivoli. Il attire un moment le monde à ce local charmant, négligé depuis quatre ans. Mais des galeries d'un joli effet, des promenades agréables, un salon délicieux, des feux *patins* composés de losanges et de ronds [3], ne peuvent rivaliser longtemps avec les quarante arpents du jardin Boutin. L'infatigable Ruggieri court alors à Marbeuf, la ci-devant

---

1. *Petites Affiches.* Fructidor an IV. — 2. *Id.* Nivôse an IV
3. *Tribune publique*, deuxième trimestre 1797.

maison de la condamnée Marbeuf. Marbeuf devient *Idalie*[1].

Il est, pendant ces années, entre tous les entrepreneurs du plaisir, une lutte, une concurrence sans exemple, d'harmonies, de pantomimes, de redoutes, de bosquets de Flore, de grottes hollandaises, de mâts de cocagne, de plantations de mai, de fantoccini, de danses provençales, d'ombres impalpables, de féeries. Il leur faut, à chacun de ces inviteurs de la foule, une imagination qui leur soit une baguette d'Armide. A la vue, à l'ouïe du Parisien, il leur faut servir tous les huit jours un miracle inédit. Quel aiguillon d'initiative que cette émulation du gain basée sur les curiosités qui se blasent! Et les uns pour retenir, et les autres pour conquérir des recettes de trente-six mille livres[2], les voilà tous en quête de la nouveauté, ces amphitryons du public. Ils créent, ils machinent des énormités; l'invention de leurs décorateurs mise en verve, merveilles décoratoires, impossibilités pyrotechniques, ils se mesurent avec de colossaux devis. Tantôt ils remontent jusqu'à ces processions de chars d'or dont les Ptolémées de décadence éblouissaient les Alexandries; tantôt ils appellent les forêts d'Amérique au secours de leurs prospectus, fouillant l'encyclopédie des récréations de tous peuples. A peine cette fête finie, ils organisent la fête qui va venir, remuant et déplaçant leur jardin comme un décor mobile, le changeant comme l'autel vieilli du dieu d'hier. Les affiches se battent à coups d'épithètes. Elles crient, renchérissant l'une sur l'autre : *Belle fête! grande fête!* celle-ci *très-grande fête!* celle-là *fête magnifique!* feux d'artifice de Mme Lavarinière! feux d'artifice de Ruggieri! illumination de Duverger! illumination de Blanchard!

---

1. *Rapsodies.* Juin 1797. — 2. *Paris.* Juillet 1798.

orchestre de Gebauer! orchestre de Hullin! « et une foule d'autres plaisirs qu'il serait trop long d'énumérer! » Tivoli, dont le restaurant trouve l'hôtel Brancas trop petit à ses tables, Tivoli annonce-t-il une nouvelle symphonie d'Haydn, le programme de l'Élysée jette au public les noms de la signora Storace et du signor Braham[1]. Tivoli donne-t-il un prix d'équilibre, l'administration d'Idalie organise le *prix du dragon*, et en décerne la médaille d'or « avec les honneurs dus à l'adresse[2]. » Tivoli promet-il l'explosion du temple de Diane, Mouceaux annonce l'illumination de la voûte de feu, de l'arc de triomphe, du temple de Psyché, du jardin d'hiver, des ruines, de la grotte[3]. Vient-il au boulevard d'Antin, au clos des ci-devant Capucines, un spéculant sur la démocratie des bourses, un *jardin d'Apollon*, à trente sous l'entrée, aux prix réduits du citoyen Lepetit, qui promet sous huit jours bal champêtre, concert, voire même lycée des arts, — Idalie, l'Élysée, Mouceaux, Tivoli jettent le gant. A Idalie, Piconet prépare une représentation d'Idalie incendiée par la comète Mars et Vénus, une page d'Anacréon aux flambeaux! et Mars venant lentement de l'Orient vers Vénus, « et tous deux laissant voir leur conjonction derrière un nuage transparent. » Que si le bureau des mœurs s'oppose à la représentation[4], Idalie incendiée devient *Phaéton, fils du Soleil, foudroyé par Jupiter*, pantomime aérienne[5]. Que si la pluie vient contrarier Phaéton, c'est dans les salons que le persévérant Piconet montre le char attelé des quatre chevaux, les frères et sœurs de Phaéton métamorphosés,

---

1. *Bien-Informé.* Germinal an VI. — 2. *Id.* Messidor an VI.
3. *Petites Affiches.* Fructidor an IV.
4. *Bien-Informé.* Floréal an VI. — 5. *Id.* Messidor an VI.

et l'aigle de Jupiter; c'est dans la cour qu'il expose la charpente de soixante pieds de haut sur quatre-vingts pieds de large, « garnie d'une décoration neuve et très-curieuse, telle que dans aucun théâtre, même à l'Opéra, il n'en a pas été vue d'aussi hardie[1]. » A ces audaces titanesques d'un jardin de la petite bourgeoisie, l'Élysée riposte par un carrousel, fête héroïque, composée d'évolutions militaires à pied et à cheval, de combats singuliers de différentes armes, accompagné de musique analogue au sujet[2]. Mouceaux lance ses *Sauvages du Missouri*, ou l'attaque et la prise des Illinois par les Français, pantomime à spectacle et à grand orchestre, avec marches, danses, combats à la manière des sauvages, et marche triomphale à double orchestre du citoyen Saint-Georges[3].

A tant d'efforts, Tivoli répond victorieusement par sa fête du décadi (20 prairial an VI), où, réunissant trois jardins en un, il offre à Paris le bouquet de tous les plaisirs. Êtes-vous passé sous les voûtes de feuillages, pleines de feu, du jardin *fleuriste*, le jardin Italien se déploie devant vous, royaume des enchantements de la physique, des fantaisies de l'optique, prestigieux domaine de la magie blanche. Pénétrez-vous au cœur du jardin, et au fin fond de son pittoresque anglais, c'est une Arcadie de verres de couleur : là-haut, sur les montagnes improvisées, ce ne sont que groupes aimables de pâtres assis, et de troupeaux paissants, et de danses villageoises, — images enrubannées de la vie champêtre; plus loin, sauteurs, chansonniers, escamoteurs, cabrioles, refrains, bonne aventure, tintamarres de foire, mariés aux musiques

---

1. *Bien-Informé*. Prairial an VI. — 2. *Id.*
3. *Id.* Thermidor an VI.

d'instruments par écho! Et la farce! la farce, comédie populaire, où madame Angot se bat avec le diable, qui la jette à bas de son cabriolet¹! « Qui pourrait, — comme dit Polyphile en l'île de Vénus, — qui pourrait peindre tous les amusements de ce délicieux séjour? S'enfonçait-on dans les bosquets, c'étaient de nouveaux jeux et de nouvelles scènes. » Ici, un coin de Trianon : les Champs-Élysées, et la laiterie où l'on boit du lait. Puis, tandis que deux orchestres luttent d'harmonie, l'un menant les contredanses, l'autre guidant les valses, les fusées s'élancent; c'est le feu d'artifice : les cascades de Tivoli, surmontées du temple d'Hercule, dont les gerbes de flamme retombent sur le temple magnifique, la rotonde, le salon de verdure². — Et sur ce triomphe, Tivoli ne s'endort pas; Lazari brûle : Tivoli tend pour Lazari la corde de danse sur son grand théâtre de la prairie ; et, Lazari parti, Tivoli égaye encore à neuf le public avec la troupe de la célèbre Malaga, avec le citoyen Cabanel, au signal d'un grand coup de feu, funambulant, tout vêtu d'artifice³!

Qui va sauver les entrepreneurs d'une banqueroute d'invention? — Le hasard, un appât inattendu. Quel est ce *mamamouchi* qui entre dans le monde parisien comme la cérémonie turque dans la maison du *Bourgeois gentilhomme*, prenant tous les regards pour lui, et dérangeant toutes les cervelles? Sans doute elle était écrite là-haut, cette venue parmi nous d'un ambassadeur de l'Orient, pour que rien, pas même le turban, ne manquât à la mascarade de la société de l'an v, et qu'au Luxembourg

---

1. *Neues Paris, die Pariser und die Gärten von Versailles.* Altona, bei J.-F. Hammerich. 1801.
2. *Le Bien-Informé.* Prairial an vi. — 3. *Id.* Thermidor an vi.

l'évêque d'Autun, armé d'un sabre, reçût le Turc récitant son chapelet[1]. Aux peuples las, comme aux Louis XIV mourants, les ambassades de Siam sont envoyées pour l'étourdissement. Aussi quel cortége de curiosités, quelle émulation d'œillades autour d'Effeid-Ali-Effendi ! Il est celui qui fait la recette des bals; les entrepreneurs se le disputent, se l'arrachent, et spéculent sur lui comme sur un éléphant du grand Mogol. A Idalie, telle est l'avidité et la fureur de l'approcher, qu'on fait promener entre dix fusiliers la merveille et la rare curiosité de sa personne. A l'Élysée, Mme Tallien juge un triomphe de s'asseoir sur son ottomane ! Les plénipotentiaires de Tivoli viennent le supplier d'assister à la fête donnée en son honneur, et de mettre le feu à un pavillon qui s'éclairera de trois mille lumières en deux secondes; et déjà sa réponse court tout Paris : « Pour le feu, je ne veux point m'en mêler[2]; » et il a montré un pan de son manteau brûlé à Idalie. Toutes les toilettes sont en mouvement autour de sa grande barbe et de sa moustache[3]. Sa pipe fait des rassemblements. Benezech, le ministre disgracié, se consolera de sa disgrâce, ayant monsieur l'ambassadeur ottoman tout un soir à sa maison de campagne. C'est pour l'ambassadeur que Feydeau donne ce concert où tous les solos sont chantés par des femmes; pour lui, Val, le coryphée des physiciens, retarde son départ pour Turin[4]. — Les femmes raffolent de l'ambassadeur. Un journaliste en prend occasion pour publier officieusement la liste de son sérail parisien, et la débite à vingt mille[5]. L'amour va au-devant de cet étran-

---

1. *Censeur des Journaux*. Juillet 1797.
2. *Id.* Août 1797. — 3. *Petite Poste*. Thermidor an v.
4. *Rapsodies*, cinquième trimestre. — 5. *Paris*. Août 1797

ger, qui n'estropie que douces épithètes; c'est : *jolie!* à celle-ci, et *charmante!* à cette autre[1].

Quelques-uns, il est vrai, résument ainsi son cérémonial et ses générosités : *Aux femmes présentées avec leur mari, — deux pastilles. Aux femmes seules, — la douzaine. Aux demoiselles, — quelques gouttes d'essence de rose. Aux mères, — Bonsoir (en plein midi). Aux filles, — Venez sans votre mère. Aux maris, — C'est bon*[2]. Mais son médecin, Diamantès Ulasto, apporte aux traducteurs français une copie de l'*Abdeker ou Moyens de conserver la beauté*[3]. Il livre aux Françaises, en ces pages précieuses, la toilette du harem, et ces ordonnances, santé et splendeur de l'épiderme, que n'a jamais dites l'Orient voluptueux. Ne faut-il pas se montrer reconnaissantes? Et puis, « un pacha à trois queues, et l'espoir de la célébrité, une tête française tournerait à moins. » — Et pour le grand bal de l'Odéon, où sa présence est promise, que d'Aspasies passent à Zaïre[4]! que de couturières ont veillé, et que de *chiffonnantes* imaginations de *turcomanie!* Mais Effeid-Ali-Effendi, calme, souriant de longtemps en longtemps, grave sous le feu de tant de prunelles, va, insensible à tous les plumets noirs des *chapeaux-turbans*; il passe devant la chemise turque et les chaînettes de soie de son ancienne voisine, Mme Tallien; il ne fait halte que devant mademoiselle Lange, habillée à la française, resplendissante de grâces et de diamants; il est fixé « par ce luxe inconcevable et par ce ton extraordinaire de décence empreint sur les détails de sa parure somptueuse[5]. » Il se penche à l'oreille de

---

1. *Paris.* Aout 1797. — 2. *Le Thé.* Août 1797.
3. *Dictionnaire néologique*, par Beffroi de Reigny, 1795-1800.
4. *Petite Poste.* Thermidor an v.
5. *Semaines critiques*, vol. III.

son interprète, lui demandant quelle est cette jeune dame :
« C'est Lange, » — et le croyant des houris de dire : « Il
est beau [1] »

Et puis le jour où ce fameux, ce populaire ambassadeur partit, le monde l'avait si bien oublié, que personne, pas même mademoiselle Lange, ne s'en aperçut.

Ce départ fit que les entrepreneurs eurent encore à songer, chercher et trouver : l'aérostation avait été oubliée ; les entrepreneurs coururent à elle. Elle devint aussitôt le plaisir nouveau, le plaisir du jour, le plaisir amenant le public. L'un promet Blanchard ; et l'autre Garnerin. La curiosité est toute neuve encore, et c'est à qui offrira l'ascension la plus dangereuse ; c'est à qui tentera avec les plus grandes affiches et le plus gros ballon le chemin du ciel. L'hôtel Biron débute. Il s'attache Garnerin. Le ballon a vingt-neuf pieds. Le ballon ne s'enlève pas. La foule réclame. La foule est volée : la recette de cent cinquante mille livres est empochée par les entrepreneurs [2]. Le ballon est mis en pièces par la foule [3]. Garnerin veut une revanche ; Lalande patronne Garnerin de sa prose ; l'hôtel Biron ne veut pas faire les frais d'une seconde tentative. Garnerin se prend à mépriser Biron ; il passe à Mouceaux ; nouveau ballon aux trois couleurs : blanc, rouge et bleu. Le ballon verni, il reste tricolore ; mais il change de ton : il devient brun, vert et jaune. Garnerin se désole. Va-t-on le prendre pour un partisan de François II, lui, Garnerin, le prisonnier de l'Autriche ? Et le patriotisme du public ne

---

1. *Rapsodies*, cinquième trimestre. 1797.
2. *Journal des Hommes libres.* Fructidor an v.
3. *Bien-Informé.* Fructidor an v.

va-t-il pas faire justice du bariolage incivique en déchirant le ballon? Garnerin en est quitte pour la peur; la foule ferme les yeux sur le ballon suspect; et Garnerin, agitant un drapeau remis par Lalande, monte dans les airs, au milieu de parieurs qui jouent beaucoup d'argent contre le succès de son ascension[1]. — L'ascension personnelle de l'aéronaute ne suffit plus aux parisiens; Garnerin, pour continuer à les intéresser, annonce une ascension avec une jeune citoyenne. Arrive le bureau central qui intervient, réfléchit, estime l'ascension des deux sexes contraire aux bonnes mœurs, et défend l'ascension[2]. Garnerin intrigue; les bonnes mœurs se laissent circonvenir; et tout Paris court admirer le courage de la citoyenne Célestine Henry[3]. — Et Blanchard! Blanchard qu'on oubliait! Il revient d'Amérique. Il se débotte. L'entrepreneur d'Idalie est déjà chez lui : « Un petit traité! » Blanchard signe. Idalie a Blanchard! — Les affiches ont parlé : dix mille personnes sont attablées dans l'ancien jardin Marbeuf; et pendant que la liste des quarante-six voyages aériens de Blanchard est distribuée de table en table, Blanchard s'enlève pour la quarante-septième fois[4], et s'en va descendre à six lieues de Paris. — Que fera Garnerin pour regagner la popularité? Il courra un danger tout nouveau; il tente à Mouceaux la descente en parachute[5]. L'hiver arrive : au bal du parc des Sablons, les entrepreneurs pratiquent des fossés remplis de bois et de charbon pour réchauffer les danseurs[6]; et Blanchard et Garnerin, tous deux courus,

---

1. *Bien-Informé*. Vendémiaire an vi. — 2. *Id.* Floréal an vi.
3. *Paris*. Juillet 1708. — 4. *Petites Affiches*. Frimaire an vi.
5. *Semaines critiques*, vol VI.
6. *Petites Affiches*. Germinal an vi.

disputent victorieusement au froid de l'automne un public et des recettes.

« Mon nom ! mon nom ! Mais, monsieur, — disait Garchy au juge de paix, — mon nom, je ne le donnerais pas pour cent mille écus ! » — Et ce fut toute sa plaidoirie contre son successeur près de l'Opéra, qui avait trouvé naturel de mettre sur ses adresses : *Successeur de Garchy*[1].

C'est que ce nom de Garchy, à l'heure de dix heures, à l'heure où la toile tombe sur les vingt-trois théâtres de Paris, à l'heure où le public est renvoyé du spectacle et du bal, à l'heure où les fusées et les symphonies des douze jardins publics s'éteignent, ce nom de Garchy est dans toutes les bouches. Danseurs, promeneurs, tout Paris en voiture, se hâtent vers le glacier de la rue de la Loi[2]. Là, c'est une vie, une activité, une foule dans la grande salle ! salle nue, sans draperie, sans peintures, sans bas-relief, mais élégante et haute. De grandes glaces encastrées dans des panneaux de bois orangé, d'un beau vernis avec des chambranles bleu céleste, reflètent les galants costumes[3]. Pendues au plafond, de belles lampes de cristal de roche versent une lumière tamisée. Autour des tables d'acajou, autour des chaises étrusques, Garchy circule « très-important et très-civil; » d'un signe, il fait servir ses biscuits aux amandes *du meilleur genre*, et ses « divines glaces qui jaunissent en abricots ou s'arrondissent en pêches succulentes[4]. » Chez le glacier de la rue de la Loi, se nouent les

---

1. *Semaines critiques*, vol. I.
2. *Rapsodies*, quatrième trimestre.
3. *Semaines critiques*, vol. I.
4. *Parisiens, voyez ce que vous étiez en 1788, et voyez ce que vous êtes aujourd'hui.*

duels qui se dénoueront demain au bois de Boulogne ; chez le glacier, se croisent les nouvelles de Malte et de Hambourg. La mode même se fait un peu chez Garchy, et l'amour s'y fait avec la mode. A l'oreille d'une belle, un jeune homme se penche : « Demain, madame, je vous fais le sacrifice de mes cheveux... » La dame sourit ; et cinq élégants, qui se sont déjà tondus pour elle, tirent ensemble d'un petit étui de nacre et de perle un peigne d'écaille qu'ils se promènent sur la tête, le front et les sourcils[1]. — Mais Garchy reçoit les *honnêtes gens ;* Garchy a combattu en vendémiaire de l'autre côté de la République, et il y a eu la cuisse cassée dans les bataillons royaux[2]. Un beau soir, une dizaine d'hommes vêtus de houppelandes, coiffés de bonnets à poils, envahissent en armes les salles du glacier, disent au premier venu : « Ta figure me déplaît ! » tirent leurs sabres, dépouillent les femmes de leurs montres, écharpent les hommes, blessent un aide de camp d'Augereau, assomment un marquis de la Rochechouart, brisent tables, glaces, quinquets, cristaux, et volent l'argenterie[3]. — Le lendemain, les blessés emportés sur des civières, Garchy ne se rappelle plus la bâtonnée qu'il a reçue ; madame Garchy, qui venait d'accoucher et qui s'était évanouie pendant la bagarre[4], revient à elle ; aux alarmistes, les patriotes répondent : « Bah ! c'est une petite espièglerie que quelques républicains se

---

1. *Une Journée de Paris,* par Ripault. An v.
2. *Journal des Hommes libres.* Nivôse an vi.
3. *Détail officiel du massacre arrivé cette nuit, rue de Richelieu, chez le citoyen Garchy, glacier.*
4. *Détail très-exact du massacre qui a eu lieu à Paris, rue de la Loi, n° 1243, division de la Butte-des-Moulins, chez le citoyen Garchy, limonadier-glacier.*

sont permise contre certains aristocrates renforcés; » le public, toujours nombreux, habitué qu'il est aux temps, lit tranquillement, dans la salle encore mal épongée du sang, les journaux qu'il est accoutumé à lire. Il lit tranquillement les regrets du *Rédacteur,* journal officiel, « qu'on n'ait pu aussitôt qu'il eût été à désirer réunir une force armée suffisante pour dompter cette bande d'assassins. » Et le lendemain, le poëte des petits levers, le Dorat du temps, Ségur le cadet, publie ses petits vers *sur Garchy, fameux glacier.*

Mais voilà que le pavillon de Hanovre, sur le boulevard du Théâtre-Italien, cette dépendance fameuse de l'hôtel de Richelieu, cette petite maison si bien recommandée par sa réputation aux roués du Directoire, — un rival, Juliet, le frère de l'acteur de Feydeau, l'a pris et donné aux architectes, aux peintres, aux ornemanistes. De ce rendez-vous, déjà très-accrédité au commencement de la Révolution, il chasse « les deux particuliers qui y avaient fondé une chapelle à la Fortune, où Creps et Pharaon, deux sacrificateurs juifs, recevaient les offrandes et les victimes[1]. » Et voilà le public, amoureux de changement, de courir chez Juliet, tout charmé déjà d'entrer par une grotte et de passer sous un pont pour aller au pavillon[2]. Juliet est un entrepreneur d'audace et d'esprit. Il connaît le mot de cet auteur : « Si pour ma pièce on pouvait avoir un nouveau lustre ! » Et pour faire désapprendre au peuple de Paris le chemin de la rue de la Loi, il a eu son lustre. Sur sa terrasse, au second étage, s'ouvrent au public monté des tentes turques et des kiosques chinois; des tentes où

---

1. *Journal de la Cour et de la Ville.* Février 1790.
2. *Petites Affiches.* Messidor an v.

les soldats de Timour-Leng ne se trouveraient pas dépaysés, et des pavillons de l'Empire du Milieu, juste aussi exacts que le demandait le goût de l'époque, enjolivés de lanternes, de phénix, de paravents couleur de pourpre et de Kilins suffisamment monstrueux[1]; et certes, nul homme de l'an v ne soupçonnait plus de luxe ou de bizarrerie aux *pavillons de printemps,* aux Tsouï-tchun, qui se mirent dans l'Hoang-ho. La chance tourne contre la rue de la Loi. Velloni, « qui dirige trois républiques de plaisir, » succède à Juliet[2], quand Garchy, au coin de la rue de la Loi, sur les terrains de l'ancien hôtel de Bondi, ouvre un nouveau café. C'est Frascati[3]; c'est le succès regagné. Velloni voit les Parisiens, oublieux de ses pagodes et de ses clochetons, s'empresser au beau café de Frascati dont tout le jardin, fourmillant de monde, resplendit, le soir, de verres de couleur. Velloni est abandonné; elle est désertée, cette Chine improvisée du pavillon de Hanovre, d'où l'on voyait, en se penchant un peu, tout le boulevard — et Coblentz.

Coblentz!... le petit Coblentz[4]! ce coin de boulevard borné au nord par la rue Grange-Batelière, au midi par la rue du Mont-Blanc, — c'est un Paris dans Paris. C'est le rendez-vous des mécontents, la protestation des élégances, la promenade des jolies femmes, le camp du bon ton, la galerie de la mode, le club des *honnêtes gens;* — un salon, un parti, une armée, un boudoir, une Fronde! Sur les six rangs de chaises de paille de Coblentz siégent les rancunes, les ressentiments, la vengeance, mais une vengeance rieuse. Là, viennent tous ceux, toutes celles qui boudent

---

1. *Semaines critiques,* vol. II. — 2. *Id.*
3. *Paris.* Août 1708.
4. *Promenade du boulevard Italien.* Avril 1797. Collection d'estampes. Hénin.

la République avec leurs toilettes ou leur méchanceté. En ce monde royaliste, c'est un concert d'ironies, de sarcasmes, d'épigrammes ; il semble qu'un Juvénal français, alerte et coupletier, soit le génie du lieu, et que l'esprit de Rivarol y revienne certains jours. Toutes les pointes meurtrières des petits journaux s'essayent là ; là, le lazzi, la chanson, le calembour, tout fait feu à toute heure contre les Jacobins et les *exclusifs*. De bouche en bouche circulent ces mots qui sont des étrivières, et jamais le fouet n'est lâché qui flagelle les épaules de la Révolution. Là, toute la fine fleur de Tivoli, d'Idalie, de l'Élysée, de Biron, de Bagatelle, de Juliet, de Garchy, de Corazza, toute la légion de *Royale-Anarchie* est sous les armes, et parade, avec son drapeau blanc et son cri de ralliement : « *Guerre aux téo-istes*[1] ! »

Les *aimables* passent et repassent, gesticulant, énumérant leurs maîtresses et leurs parents guillotinés, parlant ensemble de la journée du 10 août, de leur coureur qui vient de chez Franconi[2], et de la clef de leur loge à Feydeau qu'une dame leur demande, contant, en grasseyant, le dernier Jacobin rossé, et mademoiselle d'Espagne frustrée par Abolin[3], et le pantalon de Charrette vendu vingt-six louis[4], et la jeune fille qui s'est jetée à la Seine avec le roman de Faublas[5], et l'histoire du vin de Constance de Barras[6]. A tout moment les wiskis jettent sur le boulevard de nouveaux élégants venant du café Rigny, du quai des Quatre-Nations, où ils ont pris un punch au lait, et applaudi la pendule, couverte d'un voile, qui joue *le Réveil*

---

1. *Rapsodies*, premier trimestre. — 2. *Une journée de Paris*. An v.
3. *Censeur des Journaux*. Novembre 1796.
4. *Paris*. Mai 1796. — 5. *Id*.
6. *Censeur des Journaux*. Janvier 1797.

du *Peuple*¹. Leur mot de passe est une allusion à Louis XVII : « Combien huit et demi et huit demi font-ils? » ou « Quelle est la moitié de trente-quatre²? » Ils se reconnaissent en tirant de la poche de leur gilet un talisman de bois ou de plomb dont la forme dessine, à la silhouette, les figures de Louis XVI et de Marie-Antoinette³. Ils se reconnaissent à un bouton porté sur l'épaule; ils se reconnaissent encore aux dix-huit boutons de leur habit⁴. Ils s'annoncent aussi les uns aux autres, en fredonnant à demi-voix

> Représentants d'un peuple juste
> Vous, législateurs inhumains,
> Qui par une ordonnance injuste
> Faites le malheur des humains,
> Suivez le cours de la rivière,
> Allez aux filets de Saint-Cloud,
> Vous débarrasserez la terre
> Et de brigands et de filous⁵ ! »

« On est plus modéré au camp de Condé, » dit le *Journal des Hommes libres*. — Sous les arbres, les femmes, en souriant, déprécient les assignats, calomnient la Cabarrus, et sourient aux galants. L'une, en spencer à la Chouane⁶, étalée sur quatre chaises, caressant son carlin⁷, dit l'anagramme que *le Mercure universel* vient de trouver à Révolution française : *La France veut son Roi*⁸.

---

1. *Rapsodies*, quatrième trimestre. — 2. *Paris*. Juin 1795.
3. *Censeur des Journaux*. Décembre 1795.
4. *Suppression dans Paris des habits carrés, des habits à la Louis XVIII, des cravates à l'anglaise; gard (sic) aux perruques à la Titus, à la Brutus, à la Vénus et aux sourcils postiches.*
5. *Paris*. Août 1795. — 6. *Messager des Dames*. An v.
7. *Petite Poste*. Prairial an v. — 8. *Rapsodies*, premier trimestre.

Et caquetant et badinant, elles fripent entre leurs mains roses des éventails de crêpe noir lamé et pailleté d'argent. Ces éventails sont une manifestation; que ces doigts mollement agités resserrent par le pli de trois brins cet éventail tout noir : son panier de fleurs blanches devient une fleur de lis. Ici ce sont trois médaillons, le père, la mère et l'enfant[1]; là, l'effigie de Louis XVI au milieu de tous les papiers-monnaies de la Révolution[2]. Dieu sait l'imagination des éventaillistes à pleurer la royauté entre les mains des belles aristocrates! Opposez celui-ci au soleil; et cette pensée, couverte d'une vapeur, sur laquelle frappe le foyer de cette lanterne magique montrée par un enfant, vous laissera voir Louis XVI, la reine et le dauphin[3]; et celui-là, qu'on se passe de chaise en chaise, est un de ces fameux éventails *au saule pleureur* dont les feuilles figurent habilement le roi, la reine, Madame Première, et Louis XVII, et que madame Despaux, rue de Grammont, vend de cent quatre-vingts à deux cents livres[4]. — Et ainsi toute la toilette féminine de Coblentz est une conspiration. — « Un châle charmant! — Mais regardez : la bordure, ces roses, ces lis, ces jasmins... Vous ne voyez pas? Suivez le découpé des feuilles. — Ah! vous avez raison! Merveilleux! c'est charmant!... Voilà bien leur front, leur nez... la ressemblance est parfaite[5]. » — Mais qu'est cette émeute de saluts, et que fixent tous ces lorgnons? Quelque femme jeune et charmante, dans la toilette de deuil des royalistes pures : sur ses rondes épaules flotte le mantelet noir à den-

---

1. *Semaines critiques*, vol. I.
2. *Journal des Hommes libres*. Thermidor an IV.
3. *Paris*. Janvier 1797.
4. *Journal des Hommes libres*. Brumaire an IV.
5. *Semaines critiques*, vol. I.

telles ; sa robe est grise ; seul le crêpe rose du fond de son chapeau égaye cette parure triste, et rit comme une fleur dans des cyprès. Allongée, elle se balance assise ; et de ses pieds, l'un mutinement posé sur un bâton de chaise, montre, avec une grâce de défi, un bas à coin brodé d'une fleur de lis d'argent[1].

Ironie des lieux et des choses ! En face Coblentz, en face cette Vendée sur des chaises, en face ce petit monde qui s'essaye à restaurer le monde et à redevenir un salon, il est un endroit public où quelques hommes méditent tout haut de faire abjurer l'état de société aux agrégations d'hommes, et de restaurer un état de pure nature préexistant à la société humaine.

Insurrectionner le pauvre contre le riche, le gouvernant contre le gouverné ; — repartager la terre, l'argent et le pouvoir ; dérégler la fortune privée, pour la régler à nouveau ; — échanger l'équilibre des inégalités sociales contre l'anarchie des égalités naturelles ; transporter la Révolution du forum au foyer, du citoyen au propriétaire ; remettre tous en possession des droits primordiaux qui donnent tout à tous ; — faire une Constitution de la devise du drapeau de la République ; décréter la liberté et la fraternité en décrétant l'égalité, l'égalité sous le toit des maisons, l'égalité domestique, l'égalité de fait que Condorcet, dans son Tableau de l'esprit humain, appelle le dernier but de l'art social ; — formuler clairement, crûment, la révolution solennelle et dernière qui fera l'homme indépendant de l'homme ; avouer, proclamer l'abolition du *tien* et du *mien,* mots affreux, a dit Jean-Jacques Rous-

---

1. *Journal du Bonhomme Richard.* Germinal an IV.

sceau[1]; extirper radicalement ce *chancre invétéré*, que les Antonelles eux-mêmes disent inextirpable : la propriété[2]; faire table rase, abolir les arts, s'il le faut, pour faire le chemin des générations vers la *République des égaux*; — appeler les hommes à l'insurrection, non plus par les promesses d'une gloire incertaine et lointaine, mais par l'appât d'un salaire immédiat, sûr, sonnant; entraîner le populaire derrière soi en lui montrant cette motte de terre que, depuis Rome, les tribuns indiquent du doigt aux plèbes affamées; — piquer les faubourgs à l'émeute, les pousser à l'héroïsme, en leur promettant la propriété des armes du combat et la reddition des effets du mont-de-piété[3]; — déchaîner la guerre servile des intérêts, des soifs, des appétits; — ainsi raisonnent, ainsi calculent les habitués du café des Bains Chinois, les complices du ci-devant commissaire terrier de MM. de Soyécourt[4], Babeuf; — Gracques qui, en tombant dans le bois des Furies, vouent les sociétés modernes à d'immortelles menaces, à d'immortelles terreurs, et lèguent aux gouvernements de l'avenir l'obligation de satisfaire d'abord, et premièrement, tout ce qui est matière dans le peuple.

1. *Haute Cour de justice. Suite de la copie des pièces dans le local que Babeuf occupait lors de son arrestation.* Nivôse an v. — 2. *Id.*
3. *Haute Cour de justice. Copie des pièces saisies.* Frimaire an v.
4. *La Clef des souverains.* Germinal an v.

VII.

Le tireurs de cartes. — Philosophisme. Catholicisme. Théophilanthropisme. — Les Lycées. La Harpe chrétien.

« Prandez, prandez, mesdames, c'est pour tirer les cartes ! » — crie par rues, places et ponts, un marmot qui clopine[1], présentant aux dames une adresse : « Le citoyen Martin, Italien, demeure toujours rue d'Anjou, faubourg Saint-Martin, n° 1773, près le Pont-Neuf; il prévient ses concitoyens et concitoyennes qu'ayant parcouru les quatre parties de l'Europe, il a étudié, depuis l'âge de quinze ans, la physique, et, par le moyen d'une carte de chiromancie, il dit le présent, le passé et l'avenir; il dit aussi quand les mariages doivent avoir lieu, de même que les divorces; il dépeint les objets que l'on doit avoir. Il observe qu'il fait ce travail dès sa plus tendre jeunesse, de père en fils, par expériences physiques. Les personnes qui désireront savoir tirer les cartes peuvent venir le trouver, il les mettra au fait de les tirer comme lui[2]. » Et toutes

---

1. *Semaines critiques*, par Lavallée, vol. I.
2. *Petite Poste*. Prairial an v.

les femmes vont où l'adresse les mène : chez le tireur de cartes Martin.

Ainsi qu'il se fait en toute société troublée, la magie est une vogue. Comme au temps d'Henri III, au temps des vaticinateurs et des envoûteurs, les esprits, mal d'aplomb dans les dissensions civiles et dans l'anarchie des croyances, tombent au merveilleux.

Le Directoire raffole de fantômes ; public de théâtres et public de livres, il n'achète, il n'applaudit que les romans et les pièces où passent et repassent des revenants. Tout le monde est comme amoureux de surnaturel ; et les *diableries* de Cuvelier sur les planches, et les *esprits-corps*[1] de mistriss Radcliff, chez les libraires, occupent tous les yeux, toutes les oreilles et toutes les imaginations. L'enfer et des sorciers, des diables et des nains ; des géants et de suspects remuements de chaînes[2] ; *des mystères, une tour noire, une grotte, une abbaye ruinée... les cavernes de la mort... le souterrain*[3], voilà le goût nouveau. Toute une bibliothèque *noire* est jetée aux impatiences du public. Et c'est une raillerie spirituelle du singulier plaisir pris par le pays de Voltaire à ces fantasmagories que le long titre de cette parodie du temps : « *La Nuit anglaise* ou les Aventures jadis un peu extraordinaires, mais aujourd'hui toutes simples et très-communes, de M. Dabaud, marchand de la rue Saint-Honoré, à Paris ; *roman comme il y en a trop...*, par le R. V. Spectroruini, moine italien... *Se trouve* dans les ruines de Paluzzi, de Tivoli ; dans les caveaux de Sainte-Claire, dans les abbayes de Grasville, de Saint-Clair ; dans

---

1. *Les Étrennes de l'Institut.* An viii.
2. *Journal littéraire*, vol. I. An v.
3. *Les Étrennes de l'Institut.*

dans les châteaux d'Udolphe, de Mortymore, de Montnoir, de Lindenberg; en un mot, dans tous les endroits où il y a des revenants, des moines, des ruines, des bandits, des souterrains et une *Tour de l'Ouest.* »

Pendant ce règne « des défricheurs de ruines et de souterrains [1], » les thèmes généthliaques et toute la pharmaceutique magique reprennent crédit; et de petits livres courent qui enseignent la science des philtres, les pommades faites avec la moelle du pied gauche d'un loup, de l'ambre et de la poudre de Cypre; les recettes et les secrets nécromantiques « pour aimer et se faire aimer toute sa vie d'une personne [2]. »

Le peuple et la société prennent peur comme à l'approche d'un an *mil.* Il est imprimé et crié dans les rues que deux comètes, l'une d'eau, l'autre de feu, prédites par le citoyen Lalande, doivent s'approcher de la terre et brûler et noyer le genre humain, suivant la supériorité de vitesse de l'une ou de l'autre. Lalande est forcé de démentir publiquement la prétendue prédiction, pour arrêter les craintes générales [3]; et un soi-disant astrologue vient rassurer le monde: « Citoyens paisibles, qui craignez pour vos personnes et vos propriétés, rassurez-vous... Cette *commette* n'est pas aussi dangereuse que certaines personnes le prétendent [4]. »

Dans les salons, on renouvelle les fables du quinzième siècle et les chroniques de diablerie : on se conte, de l'une à l'autre, comme l'événement du jour, *l'épidémie des*

1. *La Nuit anglaise.*
2. *Almanach des plus jolies femmes du Palais-Égalité*
3. *Bien-Informé.* Janvier 1708.
4. *Détail de la Commette, ou la Frayeur des crédules sur la fin du monde annoncée par un astrologue.*

chats; et à chaque thé, nouvelles broderies sur l'histoire, et le comme quoi un curé de Rouen, voulant jeter un sort contre les femmes, a demandé à un petit enfant, le confessant, trois cuillerées du lait avec lequel sa mère allaitait son petit frère; et le comme quoi, la mère ayant donné du lait de sa chatte [1], tous les chats, depuis, vont mourant en toute la ville, et bien au par delà. Temps des sibylles et des pythies, vous êtes revenus! et devins et devineresses! Voici une mancie nouvelle: le *Philographe* assure que soixante ans d'études lui permettent de deviner les gens sur l'écriture; et déjà il est installé en un beau quartier, rue Pinon, à deux pas du boulevard Italien [2]. Et madame Villeneuve! la célèbre Villeneuve! « Et soudain un tapis, des cartes, et la bonne aventure et tout ce qui s'ensuit, et des prédictions comme on n'en a jamais entendu, et quelques écus pour la pythonisse, et un fiacre pour la reconduire [3]! » Mais avant tous, avant toutes, Martin! la préférence au sorcier de la rue d'Anjou! Voyez les cabriolets, les vis-à-vis, les berlines, les diligences, qui font queue à la porte; voyez les directeurs, les ambassadeurs, les ministres, les commis, les rentiers, les enrichis, les ruinés, les jacobins et les feuillants, et les nihilistes et les royalistes, et celles-ci et celles-là, et les voleurs et les volés, et les gens en guenilles et les parés, et les déguisés et les visages découverts, qui font antichambre, la porte de ce Martin passée: tous ils attendent, et ce n'est le premier jour que pour donner leur nom et leur adresse à un huissier, et pour savoir leur jour d'audience. L'Apollonius est un cul-de-jatte; « deux tibias en équerre attachés à ses rotules rouil-

---

1. *Semaines critiques,* vol. IV.
2. *Lettres à certains journalistes,* par Bienvenue.
3. *Petite Poste.* Floréal an v.

lées et moitié rognées, » rampant et sautelant, avec des vivacités de reptile, à l'aide de ses béquilles qu'il jette et reprend [1]. Au milieu de vieux livres de démonocratie recouverts de peaux brunâtres, tannés, dit Barruel Beauvert, aux tanneries humaines de Meudon [2], en main il tient un jeu de tarots et une grande carte géographique. Doutez-vous de ce demi-homme, qui se prétend venu de Piémont sur le toit de son hôtel dans un char volant, traîné par deux dragons ailés, il vous dit de passer dans la pièce voisine et qu'il lira tout ce que vous y écrirez. Est-ce une pièce de douze sous que vous tendez, il vous renvoie aux tireurs de cartes du Pont-Neuf. Est-ce une consultation pour vol, il vous affirme que la police vient aux renseignements chez lui. Tout le dimanche, Martin sort, et défend qu'on le suive [3]. — Un beau jour, si bien il sortit, qu'il ne reparut plus. Merlin était un de ses habitués. « Il a prédit à Merlin qu'il serait pendu [4], » dit l'un. Quelques *clichiens* ne le tinrent pas pour plus mauvais devin ; Paris se déshabitua de demander son lendemain rue d'Anjou, et depuis onc jamais ne revit le précurseur de Mlle Lenormand.

L'homme ne se suffit pas ; et son âme ne peut être solitaire. S'il n'a quelque croyance pour la consoler, il la berce de crédulités ; et dans le silence des vérités morales, quand un Dieu lui est défendu, il court à la superstition, comme au remords de l'athéisme.

Au-dessus des dominations qui s'agitent dans le présent, au-dessus des ambitions qui se démènent, au-dessus

---

1. *Semaines critiques*, vol. I.
2. *Actes des Apôtres*, vol. III. — *Bibliothèque du Louvre. Pièces sur la Révolution*, vol. CCCCXCVI bis. — 3. *Le Nouveau Paris*, vol. II.
4. *Petite Poste*. Prairial an v.

des révolutionnaires qui font de la Révolution l'instrument de leur fortune, de leur élévation, de leur popularité ; au-dessus des hommes, — les idées luttent et combattent. Les idées, ces mères désintéressées de l'avenir, ces dédaigneuses du sort temporel des peuples, les idées se disputent les intelligences ; et comme si la bataille était suprême, comme si la victoire devait être définitive, elles ont recours à toutes armes ; et la parole, et le livre, et le journal, et la brochure servent, dans ce duel à outrance, les deux champions : le catholicisme, le philosophisme.

Les morts eux-mêmes, des morts illustres, sont évoqués de leurs tombes ; l'âme de grands athlètes ressuscite dans la poudre de l'arène ; et la voix de Diderot s'élève, revivante, du cercueil où Diderot pourrit.

A ce cœur désert de la France, à cette âme malingre, sans appui, ravalée aux sorcelleries, quel baume, quel réconfort, quelle espérance est apportée ? Deux livres qui sont deux bréviaires d'incrédulité : *Jacques le fataliste* et *la Religieuse*. Quel médecin s'assied au chevet du doute venant à résipiscence ? L'énorme adversaire du grand Ouvrier de l'Église. Non, ce n'est pas un simple accident littéraire que l'impression de ces deux manuscrits remis par le prince Henri de Prusse à l'Institut [1] : c'est un événement, qui touche aux consciences. Quel coup, — ces deux livres, — à cette émigrée qui rentre en France : la Religion ! Quel contre-poids au mouvement qui porte ce peuple à l'agenouillement !

Candide est le père de ce *Jacques* ; et le rire de Voltaire anime ce bavard moqueur. *Jacques le fataliste*, c'est encore le scepticisme en belle humeur, en bonne santé, gaillard

---

1. *Censeur des Journaux.* Octobre 1796.

et raillard, enfilant les négations les unes au bout des autres, se promenant par le monde, spirituel contre la Providence, bernant les passants qui prient et les passants qui croient, les illusions et les confiances, et l'âme de l'univers, et son âme, pour tout berner!

C'est un livre tout soigné, tout travaillé, poli et repoli, dont le moindre détail est merveille, — un bijou d'ironie; prenez garde pourtant: ces bijoux-là sont des massues en France.

Et *la Religieuse*, ce plaidoyer attachant, cette satire éloquente, qu'est-ce autre chose que la cause de la Révolution gagnée à tout jamais contre les couvents? — Il serait naïf comme la critique du temps, celui-là qui s'arrêterait à la licence des situations, à la nudité des tableaux, au libertinage des paroles; et qui, abîmé dans une censure pudibonde, oublierait que ces gravelures ne sont qu'une amorce, qu'elles sont apostées pour allécher le public, pour l'appeler et le séduire! Et le public une fois engagé, comme le philosophe arrive! comme il enseigne! comme il parle aux cœurs! comme il ravit les jugements! comme il répand son indignation tout autour de lui! comme il ébranle, comme il ruine, comme il voue aux décrets de la Raison ces repaires ridicules, ces cachots monstrueux, ces prisons de tant de virginités!

Et comme les esprits ne marchent pas seuls, un poëte vient appuyer le prosateur. Un poëte d'amours faciles et de petits vers, le chantre aimable d'Éléonore, abandonne les Cupidons terrestres, et pousse sa petite poésie contre le ciel. C'est Tibulle immolant, en souriant, le catéchisme à Vénus de Gnide. Voltaire est encore un peu coupable de celui-ci: *la Pucelle* est la marraine de *la Guerre des Dieux*; et Parny, suit, toute distance gardée, la voie de Diderot:

il racole le public avec des peintures libres, et il fait la guerre aux croyances, en les bafouant.

A côté de ces livres qui conquièrent, par leurs appâts sensuels, le gros des intelligences, un livre parle à ce petit public sérieux et réfléchi qui demande à être convaincu plus que distrait, et qui ne recule pas devant l'ennui de la métaphysique : c'est le *Catéchisme de morale philosophique* de Saint-Lambert, où le théisme de Jean-Jacques Rousseau s'allie au naturalisme abstrait du baron d'Holbach et de son école, et où l'homme est défini « une masse organisée et sensible qui reçoit l'esprit de tout ce qui l'environne, et de ses besoins [1]. »

Ces missionnaires de pyrrhonisme courent la France, la philosophie rentre en campagne, alors que le coupletier de Mme de Pompadour devient le vengeur de la religion, alors que la queue des grand'messes de Saint-François du Marais s'allonge jusqu'au milieu de la rue [2], alors que les quêtes dans les églises produisent deux mille livres [3], alors que l'église des Filles-Dieu voit le prêtre Desforges rétracter en chaire, publiquement et solennellement, son serment civique [4]; l'année où l'abbé Audrein prononce dans Notre-Dame une apologie de la religion chrétienne contre les prétendus philosophes [5]; l'année où la fête de saint Vincent de Paul, dont un notaire a gardé le corps pendant la Révolution, est célébrée par plus de cent cinquante ecclésiastiques; l'année où la fête de

---

1. *Principes des mœurs chez toutes les nations, ou Catéchisme universel,* par Saint-Lambert. An VI.
2. *Dictionnaire néologique,* par Beffroi de Reigny.
3. *Journal de France.* Thermidor an V.
4. *La Politique chrétienne.* An V.
5. *Petite Poste.* Ventôse an V.

Pâques fait fermer presque toutes les boutiques de Paris[1]; l'année où dans Saint-Roch purifié[2], l'évêque de Saint-Papoul officie pontificalement[3] devant la foule des fidèles pressés autour de ce retable ruiné, de ces tableaux sans bordure, de ces tombeaux violés, et à demi ouverts encore; l'année où un concile national de l'Église gallicane est convoqué à Notre-Dame[4].

Les prêtres reparaissent dans les rues dans l'uniforme de leur foi. Rue Saint-Honoré, de fenêtre à fenêtre, de gentilles sœurs, en guimpe et en voile, écoutent un petit abbé réfractaire qui leur dit à chaque instant : « Patience, mesdames, patience! le décret va sortir, ma parole d'honneur[5]! » Les maitres de pension lancent des prospectus entièrement muets sur l'enseignement de la Constitution, mais ne parlant que « d'inspirer aux enfants des sentiments d'honneur et de probité appuyés sur la religion, seul fondement inébranlable de la morale[6]. »

Le catholicisme jaillit de partout; il coule à pleins bords. Les campagnes l'appellent, et redemandent leur curé, leur cloche et leur dimanche.

Partout la main du catholicisme s'étend. Les *jureurs* forcés à l'amende honorable; les prêtres rappelés par leurs paroisses; les déportés qui rentrent en France, acquittés; — une grande voix éclate, redemandant, au nom des dix-huit vingtièmes des Français, les temples, les autels, les ministres catholiques. Mais qu'importe aux tenants de la ci-devant foi la discussion de la loi religieuse? Que leur importe cette tumultueuse guerre de harangues et la dis-

---

1. *Politique chrétienne.* An v.
2. *Censeur des Journaux.* Juin 1797 — 3. *Le Thé.* Juin 1797.
4. *Journal de France.* Thermidor an v.
5. *Le Nouveau Paris*, vol. VI, — 6. *Petites Affiches.* Floréal an v.

position du sénat? Les catholiques n'attendent rien *de ces vils métis qu'on appelle des ventrus :* « Il ne nous faut, disent-ils, que des missionnaires et des apôtres; » et cinq cents prêtres sont ordonnés dans une année par les évêques[1]. Que Toussenel s'oppose à des dotations perpétuelles et à toute action judiciaire pour des dotations viagères, qu'il ne veuille permettre aux prêtres de recevoir que des contributions volontaires et des dons manuels, — le parti des prêtres se sent assez fort pour moquer le tribun : « Il veut bien nous permettre de recevoir l'aumône; encore est-ce sans nous autoriser formellement à la demander[2] ! » Tous les cultes sont-ils tolérés par la loi française, le catholicisme n'est pas satisfait; il dit tout haut et d'un ton impérieux, il proclame, il imprime que la liberté du culte ne lui est pas suffisante, et qu'il lui faut la solennité du culte, solennité qui constitue la religion catholique, la religion dominante[3].

Chaque jour le catholicisme fait un pas en avant. Un matin, les philosophes sont tout scandalisés d'apprendre que Camus, le patriarche de l'Église constitutionnelle, vient de livrer sa fille morte aux prêtres non jureurs[4].

Et, tandis qu'emportés par le feu de la lutte, les uns rêvent, après la victoire, une reconstitution du catholicisme et la restauration d'une Église plus sévère, plus forte et plus régnante qu'au dix-huitième siècle, — d'autres, dans l'ardeur de la querelle, s'enfoncent en des conceptions extrêmes, et, pour mieux nier le Dieu des catholiques, nient absolument Dieu.

Dans la *quintessence de la nature* de l'Espagnol Mar-

---

1. *Politique chrétienne.* An v. — 2. *Id.* — 3. *Id.*
4. *Journal des Hommes libres.* Germinal an v.

chena, le néant est affirmé, et les malheurs de l'espèce humaine ne sont point attribués à telle ou telle religion, mais à la croyance d'un être distinct de la nature, et supérieur à l'homme [1]. — L'*Essai de théologie* est bientôt suivi du *Code d'une société d'hommes sans Dieu, l'an premier de la raison*; société organisée, dit-on, sous l'inspiration et la présidence de l'astronome Lalande. Les hommes sans Dieu professaient un culte dont la vertu seule était l'objet; ce culte consistait à proclamer les bonnes actions du vivant de leurs auteurs, et, ceux-ci morts, à honorer leur mémoire. « Les hommes sans Dieu tiennent un grand livre pour y recueillir les traits honorables de l'espèce humaine... Les hommes sans Dieu adorent ce volume qui doit renfermer tout le bien qui a été fait et se fera... Les hommes sans Dieu renoncent aux magistratures de leur pays pour s'en tenir à celles de la pensée... Ils ne mangent jamais chez les autres... Les hommes sans Dieu prononcent au moment de leur admission ce serment : Je promets et m'engage à combattre sans relâche, avec les seules armes de la raison, la grande et fatale erreur d'une croyance en Dieu [2]. »

Cependant, des révolutionnaires gouvernementaux s'avisèrent de comprendre que « l'homme est un animal religieux [3]; » qu'un peuple ne peut être athée, et que la société n'est disciplinable que par la reconnaissance d'un pouvoir suprême universel, dont les lois sont la volonté, dont les autorités humaines sont les ministres. Ils virent que la religion, cette raison du pouvoir et des devoirs, est

---

1. *Spectateur du Nord*, troisième trimestre. 1797.
2. *Id.*, quatrième trimestre, 1797.
3. *Le Législateur de l'an cinquième*, par un Patriote français, 1797.

un frein en même temps qu'elle est une sanction, et qu'en prêtant aux institutions une force, elle attribue aux individus une conscience. Bref, ils convinrent avec eux-mêmes de l'opportunité de Dieu.

Carnot avait beau ne jurer que par « l'évangile de la gendarmerie[1]; » ses amis hochaient la tête, disant que cela était bien, mais qu'un Évangile et une gendarmerie seraient encore chose meilleure.

La France retournant au catholicisme, il fallait à la Révolution, pressée par les circonstances, improviser un autel, une foi, un dieu, non pour que le peuple crût, mais pour qu'il n'allât pas croire ailleurs.

Un membre du conseil des Cinq-Cents découvre, à la tribune, que la France possède une religion sans le savoir : « Nous avons, — dit Leclerc, — une religion civile, ayant son dogme, ses pratiques et ses prêtres; son dogme, c'est l'existence de Dieu, reconnue par la déclaration des droits; ses pratiques seront les institutions, lorsque vous les aurez ordonnées d'une manière digne de leur objet; ses prêtres, enfin, sont les officiers civils[2]. » Voyant un grand danger en ce que les formes sèches prescrites par la législation ne constituent pas aux yeux des particuliers le contrat qu'ils viennent de faire, Leclerc voulait, pour toutes les grandes époques de la vie, des pratiques universelles compatibles avec les pratiques journalières de toutes les croyances. Pour prévenir une religion dominante, il attribuait à l'État la solennisation des actes. La religion civile ne dura qu'un

---

1. *Censeur des Journaux.* Décembre 1796.
2. *Discours sur l'existence et l'utilité d'une religion civile en France*, prononcé à la tribune des Cinq-Cents, dans la séance du 9 fructidor an v, par J.-B. Leclerc.

discours. Le conseil des Cinq-Cents n'adhéra pas au projet de Leclerc[1].

La religion de Leclerc était l'État fait religion. Avant lui, d'autres étaient venus qui avaient fait la philosophie religion : c'étaient les théophilanthropes, dont le premier temple s'était ouvert au mois de nivôse de l'an v, rue Saint-Denis, au coin de celle des Lombards[2].

La nouvelle religion imaginée par Réveillère-Lepeaux était une religion bâtie de main d'homme, imposant à ses adeptes un *Credo* fort court, une foi tout à fait ordinaire, et un culte extérieur d'une simplicité primitive. Elle n'avait pris de dogme que l'indispensable : un Dieu, et une âme. Elle n'avait voulu de pratiques que le nécessaire : tous les matins une invocation à la Divinité de vingt-huit lignes ; tous les soirs un examen de conscience « où l'on mettait ses vices à la question. » Elle parlait aux sens par un naturalisme décoratif : sur ses autels elle mettait les fleurs ou les fruits de la saison[3]. Elle n'avait point de rites pour ses fêtes : des cantiques chantés, des exhortations récitées par des lecteurs en tunique bleu céleste, dans une chaire à draperie aurore[4], — c'était tout ce qu'elle avait inventé de plus efficace pour rappeler ses fidèles « à la Divinité, à la perfection de leur être, à l'accomplissement de tous leurs devoirs[5]. »

Cette religion, c'était une doctrine toute fraternelle et

---

1. *Corps législatif. Réponses faites par J.-B. Leclerc aux objections proposées contre l'institution du Livre de famille.*
2. *Tribune publique,* deuxième trimestre 1797.
3. *Rituel des théophilanthropes,* par Chemin. An VI.
4. *Tribune publique,* deuxième trimestre.
5. *Manuel des théophilanthropes ou adorateurs de Dieu et amis des hommes,* rédigé par J.-B. Chemin.

toute modeste, convenant à tous les temps, à tous les pays, à tous les gouvernements. C'était, si je puis dire, une croyance sous le plus petit format. Elle ne violentait point le bon sens. Elle n'excommuniait personne. Elle annonçait ses temples par une inscription : *Silence et respect : ici l'on adore Dieu*[1]. Elle recommandait la vertu avec des écriteaux ; elle enseignait l'immortalité de l'âme avec des pancartes. « Je suis, disait-elle, une simple institution de morale religieuse[2]. » En effet, la religion théophilanthropique avait ce côté singulier : elle était basée sur la morale, au lieu d'être, comme les autres religions, la base de la morale. La morale des théophilanthropes était, au reste, une morale très-pure, très-belle, très-consolante, une parfaite morale de choix, cherchée et trouvée partout, dans tous les temps et chez tous les peuples. Moralistes grecs et chinois, de Confucius à Théognis[3], la théophilanthropie avait dépouillé la sagesse des nations pour en faire son code moral. — En un mot, la théophilanthropie était une religion raisonnable. Elle reposait sur une bibliothèque, au lieu de reposer sur un tabernacle. Religion sans mystères et d'un dogme insuffisant[4], elle ne promettait rien aux âmes. Elle reconnaissait l'Éternel, et ne le montrait pas. Elle disait que l'homme ne meurt pas tout entier, et elle n'affirmait ni un enfer ni un paradis. — Pour être une religion, il ne manqua à la

---

1. *Tribune publique*, deuxième trimestre.
2. *Qu'est-ce que la théophilantropie ?* An x.
3. *Discours décadaires à l'usage des théophilanthropes*, par J.-M. Poultier. An VI. — *Année religieuse des théophilanthropes*, par J.-B. Chemin. An VI.
4. *L'Ami des théophilanthropes*, par A.-H. Waindelaincourt, évêque et ex-député de la Haute-Marne. *Chaalons.* An VIII.

théophilanthropie qu'une chose, une seule : la Révélation.

La Révolution a créé une vaste académie, embrassant les sciences physiques et mathématiques, les sciences morales et politiques, la littérature et les beaux-arts, l'ensemble des connaissances humaines; une académie qui n'est plus seulement une confrérie de beaux esprits, mais le panthéon et le prytanée de l'intelligence; « une académie destinée à perfectionner les sciences et les arts par des recherches non interrompues, par la publication des découvertes, par la correspondance avec les sociétés savantes et étrangères, et à suivre les travaux scientifiques et littéraires qui auront pour objet l'utilité générale et la gloire de la République[1]. » L'académie nouvelle est l'Institut national des sciences et des arts.

L'Institut, c'est le faisceau des gloires pacifiques de la France et la représentation de son génie. La géométrie fait asseoir à l'Institut les Lagrange, les Laplace; la mécanique, les Monge; l'astronomie, les Lalande et les Cassini; la physique expérimentale, les Charles; la chimie, les Berthollet, les Fourcroy, les Chaptal; l'histoire naturelle, les Haüy; la botanique, les Adanson et les Jussieu; la zoologie, les Lacépède et les Cuvier; la médecine, les Desessarts et les Sabatier; l'économie rurale, les Parmentier; l'analyse des sensations et des idées, les Volney, les Cabanis; la morale, les Bernardin de Saint-Pierre et les Mercier; la science sociale, les Daunou; l'économie politique, les Sieyès, les Rœderer; l'histoire, les Lévesque; la géographie, les Bougainville; la grammaire, les Andrieux; les langues anciennes, les Bitaubé et les Langlès;

---

1. *Institut national des sciences et des arts.* Paris. An IX.

la poésie, les Chénier et les Lebrun; les antiquités, les Ameilhon; la peinture, les David; la sculpture, les Houdon, les Pajou; l'architecture, les Peyre, les Chalgrin; la musique, les Méhul et les Grétry; la déclamation, les Molé [1].

Au-dessous de ce grand institut « qui appartient, dit l'article 1er du titre IV de la loi du 3 brumaire an IV, à toute la République, » — de petits instituts se sont formés qui n'appartiennent qu'à la mode, instituts bâtards, seigneurs suzerains de deux mille Cottins, sociétés mutuelles d'éloges, banquets de pères de famille où l'on admet indifféremment toute espèce de convives [2] : les *lycées*, qui sont les *clubs* du Directoire [3].

La mode a ordonné à tout ce monde de peu d'orthographe de se plaire à la comédie des lettres, aux représentations solennelles des coteries. Elle a commandé un beau matin au Paris des élégants, des futiles et des coquettes, de trouver le plaisir là où il bâille, et de s'amuser sans comprendre. Docile, Paris de ce jour raffole des lectures, des déclamations, des mémoires, des rapports, — de l'ennui; et s'il n'a dans sa semaine essuyé quelques milliers de vers, quelques cents pages de prose, c'est pour lui semaine perdue. Le beau feu! la dévorante ardeur! Et l'allemand et le grec, et l'espagnol et le latin, et la logique et la rhétorique, et la géographie et l'histoire, et les changes étrangers, et les poids et mesures, et l'homme, et le système décimal, et la philosophie de la grammaire, et la raison de Dieu, et la tenue des livres, le français même [4],

---

1. *Institut national des sciences et des arts.* Paris. An IX.
2. *Étrennes de l'Institut.* An VIII.
3. *Tribune publique*, premier trimestre, an V.
4. *Le Rédacteur.* Décembre 1796.

— il veut tout apprendre entre deux contredanses! Et de la salle des ducs et pairs, au Louvre, au cirque du Palais-Royal, et de la place du Palais-Royal au cloître Saint-Honoré, Paris court. Il y a foule ici et là : foule à la Société philotechnique [1], foule au Lycée républicain [2], foule au Lycée des langues européennes [3]. Il semble que tous aient fait le vœu d'écouter; et, si l'on ne connaissait le Directoire, on jurerait que ce monde entend ce qu'il écoute. Rien ne le lasse : les discours en vers et les discours en prose, l'esprit de Barouillet, les réflexions du peintre Le Barbier, les traductions de Lucain, les biographies de Rotrou, et les éloges de Sedaine, les travaux sur les papiers-monnaies de la Chine, les fables et les épitres, les Blin de Sainmore et les Guichard, les intermèdes de chant, les distributions de médailles : médailles pour limes d'horlogerie, médailles pour tableaux de marine; les entr'actes de violons; les couronnements d'orfévres, et les couronnements d'émaillistes; les solos de harpe et les apothéoses de morts célèbres, les chants de guerre des sauvages Kerokees [4], et les couplets sur les consolations de l'amitié, et les rapports sur les bâtiments à fonds plats qui feraient de Paris un port de mer [5]; — ce public subit tout, sans un mouvement d'impatience.

Les femmes sont des premières à satisfaire à ces corvées de l'attention; les hommes ne sont que les comparses de ces fêtes : elles en sont les actrices. Leur applaudissement est le prix de ces petits tournois d'esprit, leur regard est l'encouragement des poëtes; et elles ont une idée si

1. *Semaines critiques*, vol. II. — 2. *Petite Poste*. Messidor an v.
3. *Id.* — 4. *Décade philosophique*, vol. IV.
5. *Tableau historique, littéraire et philosophique de l'an IV*, par Cécille.

nette de l'importance de leur rôle, qu'elles se dévoueraient à manquer Bagatelle pour ne pas manquer le Lycée.

N'ont-elles pas d'ailleurs, en ces luttes, une de leurs sœurs engagées? Ne lit-elle point ses vers en ces salons publics[1], cette Sappho parisienne, amie du bien dire, de la rime riche et des droits de son sexe, Théis Pipelet? Théis, qui spirituellement moque le monopole d'intelligence et de génie que l'homme s'attribue! — Les femmes! ne sont-elles point le public, la fortune du Lycée en vogue, du Lycée par excellence, du Lycée des lycées, du Lycée dirigé par l'affable Lebrun[2], du Lycée, ouvert au faubourg Saint-Honoré, dans le magnifique hôtel Marbeuf, — les plus beaux appartements de Paris[3]; du Lycée que Thélusson essayera vainement de continuer[4] : « le Lycée des étrangers[5]? »

Toutes ces belles, rangées en cercle, habillées du plus neuf et du plus joli, souriant du plus frais, sont les muses inspiratrices de ce doux orateur, le plus aimable des pédagogues : Demoustier, le Berquin de l'amour. C'est aux dames que Demoustier a consacré son cours préliminaire de morale; et que de miel autour de la coupe! que de fleurs autour du devoir! Le doux grondeur que ce La Bruyère à genoux devant les sourires! Et qui, parmi celles qui viennent l'écouter, n'est prévenue d'avance en faveur du disciple de Fontenelle et d'Algarotti[6], et ne lui est reconnaissante? S'il n'a mis des mouches et des pompons à la philosophie de Newton, s'il n'a mis du galant dans la

---

1. *Journal littéraire*, vol. II.
2. *Journal de France*. Pluviôse an v.
3. *Petite Poste*. Ventôse an v.
4. *Petites Vérités au grand jour*. An viii.
5. *Petite Poste*. Pluviôse an v. — 6. *Journal littéraire*, vol. I.

gravitation, il a enjolivé le Styx ; Marivaux descendu aux enfers de Virgile, il a fait lécher à Cerbère les *jolis petits pieds d'Émilie*. Et pour le Lycée, les charmantes bluettes qu'il cueille aux champs à Villers-Cotterets, dans les bois de Noue! Là, il a entrevu la chaumière qu'il veut partager avec « sa mie »; la haie d'aunes, le ruisseau, la salle à manger petite, la chambre de l'hospitalité, et le jardin qui sera un potager :

> ....Je veux que l'on y cueille
> Une salade en cueillant un bouquet[1]!

Et comme toujours, son talent est aux couleurs des dames! Veut-il faire un portrait, tracer une histoire, dire une vie et un cœur, c'est une femme que caressent les pinceaux de Demoustier. Au public charmé du Lycée des étrangers, il raconte, d'un tour à ravir, la vie et les ouvrages de Mme du Boccage, cette vieille de plus de quatre-vingts ans qui répond aux invitations des commissaires du Lycée : *Vous m'étouffez sous un lit de roses*[2] !

Le précieux génie que ce Demoustier pour un Lycée du Directoire! Et trouvez concert mieux goûté par un public de femmes que la mélodie cadencée de ses petites phrases, de ses petits compliments et de ses petites malices! Le rare prédicateur de femmes! Et ne semble-t-il pas un joli abbé de mythologie, le fils de cet abbé de Pouponville, « le mignon des Grâces », qui, en chaire, la voix perlée et flûtée, l'organe insinuant, « peignait tout en miniature, jusqu'à l'enfer et au péché? »

C'est un miracle qu'à ce même Lycée une autre parole soit applaudie à côté de la parole de Demoustier; et qu'un

---

1. *Petite Poste.* Germinal an v. — 2. *Id.* Pluviôse an v.

orateur tout différent ait une popularité égale à la sienne. Du Lycée républicain au Lycée Marbeuf, les femmes l'ont suivi cet autre médecin de vapeurs, qui parle avec de si belles mains et d'une si belle voix. Celui-ci est un prédicateur de la Ligue, qui n'oublie pas d'être aimable ; un déclamateur fleuri, qui peint, en des périodes savantes, les terreurs et les horreurs ; un piquant débrideur d'injures, qui fait à la philosophie le procès des Carrier ; qui attribue l'échafaud à Helvétius, à Diderot et à d'Alembert ; c'est le rhéteur en vogue, déshonorant les cendres de ses amis et de ses bienfaiteurs, pour la plus grande gloire de l'Église ; un apôtre de haine, servant Dieu comme on sert le diable, qui anathématise avec grâce, damne avec agrément, et parvient à calomnier jusqu'aux crimes de la Révolution !

Le lendemain du jour où il a prêché, il professe ; et, commentant Racine, Corneille, Voltaire, il mêle à la critique des choses éternelles le ressentiment des choses présentes et passagères ; il réveille les douleurs avec ces vers qu'il ravale aux allusions d'hier ; il triomphe lorsque, récitant une catastrophe tragique :

. . . .
Et notre dernier roi, couvert du faix des ans,
Massacré sans pitié sur ses fils expirants !

il voit s'évanouir, dans le cercle suspendu à sa bouche, une Mlle D'Aoust, dont le père est mort sous Robespierre [1].

Quel est ce furieux contre-révolutionnaire, ce chrétien implacable ? — La Harpe !

Quoi ! La Harpe ! ce La Harpe « proclamé jadis illustre sous la condition qu'il serait impie ! » La Harpe ! « cette

---

1. *Paris,* par Peltier. Décembre 1796.

plume vieillie dans les répétitions des sarcasmes de Voltaire[1] ! » La Harpe, ce garçon philosophe reçu maître après son *chef-d'œuvre*, « l'Éloge de Fénelon, » où il confondait ensemble toutes les religions et tous les zèles, saint François-Xavier, Luther, le faquir et le bonze[2] ! Quoi! ce La Harpe, ci-devant courtisan de pensions et mendiant du trésor royal[3], qui, le 9 avril 1791, écrivait dans le Mercure : « J'atteste tous ceux qui m'ont connu et fréquenté : s'il en est un seul qui m'ait jamais entendu parler de notre ancien gouvernement qu'avec l'expression de l'horreur et du mépris, qu'il se montre et me démente[4] ! » Quoi! ce La Harpe, qui, la même année dénonçait aux Jacobins la Comédie-Française! dénonçait aux Jacobins la mémoire de Dubelloy, *vil esclave des rois!* ce La Harpe qui, le 3 décembre 1792, en plein Lycée, le bonnet rouge en tête, déclamait l'hymne révolutionnaire :

« Du fer!... Il boit le sang; le sang nourrit la rage,
Et la rage donne la mort[5] ! »

Quoi! ce complimenteur de la Commune de 1793! ce panégyriste du Comité du salut public[6], dont le comité de salut public faisait tirer les odes à vingt-cinq millions d'exemplaires[7]! Quoi! ce La Harpe, qui imprimait, le 3 frimaire de l'an II : « Quand les charlatans à sceptre et à couronne sont tombés, les charlatans à étoles et à mitres

1. *Des Réactions politiques*, par Benjamin Constant. 1797.
2. *Correspondance turque*. An IX.
3. *Le Journal à deux liards*. 1791.
4. *Mémoires de Morellet*, vol. II. — 5. *Correspondance turque*.
6. *Mémoires de Morellet*, vol. II.
7. *Les Candidats à la nouvelle législature*, par le cousin Luc. An V.

ont pris le parti de descendre de leurs tréteaux et de jeter le masque [1]. » Oui, ce même La Harpe est chrétien. « Nos jours ont vu se renouveler le prodige d'Augustin combattant l'erreur qu'il avait propagée [2]. » La Harpe est chrétien. — L'autre jour, une jeune et jolie femme est entrée dans son cabinet. Il a épuisé tous les moyens de persuasion pour la jeter dans la voie du salut. La belle personne, un peu ennuyée, — l'homélie était longue, — s'occupait de son spencer et de son chapeau plus que du discoureur. La Harpe s'est jeté à genoux au milieu de la chambre, les bras levés au ciel, suppliant Dieu de toucher ce cœur mondain, de ramener à lui cette brebis égarée [3]. La Harpe est chrétien. Il est chrétien, et les bonnes gens de s'émouvoir de sa misère, qu'il trompette dans les journaux; de son Homère, de son Euripide, de son Longin, qu'il tambourine à vendre [4] !

La Harpe est chrétien. Il est chrétien six ans après Septembre, indigné trois ans après les crimes, brave trois ans après le danger !

Et que n'a-t-il eu le courage de l'abbé Raynal ! Que n'a-t-il, comme l'abbé Raynal, renié la Révolution à son lever ! Que n'a-t-il, en 1791, désavoué publiquement, à tous risques, l'abus fait des principes philosophiques ! Que n'a-t-il imité ce généreux vieillard « soutenant, de ses mains tremblantes, l'édifice presque abattu de la monarchie [5] ! »

L'histoire, qui est la justice des hommes, l'histoire,

---

1. *Mémoires de Morellet*, vol. II. — 2. *Politique chrétienne*. An v.
3. *Tribune publique*, deuxième trimestre 1797.
4. *Censeur des Journaux*. Avril 1799.
5. *Journal de Suleau*. Juin 1791.

qui pèse les actions et n'entre pas dans les consciences, n'accepte pas volontiers ces changements soudains, ces coups de grâces, ces subites révolutions de conduite. Elle ne peut juger; mais elle a le droit de suspecter les repentirs après Thermidor, et les conversions à la victoire.

VIII.

Les lettres. — Le théâtre. — Le livre. — Les traducteurs. — Mancini-Nivernois.

Une révolution a passé sur la France. Cette révolution a emporté, dans le vent de sa colère, le trône, l'Église, l'aristocratie. Elle a jeté la patrie dans la chaudière d'Éson pour rajeunir ses destinées; elle a déchaîné sur l'Europe la victoire tricolore; elle a ému le monde. — Et voilà que de cet effort, de ces convulsions dont l'humanité est encore ébranlée, l'esprit de la nation sort rapetissé et amoindri; cette Minerve armée, que les mains des tempêtes arrachent du front des peuples, demeure, inerte, endormie, au cerveau de la France inféconde.

Si du moins, pour consoler le deuil de la postérité, une levée de génies s'élançait, impatiente, de ce temps énorme, de ce sol de bataille, de cette terre grasse de larmes et de sang! si, de la Terreur, une épopée s'envolait, grande comme la Mort! si d'immortelles annales, vengeant Dieu, traînaient la guillotine à la guillotine de l'Histoire! — Mais non; pas un d'Aubigné ne sera donné au Directoire pour trois ans de Saint-Barthélemy ; et ces flancs, ces larges flancs de la République, porteurs de tant de Nérons et de tant d'Anicets, ces flancs qui nous devaient un Tacite, ne mettent bas qu'une ventrée de tragédistes, de couplétiers et de traducteurs !

Tout est nouveau autour des lettres ; rien ne survit de ce qui fut. Le renouvellement des choses, l'audace des faits ne peuvent les décider à tenter l'avenir ; et, retournées vers le soleil couché du xviiie siècle, les lettres se renouent au passé ; elles rampent sous la tutelle et sous l'exemple, elles vivent sur les maîtres. — La langue elle-même s'est enrichie du vocabulaire parlementaire[1] ; elle écoute Pougens, qui pour parer à sa pauvreté de stérétiques lui propose l'adoption de plus de douze cents privatifs nouveaux[2]. Le ciel solide des sciences est agrandi : les Lagrange et les Laplace, les Méchin et les Delambre, les Berthollet et les Chaptal s'aventurent à trouver des voies imparcourues dans les mathématiques, dans l'astronomie, dans la chimie. — Et l'Imagination, repoussant du pied le vaisseau qui mène aux Amériques, abdique les mondes nouveaux qui l'attendent.

Au théâtre, toujours des Crébillons, et toujours des Pradons : — Legouvé qu'on nomme Racine ! Luce de Lancival qu'on dit Sophocle ! le jeune Arnault qu'on baptise Corneille ! et le tout jeune Lemercier qu'on appelle Eschyle ! — tous poëtes de bonne volonté, de travail, de

---

1. *Voyage autour des galeries du Palais-Égalité* (par Sélecque). An viii.

2. *Vocabulaire de nouveaux privatifs français, imité des langues portugaise, allemande et anglaise.* 1794.

soin, de conscience et d'application, auxquels il sera pardonné par Melpomène. — Nul élan, nul feu, nulle âme, cette vie des belles choses, dans tant d'hexamètres polis et repolis; toujours les horreurs convenantes, toujours les catastrophes décentes, — tant il est vrai qu'au bon pays de France les préjugés sont plus vivaces que les institutions, et qu'il faut moins de temps pour renverser une dynastie que pour brûler un Aristote! — Scène routinière! où Ducis qui présente Shakespeare à la France, costumé à la française, Ducis qui corrige Othello jusqu'à travestir le dénoûment en dénoûment heureux, Ducis a le renom d'*extravagant*, de *fou anglomane*, de *faiseur de tours de force*[1]!

Là, les héritiers de Fabre d'Églantine, Collin d'Harleville, Andrieux et Picard, occupent le sourire; Plautes aimables, d'une gaieté discrète et d'une moquerie tempérée; esprits menus et délicats qui reculent devant leur siècle, et n'en peuvent faire leur butin; petites muses de bonne compagnie, qui n'entendent point tant de Turcarets et tant de Jourdains réclamant des Le Sage et des Molière!

Le drame qui promettait des hommes et des femmes, l'ordinaire train des communs sentiments, une tragédie humaine, qu'a-t-il tenu? Ce prône du peuple, c'est une foire de brigands et de crimes, une leçon mauvaise de barbaries et d'immoralités. Il s'agit bien de l'applaudissement des larmes; c'est un succès d'attaques de nerfs que les Pelletier Volmerange ambitionnent et poursuivent! Ce qu'il faut, à ces tréteaux de terreur, c'est une caverne, une boucherie, un *Crève-cœur* ou le *Brigand par amour*, avec

---

1. *Journal littéraire*, par Clément. Messidor an IV.

des tueries à la Nicolet, des redoublements d'assassinats d'acte en acte, qui tiennent les spectateurs en frisson trois heures durant! Et si, un jour, un véritable drame, pathétique sans cadavres, est applaudi par un public étonné et charmé, s'il relève un instant cette scène tombée aux pièces tortionnaires, l'honneur n'en doit pas être rapporté à un Français : il a fallu faire venir d'Allemagne *Misanthropie et Repentir,* et le Lachaussée qui redonne parole au cœur humain s'appelle Kotzebue.

Et le vaudeville, dont le berceau, comme le berceau du drame, avait éveillé tant d'espoirs ; le vaudeville qui devait être une comédie alerte comme un journal et spirituelle comme Paris, le scandale du rire! — le vaudeville est un opéra-comique, assaisonné de calembours! Il calomnie l'esprit français qu'il représente ; il descend le goût du public, dont il est le complaisant et le flatteur, aux équivoques grossières, aux gaudrioles de carrefour; et, lâche devant la recette, ce bâtard de Figaro, livré et vendu à des entrepreneurs de couplets, à des marchands de pointes, — immortelle engeance! — montre et montrera longtemps tout ce que le pays de Chamfort et de Rivarol peut entendre, sans siffler, de bêtises et de platitudes!

La poésie est morte. Le Longus de l'île de France, le poëte qui chantait tout à l'heure les harmonies et les couleurs de la nature d'une prose peinte et rhythmée, Bernardin de Saint-Pierre, fait silence.

La versification est restée didactique. La cohorte des clients de Delille continue à commettre laborieusement ces vers descriptifs qui semblent des vers latins de Santeuil traduits : poëme sur les Saisons, poëme sur la Navigation, poëme sur toute chose, et même sur l'*Art des accouche-*

ments[1] ! — Petits travaux qui se recommandent par tant de patience, par tant de petites délicatesses accumulées, par tant de petites difficultés vaincues ! Grandes victoires sur le mot technique, qu'on évince ; sur le mot trivial, qu'on esquive ; triomphes de la périphrase, tenus alors en si grande estime ! Quels contentements c'est aux Castel du Directoire, quand, pour dire *fumier*, ils imaginent de dire :

> Là, sous un peu de terre, on concentre les feux
> Que la paille a reçus des coursiers généreux [2] !

quand pour signifier le *coucou*, ils trouvent :

> ....L'oiseau haï de l'hymen qu'il outrage [3] !

Et pour un « *haricot* grimpant, à la rame attaché, » pour une « *carotte* dorée, » — que de foudres s'allument ! et que vite la grande critique d'alors met au ban des vers « ces termes rustiques et mal sonnants [4] ! »

Quoi donc fera le bagage littéraire du Directoire ? — Des tableaux de mœurs.

Celui-là est une lanterne magique immense [5], où le Paris de la Révolution défile bruyant, mouvementé, plein de fièvre et de cris, de fêtes et de folies ; un grand livre, où la pensée est jetée, le style libre et vigoureux, le crayonnage hardi, le coloris ardent ; une toile à tout moment changeante où se pressent et se poussent les événements, les foules, les tragédies, les orgies, les tables de proscription et les joueurs de flûte, les jeux du Cirque et le Sénat tremblant, le Champ de Mars et les élégants à la

---

1. *La Luciniade*, poëme didactique en huit chants, par Sacombe. 1792. — 2. *Les Plantes*, poëme, par Castel. 1797. — 3. *Id.*
4. *Journal littéraire*, vol. I.
5. *Le nouveau Paris*, par L.-S. Mercier.

ceinture lâche, les belluaires et les courtisanes, la tête de Cicéron clouée aux Rostres, les pâleurs de la France, la victoire, le tumulte des idées, le bruit des orchestres, le choc des tribuns, la misère, les dieux chassés, le Panthéon désert, la mode, la patrie réfugiée aux armées, la danse en rut, les Verrès ininquiétés, et les patriciens, et la plèbe, et la mort, et la gloire, et la famine, et le plaisir! — témoignage d'une belle âme et d'un grand peintre, immense et courageuse entreprise; grandes pages de la chronique morale de la France, où la grande histoire viendra puiser!

De Maistre, le philosophe en pantoufles, vient de promener le public tout autour de sa chambre; — Ripault le fait voyager tout autour de la société de l'an v. — La *Journée de Paris* c'est un petit volume, un rien, une comédie de Sterne! C'est une course en wiski à travers le Directoire, wiski au cheval vite, aux essieux légers, qui roue les ridicules sans les écraser; et, de Garchy à Feydeau, vous apprenez tout le Paris qu'il faut savoir en dix minutes. Le charmant manuel de mœurs! pas un mot de trop! C'est un La Bruyère au galop : l'esprit court, le style vole! Une larme vous vient : essuyez-la vite ; le livre rit à la page suivante : vous tournez encore, le livre est fini!

Vient un autre, — un journal en main; un autre qui est un Lucien au jour le jour : Joseph Lavallée qui sème *les Semaines critiques*, feuilles volantes, jouets du vent, que les amis de la verve, de la grâce, de la méchanceté vive, de l'éloquence badine, du portrait sur le vif, du détail sagace et piquant, du bien dire et du bien voir, du bien entendre et du bien conter, — recueilleront et sauveront comme ces dessins de maîtres où éclate le premier feu d'un beau crayon.

Et derrière Lavallée, un Diogène, Chaussier, bat à tour

de plume et de bonnes verges agioteurs et courtisanes, les Angot et les Laïs, les Damis et les Tartufes, ce monde où il promène sa lanterne sans rencontrer un homme, une vertu ou une conscience!

Pourtant que de plumes la Révolution a taillées ! que de papier se noircit ! quelle nuée de gens de lettres ! que de petits grands hommes [1] ! que de vanités s'empressant vers le temple de Mémoire ! que d'anonymes hâtés, jaloux d'un baptême de gloire ! Grande foule, petite armée ! armée de Xercès ! milliers de goujats où les soldats se comptent !

Comptez-les : Baculard, ce mendiant rimant à la Grécourt, l'Ovide du grand Frédéric, et le traducteur de Jérémie, — le ci-devant marquis de Ximenès, le poëte sans-culotte de Robespierre, le doyen des poëtes tragiques, loué par Voltaire, joué, il y a cinquante ans, par la Comédie, muse en enfance qui radote de petits vers ; — Baour, le Baour de *la Jérusalem délivrée*, du *Premier mot*, Baour qui se défend quand on l'attaque ; — Gallet qui a fait *Dieu* en huit chants ; — Nougaret qui « pond comme une carpe ; » — Boutillier qui est coupable d'*Alix et Waldemar*, et Bilcoque qui en est innocent ; — Sewrin qui écrit si vite de mauvais vers ; — Saint-Ange qui a trahi Ovide ; — Lachabeaussière dont on sait des chansons ; — Coriolis dont le poëme sur l'Étude « engendra beaucoup de paresseux ; » — Urbain Domergue,

« Juré piqueur de diphthongue ; »

Courtois qu'on suppose avoir fait un conte ; — Vigée, un petit Dorat ; — Jeauffret qui continue Berquin ; — Charle-

---

1. *La Guerre des petits dieux.* An VIII.

magne qui a l'esprit de Boufflers et le sien ; — Clément le critique qui fait des vers avec du bon sens ; — Boucher qui est du Lycée Thélusson ; — Noël qui a fait un petit opéra, et des vers plus petits que son opéra ; — Désorgues, une tête volcanique, un audacieux osant de belles images ; — Petitot qui a eu deux tragédies sifflées ; — Fabien Pillet, un ferrailleur d'épigrammes ; — Pons de Verdun qui a été imprimé ; — Marsollier qui écrit, écrit, écrit des opéras-comiques ; — Lesur, l'*Hurluberlu*, le poëte du poëme des Francs ; — Hennequin qui est à Demoustier ce que Demoustier est à Dorat ; — Lefebvre d'Arcy dont on a des épigrammes ; — Lefebvre dont on en attend ; — Lebrun Tossa dont on ne sait plus les opéras ; — Fauconpret qui a des couplets dans le Chansonnier des Grâces ; — Dorvigny qui a barbouillé *Cadet Roussel Misanthrope ;* — Chenedollé, qui a signé dans le Journal des Muses ; — Fantin Desodoarts,

« Enfant de soixante ans qui promet quelque chose ; »

Dulaure qui compile ; — Desalle Delille, inconnu par plus de cent volumes ; — Mallet de Genève qui pourrait bien être l'auteur du *Tombeau de l'Isle Jennings ;* — Roullé qui a fait une grammaire ; — Guéroult, une autre ; — Boucheseiche, une autre ; — Serane, une autre ; — Boinvilliers, une autre ; — l'ex-bénédictin Blondin, une autre ; — et le citoyen Delormel, une autre encore ; — Guyot Desherbiers, un *historiogriffe ;* — Labouisse qui a dix-huit ans ; — Lagrenée dont on a découvert treize vers ; — La Bretonnière, Limoges et Loisel qui sont jaloux de Lagrenée ; — Damin, un Chapelle qui a été à Chantilly ; — Campenon qui lit sa *Ferme ;* — Morel de Vindé qui a plagié *Primerose* dans Cazotte ; — Cailly père qui a chanté Chloris ; — Avisse, l'aveugle qui a dicté une fable : *l'Épingle et le Fichu ;* —

Laus de Boissy qui sait tourner un conte ; — Lablée, une romance ; — Blanchard, une pastorale ; — Coupigny, une ode ; — Despaze, une épître ; — Campagne, une satire ; — Grancher, une fable ; — Petit-Jean, une chanson ; — Lacoretterie, un acrostiche ; — Buhan, un calembour ; — Pidou, une pointe ; — Fayolle, un distique ; — Bellemare, un vers ; — Cournand qui cherche Stace ; — Pinières qui cherche Juvénal ; — Demantort qui cherche Vadé ; — Duvineau qui cherche Saint-Lambert ; — Barrau qui a lu un fragment de traduction de Claudien ; — Cantwel qui traduit plus vite qu'on n'imprime ; — Bayeux qui a voulu traduire Juvénal ; — Blanvillain qui a traduit Paul et Virginie en italien ; — Bertin qui a traduit les satires d'Young ; — Coray, les caractères de Théophraste ; — Doigny, Tibulle ; — Cormilliole, la Thébaïde ; — Daru, les odes d'Horace ; — Creuzé de Lessert, le *Sceau enlevé* ; — Deguerle, Catulle ; — Dotteville, Salluste ; — Dufour, le quatrième livre de l'Énéide ; — Grainville, les hymnes de Sapho ; — Larnac, Métastase ; — Lemierre, Martial ; — Clairfons, Théocrite ; — Ricard, Plutarque ; — Sallior, le Dante ; — Sélis, Perse [1]

Les traducteurs florissent. La république des lettres n'est plus qu'une manufacture de traductions. La vogue des romans anglais empêche de mourir de faim les pauvres

---

1. *Paris littéraire.* Hambourg. An VIII. — *La Revue des auteurs vivants, grands et petits,* par un impartial. Lausanne. — *Petites Vérités au grand jour,* par une société d'envieux, d'intrigants et de cabaleurs. An VIII. — *Les Étrennes de l'Institut national ou la Revue littéraire de l'an VII.* — *Le Tribunal d'Apollon.* An VIII. — *Dictionnaire des grands hommes du jour,* par une société de très-petits individus. An VIII. — *La fin du dix-huitième siècle,* satire.

diables qui mettent de l'anglais en français. Chaque décade jette à l'étalage une douzaine de romans traduits à quinze francs, à douze francs, à neuf francs la feuille; et tous les Morellet réduits à la besace attendent impatiemment le bienheureux paquebot de Calais[1] qui leur apporte beaucoup de besogne, dont ils tireront un peu d'argent.

Lamentable décadence où les lettres perdent plus que leur gloire, où elles perdent leur honneur ! Temps misérable où les lettres se prostituent au goût du jour pour dîner ! Premier exemple de l'avilissement universel des plumes devant le salaire ! Cette pudeur de lui-même, que l'homme de lettres se doit, cette conscience de l'esprit, qui est sa moralité, ce respect de son imagination, qui est sa dignité, — tout est oublié; l'homme de lettres relevait du public; il relève du libraire. Il voue son idée au lucre; il commence, excusé par la dureté des temps, la chaîne de ces talents inexcusables, ravalés par des appétits, faisant un agiotage de leur plume à toute bride, un gagne-pain de la Muse qu'ils lassent, un trafic de ce cerveau qui méritait d'autres maîtres !

Quittant cette populace de cherche-argent, l'œil se repose sur ce vieillard, qui, distrait naguère par le noble goût des lettres, en fait aujourd'hui la consolation de ses chagrins et le soutien de son cœur ébranlé et déchiré. Titre, rang, fauteuil à l'Académie, le duc de Mancini-Nivernois n'a gardé de tout cela que son duché au Parnasse. La fable, qui berce les enfants, aide le vieillard à vivre. Il continue à rimer des apologues, cherchant, trouvant la paix des souvenirs dans ce travail aimé. Il oublie ses deuils, il oublie les temps, il s'oublie, penché sur sa

---

1. *Les Étrennes de l'Institut national.*

plume, poursuivant l'idée rebelle. Et cependant, ce n'est plus le temps où l'on ne jouissait qu'en bonne fortune de la fable nouvelle du duc, et où sa lecture était une fête académique [1]. Tout le public du ci-devant Nivernois est aujourd'hui un ami qui lui tâte le pouls, — le médecin Lacaille, à qui le poëte de quatre-vingt-deux ans trouve la force d'écrire en vers, six heures avant de mourir :

« Ne consultons point d'avocats :
Hippocrate ne viendrait pas [2] ! »

1. *Journal littéraire*, vol. I. 1796.
2. *Journal de France.* Ventôse an VI.

IX.

Le salon de 1793. — Fondation du musée du Louvre. — Le salon de l'an IV. — L'art assujetti à la patente. Discours de Mercier. — Le salon de l'an V. — David. — Les chefs-d'œuvre de l'art à Paris. La fête du 10 thermidor de l'an VI. — Le salon de l'an VI. Gérard, Girodet, Guérin, Isabey, Carle Vernet, Houdon, etc., Prudhon.

« Il semblera peut-être étrange à d'austères républicains de nous occuper des arts quand l'Europe coalisée assiége le territoire de la liberté. Les artistes ne craignent point le reproche d'insouciance sur les intérêts de leur patrie; ils sont libres par essence; le propre du génie c'est l'indépendance, et certes, on les a vus, dans cette mémorable Révolution, les plus zélés partisans d'un régime qui rend à l'homme sa dignité longtemps méconnue de cette classe protectrice de l'ignorance qui l'encensait.

« Nous n'adoptons point cet adage connu : *In arma silent artes*. Nous rappellerons plus volontiers Protogène traçant un chef-d'œuvre au milieu de Rhodes assiégée, ou bien Archimède méditant sur un problème pendant le sac de Syracuse. »

Ainsi, l'art s'excuse auprès de la barbarie. Ainsi, l'art cherche à se faire pardonner. Ainsi, se défend contre les préventions jacobines la *Description des ouvrages de peinture, sculpture, architecture et gravure, exposés au salon du Louvre, par les artistes composant la commune générale des arts, le 10 août 1793, l'an II° de la République française, une et indivisible.*

Ce droit à l'attention publique que l'art est réduit à solliciter comme une faveur, ce droit est tout ce qui lui reste. L'art va être réduit à tapisser les quais[1]. Pour vivre, il n'a pas même l'espérance; il n'a pas même cet horizon de prospérité et de larges travaux, cette terre de Chanaan que le *Rédacteur* lui montrera tout à l'heure au bout de sa patience : « Si le luxe particulier n'offre plus à l'activité des artistes les mêmes stimulants, un luxe public va se former qui appellera leur génie à célébrer nos triomphes, à leur élever des monuments aussi durables que la paix qu'ils auront préparée, à orner nos fêtes nationales, à enrichir nos musées[2]. » Que fait l'État et que peut-il faire pour l'art? Les encouragements que lui permettent ses finances sont à peine une aumône. Avant la Révolution, le prix de la demi-figure peinte était payée trois cents livres aux élèves. Même la Terreur passée, au mois de vendémiaire de l'an IV, la République la paye quarante-huit livres en numéraire, ajoutant, honteuse d'une si petite poignée d'écus, quarante estampes anciennes. Le prix de la tête d'expression était de cent livres. La République donne dix livres en numéraire, auquel elle joint six belles gravures; — et, comme, les modèles manquant pour cette tête dont l'expression était le ravissement, une jeune élève du citoyen Suvée avait bien voulu poser, la République,

---

1. *Le Déjeuner.* Mars 1797.
2. *Le Rédacteur,* par Thuau-Granville. Octobre 1796.

dans sa générosité d'estampes, récompense la jeune complaisante d'un rouleau de gravures [1].

L'art est forcé de frapper aux bourses particulières. Il est forcé de s'exhiber et de beaucoup produire, heureux s'il tente quelque étranger attardé en France à regarder la Révolution. Vien, Pajou, Gérard, Taillasson, Chancourtois, Lagrenée jeune, Suvée, Lethiers, Vernet, Prudhon, ont leurs signatures à cette exposition. Prudhon envoie deux portraits, l'*Union de l'Amour et de l'Amitié,* et un dessin à la plume, l'*Amour réduit à la raison.* Les petits maîtres n'ont pas boudé le public. Tableaux de Boilly et tableaux de Mallet, toiles de Swebach et toiles de Duplessis, et Taunay, et Charpentier, et Demarne; architectures de Hubert Robert; paysages de Moreau l'aîné et de Mandevare, miniatures de Trinquesse; bistres de Bourgeois; grisailles en bas-reliefs de Sauvage; aquarelles de Sergent; dessins d'Isabey. Demachy expose une vue du pont Neuf et de la colonnade du Louvre; Lespinasse, cet autre peintre du Paris du xviiie siècle, une vue du Palais-Égalité. Plus de grandes dames et de sourires de marquises fixés sur la toile! A peine quelques figures d'actrices pour égayer ce salon sévère : la Morichelli, par Dumont; — la belle Lange dans l'*Isle déserte,* par Colson. La portraiture est aux représentations des célébrités montagnardes. Il semble qu'on parcoure la galerie révolutionnaire d'un Curtius. Celui-ci est Couthon, par Ducreux; celui-là Saint-Huruges. Ici, le portrait de Jean de Bry, par Laneuville; là, le portrait du président de la Convention au 31 mai, de Mallarmé, par Bonneville; toutes peintures bien placées et bien regardées, en beau jour et en belle place. La sculpture ne

---

1. *Paris pendant l'année 1796,* par Peltier. Septembre.

compte qu'effigies et bustes révolutionnaires ; et le ciseau
prostitué des Phidias qui ont faim appelle le couplet :

> « Je ne connais pas bien au juste
> Ce qu'ont fait Marat et Chalier ;
> Mais de tous deux je vends le buste ;
> C'est ce qu'il faut dans mon métier.
> Qu'importe, quand j'ai de l'ouvrage,
> Qui je tiens dans mon magasin !
> Avant de faire leur image,
> Je vendais celle de Mandrin [1]. »

Ce sont des bustes de Marat, des figurations du 10 août.
C'est le buste de la citoyenne Danton exhumée et moulée
sept jours après sa mort, par Desenne, sourd et muet. A
côté d'un *Républicain maintenant l'Union et l'Égalité,* par
Boizot ; à côté d'une *Rosière pleurant la mort de son fondateur et montrant l'image de son cœur,* par Delaître, frissonne une Grâce fourvoyée : la *Frileuse,* de Houdon. Puis
une esquisse en plâtre d'un tombeau de Drouais, par Mi-
challon ; des bacchantes de Marin ; des nids de fauvettes
et de chardonnerets, par le merveilleux Demontreuil, qui
fouille le bois blanc comme une cire obéissante. La gravure n'a guère qu'une planche : la Vénus Anadyomène du
Titien, par Saint-Aubin ; et l'architecture qu'un modèle en
talc : un Opéra que le citoyen Perrard propose d'établir
sur l'emplacement des Capucins, avec façade sur la rue
Saint-Honoré et façade sur les Tuileries [2].

Si cette exposition de 1793, envahie par la politique,
fut de peu pour l'art, une grande création de la Répu-

---

1. *Les Bustes ou Arlequin sculpteur.* An III.
2. *Description des ouvrages de peinture, etc., exposés au salon du Louvre, le 10 août 1793.*

blique allait lui être de beaucoup : le Muséum du Louvre était fait le rendez-vous général des productions de l'art possédées par la France, la fédération des belles choses, et la République une et indivisible des chefs-d'œuvre de la forme et de la couleur.

Jusqu'à la Révolution, les objets d'art de la France avaient été gaspillés, disséminés. Ils étaient dans les châteaux royaux, dans les cabinets des Directeurs, çà et là. M. de Marigny avait une partie des antiques du Louvre à sa terre de Ménars; le duc d'Antin, une autre partie dans ses jardins[1]. La collection des dessins du Louvre faisait partie du cabinet de M. d'Angivilliers, et l'on ne pouvait voir les pierres gravées que chez lui[2]. L'abus des usages passés en droit venait ajouter à la dispersion des objets d'art : à la mort du roi, le valet de chambre prenait quatre tableaux à son choix, et en devenait propriétaire[3]. Nulle règle unique, nulle intendance monarchique et générale ne gouvernait les choses de l'art. Qui, par exemple, était responsable de cette quantité de moules des morceaux les plus estimés dont on se servit pour combler les trous de la place du Louvre[4]? Personne. Et tel était le désordre dans le domaine de l'art et de la science, qu'une collection de vases étrusques était au Garde-Meuble, un trésor des chartes à la Sainte-Chapelle, un autre à Sainte-Croix de la Bretonnerie, un autre à la Bibliothèque; le premier rentrant dans les attributions du garde des sceaux, et le troisième dans celles du ministre de la maison du roi[5]. Contre

1. *Paris.* Décembre 1707.
2. *Chronique de Paris.* Novembre 1790.
3. *Paris.* Décembre 1707. — 4. *Id.*
5. *Projet sur les établissements publics institués pour les sciences et les arts.*

cette anarchie, un écrivain ne trouvait, au commencement de la Révolution, d'autre remède que l'établissement d'un ministre des sciences et des arts, tenant sous sa main les académies, les jardins du roi, le collége royal, l'académie de chirurgie, le cabinet des estampes auquel on réunirait les dessins, dont le garde, Cochin, venait de mourir; l'académie de peinture, les chartes, le dépôt géographique, les antiques, les médailles, la Bibliothèque, l'Observatoire, les Gobelins, la Savonnerie, la manufacture de Sèvres, le cabinet des machines; grande et belle idée qui se complétait par l'adjonction, à cette grande surintendance, d'une partie nouvelle et pour ainsi dire créée : les curiosités de l'art. Toute chose remarquable par le travail devait, selon l'idée de cet utopiste de grand goût et de grand sens, entrer dans un musée particulier, dont la première acquisition aurait été le magnifique cabinet de chinoiseries de M. Bertin [1].

Le projet n'eut pas de suite. Mais, le 27 juillet 1793, la Convention décrétait l'organisation du Muséum; — au dire du peintre Duplessis, M. d'Angivilliers avait eu cette pensée, et de ce rêve avait fait l'occupation de dix années de sa vie [2]. Et bientôt s'ouvrait la grande galerie, toute pleine et parée de tableaux de toute école, et précédée de ce salon carré, autrefois le lieu d'exposition des essais de nos peintres, aujourd'hui le vestibule radieux où nos victoires viennent accrocher les plus beaux joyaux des provinces belgiques. Au milieu de la galerie, et sur les deux

---

1. *Projet sur les établissements publics institués pour les sciences et les arts.*
2. *Lettre à M. Barrère de Vieuxsac, député à l'Assemblée nationale, par Duplessis, peintre du roi.*

côtés au-dessous des tableaux, sont rangés bronzes, bustes, tables de marbre et de porphyre, porcelaines, pendules et autres curieux objets, « dépouilles précieuses de nos tyrans ou de nos ennemis [1]. » Sur chaque objet est collé le nom de l'émigré auquel il a été enlevé; ce qui donne lieu à des quiproquos imprévus, et fait prendre Alexandre pour Condé, et Platon pour Brissac [2]. Les fenêtres, éclairant de côté, donnent un jour faux; l'on annonce, — ce ne fut qu'une annonce, — que le salon va être éclairé par le toit, d'après l'avis de Watelet, et sur le modèle des expositions anglaises du palais de Sommerset [3]. — Le Muséum est public les trois derniers jours de la décade; les autres jours sont réservés uniquement aux artistes [4].

Au premier jour de l'ouverture du Muséum, la collection était loin d'être complète. Bien des travées étaient vides d'abord. Versailles, avec son dépôt de la surintendance, son dépôt de la commission de Versailles, et ses appartements, restait la capitale des belles choses et des richesses picturales de la monarchie. Ce n'est que sur les instances réitérées et les sollicitations pressantes de Varron, que sont détachés de Versailles, pour être réunis au Muséum de Paris, et la Visitation, et la Joconde du Vinci, et le saint Michel et la Petite Famille de Raphaël, et la sainte Famille d'André del Sarte, et la Vierge de Balthazar Peruzzi, et la fameuse ardoise peinte sur les deux faces, attribuée alors à Michel Ange, et la Visitation de Sébastien del Piombo, et le portrait de Bayard par le Titien, et l'Ombre de Samuel de Salvator Rosa, et la Mélancolie de Féti, et le Charles Ier de Van-Dyck, et d'autres toiles encore [5].

---

1. *Décade philosophique*, vol. III. — 2. Id. — 3. Id.
4. *Le Miroir*. Mai 1796. — 5. *Décade philosophique*, vol. II.

La Galerie nationale n'avait ni Daniel de Volterre, ni Palme le Vieux, ni Tintoret. Versailles en possédait plusieurs. Enfin, Varron consignait, avec une certaine amertume, que le département de Seine-et-Oise possédait dix Véronèse, et de Poussin, le Moïse sauvé des eaux, le Baptême, le Repos en Égypte, le jeune Pyrrhus, l'Arcadie : tous tableaux dont Varron demandait la rentrée au Muséum [1]. Quand toutes ces grandes œuvres eurent fait retour au Muséum, le nombre des tableaux ne dépassait pas le chiffre de cinq cent trente-sept, et le nombre des objets d'art divers, celui de cent vingt-quatre [2].

Il n'y eut pas d'exposition de peinture en 1794. Mais aussitôt qu'une apparence de société commença à oser se reformer, aussitôt que les plus nobles joies de la vie ne furent plus proscrites, que le goût ne fut plus suspect, et que l'art eut le droit d'être, le public redemanda ces fêtes de l'esprit et des yeux, qui lui étaient devenues une habitude et un plaisir annuel. Sur l'invitation de la commission exécutive de l'instruction publique, appel est fait à tous les artistes de la France. La peinture répond par cinq cent trente-cinq tableaux, la sculpture par quatre-vingt-neuf statues et bustes, l'architecture par soixante-trois projets, la gravure par quarante-huit planches [3]. Tout l'intérêt de

1. *Notice des monuments des arts qui existent dans le département de Seine-et-Oise*, par Varron.
2. *Catalogue des objets contenus dans la galerie du Muséum français.* 1793.
3. *Explication des ouvrages de peinture, sculpture, architecture, gravure, exposés dans le grand salon du Muséum au Louvre, par les artistes de la France, sur l'invitation de la commission exécutive de l'instruction publique.* Vendémiaire an IV.

ce salon est politique. L'art se venge. C'est le coup de pied des artistes donné à Robespierre, c'est la protestation par l'image, c'est l'apitoiement sur les morts, dicté aux cœurs par les regards; c'est, parlant à l'imagination, le mouvement antijacobin qui emporte toute la France; c'est le neuf Thermidor du pinceau, de l'ébauchoir, du crayon. L'émotion de la mort a été cherchée par tous les exposants, et l'intérêt de la guillotine plane sur toutes ces têtes fauchées. L'on reconnaît la famille Trudaine, et Trudaine de Montigny que le peintre dit lui avoir été arraché au milieu de son œuvre. Cette tête est le portrait d'André Chénier; et chacun lit la légende : « Le père de Chénier, pour lequel le fils avait une grande vénération, voulant calmer les inquiétudes de son fils, lui écrivit que ses talents, ses vertus devaient le rassurer; André lui répondit cette seule phrase : Mon père, Malesherbes aussi avait des vertus. » Plus loin voilà Roucher, dessin fait dans les deux heures qui ont précédé son départ pour le tribunal révolutionnaire; et le dessin porte les quatre vers que Roucher y a écrits :

A MA FEMME, A MES ENFANTS, A MES AMIS.

Ne vous étonnez pas, objets sacrés et doux,
Qu'une ombre de tristesse ait empreint mon visage :
Lorsqu'un savant crayon vous traçait cette image,
J'attendais l'échafaud et je pensais à vous!

Au reste, ce salon est pauvre, si pauvre que des tableaux des salons de 1787 et 1778 y sont réexposés[1]. C'est à peine si, de loin en loin, quelque œuvre estimable mérite l'attention : le Bélisaire de Gérard, une gravure de

---

1. *Paris.* Novembre 1796.

Copia d'après Prudhon, et le projet de réunion du Louvre aux Tuileries par Peyre [1].

C'est à ce salon que commence le règne, l'usurpation du portrait; à côté des figures que l'histoire consultera, des visages anonymes, et qui n'importent à personne, s'étalent. La Terreur, cette école de la mort, l'éternelle séparation montrée si près du père, de la mère, des enfants, par l'échafaud, a poussé chacun à prémunir les siens d'un souvenir de sa personne. Les peintres, sans pain, et jeûnant, ont vu un coup de la Providence dans cette manie de portraiture. Boilly se met à brosser des portraits en deux heures; un millier de faiseurs de ressemblances se révèlent dans Paris; c'est le temps de fortune des peintres en miniature et des physionomistes à soixante livres, des Gonord [2], et des citoyennes Malon [3], et des citoyens Bauzil, promettant mille livres de dédit si le portrait ne ressemble pas [4].

Et le vaudeville n'a pas tort de faire chanter aux peintres du Directoire :

> J'ai point mon père;
> J'ai point ma mère.
> . . . .
> Puis au Salon
> J'expose ma maison.
> De ma portière
> J'ai point la mère,
> J'ai point le frotteur, le propriétaire.
> . . . .
> Bref, dans l'atelier,
> J'ai point tout mon quartier [5].

1. *Explication des ouvrages*, etc. Vendémiaire an IV.
2. *Petites Affiches*. Nivôse an II. — 3. *Id.* Pluviôse an III.
4. *Journal de France*. Pluviôse an IV.
5. *Tout Paris en vaudevilles*. An IX.

L'art, diffamé par ce genre secondaire et mercantile, était sous le poids de graves préoccupations. Considéré comme négoce, il était assujetti à la patente. De justes susceptibilités s'éveillèrent dans le camp des artistes; l'irritation de cette humiliante assimilation gagna et grandit. Des plaintes très-vives s'élevèrent, et une pétition des peintres, sculpteurs, graveurs, dessinateurs, compris dans la loi des patentes, porta leurs remontrances au Conseil des Cinq-Cents, dans la séance du 25 vendémiaire an v. La pétition réclamait au nom des beaux-arts ou mieux des arts libéraux, « qui jouissaient, sous le despotisme, de la franchise la plus absolue[1]. » Mercier prit la parole : et vif, spirituel, mordant, il commença par moquer joliment cette épidémie d'*artisterie* qui sévissait alors.

« Il s'agit, disait-il, de tracer les limites qui séparent les artistes d'avec les entrepreneurs de sculpture et de peinture; il s'agit de savoir ce que nous devons entendre par peintre et graveur : or, vous le savez, pour mieux renverser les choses on a renversé tout le langage; on dirait que nous sommes à la tour de Babel; on n'a cessé d'abuser du mot artiste. Autrefois, un peintre était un peintre, un comédien un comédien, un joueur de violon un joueur de violon, un danseur un danseur. Aujourd'hui, ils ne sont plus eux-mêmes, ils sont des artistes. L'abus en ce genre a été porté jusqu'à un tel point, que peu s'en est fallu que Racine, Montesquieu et Buffon ne fussent des artistes[2]. »

Jusque-là, tout allait bien. Une imprudence de franchise perdit Mercier de réputation dans tout le monde

---

1. *Rédacteur*. Octobre 1796.
2. *Tribune publique*. Octobre 1796.

porte-pinceau. « Les peintres, — ajoute l'orateur, — ont cru dans leur pétition s'assimiler aux géomètres, aux poëtes, aux écrivains, parce qu'ils peignent la nature, parce que la peinture est sœur de la poésie, parce qu'un tableau perpétue un fait historique. Quelle absurde prétention ! qu'est le pinceau d'un peintre auprès du compas de Newton, de la plume de Racine, de Virgile, de Tacite?... » La phrase entra toute vive dans l'amour-propre des peintres. Vainement Mercier conclut à l'exemption du droit de patente pour tous les peintres, sculpteurs, architectes, graveurs, ne tenant et ne faisant aucune entreprise de commerce, — l'orgueil saignant de la peinture ne pardonna pas à Mercier. Le déchaînement de tout ce qui tenait à l'art, de près ou de loin, fut universel, furieux, brutal. On apostrophe Mercier, on le chansonne : « Pauvre Mercier! bois, mange, rosse ta malheureuse femme, fais de mauvais drames et tais-toi [1] ! » Et comme le barbare des Cinq-Cents n'a guère voulu voir d'hiérarchie de genre dans l'art ; comme peintres d'histoire et peintres de nature morte, c'est tout un pour lui, un vaudeville chante :

> ...Qu'un moderne Visigoth,
> Dans sa scrupuleuse ignorance,
> Vante le portrait d'un gigot
> Et le préfère à l'ordonnance
> Des grands tableaux des passions.
> . . . .
> Faut-il encore que l'on supporte
> Sa gloutonne stupidité [2] ?

La peinture attaquera Mercier avec toutes armes et

---

[1]. *Les Candidats de la nouvelle législature*, par le Cousin Luc, an v.
[2]. *Journal littéraire*, vol. III.

même avec les siennes. La caricature de livrer aux risées l'auteur de *la Brouette du Vinaigrier*. Hier, l'*Ane magistrat*; un singe lui tire les oreilles, lui disant, avec le bon La Fontaine, que ce n'est pas son métier[1]. Aujourd'hui, une brosse, une étrille, une fourche, un balai, tous les ustensiles de la boutique d'un mercier placés dans le plateau d'une balance et emportant tous les chefs-d'œuvre de l'antiquité placés dans l'autre plateau, tandis que Midas couronne Pan au mépris d'Apollon[2]. Demain, ce sera un homme sur une chaise percée, entouré des horreurs de la folie, écrivant, les yeux bandés, sur les beaux-arts, devant un fonds de mercier à vendre où l'on voit empilés le *Tableau de Paris*, *l'An 2240*, *mon Bonnet de nuit*, et un tas énorme de drames[3].

Ce malheureux et tant berné Mercier était rendu responsable du rejet de sa proposition par le Conseil des Cinq-Cents. Le Conseil avait rejeté l'exemption du droit de patente, ne trouvant pas l'exemption circonscrite dans des termes assez précis, ne trouvant pas une distinction suffisante de la profession mercantile ou industrielle. Il avait toutefois renvoyé la pétition à une commission spéciale, qui devait se concerter avec celle des finances. Quatremère, chargé du rapport, s'exprimait ainsi : « Il n'y a rien de positif dans la valeur des productions de l'esprit, il n'y a rien de commercial, à la rigueur de ce mot, dans les prétendus échanges qu'en font leurs auteurs. On a vu des libraires faire fortune avec des ouvrages qui laissaient mourir de faim leurs auteurs. On a vu des

---

1. *Tribune publique*, deuxième trimestre.
2. *Rapsodies*. Août 1797. — *Collection d'estampes* Hénin.
3. *Petite Poste*. Pluviôse an v.

marchands de tableaux, vendre avec profit les tableaux que les peintres leur cédaient à perte. Toute la question est là. La production des ouvrages de l'esprit n'en est pas le commerce... — La matière imposable n'existe pas chez l'homme de lettres, chez le savant, chez l'artiste. » Quatremère faisait encore remarquer que le marchand et l'artisan sont marchands et artisans tous les jours : et Corneille n'avait-il pas été vingt ans sans faire de vers? et Michel Ange quinze ans sans manier le ciseau? Enfin, il concluait, comme Mercier, à l'exemption de la patente pour l'art, mais pour l'art seul[1].

Pendant ces querelles, l'exposition de 1796 avait suivi l'exposition de 1795, le livret de l'exposition de 1795 ayant posé en principe le retour annuel des expositions.

« De tous les moyens d'exciter l'émulation parmi les artistes, pas de plus puissant que ces lices ouvertes à tous, dans lesquelles les talents essayent leurs forces. » Le livret de 96 disait : « Les nouveautés les plus utiles rencontrent des obstacles. Plusieurs personnes ont paru craindre qu'en ouvrant tous les ans aux beaux-arts un salon d'exposition, ce terme trop rapproché fût funeste. Le plus grand nombre doit savoir gré au Gouvernement de n'avoir point partagé leurs doutes. » — Puis le ministre de l'intérieur faisait cet appel aux artistes de l'école française : « La liberté vous invite à retracer ses triomphes ; transmettez à la postérité les actions qui doivent honorer votre pays. Quel artiste français ne sent pas le besoin de célé-

---

[1]. *Conseil des Cinq-Cents. Rapport fait par Quatremère au nom d'une commission spéciale sur l'exemption du droit de patente en faveur des peintres.* 13 messidor an v.

brer la grandeur et l'énergie que la nation a déployées, la puissance avec laquelle elle a commandé aux événements et créé ses destinées? Les sujets que vous prenez dans l'histoire des peuples anciens se sont multipliés autour de vous. Ayez un orgueil, un caractère national, peignez notre héroïsme, et que les générations qui vous succèdent ne puissent vous reprocher de n'avoir pas paru Français dans l'époque la plus remarquable de notre histoire[1]. » Le grand succès du salon, le tableau qui faisait émeute, c'était les *Amours de Psyché et de l'Amour;* l'enthousiasme était tout occupé par ce tableau, et rien ne l'en distrayait, pas même les dessins du peintre, les trois encre de Chine du roman de *Daphnis et Chloé* pour l'édition préparée par le libraire Didot, et les deux plumes sur vélin pour l'illustration d'un *Art d'aimer,* de Bernard; tous cinq appartenant à Constantin, le fameux marchand de tableaux de la Révolution. C'est à peine si du tableau de Prudhon le public allait faire la politesse d'un regard au portrait de Mme Récamier par Ducreux, au portrait de Mme La Boucharderie, la maîtresse de Chénier, au portrait de Mme Tallien, représentée dans un cachot de la Force, et tenant à la main ses cheveux frais coupés[2].

A ces expositions, un nom manque : un nom que la foule cherche, attend, poursuit. Tandis que le chef de cette secte d'illuminés à la suite de David, qui se renferment

[1]. *Explication des ouvrages de peinture, sculpture, architecture, gravure, dessins, modèles exposés dans le grand salon du musée central des arts, sur l'invitation du ministre de l'intérieur, au mois de vendémiaire an v de la République.*

[2]. *Id.*

dans un lieu obscur et attendent pour travailler le moment
de l'inspiration, tandis que Perrier, le *Don Quichotte de
l'amour de l'antiquité,* se promène encore vêtu à la grecque
ou à la romaine, grande barbe et grand manteau [1], —
David vit retiré dans son atelier du Louvre, seul, loin du
triomphe, loin du bruit, loin de l'applaudissement populaire. Il a été rendu à lui-même, ce peintre que la place
publique avait pris et conquis. Il a laissé là le conventionnel; il est revenu tout entier à cet atelier aux murs de
stuc poli [2]. Il vit dans ces bas-reliefs, ces ornements antiques, dans ce muséum des plus beaux plâtres de la Grèce
qui lui sont une famille. Il vit là; aux murs, deux tableaux
seulement qui se regardent: Horace d'un côté, Brutus de
l'autre; dans un coin, oubliée, l'ébauche du Serment du
jeu de paume. Parfois, le maître, passant et repassant
devant cette œuvre à moitié sortie de son cerveau en feu,
s'arrête, hésite, et poursuit, n'osant toucher une telle
chose d'une main rassise et calmée. Parfois, amenée par
la conversation aux événements d'hier, il semble que la
pensée de David veuille éclater; David la dompte: elle se
tait; et, le sang échauffé, la verve fouettée, David se jette,
après un instant de silence sombre, à cette grande toile
placée devant lui. Ses yeux sont malades [3]; qu'importe?
il les lasse et ne leur laisse pas de trêve: sa toile ne veut
pas être abandonnée. Aujourd'hui il appartient tellement
à son œuvre, à son art, l'ex-citoyen David, que peut-être
bien vous le feriez sourire, lui parlant de son ci-devant
enthousiasme lyrique, de cette tragédie qu'il a voulu faire.

1. *Chronique scandaleuse.* 1801.
2. *Fragments sur Paris,* par Meyer. Hambourg, 1798, vol. II.
3. *Id.*

La curieuse histoire, oubliée comme tant d'autres histoires vraies de ce temps! David poëte tragique! Un beau matin de flamme révolutionnaire, le peintre s'éveille, un plan de tragédie dans la tête; il s'ouvre à des amis: les amis d'applaudir; mais il faudrait prendre un poëte pour la rime: qui? — Ce sera Chénier. David résiste; il n'a pas grand respect pour le talent de Chénier. On le décide, à une condition : le poëte viendra tous les jours ni soumettre les hémistiches de la veille. Voilà Chénier rimant, rimant; David raturant d'autant, et de plus. C'était la toile de Pénélope. Chénier se lassait, David pestait; et la tragédie des Thermopyles s'arrêtait net, jusqu'à quelque bienheureux bruit de guillotinade ou de rapport de comité public. Vite alors Chénier de rentrer dans le défilé, « monument du courage des Spartiates et de la peur du poëte [1]. » Vite de courir, avec force vers, chez David qui raturait de plus belle, et se dépitait de ne pouvoir parler lui-même la langue des dieux. — Il ne s'en souvient aujourd'hui; il appartient à ce dévouement d'Hersilie, à ce symbole d'union, de pardon, de paix. Son cœur fermé s'est ouvert; son regard s'attendrit, quand il tombe sur la miniature de Drouais, encadrée sur son portefeuille; et, crayonnant les belles académies, David dit, retourné vers le visiteur qui est peut-être Bonaparte, revenant d'Italie: « Dans ce tableau, je veux que l'histoire parle à ma patrie pour qu'elle cesse de sacrifier à l'horrible guerre [2]. »

Mais que de poussière sur toutes les routes qui mènent à ce Louvre où David se cache! C'est le butin sans prix

---

1. *L'Orateur du peuple,* par Fréron. Floréal an III.
2. *Fragments sur Paris,* vol. II.

voituré des pays conquis. Sous les tableaux, envie du
monde, dot des Flandres, les ornières des chemins du
Nord se sont creusées; les toiles faites de pourpre et de
soleil arrivent par convois; et les charroyeurs raccom-
modent leurs fourgons avec l'*Assomption* de Berthollet[1].
Voilà, — comme si Paris devait être le Panthéon des
demi-dieux humains, — voilà l'Italie marquée pour lui
livrer Raphaël et Michel Ange, et Titien et Véronèse.
Bronzes, marbres, statues immortelles, la Grèce vivante
encore de beauté, le legs de l'art antique à la patrie italienne viendra habiter la France. La Victoire court, et, à
chaque étape dans le musée du monde, elle dresse, sur un
tambour, les lettres de voiture de tant de chefs-d'œuvre.
Milan perdra le carton de l'école d'Athènes de Raphaël,
des Giorgion, des Vinci; Parme, des Corrége, des Véronèse,
des Espagnolet; Plaisance, des Carrache[2]; Mantoue, des
Manteigne, des Véronèse, des Guerchin[3]; et, comme ces
dépouillées et ces veuves, toutes les villes de l'Italie pleu-
reront l'orgueil de leurs murs et le fleuron de leurs couronnes. On ne laissera plus Rome dans Rome; et dix chariots ne suffiront pas à emporter le choix opimien de ses
richesses[4]. Pour contenir Belgique, Hollande, Italie, Grèce,
le palais parisien sera trop petit. — Que d'accidents, que
de négligences, que de pertes, que de détériorations, dans
l'encombrement des chefs-d'œuvre! L'école hollandaise et
flamande entassée au rez-de-chaussée, dans des magasins
humides! les tableaux de la Belgique, jetés, sans ordre, au
bas de l'escalier! les toiles frottées l'une contre l'autre

---

1. *Censeur des journaux.* Décembre 1796.
2. *Miroir.* Juin 1796. — 3. *Petite Poste.* Mai 1797.
4. *Petite Poste.* Mai 1797.

par les garçons de salle, percées par les échelles des ouvriers[1] !

La galerie du bord de l'eau est trop étroite. De nouvelles salles sont ouvertes pour les menus arrivages, qui encombrent, non déballés, les antichambres et les magasins. La galerie d'Apollon, — ce rêve de goût et d'or réalisé par l'enchanteur Lebrun, — revoit le jour. A la porte sont les magnifiques tapisseries de la fabrique de Van Orley de Bruxelles, dessinées sur les cartons des Actes des Apôtres de Raphaël, pareilles à celles que Rome ne montrait qu'une fois, le jour de la Fête-Dieu[2]. Dans la galerie, autour de cette table d'un seul bloc de brèche africaine, sur laquelle est posé un vase antique de marbre de Paros, sur ces panneaux mis en couleur d'acajou, — ô barbarie ! — une rangée de dessins[3] se presse, montrant le choix de toutes les adresses et de tous les procédés, de tous les crayons et de tous les génies, donnant à voir tout ce que des mains bénies peuvent tirer de la sanguine et du bistre, de l'essence ou de la pierre noire, de la plume ou du lavis !

Qu'est cela auprès de cette caravane qui s'achemine lentement, péniblement, traînée par cent chevaux, déménageant l'art italien tout entier? Protestations, avis, le Directoire n'a rien écouté. L'opposition tacite de David, la lettre de Quatremère sur le préjudice qu'occasionnerait aux arts le déplacement des monuments de l'art de l'Italie, ont été regardées comme non avenues par le Directoire. Quelques-uns disent : « C'est en vain qu'on prétendrait, par de grands emmagasinements des modèles de

---

1. *Paris.* Décembre 1797. — 2. *Id.* Août 1797.
3. *Semaines critiques*, vol. III.

l'art, suppléer au voyage de Rome [1] ; » d'autres impriment : « Quel autre qu'un barbare peut applaudir à la spoliation des chefs-d'œuvre étrangers? Ah! c'est déjà une assez grande honte pour la nation française que la manière dont nous *compilons* les plus belles productions des arts. Au musée des Petits-Augustins, vous verrez une vieille église, un vieux cloître, un jardin rempli de tableaux et de statues emmagasinés comme dans une foire ou dans un marché. Des colonnes dont le chapiteau déchire de grands tableaux contre lesquels on les appuie; un cardinal de Richelieu, un François Ier, un Louis XII, un Christ, entre un Bacchus mutilé et un Hermaphrodite! Que dirons-nous du Musée du Louvre? Les tableaux de Rubens, admirés dans l'église d'Anvers, ne font plus d'effet. Mme de La Vallière, aux Carmélites, parlait à tous les cœurs : au Musée, ce n'est plus qu'une sainte Madeleine. Saint Bruno, de Lesueur, enlevé au cloître des Chartreux, ne dit plus rien [2]. » Les pessimistes promettent en vain les accidents au transport. Une pétition est signée par tous les noms de la peinture, demandant qu'on dépouille l'Italie, et qu'on fasse de Paris le muséum universel de la France et de l'Europe [3]; le Directoire est applaudi par l'opinion publique d'avoir passé outre; les prédictions sinistres ne se réalisent pas; les *barbets* n'arrêtent rien : et le convoi, qu'accompagne l'habile rebouteur de statues, Mariano [4], arrive sans encombre.

Fête nouvelle et prodigieuse, la fête du 10 thermidor de l'an VI ! Promenées sur les boulevards de la petite ville

---

1. *Lettre sur le préjudice qu'occasionnerait aux arts le déplacement des monuments de l'art de l'Italie*, par A. Q.
2. *Journal littéraire*, vol. I. — 3. *Paris*. Septembre 1796.
4. *Semaines critiques*, vol. II.

de l'empereur Julien, les merveilles de l'Italie et de la Grèce! Un char portant les quatre chevaux de Venise; un autre Apollon et Clio; un autre Melpomène et Thalie; un autre Erato et Terpsichore; un autre Calliope et Euterpe; un autre Uranie et Polymnie; un autre l'Amour et Psyché; un autre la Vénus du Capitole; un autre le Mercure du Belvédère; un autre Vénus et Adonis; un autre les deux Antinoüs; un autre le Tireur d'épine et le Discobole; un autre le Gladiateur mourant; un autre Méléagre; un autre Trajan; un autre l'Hercule Commode; un autre Marcus Brutus; un autre Caton et Porcie; un autre Cérès; un autre le Laocoon; un autre l'Apollon du Belvédère; un autre encore la Transfiguration de Raphaël; un autre encore Titien et Véronèse[1]! Et comme si vingt-neuf charretées de monuments divins ne suffisaient pas, — suivent des charretées de végétaux, de pétrifications, d'animaux; suivent les ours de Berne, les lions, les chameaux, les dromadaires de l'Afrique[2]; des charretées de manuscrits, de médailles, de musique, d'imprimés : — moisson moins riche, où Monge a été trompé par la ruse italienne[3]. La ville éternelle, elle-même, n'eut jamais si énorme spectacle; et jamais retour victorieux d'empereurs passageant par ses rues enorgueillies ne traîna derrière son triomphe pareille armée de pareils captifs! — La pompe s'ébranle et marche dans le cortége de l'École polytechnique, du collége de France, des administrateurs du Musée, des professeurs de l'École de peinture et de sculpture, des ouvriers typographes, des commissaires de l'armée d'Italie,

---

1. *Extrait du procès-verbal du Directoire exécutif*, du 10 thermidor an VI. — 2. *Bien-Informé*. Thermidor an VI.

3. *Spectateur du Nord*, vol. XII.

des défenseurs de la patrie. Et les boulevards parcourus, et les chars rangés en cercle sur trois lignes au Champ de Mars, autour de la statue de la Liberté, les chars étageant, pour les adieux d'or du soleil couchant, tout un Olympe de marbre, — Thoin remercie la Liberté, « cette vengeresse des arts longtemps humiliés, qui a brisé les chaînes de la renommée de tant de morts fameux [1]. »

Le salon avait ouvert le 1er thermidor [2]. Toute cette succession d'art de l'humanité tout entière, amenée à Paris, jeta l'esprit public vers les sévérités de l'injustice à l'égard de l'art contemporain. Le Muséum calomniait l'Exposition.

L'art du Directoire méritait-il les duretés de ces jugements, épuisés d'admiration par les chefs-d'œuvre de tous les peuples et de tous les siècles?

Gérard, le petit élève de Brenet, s'est annoncé tout jeune par cette simple, réfléchie et tranquille composition, le *Bélisaire*, où revit un souvenir de l'antiquité, moins académique que chez David; figure poétique autour de laquelle les études de coucher de soleil de la vallée de Montmorency [3] ont mis une auréole de couleur. Gérard a chez lui un des plus beaux dessins de l'école moderne : *le 10 août*. Un souffle du Vinci anime son portrait de Mme Regnault; et sa toile aérienne *Psyché et l'Amour* est,

1. *Extrait du procès-verbal du Directoire.*
2. *Explication des ouvrages de peinture et dessins, sculpture, architecture et gravure, exposés au Muséum des Arts, d'après l'arrêté du ministre de l'intérieur, le 1er thermidor an VI de la République.*
3. *Sur la situation des beaux-arts en France*, par Braun-Neergard. 1801.

à ce salon, le triomphe gracieux et admiré de lignes virginales.

Girodet endort Endymion, et le caresse de rayons assoupis, mettant tout autour de cette statue de chair le baiser de Phœbé, qui danse, timide, sur une poussière d'argent.

Guérin est le peintre de la douleur. Il a le coloris vrai, le dessin pur, la sobriété de l'ordonnance.

L'histoire a la brosse hardie, fougueuse de Lethiers; le portrait a la facilité aimable, l'agrément de ton de Lefèvre.

Isabey, — l'artiste aimé, adulé, complimenté, — dont les miniatures sont célébrées par le vaudeville, qui rime :

On demande un portrait : il vous vend un miroir [1];

et par Mme Tallien, qui dit : « Ça pue l'huile [2]; » Isabey qui surpasse Clinchetet et la Rosalba, qui balance Petitot [3], et vient d'introduire les dessins au crayon noir soutenus d'encre de Chine [4], Isabey a l'esprit. — Le pressant, sans l'atteindre, Henri et Hilaire Le Dru ne peuvent attraper le tapage charmant de ses figures, la fraîcheur à première main de ses *Bosquets de Mme Campan*.

Qui encore ? Chaudet dont le plâtre de Cyparisse a emporté tous les yeux, et dont la femme peint de petits décors champêtres, où les animaux de La Fontaine jou-

---

1. *Rapsodies.* Vendémiaire an v.
2. *Souvenirs de Paris en 1804,* par Kotzebue, vol. II.
3. *Examen critique et concis des plus beaux ouvrages exposés au salon du Louvre.* An IV.
4. *Sur la situation des beaux-arts.* 1801.

raient volontiers les fables du bonhomme [1]; — Carle Vernet dont on dit : « Bon dessinateur, bon peintre, bon époux, bon ami, bon père, bon faiseur de calembours, bon écuyer [2]; » — Fragonard auquel la critique reproche des crayons aussi pointus que des aiguilles anglaises, et que les Aristarques conseillent ainsi : « Allons, mon cher Fragonard, vous avez assez joué avec ce marivaudage de la peinture. Laissez là vos minutieux crayons et dessinez à grands traits [3]; » — Redouté, Van Spaendonk, qui cueillent des fleurs sur leurs palettes; — Mérimée qui semble avoir fait venir ses pinceaux de Venise; — Landon, « un peintre à petite réputation : il a son petit genre; il choisit de petits sujets qu'il exécute dans de petits tableaux avec de petites figures. Son petit pinceau est agréable; on aime assez son petit coloris... Il ne faut jamais à ce petit peintre qu'une très-petite place dans le grand salon. C'est un petit membre de la Société philotechnique. Il fait enfin des petits articles qu'il insère dans les petites colonnes du petit journal de Paris [4]; » — Moreau, le dessinateur en titre de la vignette, qui loge un grand tableau dans un espace petit comme les deux mains; — Swebach, et ses « galopades [5]; » — Augustin, le miniaturiste célèbre, qu'on incrimine d'un peu de mollesse [6].

Houdon semble mouler le marbre sur la nature. Grand sculpteur, conservé à la France par la présence d'esprit de sa femme! Il était menacé d'être suspect. La populace artistique, logée au Louvre, avait dénoncé une statue de sainte dans l'atelier d'Houdon. Barrère reproche à

---

1. *Petites Vérités au grand jour sur les acteurs, les actrices, les peintres, les journalistes, etc.*, par une société d'envieux, d'intrigants et de cabaleurs. An VIII. — 2. *Id.* — 3. *Id.* — 4. *Petites Vérités.*
5. *Les Étrivières de Juvénal.* 1796. — 6. *Petites Vérités.*

Mme Houdon l'incivisme de son mari : — « Houdon, répond-elle tranquillement, — a fait la statue de la Philosophie : venez et voyez-la ! » La sainte n'avait aucun attribut mystique; elle fut baptisée la Philosophie, et trôna au vestibule de la Convention [1].

Le paysage n'a que des talents modestes. Le feuillé de Bidault est vanté. Bertin a la science des plans. Demarne possède l'Académie, et l'allure des animaux. Valenciennes surprend de petits sites. Hue voudrait consoler de la mort de Joseph Vernet.

« Voilà, Mesdames, un peintre qui doit vous être bien cher ; voyez comme il s'occupe à transmettre à la mémoire des siècles à venir vos tendres ruses, vos doux loisirs, vos charmants artifices, vos modes précieuses. Croyez-en ma parole, sexe aimé, sexe au teint de rose : oui, vos jolies perruques blondes, vos châles tissés par les mains d'Arachné, vos longues robes à la Cyprienne, vos boudoirs voluptueux, vos toilettes attrayantes, tout cela, dis-je, grâce au pinceau de Boilly, vous méritera dans tous les âges le souvenir des cœurs amoureux de vos charmes et l'immortalité la moins limitée [2]. » Boilly, c'est le peintre familier des mœurs. Il vient de grouper, d'un dessin adroit, les amis d'Isabey dans son atelier ; les ironies ne le guérissent pas de peindre le *chez soi* du Directoire ; et Despaze a beau appeler son atelier *la cage des faisans* [3], il ne corrige pas la vivacité de sa palette, brillante et parfois outrée.

Et à côté de Boilly, il faut placer un Boilly plus fin et

1. *Fragments sur Paris*. vol. II. — 2. *Examen critique*. An IV.
3. *Les quatre Satires ou la fin du dix-huitième siècle*, par Despaze. An VIII.

plus menu, dont le patient pinceau hollandais promène la gouache sur les plumes, les linons, et les basins rayés ; le miniaturiste de la mode féminine : — Mallet.

L'art du Directoire a la vieillesse de Greuze ; il a la jeunesse de l'héritier de la dynastie des Vernet : Horace Vernet ; il a la jeunesse d'un fougueux élève de David : Gros. Il a la maturité de Prudhon.

Prudhon vient de faire voler aux plafonds de l'hôtel Saint-Julien, rue Cérutti, Plutus, Euterpe, Vénus et Minerve. Il va, dans ce palais du fournisseur de Lonois, mettre quatre *Charites* d'Anacréon au-dessus des portes, la Toilette, le Bain, la Lecture et le Sommeil[1].

Prudhon est ce qu'il sera. Il promet, il a commencé cette œuvre de volupté voilée, qui semble un rêve de grâce. C'est un exilé d'Ionie, qui console la mélancolie de ses pinceaux, en leur faisant retrouver la patrie perdue. Tout est vapeur, tout est songe, tout est transparence, tout paraît souvenir dans ces nudités enchanteresses et pudiques, lutinées par le Zéphir, — fuite d'Immortelles derrière les Saules! Une lointaine mélodie de Mytilène berce la molle pensée du poëte ; et chaque rien de Prudhon, le crayonnage même dont il hache un papier bleu, est un *eidulion* de Théocrite, peuplé par le Corrége ! Aux affections morales le païen met un corps, et le poëte laisse une âme. Prudhon cherche, Prudhon trouve un nouveau rhythme de lignes pour chanter la femme ; et sous les baisers de sa brosse voici qu'il naît une Vénus nouvelle, aux formes ondulantes et fuyantes, aux lèvres demi-souriantes du sourire d'un jeune faune ! C'est déjà le tendre allégoriste, c'est déjà le maître virgilien, — c'est déjà Prudhon.

1. *Sur la situation des beaux-arts en France.* 1801.

X.

Mme de Staël. — Mme Tallien. L'intérieur du Directoire.

En ces années du Directoire, tout émues et toutes troublées de luttes et de fureurs inapaisées, l'entreprise est tentée de restaurer ce parti des *Politiques,* né parmi les Saint-Barthélemy, au temps des royautés sans force, des coalitions régnantes, des discordes armées; l'entreprise est tentée de modérer la France, de tempérer les emportements et les extrémités de l'opinion.

Un grand esprit, qui n'était tout à l'heure qu'un bel esprit; une grande âme, ambitieuse de grandes intrigues, pleine d'orages et d'éclairs; un homme de génie, — Mme de Staël, — imagine de proclamer la liberté insolidaire des crimes commis en son nom, de laver les vérités de la complicité des excès, de séparer les principes de leur manifestation, les choses des hommes, et de réconcilier la conscience de la nation avec les tables de loi d'une Révolution sanglante.

Les peuples ne se rendent pas facilement aux théories.

Abimés dans les maux qu'ils souffrent, ils ne veulent, ils ne peuvent lever leurs yeux jusqu'à ces contemplations sereines et indépendantes. Ils jugent des idées par les faits; et ils renient volontiers la souveraineté que leur vendent les Marius et les Sylla, cette souveraineté qu'ils payent de leur faim et de leur sang.

Avant que Mme de Staël ne vînt plaider auprès des esprits la réhabilitation philosophique de la Révolution, la Terreur avait plaidé auprès des passions et des intérêts la cause de la royauté. Et Mme de Staël entre dans l'arène, alors que le petit Coblentz a envahi les départements, et que du boulevard Cérutti le mécontentement de l'ordre présent s'est répandu jusqu'aux frontières de la France; alors que les institutions républicaines ne vont plus que de l'élan de 1793; alors que la République est un mot à peine; alors que l'esprit public, au lendemain de ses ivresses, place son rêve et son aspiration dans la succession renouée de la maison de Bourbon; alors que toutes les ambitions agiotent sur cette restauration, alors que toutes les prévisions la saluent; alors que la France dépeuple ses jardins et ses marchés de fleurs le jour de la Saint-Louis [1], comme pour la fête de ses espérances.

Le royalisme a conquis sourdement la terre de la Révolution; il la pénètre, il la possède: il est une immense conspiration de l'opinion, aidée de la conversation, de la mode, de la femme. Il a pour lui la pénitence et les repentirs des révolutionnaires; il a pour lui les dévouements qui reprennent courage; il a pour lui les croyances qui s'enhardissent. Il a pour lui les remords et les vengeances; il a pour lui la petite armée des émigrés rentrés en France

---

1. *Rapsodies*, cinquième trimestre.

avec de faux certificats de résidence à Lyon[1]; il a pour lui la grande armée des intérêts matériels. Le désir du repos succédant à la fureur de la victoire, la passion de conserver à la passion de tout envahir[2], — le royalisme enrôle, le royalisme recrute toutes les lassitudes, tous les appétits de sûreté et de bien-être, toutes les peurs et toutes les incertitudes. Retranchez de la France le public des conciliabules de Saint-Maur des Fossés, les habitués des granges de Bercy[3], le faubourg Saint-Antoine, les armées qui appartiennent aux généraux, et ceux-là dont la vie politique est si publique, qu'ils ne peuvent retourner leur cocarde; — le royalisme est la France tout entière. Et même, de ces derniers, combien se délient de leur passé! combien, se rachetant par une trahison, négocient une amnistie personnelle auprès de la royauté! Le député Le Hardy ne peut-il pas dire un jour, sans être démenti, que plus de cent membres du Corps législatif ont, les uns des pouvoirs, les autres des lettres de pardon de Louis XVIII[4]?

Cette France retournée vers le passé, cette France qui croit que les monarchies guillotinées peuvent revivre, — Mme de Staël veut qu'elle entre en accommodement avec le fait accompli; et c'est entre les mains de Mme de Staël que la France signe un traité d'alliance avec le présent et se rallie un moment au Directoire[5]. Qui a assuré la victoire à Mme de Staël? Elle-même. Qui l'a aidée à vaincre?

---

1. *Le Rédacteur.* Octobre 1796.
2. *De l'état réel de la France à la fin de l'année 1795,* par de Calonne. Hambourg, 1796, vol. I.
3. *Censeur des Journaux.* Avril 1797. — 4. *Id.* Novembre 1796.
5. *Mémoires sur la Convention et le Directoire,* par A.-L. Thibaudeau, vol. II.

Un ami qui est le scribe de ses dictées, l'aide de camp et l'avocat de sa pensée : Benjamin Constant; un salon qui est la salle des répétitions et des conférences du grand forum républicain, le club de Salm; deux conseils, Talleyrand et Sieyès.

La fille de Necker défend la royauté à la France. Elle garde la République. Elle empêche le trône. Ennemie-née des gouvernements révélés, liée par une sorte de protestantisme politique à la haine des pouvoirs qui s'imposent aux peuples comme une foi, elle s'agite victorieusement pour le maintien du gouvernement représentatif; et alors que le droit humain de la victoire sera fait droit divin, Mme de Staël reprendra, pour lutter, ses armes, son génie, son héroïsme.

« La voici!... la voilà! — Qui donc? — Madame Tallien! — Madame Tallien! » — Et chacun de courir et d'accourir, qui bousculant une chaise, qui cognant un banc, qui coudoyant un arbre[1]. Les jeunes gens volent, les vieillards se hâtent, le public se groupe. Mme Tallien, assiégée de muets hommages, fend, pour circuler, la foule essoufflée et se promène lentement à travers cette haie de curiosités impatientes, de cœurs blessés, de regards qui s'empressent.

La révolution de thermidor a été la victoire de la femme. La Terreur était une tyrannie toute virile, et elle était l'ennemie personnelle de la femme, en ce sens qu'elle lui prenait son influence et ne lui donnait que des droits. La Terreur détrônée, les femmes ont recouru à leur rôle éternel : elles ont apitoyé les cœurs, pour mener les es-

1. *Grondeur.* Juin 1797.

prits; elles ont fait de la révolution politique une révolution sentimentale. Puis, les larmes mal séchées, elles ont jeté la France vers leur patron : le plaisir; et bientôt elles ont été les maîtresses et les reines en ce pays qui venait de jeûner de luxe, de diamants, de galanterie et de fêtes. On les avait voulues Romaines, Spartiates, que sais-je? les voilà courtisanes : elles sont vengées ! Et comme les hommes n'imitent pas le Régent abandonnant son cœur et son corps tout entier à des nymphes à qui il n'abandonnait rien de la France, rien de l'État; comme les hommes de ce temps laissent volontiers jouer avec leur tête, leurs idées, et même leur signature, — la patrie est la proie du gouvernement des oreillers.

Les monarchies les plus dissolues, ces temps dont l'indiscrétion des chroniqueurs a immortalisé la licence, ne montrent point un tel exemple de l'anéantissement de l'homme, du triomphe et du retentissement de la femme. Jamais la femme n'a occupé le public d'une façon pareille, jamais elle n'a touché aux affaires d'une si apparente manière[1]. Ce n'est plus une seule grande impure disposant à son gré du bon plaisir d'un seul maître, et gouvernant son caprice; c'est une nuée d'épouses et de favorites tenant à elles une nuée de roitelets. Les femmes ordonnent du choix des généraux, elles décident de leurs succès et de leurs revers, elles commandent leur réputation. Et non-seulement l'opinion publique est à elles et leur appartient, non-seulement leur recommandation écrite est bien plus qu'un titre de préférence, un brevet d'impunité[2]; mais encore elles larronnent les clefs du trésor public à la ceinture des gar-

---

1. *Rapsodies*, deuxième trimestre.
2. *Paris pendant l'année 1796,* par Peltier. Londres. Décembre.

diens endormis, et elles mènent avec leurs mains les mains
qui accordent les soumissions et consentent les marchés[1].

Et pourtant dans cette troupe de femmes, aimables
au delà du permis, influentes au delà du raisonnable, dans
ces créatures légères et usurpatrices, il en est quelques-
unes de la famille des Cléopâtres : — enchanteresses qui
charment la postérité! il leur suffit de se montrer à l'Histoire pour que l'Histoire les regarde, leur sourie, et leur
pardonne!

La jolie ambassadrice envoyée pour réconcilier les
femmes avec la Révolution, les hommes avec la Mode, le
commerce avec la République, la France avec une cour!
Elle est une Pompadour venue après tant de Lycurgues;
et, de sa voix enchantée, elle rappelle de l'exil et les ris
et les jeux! Elle fait étendre les tapis sur les taches de
sang; elle verse à la France oublieuse le Léthé de la folie!
Et reconstituant un Versailles tout autour d'elle, prêchant
les dépenses, l'amour, les élégances, elle entraîne à la
musique, elle entraîne à la danse, elle entraîne à la vie
tout ce monde tout à l'heure occupé à mourir. Visant à
tous les protectorats aimables, cette favorite de l'opinion
publique fait rayer l'art de la liste des émigrés; et elle
honore le Salon d'une toilette nouvelle. Elle a, comme
une maîtresse de roi, la tutelle des théâtres et de leur
monde; et le Dauberval qu'elle protége, et qu'elle marie-
rait s'il voulait, est un chanteur qui se nomme Martin[2].
— Quand elle se promène triomphalement par les rues,
dans son carrosse sang de bœuf[3], blanche, et vêtue d'un

---

1. *Censeur des Journaux.* Octobre 1796.
2. *Censeur des Journaux.* Décembre 1796. — 3. *Thé.* Juin 1797.

nuage, Paris s'incline comme devant l'âme et le génie et la fortune du Directoire.

Cette femme est la fée du Luxembourg. Elle pare ses cérémonies de son sourire. Elle organise ses parties et ses galas. Elle se change, elle se métamorphose pour rajeunir ses fêtes et leur donner un nouvel attrait. Tantôt, c'est Calypso[1] accueillant les amis de Tallien dans sa chaumière du Cours-la-Reine, et les promenant sous les dais de verdure enlacés d'emblèmes, parmi les arbres[2], comme la nymphe du lieu. Au palais de Surène, c'est une paysanne de Frascati[3]; déesse déguisée, qui se trahit en marchant! — Comme un sceptre léger, avec lequel ses doigts badinent, elle tient en main la surintendance du goût; et par elle, les forté-pianos de la liste civile, dont on laissait dormir les mélodies, sont distribués aux belles mains dignes de les réveiller. Par elle, la maison directoriale est emplie des collections de musique de Marie-Antoinette, de Mme Victoire, de Mme Élisabeth et de Bombelles[4]. Elle est parmi les cinq rois comme une Grâce obéie, qui les range à ses menus vouloirs. Son exemple fait autorité pour le détail et le décor de leur intérieur; et se met-elle à raffoler de porcelaine de Sèvres, ministres et directeurs ne manquent aussitôt d'avoir un cabaret sur leurs tables[5]. — Le caprice de Mme Tallien sauve une manufacture!

Qui ne l'applaudit en tout ce qu'elle commande, et en tout ce qu'elle ose, qui ne l'applaudit en son chant, qui ne l'applaudit en sa danse, cette Sempronia qui repose les yeux lassés de Catilinas, et ne conspire que pour les amu-

---

1. *Rapsodies*, troisième trimestre. — 2. *Paris*. Juillet 1799.
3. *Id.* Octobre 1799. — 4. *Id.* Décembre 1799.
5. *Thé*. Juin 1797.

sements? Tout son esprit a été tourné vers l'agrément : et la harpe, — le triomphe de ses beaux bras ! — et les langues méridionales, — musique de la voix ! — elle sait tout ce qui enchaîne les regards et les oreilles[1]. — Therezia s'anime-t-elle, lorsqu'au profond des nuits, s'acharnant à une bouillotte, elle arrache ou jette au hasard des poignées de cent louis[2] ? son visage s'embellit d'un charme qu'on ne trouve qu'en elle. Circé! qui, au temps des échafauds et des bonnets rouges, obligeait les bourreaux à se poudrer à la poudre d'œillet[3] ! et qui aujourd'hui, dans le cortége du jabot et des culottes à rosettes de Fréron[4] et de sa jeunesse dorée, mène, en souriant, le chœur des scandales de la France !

Mme Tallien règne : les femmes de Feydeau la proclament laide, et les vendémiaristes l'avouent jolie. Elle règne : mais que de jalousies, que de médisances, et que de calomnies autour de son trône ! Ses amies ne peuvent lui pardonner ni ses voitures, ni ses épaules. L'un lui fait un crime de son nez ; et l'autre de son mari. Les petits journaux démentent bruyamment le prétendu écriteau attaché par un royaliste « à pa-ôle numé-ai-e » au bas du costume romain de la citoyenne Tallien : *Respect aux propriétés nationales*[5]. Ils racontent le mot de celui-là attaché aux pas de Mme Tallien : « Qu'avez-vous, monsieur, à me considérer ? — Je ne vous considère pas, madame ; j'examine les diamants de la couronne[6]. » Ceux-ci lui rap-

---

1. *Paris.* Avril 1796.
2. *Souvenirs du Directoire et de l'Empire*, par Mme la baronne de V..., 1848. — 3. *Rapsodies*, premier trimestre.
4. *Les Sabbats jacobites*. 1791.
5. *Rapsodies*, premier trimestre an v.
6. *Petite Poste.* Nivôse an v.

pellent son chocolat à la vanille pendant que les têtes tombaient à Bordeaux. Des galants éconduits lui attribuent tout le monde, et d'autres encore, et les deux Lameth, et d'Aiguillon, et Félix Lepelletier Saint-Fargeau, dit *Blondinet*, et jusqu'à M. Fontenay, son premier mari ! Il court le monde, le mot prêté à ce premier mari qui ne voulut lui rendre, au divorce, une parure qu'elle aimait, lui disant : « Je la garde pour vous la donner quand vous serez ma maîtresse [1]. » — Enfin, un pamphlet ignoble, lui reprochant son *sein blanchi*, sa *gorge apprêtée*, ses *diamants aux pattes de devant*, ses *diamants aux pattes de derrière*, l'apostrophe de ces paroles : « Non, la prostituée de la rue du Pélican ou de la rue Jean-Saint-Denis, celle de la Grève, celle du quartier Saint-Martin, ne sont pas plus coupables que toi [2] ! » — Quelle joie pour les satiriques que le ménage Tallien ! A toute heure du jour et de la nuit, des estafettes viennent donner à Paris les nouvelles de l'alcôve conjugale, comme s'ils en sortaient. C'est une histoire, et puis une autre histoire. Mme Tallien a été surprise par son mari embrassant la femme d'un émigré ; et Tallien a pesté, et Mme Tallien s'est sauvée ; et au bout de deux jours, elle a envoyé chercher ses effets ; et Tallien s'est mis à genoux ; et Mme Tallien a pardonné [3]. — Le matin l'on s'est dit : Mme Tallien est décidément brouillée avec son mari. « Ah ! — dit l'une, — il était bien difficile qu'elle pût supporter aussi longtemps le supplice de Mézence ! — A tout péché, miséricorde ! — répond une bonne âme ; — cette pauvre madame Tallien, elle était si honnête, qu'on ne comprenait rien à ce mariage-là [4] !... » — Et le soir, voilà, de par les

---

1. *Rapsodies,* cinquième trimestre.
2. *Lettre du diable à la plus grande p... de Paris. La reconnaissez-vous?* — 3. *Paris.* Février 1797. — 4. *Grondeur.* Mars 1797.

nouvellistes, madame Tallien remariée de plus belle ! Et le lendemain, un méchant prédit : « Enfin, Mme T... a eu de petits retours à l'honnêteté. Enfin elle a menacé de le quitter, enfin elle le quittera ; enfin elle divorcera ; enfin elle aura épousé M. F..., elle aura divorcé avec M. F... ; elle aura épousé M. T..., elle aura divorcé avec M. T...[1]. » — Une autre semaine, autre bruit : l'étoile de Mme Tallien se couche, et l'étoile de Mme de Contade se lève ; et vive Mme de Contade ! Mme de Contade va gouverner le Directoire[2]... — Le bruit est un conte. Et la semaine qui suit, autre conte : Barras et Mme Tallien sont brouillés ! Barras a dit à Mme Tallien « qu'il avait été trop longtemps entouré d'intrigants[3] ! » Barras, dans un salon, a feint de ne pas reconnaître Mme Tallien, et il a demandé tout haut : « Quelle est cette femme[4] ? »

Ce dernier récit n'obtient guère créance dans le public. C'est un ménage d'inclinations que Barras et Mme Tallien. Barras est le véritable mari des goûts de Mme Tallien ; et ils passent à travers le Directoire, unis l'un à l'autre, comme ils entrent dans les salons, Barras un bras passé autour de la taille de Mme Tallien, Mme Tallien un bras appuyé sur l'épaule de Barras[5] !

Barras n'est-il pas l'autre complice de la contre-révolution sensuelle du Directoire ? Il veut, l'Alcibiade de caserne, les roses et les vins, le bruit, les musiques, les parfums, les femmes, les jours enchantés, les nuits rayonnantes. S'il saute à cheval au canon de vendémiaire, —

---

1. *Une Journée de Paris*, par Ripault. An v.
2. *Censeur des journaux*. Février 1797.
3. *Paris*. Février 1797. — 4. *Thé*. Juillet 1797.
5. *Souvenirs du Directoire et de l'Empire*.

ce n'est pas pour sauver la République, c'est pour sauver Capoue. Il n'est pas de ces hommes qui aiment le pouvoir pour le pouvoir. Barras est un paresseux d'ambition : il aime le trône pour son velours.

Il lui suffit de vivre pour régner; et les bonnes loges au spectacle, les grands dîners, l'état-major des laquais, les bals étincelants de lumière, sont sa part de Directoire[1]. Les affaires l'ennuient, les complots le dérangent. Il se plaît aux sociétés qui chassent les soucis, au monde folâtre des coulisses, aux festins des comédiens et des comédiennes[2]. L'ancien habitué du tripot de l'hôtel d'Angleterre[3] s'amuse aujourd'hui à jeter l'or au nez de la fortune, sans la maudire. Et maintenant que les chevaux soupe au lait entraînent à Surène « la ribaudaille » dans des carrosses gris de lin, aux trains, aux traits d'argent[4] ! Que les cors sonnent, que la meute des cent chiens soit lâchée[5], et qu'au retour de la chasse, dans la maison du ci-devant abbé de Bourbon, le vin de Constance[6] coule dans les verres larges, à la santé des Vénus : — Barras ne demande rien de plus aux dieux protecteurs.

Brusquant l'amour, pressant les fêtes, oubliant la France, ripaillant, tandis que les malades meurent de faim dans les hôpitaux, Barras cueille l'heure présente, « sans prévoyance, vivant au jour le jour avec son esprit, sa bourse, ses maîtresses et sa conscience[7]. »

L'orgueil du voluptueux ne se joue qu'en des glorioles et en des parades : il baptise *le Barras* un vaisseau de

---

1. *Vos cinq cochons sont assez gras; il faut les changer pour faire le carnaval.* — 2. *Petite Poste.* Pluviôse an V.
3. *Notice sur vendémiaire*, par Danican.
4. *Paris.* Décembre 1796. — 5. *Id.* Juin 1797.
6. *Semaines critiques*, vol. II. — 7. *Thé.* Juillet 1797.

Toulon [1] ; ou bien, se mirant, se déployant, se gonflant, il se pavane en son bel habit bleu brodé, tout chamarré d'or. Il fait voltiger les trois belles plumes sur sa tête ; il chiquenaude ses dentelles, et, se frottant le dos de son magnifique sabre de vermeil [2], il triomphe : il est le plus bel homme du Directoire [3].

Rapproché de Mme Tallien par tant de côtés et par tant de penchants [4], Barras l'aide à dominer le Directoire. Un reste d'aristocratie se montre encore en ce Louis XV de foire ; l'ex-noble a gardé, dans sa fortune révolutionnaire, quelque chose d'une tournure ; et comme tout à l'heure un seigneur écouté dans un salon du Tiers, Barras mène, du haut de ses vices bien nés, ses pairs, les quatre autres rois de France, et ses sujets, les sept ministres.

Tous ceux-ci sont de bons bourgeois ; riches, mais fort en peine de dépenser ; un peu embarrassés de leur puissance, de leur fortune et de leur costume ; mariés à de bonnes ménagères intimidées dans leur salon, et mal à l'aise sur des canapés des Gobelins [5]. Donnent-ils des dîners de deux services? c'est le tout. Et gardant les passe-temps du passé, s'ils charment les assemblées de thé d'un petit jeu de *commerce* modeste et très-modeste [6], c'est un gala ! — Ils vivent tranquilles et sans train, s'habituant lentement au luxe, regardant de temps à autre Barras et Mme Tallien, retenant parfois un geste de leurs modèles, parfois une manière de servir ou un mode de recevoir ; et, s'enhardissant peu à peu, ils parviennent à dépenser trente

---

1. *Paris, Janvier 1796.* — 2. *Accusateur public*, vol. I.
3. *Fragments sur Paris*, par Meyer, vol. I.
4. *La Vie Privée des cinq membres du Directoire ou les Puissants tels qu'ils sont.* — 5. *Souvenirs du Directoire et de l'Empire.*
6. *Fragments sur Paris*, vol. I.

mille livres pour leurs voitures[1] ; ils arrivent à appeler leurs convives *messieurs*, et leurs domestiques *citoyens*[2].

Ces gouvernants vivent occupés en des travaux, petits ou grands, fort sérieux ; et ils n'ont guère le temps d'apprendre les belles façons du faste et les beaux airs du plaisir. Celui-ci s'est voué à l'extermination des hannetons ; il machine des plans de campagne contre les hannetons ; il rêve d'être l'Attila des hannetons[3]. Celui-là, moins guerrier, passe ses nuits pour découvrir que le cèdre du Liban est l'arbre qu'il faut consacrer aux sciences, et le platane d'Orient aux arts[4]. Un autre fait de l'ivresse expérimentale[5]. Un autre invente Dieu.

1. *Thé.* Juin 1797.
2. *Journal des hommes libres.* Vendémiaire an v.
3. *Grondeur.* mai 1797. — 4. *Paris.* Mai 1799.
5. *Accusateur public,* vol. I.

XI.

Sageret, directeur des trois théâtres de la République, de l'Odéon et de Feydeau. — Fermeture de Louvois. L'Odéon. L'Opéra, etc. Polichinelle. Le public. — Saint-Huberti. Clairon. Dumesnil. Sainval l'aînée. Préville. Le banquier Perregaux. — Contat. Raucourt. Desgarcins. Julie Talma. Talma. Lange. Candeille. Joly. Devienne. Mezeray. Mars, etc. — Brunet. Le foyer de la Montansier. — Mlle Montansier. — Lays, Vestris, etc. — La musique. Les concerts. Le concert Feydeau. Garat.

Un homme calculateur, audacieux, habile, et que les gros chiffres n'intimident pas; un homme ambitieux du gouvernement de l'art, aimant le lucre et la vie aisée, les bénéfices et l'importance du rôle de directeur; cet homme tour à tour banquier en cour de Rome et commerçant en joaillerie, a laissé sans regrets bulles ultramontaines et karats de Gênes pour venir à Paris agioter sur Thalie et sur Melpomène[1].

Il a vu l'anarchie des théâtres. Il fondera un théâtre où tous les arts seront réunis. La même idée avait germé dans

---

1. *Mémoires et comptes relatifs à la réunion des artistes français, à l'administration des trois théâtres de la République, de l'Odéon et de Feydeau*, par le citoyen Sageret. An VIII.

la tête de la Montansier, qu'il devait plus d'une fois rencontrer dans ses entreprises.

Le 3 floréal an III, cet homme achetait, moyennant un million six cent mille livres assignats, les propriétés mobilières et immobilières de Feydeau. Feydeau, l'ancien théâtre de Monsieur, abandonné en 1792 par ses bouffons et ses aimables chanteuses prenant peur de la Révolution [1], n'était plus, depuis cette retraite, qu'un simple Opéra-Comique faisant concurrence aux Italiens.

L'ex-banquier Sageret avait compris qu'un spectacle où l'on ne fait que chanter n'a pas une assiette très-grande. Il songeait à doubler ce théâtre d'un véritable Théâtre-Français. Les circonstances lui étaient favorables. Sortant de prison, les comédiens français venaient de trouver leur salle du faubourg Saint-Germain occupée par des intrus [2], et ils en étaient à se demander s'ils n'allaient pas passer en Prusse [3].

Sageret vient à eux. Des traités sont passés. Les comédiens français débutent le 8 pluviôse ; mais, au moment où le propriétaire de Feydeau va lancer son théâtre, qui vient d'ouvrir, voilà une surenchère inattendue mise par Neuville et la Montansier. La Montansier s'est concertée avec les comédiens français ; elle leur promet de payer en argent les engagements stipulés en assignats. Sageret est forcé d'abandonner sa propriété en fructidor de la même année ; et les assignats qu'il avait donnés lui sont rendus, mais ils avaient baissé des trois quarts [4].

1. *Censeur dramatique*, vol. I. — 2. *Id.*
3. *Mémoire et Consultation* pour le citoyen Sageret, ancien administrateur des théâtres de la République, de l'Odéon et de Feydeau, et pour ses créanciers unis. An XI.
4. *Mémoire et Comptes*, par le citoyen Sageret.

Sageret battu ne se décourage guère. Il attend ; et lorsque la propriété Feydeau appartenant à la Compagnie Portarieu est constituée en actions de cent mille francs, au nombre de soixante, — il a agi sur les acteurs du chant, mécontents et jaloux de la gratification d'actions données à quelques sujets de la Comédie-Française ; il rentre dans la place, et il s'empare de la régie de l'Opéra, constituée en administration particulière et indépendante, jouant les jours impairs. La Compagnie Portarieu conservant l'exploitation de la Comédie, qui jouait les jours pairs, consent à Sageret un bail de trois ans, moyennant vingt-quatre mille livres par an.

Alors, Sageret appelle les talents de Scio, de Rolando, d'Augustine Lesage, et de Lesage, Juliet, Rézicourt, Gaveaux. Il monte son orchestre modèle. Il crée ces concerts Feydeau où tout Paris accourt. Il écrase son voisin, l'art dramatique, réduit à cinq ou six ouvrages, tout le reste ayant été jugé *tragédie royaliste*[1]. Raucourt précipite l'agonie de la Comédie de Feydeau, en jetant sa démission sur un refus de congé. Elle a pris possession de Louvois ; elle y entraîne successivement Mmes Thénard et Fleury, et La Rive, Saint-Prix, Dupont, Marsy, Chevreuil, Naudet, Saint-Phal, que suivront bientôt les autres déserteurs de Feydeau, Florence, La Rochelle, Dunan, Vanhove, Mmes Mézeray, Joly, Simon, et enfin Molé.

L'Opéra de Feydeau triomphait, Sageret triomphait. Mais que dit-on ? le théâtre Louvois va être fermé par le Gouvernement. Le théâtre Louvois est fermé le 11 fructidor. Sageret prend l'alarme à ce coup porté à ses rivaux.

---

[1]. *Censeur dramatique*, vol. I.

Peut-être son théâtre est-il menacé comme Louvois ? Il va, pour éclaircir ses craintes, trouver Merlin.

C'était le temps où le théâtre de la République se mourait, et semblait n'avoir plus que peu d'heures à exister. Salle déserte, recette nulle [1]. Le Directoire n'était pas insensible à cette décadence, et il cherchait les moyens d'une fusion entre les acteurs de la rue de la Loi et l'ancienne Comédie-Française. Barras avait réuni les deux troupes à sa table, espérant les réconcilier le verre à la main ; mais son espoir avait été déçu : les deux partis avaient mangé, ils avaient bu ; et puis ils s'étaient querellés, et puis ils étaient partis, l'un à droite, et l'autre à gauche [2].

Merlin rassura Sageret. Il l'assura du plaisir qu'il avait à le voir à la tête de l'administration de l'Opéra Feydeau ; mais, en même temps, il lui intima l'idée, si l'on peut dire, de réunir au Théâtre de la République les acteurs dispersés à Feydeau et à Louvois.

Sortant de chez Merlin, notre homme de songer, de compter, de rêver, et de s'échauffer ! Sans nul doute la conservation de Feydeau, et une nouvelle entreprise ! Feydeau et le Théâtre de la République ! La musique alliée de Melpomène, et les chœurs de Méhul, de Chérubini, de Lesueur, accompagnant les tragédies de Legouvé ! Et tout le faisceau de l'art dramatique en ses mains de dictateur ! — Vite, à l'œuvre ! Rétrocession par la Compagnie Portarieu des engagements des artistes français et du bail des jours pairs ; — c'est obtenu. Engagements des acteurs de Louvois fermé ; — c'est conclu. Bail du Théâtre de la République pour vingt-deux ans ; — c'est signé. La réu-

1. *Censeur dramatique*, vol. I.
2. *Précis relatif à la réunion des comédiens français en l'an* VI, *et au bail du Théâtre de la République, rue de la Loi.* An IX.

nion des troupes est provisoirement organisée au théâtre Feydeau. Moreau, pendant ce temps, remaniera complétement le théâtre de la rue de la Loi, en l'appropriant au goût des femmes, qui, depuis l'usage de dîner fort tard, aiment à aller au spectacle sans toilette, et à y assister dérobées au public [1].

L'Odéon, effrayée de la colossale entreprise, essaye de se jeter en travers. Il offre à Contat vingt-quatre mille livres de pot-de-vin, trente-six mille livres d'appointements par an, un engagement de deux années, et un congé de deux mois chaque année. Sageret couvre l'engagement; et pour empêcher toute manœuvre de la part du théâtre menacé, le prend à bail pour trois ans. Un moment Sageret est le locataire de trois théâtres, le directeur de Feydeau, le directeur du Théâtre de la République, le directeur de l'Odéon; le maître de trois troupes tenues de *jouer au théâtre Feydeau ou tel autre théâtre qui serait utile aux vues de l'entreprise* [2].

Les trois cent soixante mille livres promises par le Gouvernement font défaut à Sageret. Sageret emprunte à Verninac, à ses amis, à ses parents; et, de l'argent qu'il arrache, il trouve le moyen, pendant un été funeste aux recettes de Feydeau, de payer des pots-de-vin à des acteurs, de payer les acteurs sociétaires du Théâtre de la République, de payer trois acteurs venant de Louvois, de payer de décade en décade des à-compte à des constructeurs, à des ouvriers employés au théâtre de Louvois. Il se bat avec l'argent, il se bat avec les embarras, il se bat avec les échéances. — Victoire lui reste. Le Théâtre-Français de la République est ouvert le 19 fructidor de l'an VI, le théâtre

---

1. *Mémoires et Comptes*, par le citoyen Sageret. — 2. *Id.*

de l'Odéon le 8 brumaire de l'an VII; et le lendemain 9, Feydeau, qui avait été fermé pour réparations et changement de la salle [1].

Le 10 brumaire an VII, la mission de Sageret était accomplie, les trois théâtres étaient ouverts : le Théâtre de la République avec la tragédie et la comédie au grand complet; le théâtre Feydeau avec une seconde comédie, et un opéra-comique, et l'Odéon devant être desservi par les deux autres théâtres, tous les deux jours. Les deux troupes, jouant sur trois théâtres, et pouvant au premier ordre être réunies en une seule troupe, étaient montées. Cependant Sageret devait trois cent mille francs. Une émission de deux cents actions de deux mille francs, cautionnées par Fulchiron, va le sauver. Le 27, la Caisse des Comptes-faits tombe en faillite [2]. Sageret ne perd pas la tête : il cherche, il imagine. Il compte qu'il y a cinq cents membres au Conseil des Cinq-Cents, et deux cents au Conseil des Anciens, et qu'un abonnement au théâtre de chacun des membres, pour la somme modique de deux cents francs, ferait cent quarante mille francs. Une lettre est adressée par Sageret, peignant aux deux Conseils l'utilité de cet abonnement au point de vue politique. La demande échoue. Une dernière ressource reste à Sageret : les recettes journalières. Elles lui servent à faire face aux besoins du théâtre. Aussitôt murmures et conciliabules des acteurs : tous ses pensionnaires vont disant qu'il couvre de bijoux une célèbre courtisane, qu'il donne des services d'argenterie de trente mille livres à une autre, qu'il a acheté trois maisons sous le nom de sa femme, une terre et une ver-

---

1. *Mémoires et Comptes,* par le citoyen Sageret.
2. *Précis relatif à la réunion des comédiens français en l'an* IV.

rerie sous le nom de son père. Ces médisances n'intimident pas Sageret : il propose au ministre une réduction d'appointements ; il demande que Molé de vingt-quatre mille livres soit réduit à dix-huit mille, Dazincourt de dix-neuf mille cinq cents à douze mille, Dugazon de quinze à douze mille, Vanhove de quinze à dix mille, Contat de trente à dix-huit mille, Raucourt de vingt-quatre à dix-huit mille, Devienne de vingt mille cinq cents à seize mille, Mézeray de dix-huit à quinze mille. Certains traitements, — les quinze mille francs de Talma et les dix mille francs de Mlle Mars, — étaient respectés. Ce fut un redoublement de rancune chez les acteurs ; et les amours-propres blessés jurèrent la ruine de Sageret. Dans une entrevue avec Sageret, le ministre François de Neufchâteau se range à l'avis de la majorité des médiocrités ; il veut une réduction d'un quart pour tout le monde. Le lendemain Talma et Mme Petit se jettent dans une chaise de poste, et partent pour Bordeaux. D'autres les suivent [1].

Sageret, que l'on fait responsable de cette fuite, Sageret, tombé en disgrâce, est sommé de livrer ses comptes à une commission le 1er ventôse. Un rapport dressé par Maherault conclut à ce qu'il soit poursuivi en police correctionnelle « pour, à l'aide de fausses entreprises et d'espérances imaginaires, avoir abusé de la crédulité du Gouvernement. » Le ministre fait demander la démission de Sageret. Sageret proteste ; il réclame la communication du rapport de Maherault [2].

Sur ces entrefaites, l'Odéon avait brûlé le 28 ventôse. Le lendemain matin, Sageret est emprisonné au Temple comme incendiaire, de par un mandat daté du 27, — de

---

1. *Mémoires et Comptes,* par le citoyen Sageret. — 2. *Id.*

la veille de l'incendie ! Et, l'Odéon en cendres, Sageret ne sort de prison que pour se voir définitivement enlever la direction du Théâtre de la République. Le ministre la lui arrache le 23 floréal ; et, ne voulant pas le laisser revenir sur sa démission, il prend le bail en son nom, séance tenante[1].

Le pauvre Sageret, libre mais dépossédé, retombe sur le théâtre Feydeau qu'il a à défendre contre une suite de procès, et qu'il défend avec toutes les armes, avec des mesures et des expédients, avec des dettes et des chicanes, avec tout le génie d'une intrigue aux abois. Vains efforts ! Le théâtre Feydeau ferme le 14 floréal de l'an VII.

Le théâtre Feydeau, ce rendez-vous du Directoire et de la mode, tombe aux mains de Chignard et de Defays, les deux gens de robe, les deux ennemis de Sageret. Si Feydeau a acquis Picard comme auteur, acteur, régisseur et entrepreneur, il a perdu l'ingénieur machiniste Boullet, il a perdu l'acteur Lebrun, et Sallentin et Duvernoy. Hier populaire, aujourd'hui ridicule, il est la risée du foyer du théâtre Favart. « Si la troupe de Picard échoue, — dit un élégant pirouettant dans le foyer, — l'administrateur Gérésol-Patelin, qui se plaît à faire alterner les genres opposés, se propose de faire appeler Séraphin... C'est à lui, disent déjà les plus célèbres tireuses de cartes de Paris, qu'est réservé l'honneur de rétablir la caisse de Feydeau dans un embonpoint respectable. Rézicourt qui aime les directions, les fantoccini, les bamboches, mettra des fonds avec Gérésol et Séraphin dans cette entreprise, où deux des conseils de Feydeau joueront un rôle. Chaque soir, au

---

1. *Le citoyen Sageret*, ci-devant administrateur des théâtres de la République, de l'Odéon et de Feydeau. An x.

lever du rideau, et immédiatement après *la Marseillaise* ou le *Chant du Départ*, on verra l'ombre de Chignard poursuivant à outrance un plaideur gros et gras, qui fera de vains efforts pour lui échapper; et l'ombre de Defays courant à toutes jambes après un écu[1]. »

Louvois ferme, Louvois est fermé, disions-nous tout à l'heure. Ç'avait été un coup d'État que cette fermeture de Louvois. Le 21 fructidor de l'an v, à six heures du soir, au moment où la toile allait se lever sur *le Barbier de Séville et le Médecin malgré lui, un ordre arrive qui prohibe toute espèce de représentations sur le théâtre de la rue de Louvois.* Quel coup de foudre pour Mlle Raucourt, partie pour sa maison de campagne d'Issy, tranquille et se reposant sur l'assurance, à elle donnée par le Gouvernement, qu'elle pouvait jouer son répertoire, à l'exception d'*Athalie* et des *Comités Révolutionnaires*[2] ! Fermé, ce théâtre fondé par elle, sur les débris de ce malheureux Opéra-Comique, qui avait végété de 1793 à 1796 ! fermé, le refuge de l'ancienne Comédie-Française ! Sans théâtre, cette troupe, qu'elle avait augmentée des transfuges successivement arrachés par elle à Feydeau ! Sans théâtre, cette troupe un peu boiteuse, où des doublures donnaient la réplique aux plus grands talents; mais soutenue du nom de Molé et du jeu de Mlle Mézeray ! Tué, l'espoir qu'elle caressait : la réunion des deux comédies sous son sceptre, la réunion enlevée à Sageret ! et le tout, pourquoi ? — Parce que, dans les *Trois Frères rivaux*, La Rochelle avait eu le jeu trop parlant. Il jouait le laquais Merlin ; et quand son maître apos-

---

1. *Lettre d'un actionnaire*, propriétaire du théâtre Feydeau.
2. *Censeur dramatique*, vol. I.

trophe le drôle : « Merlin, vous êtes un coquin ! Merlin, vous finirez par être pendu ! » La Rochelle sourit d'une mine si comique et si approbative, que la salle trépigna d'aise¹. Les comédiens de la République n'avaient eu garde de ne pas dénoncer cette audace de la Comédie-Française. Ces pauvres diables, non payés sous le Directoire, craignant chaque jour que le théâtre ne rouvrît pas le lendemain, fort mal en point², abandonnés par les grands noms de leur troupe, qui allaient, comme Talma, chercher argent en province ; ces pauvres diables ne pouvaient pardonner à des concurrents ; abandonnés du public, il leur eût fallu une bien grande charité pour ne pas précipiter la ruine de ce théâtre séditieux, rempli par un parterre de royalistes.

Le *Journal des Hommes libres* ne cacha guère que le gouvernement avait saisi un prétexte : « On sait que la police a fait fermer le tripot royal de la rue de Louvois, pompeusement nommé le seul *Théâtre-Français* par messieurs les nobles champions du trône et de l'autel, grands amis des arts, et partout protecteurs de messieurs les comédiens du roi. Le privilége que semblait avoir reçu de Blackenburg Mˡˡᵉ Raucourt d'exciter de tous ses moyens dramatiques, tant en dedans qu'en dehors des coulisses, la haine de la Révolution et les vengeances publiques et particulières, enfin l'épouvantable degré de corruption morale et politique dont son théâtre était le foyer, faisaient plus qu'excuser aux yeux, je ne dis pas du républicain, mais même de l'homme impartial, cette mesure, rendue de

---

1. *Histoire du Théâtre-Français*, depuis le commencement de la Révolution jusqu'à la réunion générale, par Martinville et Étienne. An x. — 2. *Melpomène et Thalie vengées*. An vii.

jour en jour plus nécessaire par l'impossibilité d'obtenir le moindre correctif dans les systèmes et la conduite de messieurs les comédiens du roi¹. » Et quand la directrice Raucourt passe, en pluviôse de l'an vi, de Louvois à l'Odéon, le même journal poursuit de ses haines l'ancienne reine de Louvois, et annonce ainsi son succès : « Sa Majesté impériale et royale Raucourt vient de rouvrir son théâtre à la salle de l'Odéon... Quelques républicains avaient d'abord pensé que, comme directrice d'un vrai club royal partisan de la royauté, elle devait prendre la route de Madagascar². »

L'Odéon ! — que de changements, et que de métamorphoses depuis l'incarcération des comédiens français ! son bel ornement remplacé par du papier tricolore ; sa disposition bousculée par un système égalitaire de banquettes circulaires³ ; — puis le citoyen Dorfeuille le livrant aux mains d'un architecte, d'un décorateur ; bientôt un lustre à quarante-huit lampes à la Quinquet, entouré de douze autres lustres à cristaux reliés par des guirlandes de roses ; les douze signes du zodiaque du plafond chassés par Apollon et les Muses ; les loges d'avant-scène rétablies ; le pourtour de la galerie des secondes embelli de peintures, de combats d'athlètes, de courses de chevaux⁴ ; bientôt le théâtre ouvert, à l'imitation de Feydeau, par un concert suivi de *thiases*. « Odéon ! Odeum ! » comme disaient alors les incroyables ; et *thiase*, le singulier mot

---

1. *Journal des hommes libres.* Frimaire an vi.
2. *Id.* Pluviôse. An vi.
3. *Mémoire pour les sieurs Leclerc et compagnie,* au nom et comme cessionnaires des droits des sieurs Dorfeuille et compagnie, ci-devant concessionnaires de l'Odéon.
4. *Petite Poste.* Germinal an v.

tombé dans la langue française ! C'est Dorfeuille, le fondateur du Théâtre de la République, du grand Opéra de Bordeaux, qui a adopé *thiase,* et inventé Odéon, lieu où l'on chante, où l'on déclame en chantant. Dorfeuille veut la restauration de la déclamation ; il voudrait que son théâtre emportât la création d'une école dramatique consacrée à l'analyse des passions, à l'étude de l'histoire et du roman des pièces[1]. Il annonce la célébration de *Fêtes du Génie et des Arts* dans le local de l'Odéon ; et en attendant tout cela, c'est *thiase* à l'Odéon, et l'on y danse. Le théâtre ouvre par *les Philosophes amoureux, les Apparences trompeuses,* deux comédies froides que le public écoute tranquillement[2]. Le bail de l'Odéon est pour trente ans ; et le citoyen Dorfeuille s'est engagé à remettre la salle en état, à y réunir les meilleurs acteurs, à former un institut, à laisser la salle à la disposition du Gouvernement, toutes les fois qu'il voudra y donner des fêtes[3]. La compagnie Leclerc reprend le bail de la compagnie Dorfeuille. Embarrassée, et un peu pressée par l'autorité supérieure, elle accepte les conditions de Sageret. Ruinée par la ruine de Sageret, la compagnie ferme l'Odéon. Le Directoire estime la fermeture un acte de renonciation de la part des actionnaires ; et malgré les réclamations de ceux-ci, la justification de cinq cent mille livres dépensées par eux pour rétablir la salle, l'arrêté du 25 messidor qui investissait Dorfeuille est rapporté[4], et la compagnie mise en demeure de rendre la salle en état. Le procès-verbal de l'état des lieux commence le 25 ventôse, et se continue jusqu'au 27. Il

1. *Le Scythe ou les Franches annales.* Août 1796.
2. *Petite Poste.* Floréal an v.
3. *Censeur des journaux.* Juillet 1796.
4. *Mémoire pour le sieur Leclerc et compagnie.*

devait continuer le lendemain 28, lorsqu'un incendie apure tous les comptes. Incendie singulier! incendie d'à-propos! qui ajoute un mémoire de plus à cette liasse de mémoires et de réclamations qui assailliront l'Empire. — Les acteurs, à la porte, vont d'un théâtre à l'autre et finissent par se réfugier à Louvois, appelé plus tard le Théâtre de Picard[1].

L'Opéra avait, le 28 thermidor an II, pris militairement possession de la salle bâtie en 1795 par la demoiselle Montansier, rue de la Loi, en face la Bibliothèque. La salle des solennités lyriques s'ouvre toute dorée, draperies rouges à crépines d'or, et chimères courant dans des feuilles d'acanthe. De chaque côté de l'avant-scène est placé un buffet d'orgue sur lequel les citoyens Séjan et Couperin devaient accompagner les marches d'airs patriotiques[2]. L'Opéra ne tarde pas à s'apercevoir du préjudice que lui cause la vogue des jardins publics. Le Directoire croit renouveler ses destins en renouvelant son administration; et Parny, Lachabeaussière, Mazade, Caillot, entrent en fonctions. Les recettes ne montent guère; et le bruit se répand dans le public qu'elles prennent un chemin anormal. Un journal assure qu'à la première représentation de *Polycrate*, la recette de dix mille cinq cents livres a été portée le soir même à la trésorerie nationale, sans argent en ce moment[3]. Benezech répond par une lettre où il traite la nouvelle de « calomnie atroce[4]. » Cependant les acteurs continuent à être mal payés, et l'Opéra ne se relève pas. Le Directoire continue au malade son même remède: en juin 1797, Parny, Lachabeaussière, Mazade et Caillot,

---

1. *Le Coup de fouet ou Revue de tous les théâtres de Paris*, par un observateur impartial. An x. — 2. *Petites Affiches*. Thermidor an II.
3. *Paris pendant l'année 1797*, par Peltier. Janvier
4. *Petites Affiches*. Frimaire an v.

directeurs de l'Opéra, sont destitués par le ministre Benezech, et rendent leurs comptes. Il est question dans le
public d'une direction composée de Lays pour le chant, de
Gardel pour les ballets, et de Lasuse de Rey pour l'orchestre[1]. Point d'argent, pendant ce temps ; des magasins
vides ; un répertoire usé ; des dettes ; des recettes détour-
nées ; et, « dans le tripot lyrique toujours des cris à rendre
fou. » Aujourd'hui vingt-quatre livres à tel pour six mois
d'appointements ; demain rien, peut-être après-demain la
fermeture. Et malgré la création de quarante-huit actions
au porteur de cinq mille livres chacune, divisibles, à volonté, en demi-actions de deux mille cinq cents francs, et
remboursables en principal et intérêts par vingt-quatrième
de mois en mois, actions procurant droit d'entrée[2], l'Opéra
ne se soutient que péniblement jusqu'au 18 brumaire.

L'Opéra-Comique, baptisé Théâtre de l'Opéra-Comique
National, en 1793[3], avec ses chanteurs, ses chanteuses et
son chant français, lutte, pendant le Directoire, contre la
mauvaise fortune des théâtres ; ne prospérant pas toujours,
fermant quelquefois, et, malgré la gloire des noms qu'il
gage, réduit un jour à aller demander asile à la salle du
théâtre Feydeau[4].

Le Vaudeville réussit toujours comme un succès. Les
actions du Vaudeville ont aidé plus d'une famille ruinée à
traverser les temps de misère ; et un quarante-trois cen-
tième dans la propriété de l'heureux théâtre se vend encore deux mille quatre cents livres[5]. Sa fortune est dans
la nationale tolérance du gouvernement français pour le
couplet : « tout ce qu'on dit en Angleterre contre le gou-

---

1. *Thé.* Juin 1797. — 2. *Petite Poste.* Thermidor an v.
3. *Histoire de l'établissement des théâtres en France.* 1807.
4. *Id.* — 5. *Petite Poste.* Pluviôse an v.

vernement, on le chante ici [1]. » Sa fortune est dans l'esprit de cet excellent Arlequin, Laporte, l'héritier de Carlin [2], et dans le gosier de Vertpré. Elle est encore dans ce bouquet de jolies femmes : Vée, Duchaume, Sara, Desmares qui vient de Feydeau, Blosseville, et la toute charmante Belmont [3]. Spectacle couru, spectacle bruyant où se rendent, travesties en hommes, des femmes que la police est obligée d'enlever de vive force [4]. L'accaparement de cette scène par le triumvirat Piis, Barré, Radet, l'introduction même du genre sentimental, n'ôtent rien ou presque rien à sa vogue. Bonnes recettes et bonne paye ; acteurs gâtés par l'argent ; non contents de leurs appointements de cinq à six mille livres toujours payés d'avance, — Mme Saint-Aubin et Mme Dugazon n'en ont pas trois mille [5], — ils demandent un quart de la propriété mobilière et immobilière du théâtre [6] ; et le Vaudeville est démembré en 1799. Les transfuges Piis et Léger se réunissent provisoirement au Théâtre de Molière, qui devient Théâtre des Troubadours et joue *Clément Marot, A bas les diables, M. de Bièvre* [7].

Le Théâtre Montansier, temple du rire grossier, désopile, avec ses farceurs, le gros monde du Directoire.

L'ex-*Théâtre des Sans-Culottes*, l'ex-*Théâtre de Molière* est, depuis la direction de Boursault-Malherbe, la scène banale des troupes ambulantes [8]. En l'an VI, il espère allécher le public en changeant de nom : il devient *Théâtre des Amis des arts et des Élèves de l'Opéra-Comique* [9]. Mais le public n'est pas pipé par l'étiquette.

1. *Le Menteur*, n° 12. — 2. *Petite Poste*. Thermidor an V.
3. *Le Coup de fouet*. — 4. *Le Rédacteur*. Novembre 1796.
5. *Déjeuner*. Mars 1797. — 6. *Menteur*, n° 12.
7. *Paris*. Mai 1799. — 8. *Coup de fouet*.
9. *Histoire de l'établissement des théâtres*.

Le Théâtre d'Émulation, ce doyen des théâtres des boulevards ; tour à tour Théâtre des Grands Danseurs du roi, puis Théâtre de la Gaîté, puis Théâtre d'Émulation sous la direction de Ribié ; puis encore Théâtre de la Gaîté, quand Mme Nicolet le reprend pour le gérer jusqu'à l'an VII, et le céder à la veuve Jacquet[1] ; ce théâtre de mauvaises parades maintient sa vieille renommée par d'excellents mimes : Laffitte, Gougibus, Dufresne, et Mlle Flore ; troupe qui se débande année par année, la province enlevant Laffitte et Gougibus ; l'Ambigu-Comique, Dufresne et Joigny[2].

Le Théâtre de l'Ambigu-Comique, l'ancien théâtre d'Audinot, qui a cédé son bail à Picardeaux en 1795[3], passe des mains de Picardeaux à l'intelligente administration de Corse. Corse fait revenir la foule en cette salle gothique, simulant un cloître du XIVe siècle, et toute faite, vraiment, pour la littérature de Guilbert de Pixérécourt. L'Ambigu est la patrie du mimodrame, des pièces à grands spectacles, danses, combats, évolutions ; les pinceaux de Munich font merveille dans les décors[4], et sont de moitié dans le succès des pièces à diableries. C'est une fort amusante caricature de l'Opéra, et qui satisfait parfaitement ce monde de petits rentiers et de marchands, enchantés d'admirer *le Jugement de Salomon,* et de pleurer à *Cœlina ou l'Enfant du mystère.* L'Ambigu, d'ailleurs, n'a-t-il pas l'admirable acteur de *Madame Angot,* Corse, et Tautin, et Mme Lévêque qui montre certains jours un véritable talent dramatique[5] ?

---

1. *Histoire de l'établissement des théâtres.* — 2. *Coup de fouet.*
3. *Histoire de l'établissement des théâtres.*
4. *Tribunal volatile ou Nouveau jugement porté sur les acteurs, actrices,* par C.-H. R. c...u. An XI.
5. *Coup de fouet.*

Tout à l'heure *Théâtre patriotique*, le Théâtre-sans-Prétention, l'ancien théâtre de Sallé, connu sous le nom du Théâtre des Associés [1], appartient maintenant à un certain Prévost, un administrateur maître-Jacques, qui est directeur-auteur-répétiteur-acteur-décorateur-allumeur [2], qui jamais ne repose, accouche tous les mois d'une tragédie, d'une comédie ou d'un drame, menace de produire plus vite que Calderon de la Barca lui-même, et fait afficher dans les corridors : « Ceux qui désireront les ouvrages du citoyen Prévost s'adresseront aux ouvreuses de loges [3]. »

Le Théâtre des Élèves de l'Opéra, en face la rue Charlot, autrefois si couru pour la pièce de Cendrillon, occupé, sous le nom de Variétés amusantes par Lazzari, brûle le 11 prairial an VI [4].

La manie des bals et des jardins publics; la concurrence des Tivolis; ces avertissements de ruine, l'exemple de ces maisons du rire et des larmes, fermant de trois mois en trois mois; les embarras et la misère de celles-là qui demeurent ouvertes, — rien n'arrête les audaces. Les entrepreneurs se font sourds aux conseils de prudence, et poussent, sans se lasser, des tentatives hardies. Chaque jour crée un nouveau théâtre; chaque jour rouvre un ancien théâtre, décoré d'un nouveau nom. Le gouvernement voudrait entraver cette multiplicité de scènes qui, à son estime, abaissent et desservent l'art théâtral qu'elles déshonorent; l'emportement des sollicitations a raison de ses mauvais vouloirs. Vaine demande que le vœu émis par Chénier : les priviléges exclusifs n'existant plus, ne conviendrait-il pas de revenir à la proposition de Thouret, de

---

1. *Dictionnaire néologique*, par Beffroi de Reigny, 1795-1800.
2. *Coup de fouet.* — 3. *Tribunal volatile.*
4. *Bien-Informé.* Prairial an VI.

prendre la population pour base du nombre des théâtres, de n'autoriser qu'un théâtre par cent mille âmes, deux pour les grandes villes, et sept à huit pour Paris[1] ? Les mesures fiscales elles-mêmes ne font que glisser sur les théâtres : ce sont de grands cris d'abord ! puis les plaintes s'éteignent, l'habitude venue. Qui se souvient du décret de deux sols, deux sols pour livre par chaque billet de spectacle? Le décret, pourtant, frappait à la fois sur les acteurs et les auteurs; et le triste compte fait par un auteur qui, touchant un dix-huitième pour trois actes, un vingt-quatrième pour deux actes, et pour un acte un trentième sur la recette brute, ne touche plus, avec l'impôt, que douze sous six deniers pour son dix-huitième, neuf sous trois deniers pour son vingt-quatrième, et sept sous pour son trentième[2] ! Que fait l'impôt? Toujours même foule de mains à disputer des directions nouvelles ! — Qu'importe encore cet esprit de révolte et d'insoumission, cet appétit de gouverner, cette indiscipline des acteurs, — l'armée de toutes la plus difficile à commander, disait le roi de Prusse; tout cet orgueil et toutes ces prétentions grandis et développés pendant la Révolution? Qu'importent ces demandes de copropriété; et à défaut d'une partie de possession, ces exigences de représentations à bénéfice qui ruinent les directeurs : bénéfice pour la reine, bénéfice pour la princesse, bénéfice pour le marquis, pour la basse-taille, pour la haute-contre, pour le laruette, pour le grime, le bouffon, le ténor, les pères, mères; pour les caractères, les manteaux, les tabliers, pour les amoureuses et pour les mères bobie[3]? Qu'importe? les théâtres pullulent.

1. *Bien-Informé.* Brumaire an v. — 2. *Le Menteur*, n° 1.
3. *Id.* n° 10.

Une salle de spectacle en carré long et de forme incommode s'établit, rue du Bac, dans un magasin de fourrages, élevé dans le terrain du couvent des Dames Récolettes[1]. Il s'intitule pompeusement : *Théâtre des Victoires nationales.*

Le *Théâtre du Marais,* le théâtre de la rue Culture-Sainte-Catherine, roule de faillite en faillite[2], en dépit de sa belle toile d'avant-scène : le Pont-Neuf et ses alentours, éclairés d'un jour tout nouveau[3].

En face le palais de Justice, le Théâtre de la Cité tombe, de chute en chute, à être l'arène des chevaux de Franconi[4].

Le maître de ballets, Borda, et sa fameuse *Caverne*; la danseuse de neuf ans, la petite Rosine[5], espoir de la pirouette; *Soliman II, Clémence et Valdemar, la Fée Urgèle*[6], empêchent le public d'oublier le chemin du théâtre des *Délassements,* qui a fait toilette neuve.

Cuvelier et le *Chat botté*[7], des acteurs fort grands qui ne valent rien; et des enfants dont l'un, le jeune Monrose, deviendra un bon acteur : voilà le *Théâtre des Jeunes Artistes,* rue de Bondy, ex-*Théâtre-Comique* et *Lyrique.*

Le *Théâtre des Jeunes Élèves,* rue de Thionville, bâti sur l'emplacement qu'occupait le Lycée de la ci-devant rue Dauphine[8], n'ouvre que le 1ᵉʳ prairial an VII.

Une troupe d'enfants, dirigée par Pelletier Volmerange, occupe le Théâtre Mareux, cette ancienne chambrée de la riche bourgeoisie du Marais, dont toutes les loges étaient louées à l'année[9].

---

1. *Histoire de l'établissement des théâtres.* — 2. *Id.*
3. *Incroyables et Merveilleuses,* par Henrion. Paris, an V.
4. *Coup de fouet.* — 5. *Petite Poste.* Mai 1797.
6. *Coup de fouet.* — 7. *Id.*
8. *Histoire de l'établissement des théâtres.* — 9. *Id.*

Séraphin a mis la Révolution à profit pour se livrer tout entier à la recherche d'un théâtre mécanique d'un genre nouveau, « qu'il peut appeler l'Opéra en miniature [1]; » et des figures animées par un moteur secret exécutent, à son spectacle, des pièces nouvelles précédées d'ombres chinoises.

Hélas! un théâtre a disparu. Il a fini singulièrement, il est mort de sa belle mort, sous la Terreur. Pourtant il était un théâtre où l'on eût aimé se sauver des autres théâtres; il était un théâtre où l'on riait sans montrer les dents, et où l'éternelle humanité, mise en scène, ne rappelait rien des misères du jour; il était un théâtre populaire, il était un théâtre naïf, il était un théâtre sans rivalité d'acteurs, sans prétention d'auteurs, et il est mort: Polichinelle n'est plus ! — Qui donc l'a ruiné, ce Molière des enfants, petits et grands? Qui? Un rival qui s'appelait Sanson. Les mamans, les petites filles, toutes ces bonnes gens que Polichinelle amusait, en une journée, pour huit jours, l'ont abandonné en l'an II; mamans, petites filles et bonnes gens s'en allaient voir guillotiner ! L'échafaud a pris les pratiques de Polichinelle. Maintenant qui songe à lui revenir? « Le matin on est à la section ou à la queue; le soir on a de gros assignats en poche. » Et puis, cette baraque et ce rire en plein vent! Fi donc! C'est à la Comédie, c'est à l'Opéra que Mme Angot court étaler « ses longs pendants d'oreilles, sa cornette de dentelle, et ce fin déshabillé qui court après la mode sans l'attraper jamais. »
« Bonnes gens ! bonnes gens ! — dit à son public infidèle le pauvre ci-devant bossu, — depuis que vous m'avez abandonné, êtes-vous plus heureux et de meilleure hu-

---

1. *Petites Affiches.* Fructidor an III.

meur? Bonnes gens! où est le temps où vous vous pressiez autour de moi, où je vous faisais rire à cœur joie et à si bon marché¹? »

La France du Directoire va tous les soirs au théâtre. Elle a retourné la devise du peuple de Rome : « Du pain et des spectacles! » Elle dit : « Des spectacles et du pain! » — Le rentier va au théâtre pour se chauffer; la société pour retrouver un salon. — Jamais il n'y eut tant de foule aux jeux dramatiques, jamais il n'y eut moins de public.

Quelques vieillards, qui se souviennent d'autres temps, d'une belle France, la patrie du public, — songent à l'ancien parterre du faubourg Saint-Germain. Ils le revoient tout peuplé de magistrats, de jurisconsultes, de jeunes légistes, d'étudiants de l'Université, de tout ce peuple intelligent du fauboug des lettres, qui distribuait la gloire à Voltaire, à Piron, à Destouches, à Boissy, et à La Chaussée, à Dufresne, à la Noue, à Grandval, à Lekain! parterre dont les trois ou quatre premières lignes de vieux habitués portaient le goût de la France²! Quel changement! — Des soldats, des ouvriers, des ci-devant laquais, des commis³, des Jourdains qui font de la prose et entendent des vers sans le savoir; une cohue également brouillée, qu'elle soit dorée ou misérable, avec les premiers éléments de la grammaire⁴; des fournisseuses que leur nouvelle fortune oblige à bâiller deux heures; des femmes qui viennent montrer leurs modes; des jeunes gens, tout jeunes, beau-

---

1. *Lettre de Polichinelle aux deux Conseils.*
2. *Censeur dramatique,* vol. II.
3. *Spectateur du Nord,* deuxième trimestre 1797.
4. *Tribune publique,* vol. II.

coup plus tournés vers la salle que vers la scène[1], — voilà ce dont est fait un tribunal du jour. C'est la mode; et trois heures de tuées! La légèreté de tact, — elle est loin; la décence de l'approbation et de l'improbation, — qui y songe? Tout ce monde, à peine éduqué, affecte d'être violemment touché par ce qu'il voit; et, pour paraître juger, condamner ou apprécier, il se pâme ou hurle de temps en temps. Souvent le brouhaha de son admiration tombe au milieu d'un vers, coupe une tirade[2]; qu'importe? Il a fait acte de public! — Et quelle est donc cette chanteuse naïve qui salue à chaque applaudissement? On l'*égaye;* et pour un peu on la sifflerait[3]. D'où vient-elle avec cette ci-devant politesse? Remercier d'une révérence! Ses auditeurs n'ont jamais vu chose pareille!

L'on ne sait si ces rassemblements d'yeux et d'oreilles, — les chambrées du Directoire, — avaient une âme : Mlle Mézeray en faisant une entrée se prend le pied dans un tapis et tombe sur les genoux en poussant un cri; la salle attend, indifférente, qu'elle se trouve mal ou qu'elle se relève[4]!

Cependant, briguant les bravos de ce public, que d'acteurs, que d'actrices, dignes d'un autre public! Que de fines intelligences, que de jolis sourires, que de talents délicats, que de voix fraîches, que de minaudières savantes, que de discoureurs habiles, que de soubrettes mutines, que d'amoureux sachant dire l'amour! Quelles larmes peuvent faire couler celles-ci! Quelles gaietés peuvent

---

1. *Parisiens, voyez ce que vous étiez en 1788, et voyez ce que vous êtes aujourd'hui.* — 2. *Censeur dramatique,* vol. II.
3. *Semaines critiques,* vol. II.
4. *Censeur dramatique,* vol. III.

éveiller ceux-là ! Que de gosiers charmeurs ! Quels Césars, et quelles Elmires ! Que de terreurs, que d'attendrissements, que d'hilarité, quel trésor d'émotions, en cette grande troupe que le xviiie siècle légua au Directoire ! A côté des vocations mûres, de jeunes vocations naissent et grandissent ; et Thalie et Melpomène soutiennent ces avenirs promis à la gloire. Un Roscius vient de se révéler à la France, et la tragédie n'est plus veuve de Lekain.

A ce chœur de l'Art, quelles voix manquent donc? Pourquoi cette place vide à l'Opéra, qu'usurpent, sans l'emplir, la figure *papillotée,* le vibrant organe, les grands bras de Mlle Rousselois[1] ? — Partie, cette enchanteresse, cette magicienne d'harmonie, la Sainte-Huberti, cette chanteuse adorable, et cet adorable écrivain d'amour qui écrivait au comte d'Entragues : « Tâche un peu que Cabanis m'aime afin qu'il me guérisse, j'ai peur de mourir depuis que tu m'as dit que tu croyais pouvoir m'aimer toujours, je te crois autant qu'il est en moi de croire à ce qui ne dépend pas de nous. Voilà ce que c'est d'aimer les gens pour eux ou pour leurs vertus ; moi, je suis bien sûre de t'aimer toujours quoi qu'il arrive, parce que, avant de t'aimer, je te désirais toutes tes bonnes qualités... Si ton cœur est malade, dans quel état crois-tu le mien?... Mon bien-aimé, quand je pense qu'il ne tiendra qu'à nous d'être heureux, mon cœur tressaille de plaisir, mais cette idée ne rend pas le moment présent bien agréable ; je travaille à être indépendante et je me tue ; si j'ai perdu par mes fatigues réitérées la fraîcheur de la jeunesse qui est un agrément pour le vulgaire des hommes, j'espère qu'en formant mon cœur sur celui que j'aime, il me tiendra lieu

---

1. *Les Miniatures.* 1700.

de tout ce qu'un autre que toi peut désirer[1]. » — Pauvre couple, qui s'envole à Londres, loin de l'Opéra et de la Révolution, pour mourir assassiné !

Et dans toutes ces reines, où est Zaïre ? — Clairon est morte au théâtre depuis 1763 ; et comme ces vieux généraux qui occupent leur vieillesse active à écrire des traités de tactique, elle publie les leçons de son expérience, livrant aux jeunes tragédiennes l'enseignement de sa vie.

Et cette Dumesnil qui balançait Clairon? — Dumesnil ! la voilà qui s'achemine vers ce faubourg Saint-Germain, où elle a voulu revenir pour mourir près de ce théâtre où sa gloire a régné : « Bons et précieux amis, écrit-elle, je suis pénétrée de reconnaissance de tous les soins que vous vous donnez pour me procurer un asile. Je n'en désire point un pompeux, mais je le demande au faubourg Saint-Germain, pour me rapprocher de mes amis et finir avec eux une vie que l'infortune et les chagrins me font trouver trop longue ; pardon pour l'écriture, je suis au lit avec la *goute*, et je ne vois pas *claire*[2]. » Et la tragédienne donne ses derniers jours à l'art dramatique. Elle forme, elle instruit Mlle Bourgoin, veillant à ses études de deux jours en deux jours[3], se ranimant, moribonde, pour lui léguer cette flamme et cette sensibilité, « ces éclairs et ces tonnerres qui embrasaient toutes les âmes[4]. »

Qui manque? Sainval l'aînée : elle a renoncé au public ; et pourtant elle remuait par ses élans, sa passion, ses entraînements ! — Elle aussi, elle a quitté le théâtre en 1791, Sainval cadette, dont le jeu prenait l'âme du public ; Sain-

---

1. *Catalogue d'autographes* du baron de Trémont.
2. *Catalogue d'autographes* Lalande. — 3. *Id.* Trémont.
4. *Lorgnette de spectacle*, par un journaliste. An VII.

val qui s'abandonnait à son génie, qui suivait la nature, qui vivait ses personnages, qui pleurait de vraies larmes, et qui jouait Andromaque avec des sanglots montés de son cœur[1] !

O rieurs ! ô comiques ! Préville va quitter votre troupe enjouée ! Préville, le grand comédien, que Louis XV, un roi connaisseur en comédiens, reçut, se tournant vers le maréchal de Richelieu, auquel il dit : « J'ai reçu jusqu'ici beaucoup de comédiens pour vous, messieurs les gentilshommes de la chambre ; je reçois celui-ci pour moi [2]. » Pauvre vieillard ! la Révolution a rétréci sa table, cette table servie à six ou huit reprises, selon le nombre des parasites du jour ! Elle a fait bien plate cette bourse dont il jetait l'argent au rabot, à la truelle, aux tableaux ! Elle a mis la gêne dans sa maison, — hôtellerie de l'amitié ! Pauvre vieillard ! il lutte contre sa vieillesse jusqu'au dernier moment : accablé d'âge, il revient reprendre les bravos du parterre ; il lui semble qu'il ressaisisse une patrie, arpentant encore les planches ; il lutte jusqu'à ce jour où, dans son rôle du *Mercure galant*, son premier, son dernier rôle, il dit à son neveu Champville : « Il est tard, nous voici dans la forêt ; vois-tu comme elle est noire ? nous aurons de la peine à nous en tirer. » La forêt était la décoration dans laquelle il jouait [3].

Mais tous ces génies planent encore sur la scène qu'ils ont quittée, et le commandement de leurs exemples est encore obéi sur le théâtre qui les pleure. Ces ombres, qui survivent à leurs triomphes, sont respectées, écoutées, honorées, comme des dieux vivants, au foyer de la Comé-

---

1. *Lorgnette de spectacle*, par un journaliste. An VII. — 2. *Id.*
3. *Notice historique sur Préville*, par Dazincourt. An VIII.

die et de la Tragédie; et la religion de leurs traditions est gardée par leurs fils, par leurs filles, par ce qui reste des anciens habitués du Théâtre-Français, — troupe d'Aristarques où les temps ont moissonné à si grands coups, et qui, d'armée, n'est plus qu'une bande choisie! Dans ce boudoir de l'art dramatique, c'est sous les bustes de ces grands patrons et de ces grands ancêtres, retirés de leur vie active depuis si peu, qu'un aréopage juge avec des conseils, et qu'un Portique aimable de fine critique et d'honnête avertissement tient tous les soirs une conférence sans pédanterie, qui maintient les belles doctrines, encourage les promesses de talent, enseigne les écueils à craindre, la voie à suivre, et la couronne qu'il faut chercher. — Leçons tempérées de grâce! école où rit la chronique galante, où les médisances reposent des enseignements du goût, des discussions de rôles et de personnages, des appréciations sérieuses et profitables[1]! Grande et plaisante académie que ce foyer, autour duquel court ce grand canapé réservé aux dames, que Bouilly compare au greffe général de l'empire d'Amour : Contat y préside, assise en face la porte d'entrée; toujours jeune, comme une Muse qui ne vieillit pas! Et allant, circulant, se promenant, discutant, jugeant, analysant, Collin d'Harleville, le marquis de Ximenès qui sait encore des madrigaux, Andrieux l'intarissable péroreur, Picard, et Desfaucherets, et Vigée, et Alexandre Duval, et le vieux Ducis, et le jeune Legouvé, et la petite foule privilégiée, et des ci-devant qu'on a oublié de guillotiner, et des comédiens et des journalistes, et des artistes, se coudoient et se rencontrent avec des banquiers[2] qui ont eu le bonheur de rester riches,

1. *Mes Récapitulations*, par Bouilly, vol. II. — 2. *Id.*

avec ce bienvenu des acteurs et des actrices, le banquier Perregaux !

Et qui, parmi les plus applaudis, ne saluerait Perregaux ? Perregaux, dans ce temps de troubles pécuniaires, n'est-il pas le confesseur des besoins, la providence des artistes? Il les guide dans leurs placements ; il leur donne son temps ; il leur ouvre sa bourse ; secourant les illustrations malheureuses, il met une pudeur en ses services : c'est un Mécène, un protecteur généreux, qui ne semble faire que prêter, quand il oblige. Cet homme de chiffres et d'argent n'a l'oreille qu'aux choses de l'art, aux indiscrétions des coulisses, à l'événement des représentations ; et ce bienfaiteur, et cet amateur de l'art, dont le rôle et le goût ont commencé avant 1789, continue, toute la Révolution et tout le Directoire, à être le *bon ami*, le conseil, le patron de la république dramatique désargentée, le banquier de ceux qui ont quelque chose, le recours de ceux qui n'ont rien, et le correspondant de tous. Comme ces princes d'Allemagne du xviii° siècle qui se faisaient tenir au courant de Paris, Perregaux sait toutes les nouvelles, toutes les anecdotes, toutes les historiettes, par mille Grimm reconnaissants qui lui écrivent du théâtre même. Et de tous les coins, et de toutes les célébrités, ce sont lui venant et compliments, et chroniques, et demandes !

C'est par les mains de M. Perregaux que passe la pension viagère faite à Clairon par le vicomte de Pieverscourt comme héritier de son frère[1]. En 1789, de Londres, la Guimard lui écrit, au débotté, qu'aussitôt descendue de voiture, à son arrivée elle a été assommée de marchandes de

---

1. *Catalogue d'autographes* Trémont, premier supplément.

modes et de tailleurs pour la prier, de la part des dames, de donner son avis sur leurs habits[1]. La demoiselle Montansier ne veut pas avoir ses fonds autre part qu'en ses mains[2] ; et jusqu'à Théroigne de Méricourt, qui veut déposer ses diamants chez lui, en 1791, et sur son refus lui écrit d'assez mauvaise humeur : « Il semblerait que vous craigniez un pillage en me disant que mes diamants sont plus en sûreté que chez vous. Je crois vos craintes mal fondées. Les noirs ne pousseront pas le délire jusqu'à se faire écraser[3]. » Toute la famille Vestris ne place que sur ses conseils ; et, de Londres, où le *diou* de la danse boude la Révolution, elle lui envoie de longs détails sur la réunion des deux théâtres que désire le prince de Galles, et sur l'engagement de Mlle Coulon et de Mlle Simon cadette[4]. En 1789, Mme Dugazon remercie l'heureux banquier de l'argent qu'il lui a prêté, le priant de venir le recevoir chez elle[5]. Carline, la piquante Carline du Théâtre-Italien, lui en demande ainsi : « Vous m'avez promis de me donner de l'argent lorsque j'en aurais besoin, et je vous prends au mot. Je renvoie ma femme de chambre et il m'en faut. Ne dites pas non, parce que vous savez bien ce que je ferai... La personne qui vous remettra le billet est le frère de *laid* (très en laid) de Nivelon, ainsi vous pouvez en toute sûreté lui remettre et la formule du reçu que je dois vous donner et l'argent... Bonjour, citoyen, votre amie à pendre et à dépendre[6]. »

C'est, toute la Révolution, même tutelle, même concours de demandes du même monde, même échange de services, même commerce d'amitié. En 1792 Sara Lescot,

---

1. *Catalogue d'autographes* Trémont. — 2. *Id.* — 3. *Id.*
4. *Id.* Hervey. — 5. *Id.* Trémont. — 6. *Id.* Hervey.

actrice à la Comédie-Italienne, le remercie de vouloir bien s'intéresser à son sort et lui envoie les papiers nécessaires pour qu'il dirige ses intérêts[1]. C'est Monnet, le fondateur du théâtre de l'Opéra-Comique aux foires Saint-Germain et Saint-Laurent, qui « prie Dieu qu'il le tienne le cœur en joie et le ventre libre[2]. » De Londres, cette fameuse impure que Paris avait oubliée comme il oublierait une morte, la Duthé prévenait son banquier qu'elle allait lui envoyer son portrait qui n'était pas tout à fait fini : « Tout le monde le trouve très-ressemblant, j'espère qu'il vous plaira ; » et versant une larme sur les noms de MM. de Guiche et de Lusignan qu'elle avait vus au nombre des têtes coupées de Paris, elle s'arrêtait tout à coup, dans le règlement de ses affaires d'intérêt, disant « qu'il ne fallait pas mourir quand on a de quoi exister[3]. » De Genève, en l'an III, Contat remerciait son *cher bon ami Perregaux* qui lui faisait trouver des amis en Suisse[4]; et Raucourt, en l'an IV, au moment où elle venait d'acheter sa ferme de Compiègne, le priait de lui avancer deux cent mille francs[5].

Si nous avions le trésor des confidences de cet homme, si son souvenir vivant pouvait nous guider, la charmante, la curieuse, l'intime résurrection de ce monde de talents ! Quel jour, quelle révélation sur toutes ces existences retentissantes et pourtant ignorées ! Que de figures placées en belle lumière pour les crayons du peintre de mœurs ! Que de lacunes remplies ! Que de biographies enrichies ! Quel butin pour la petite histoire, — l'histoire humaine ! Et la facile tâche de lire couramment la vie du peuple comique, tragique, lyrique, comme une confession révélée

---

1. *Catalogue d'autographes* Hervey. — 2. Id. — 3. Id.
4. Id. Trémont, premier supplément. — 5. Id. Trémont.

par le défunt gardien de toutes ces bourses, de toutes ces nouvelles, de tous ces secrets!

Mlle Contat est la grande gloire et la grande renommée du théâtre. — Œil qui parle, regard qui mord, la voix séductrice, la dignité aimable, l'aisance, la facilité du maintien, la science des riens, l'admirable convenance du ton, le jeu parfait, l'habitude du salon, l'air et le geste et le dire et le parfum de la grande dame! et ce sel, et cet enjouement! et ces changements, l'épigramme, le *papillotage*, le sentiment; une diction d'impromptu [1], et toute cette âme tirée de l'esprit, et cet art, enfin, qui cache l'art [2]! Contat devenue belle et restée jolie; Contat que les années ont faite majestueuse et laissée charmante! l'héritière, l'exemple, le souvenir, le modèle unique du goût, de la délicatesse, de la décence mondaine qui suivait tout l'ancien monde dans sa vie et le détail de sa vie, dans la causerie et dans le salut, dans la révérence et la comédie de l'éventail! Grande actrice, de bonne compagnie, en qui tout est savoir et mesure, qui pleure ce qu'il faut pleurer, et ne veut pas arracher les cœurs [3]! Mme de Clainville, Célianthe, la gouvernante du *Célibataire*, l'Elmire du *Tartufe*, la belle Fermière, Mme de Sévigné, la comtesse Almaviva! Impératrice des grandes coquettes, alliant le sérieux au piquant du rire, mêlant Célimène à Dorine; talent de marivaudage supérieur! comédienne adorée, fêtée du public, — adorée de la jeunesse, qui oublie de payer son tailleur pour courir au parquet du théâtre où joue Contat [4], — la Grâce du sourire!

1. *La Lorgnette de spectacle.* An VII.
2. *Censeur dramatique*, vol. III. — 3. *Revue des Comédiens.* 1808.
4. *Les Miniatures.* 1790.

Contat a porté la Révolution vaillamment. Si elle s'est quelquefois rendue aux vainqueurs, elle a eu le courage de ne pas oublier les vaincus. Son cœur, il est vrai, ce cœur où régnait d'Artois, a un moment écouté Legendre ; un moment elle a donné le droit d'être jaloux d'elle à ce patriote amoureux, qui dénonce Mme de Staël, qui dénonce tous les émigrés, jouant l'indignation, le zèle de la chose publique, l'éloquence même : et le tout, pour ne pas voir rentrer en France un de ces émigrés, bien pis qu'un émigré, l'amant de la baronne et de sa comédienne, un rival, M. de Narbonne [1]. Mais Contat, ravalée à ces liaisons, s'est aventurée à les faire servir sa miséricorde ; elle a usé de la toute-puissance des républicains pour sauver ce qu'elle a pu de girondins. « Leur cause est si juste, — écrivait-elle en l'an II, — le moment si favorable, que les négliger, c'est vouloir les desservir ; que c'est laisser à la Convention le tort apparent d'une inconséquence lorsqu'elle s'occupe à rendre à Jean-Jacques Rousseau les honneurs que son immortel génie lui a mérités [2]. »

Au reste, c'est le temps où les âmes aimables, les amoureuses trop faciles se réhabilitent par la pitié ; c'est le temps où les actrices mettent leurs amours nouvelles au service de leurs anciennes amours et de leurs anciennes amitiés. Et combien de saluts dus à ces intercessions caressantes ! Dans ce rôle de courage et de généreux secours, les femmes de la Comédie-Française marchent au premier rang. Mlle Simon, qui sera Mme Ribouté, écrit une demande d'audience à un conventionnel, le suppliant de lui donner un moment de son temps précieux, et de faire ce larcin d'une minute à la justice, « à l'humanité, à la patrie, dont

---

1. *Paris.* Août 1797. — 2. *Catalogue d'autographes* Lalande.

il est le plus ferme soutien ; mais il s'agit de l'affaire du citoyen d'Aumont, et elle veut savoir si le danger est passé pour lui[1]. » Et c'est encore Devienne qui écrit à André Dumont : « Si je n'étais retenue dans mon lit à cause de « ma pauvre patte, qui est bien endommagée, j'aurais été « déjà vous remercier pour tout ce que vous avez bien « voulu faire pour notre malheureux prisonnier. Ce « malheureux homme n'a-t-il pas eu toutes les angoisses « d'un siége terrible ? sa pauvre femme en est morte de « terreur. Quinze jours après sa mort, le cœur tout sai- « gnant de cette perte, il est pris et conduit à la Com- « mune-Affranchie, où il n'avait pas mis le pied depuis « quatre années ; on l'enferme dans une prison, sans lui « en dire le motif... En vérité, j'ai le cœur navré de toutes « ces atrocités ; il y a tant de choses que l'on peut dire, « mais que l'on craint d'écrire[2]. »

Bientôt les événements apportent à Contat d'autres mérites : la générosité et le pardon. Au mois de germinal de l'an III, lorsque la jeunesse dorée veut chasser Talma, le terroriste Talma ; lorsqu'il est accusé d'avoir provoqué l'arrestation des comédiens français, Contat n'hésite pas à déposer le souvenir des anciennes brouilles et des ressentiments passés ; elle ne voit plus qu'un camarade dans le proscrit, et elle déclare « qu'elle a reçu de Talma des marques d'un véritable intérêt[3]. »

Bien charmante femme, qui semble avoir charmé le Temps lui-même, et dont l'esprit n'a pas une ride ! qui a gardé son salon, ses amis, les habitués de sa causerie, et

---

1. *Catalogue d'autographes* Trémont, premier supplément.
2. *Id.* Lalande. — 3. *Revue des Comédiens.* 1808.

cette verve de saillie, et cette habitude de répondre à l'encens brutal, aux compliments des Riou :

« Je ne m'attendais pas à de telles conquêtes !
Le malheur de l'esprit est de charmer les bêtes [1] ! »

Que lui fait ce qu'on dit? Elle se venge, par la distinction et l'aristocratie de ses élégances, de ceux-là qui la font fille d'une friturière de harengs sous le Châtelet [2]. Et que lui fait l'embonpoint qui l'envahit, et la petite presse qui raconte ses jupons? « Le jupon de Mlle Contat! mécanique curieuse, et vraie décoration d'opéra, où des baleines, des ressorts, des poulies et des cordes font jouer et maintiennent dans un inaltérable aplomb l'arceau ample et merveilleux, propre à effacer sa taille épaisse [3]. » Elle se console dans l'amour de Parny, dans le soin et l'agrément de ce logis, couru de Paris. La femme du neveu d'Anacréon se console dans l'éducation de ses trois enfants qu'elle aime, de ces deux garçons dont elle appelle l'un Parny et l'autre Girardin, de cette fille, — sa fille et la fille du comte d'Artois, — qu'elle ne désigne que par un nom de baptême [4]. Elle se console dans les succès militaires de ce fils qui part, et pour lequel elle tremble, lui envoyant deux mille francs par un ami à qui elle écrit, soupirant après cette paix qu'une mère ne se lasse jamais d'appeler : « Toujours se battre !... Ah! mon ami, le vœu général, le vœu de la paix si fortement exprimé par toutes les bouches, ne sera-t-il donc jamais réalisé?... Je vous envoie un baiser dont vous ferez ce que vous voudrez [5]. »

1. *Paris.* Novembre 1796. — 2. *Les Miniatures.* 1700.
3. *Bien-Informé.* Messidor an VI.
4. *Vraie Histoire. Collection d'autographes des célébrités françaises,* par Saint-Edme et F. Drouin.
5. *Catalogue d'autographes* Hervey.

Voilà Thalie; mais qui est Melpomène? Raucourt, la « reine superbe; » Médée, Didon, Sémiramis, Athalie! les fureurs, les grandeurs, le domaine des emportements, des colères, des désespoirs; un front taillé pour les plus lourds diadèmes de l'histoire ; l'éloquence du port et du visage; une démarche impériale ; l'ordre dans le geste, la menace dans le coup d'œil, le dédain dans la bouche; organe sourd, que déchirent tout à coup le cri tragique et les tempêtes de la voix ! Profonde, admirable dans les rôles méditatifs! Cléopâtre de *Rodogune*, emportant le public dans le rêve de sa pensée! tragédienne de terreur ! Champmeslé d'un Crébillon ! Grand génie à qui il manque cette chaleur vive, brûlante, expansive, que demande *Phèdre*, — Phèdre qu'elle sera bientôt obligée d'abdiquer entre les mains de la « reine sensible » : Mlle Duchesnois[1]. L'âge, la fatigue sont venus à Raucourt; elle les combat en poussant ses moyens à l'extrême, en jouant à outrance ; si bien que les méchants vont murmurant qu'elle soutient la tragédie « avec du champagne et ces petits vins qu'on trouve dans le comtat d'Avignon[2]. »

Au reste, par ce Directoire de misère, la Melpomène n'a pas à raccommoder sa chlamyde. La tragédie, qu'elle a sauvée, n'a pas été ingrate vis-à-vis d'elle : Raucourt est bien rentée et continue un train de vie princier. Elle a toujours cette même charité, qui la porte à ne pas laisser ses amies dans le besoin; et sa nouvelle inséparable, Mlle Simonet, affiche le luxe le plus rare[3]. Elle a toujours son palais rue ci-devant Royale, près la barrière Blanche[4], et son

---

1. *Revue des Comédiens.* 1808. — 2. *Les Miniatures.* 1790.
3. *Les Rapsodies du jour,* troisième trimestre.
4. *Les Spectacles de Paris,* quarante-deuxième partie, pour l'année 1793. Paris, Duchesne.

écurie pour six chevaux. Un beau monde se presse, les jours de gala, dans son superbe salon aux boiseries sculptées et dorées, aux glaces magnifiques, aux portes à panneaux de glace, au plafond en ovale et superbement peint. Elle apprend ses rôles dans un nid d'étude tendu en taffetas vert, rehaussé de baguettes dorées, les rejette, une fois appris, sur la cheminée de marbre bleu turquin, et va se promener dans le demi-arpent de son jardin anglais[1]. Elle reçoit encore la visite de Paris; et si Paris apprend par mégarde, un matin, que le père de la tragédienne s'est jeté par la fenêtre, et qu'il s'est tué pour ne pas mourir de faim, Paris écoute, d'une oreille bienveillante, la justification de la fille; il donne tort à cet impatient qui n'a pu attendre encore quelques jours le petit appartement qu'elle lui faisait préparer[2], et il retourne aux dîners et aux fêtes de la rue Royale. — Mais pourquoi, en vendémiaire de l'an IV, la maison de Raucourt à vendre? Tous les curieux accourent, tous les curieux veulent voir la chambre à coucher et l'alcôve formée par deux colonnes en arabesque peintes et dorées[3]. Pourquoi? C'est que Melpomène devient une grosse propriétaire foncière.

A côté de Contat, à côté de Raucourt, à côté de ces deux grandes actrices auxquelles la sensibilité et le don des larmes ont été refusés, — voici une statuette, une figurine grêle, mais d'une grâce souffrante et d'une coquetterie mélancolique; actrice naïvement touchante, et qui puise tous les pleurs de ses rôles aux pleurs de son âme : Mlle Desgarcins. Triste vie! vie d'épreuves, d'angoisses et de malheureuses amours! amante qui, n'étant

---

1. *Petites Affiches.* Vendémiaire an IV. — 2. *Paris.* Juillet 1796.
3. *Petites Affiches.* Vendémiaire an IV.

plus aimée lorsqu'elle aime encore, se donne deux coups de couteau et ne réussit pas à mourir¹ ! Mère sous les yeux de laquelle l'enfant est menacé de mort par une bande de chauffeurs! mère réduite à le sauver par ces accents qui remuaient toute la salle des Français² ! Femme dont la faible santé, secouée à toute heure par des crises nerveuses, n'a pu survivre aux coups répétés de tant d'émotions³ ! femme qui vit son existence dans les fatalités du roman, et qui, de ce sceau du malheur qu'elle porte sur toute sa personne, des tristesses de ses yeux, de l'harmonie languissante de sa voix, de sa démarche abandonnée, de ce je ne sais quoi de suave qu'elle laisse après elle, des doux rayons de son âme qui semble se répandre et l'entourer, marche sur la scène, parée et couronnée, Hédelmone ressuscitée, et si vivante, et si charmeresse, qu'un moment elle a touché le cœur de Talma⁴, — ce cœur ouvert, où rien ne demeure.

Pauvre Julie Talma! vous aussi, vous avez été délaissée! Que de chagrins depuis la Révolution! votre existence devenue le jouet des méchants et la proie du malheur! votre mariage contrarié, que le refus de bénédiction du curé de Saint-Sulpice fait presque un scandale⁵ ! vos épousailles, la risée sanglante des petits journaux⁶ ! Puis vos enfants, les deux beaux enfants qui vous sont nés, jumeaux glorieusement baptisés, l'un *Charles IX* et l'autre *Henri VIII*⁷, prédestinés à mourir ! Et Talma qui vous

---

1. *Mémoires d'une actrice*, par Louise Fusil. 1841, vol. I.
2. *Journal de France*. Brumaire an v.
3. *Miroir*. Germinal an v. — 4. *Mémoires d'une actrice*, vol. I.
5. *Rapport sur l'affaire du sieur Talma, comédien français*, par Durand de Maillanne. 1790.
6. *Journal de la cour et de la ville*. 1790, *passim*.
7. *Mémoires d'une actrice*, vol. II.

abandonne ! Ni la fortune que vous aviez apportée au comédien pauvre, ni les caresses de votre esprit, ni la douceur de vos causeries, ni votre imagination nourrie et vivant d'art, ni les colères maladroites de l'envie autour des joies de votre ménage, — n'ont pu retenir près de vous celui qui vous devait le bonheur ; et ce talent que vous aviez deviné la première, que vous aviez encouragé avant tous, que vous aviez doté de vos quarante mille livres de rente, de votre amour, du crédit de vos amitiés, — l'ingrat ! — déjà bien séparé de vous, et s'en éloignant à mesure qu'il grandit dans le public, il va falloir, vous voyez déjà le triste jour où il faudra que vous l'abandonniez à une autre, à une rivale, à Mme Petit.

Les années ont bien changé les choses. Talma s'est révélé tout entier. — Ce n'est plus le petit amoureux, bien tendre et bien amoureux, dont toute l'ambition se haussait à remplacer Saint-Phal et Dunant ; ce Talma, jaloux des jolis succès du jeune et doucereux Dupont, dont alors on lui faisait un rival [1]. Ce n'est plus le tragédien de *Charles XI*, inégal et monotone tout à la fois, fatiguant l'oreille de cette voix inexorablement gutturale que le travail n'avait point soumise, et menée à l'éclat, à la rondeur ; ce diseur sans nuance ; ce personnage maigre, petit, le teint safrané [2], dans lequel la critique ne veut voir qu'une caricature tragique. — Aujourd'hui Talma est le grand tragédien, maître de son art. Sur sa face pâle, d'un beau dessin, et vivante par les yeux, roule le tumulte des passions humaines. Un geste grand, simple, noble, épique, un geste de marbre, de belles attitudes, dissimulent l'homme dans l'acteur. Sa voix de ténor [3] domptée, assou-

---

1. *Revue des Comédiens.* 1808. — 2. *Censeur dramatique*, vol. III. 3. *Revue des Comédiens.*

plie, a conquis ces vibrations qui touchent la fibre ; et, dans le *medium,* l'organe mordant, sonore, monte, descend, court la gamme des inflexions. Puis, par-dessus tout, un jeu concentré, où l'âme ne s'éparpille pas, un jeu tourné vers la perfection mimique, un jeu retenu, bridé, accentuant d'éclairs soudains la pensée du poëte, et tout déchaîné sur les *mots de valeur.*

Talma, c'est cette haute intelligence de la tragédie forte, sombre, terrible ; c'est le travail, le soin, la suite dans le rôle, le génie gagné à force de talent, l'art montant souvent au sublime !

Qu'est-ce encore, ce tragédien ? — Le révolutionnaire de la tragédie. Il est le premier des dramatistes. Le premier, il redemande le costume antique aux monuments antiques. Il introduit les recherches de couleur locale dans l'habit, le décor, l'accessoire ; les cuisses nues ; les barbes des vieux Romains[1]. Le premier, il marche, il court ; il rompt avec la pompe réglée des anabases et des parabases héroïques. Le premier il parle, il crie cette passion dont la mélopée harmonieuse était notée depuis Corneille. Il anime la tragédie d'une vie toute nouvelle, et qui n'est pas la sienne. Et les vieux et véritables amateurs du théâtre du xviie et du xviiie siècle, les représentants du goût français, que choque ce complet bouleversement de toutes les conditions de la tragédie, disent de Talma : « le comédien de Shakspeare[2]. »

C'est pourtant cette imagination singulière d'avoir voulu faire valoir une chose de convention, la tragédie, par une chose contraire, la vérité, — qui fait la victoire

---

1. *Année théâtrale.* Almanach pour l'an ix.
2. *Lorgnette de spectacle.* An vii.

et le grand triomphe de Talma. Cette folle tentative, cette transfusion du drame dans la tragédie, a beau être combattue par des arguments sans réplique ; les contemporains de Lekain et de Voltaire défendent vainement l'anachronisme des costumes, la majesté de la marche, et la musique de la déclamation[1], toute l'étiquette enfin du royaume des alexandrins ; ils ont tort avec la logique, et Talma a raison avec le succès. Vainement Larive proteste, au nom du bon sens, avec son magnifique talent ; le Paris de la Révolution trouve si nouveau de ne pas s'ennuyer aux chefs-d'œuvre, et de voir jouer du Racine naturellement comme du Molière, qu'il fait chaque soir des ovations à Talma.

Ainsi, Talma domine l'attention publique. Il est la grande popularité du Directoire ; et de toutes les célébrités qui s'agitent autour de lui, une seule grandit, un moment, jusqu'à pouvoir lui faire ombrage. Et qui lui dispute les cent bouches de la renommée ? Une femme, une femme maintenant oubliée, et qu'alors tous les poëtes chantaient ; une Aspasie de la République, qui faisait faire antichambre aux dédicaces de Ducray Duminil[2] ; une actrice qui avait enchaîné à son char tous les yeux, tous les cœurs, toutes les plumes des journalistes ; une Contat, à l'aurore de sa grâce ; une élégante qui avait enlevé à Philipin, le fripier, les dentelles de la ci-devant reine[3], et les portait sans en être affublée ; une merveilleuse pour qui les joailliers fabriquaient des aigrettes de quarante-quatre mille livres[4] : la toute jolie, la toute séduisante, la tout aimable, la tout aimée Mlle Lange ! Mlle Lange, cette hétaïre ruineuse,

---

1. *Censeur dramatique*, vol. I.
2. *Catalogue d'autographes*. Alliance des arts. Avril 1844.
3. *Accusateur public*, vol. I. — 4. *Rapsodies*, troisième trimestre.

qu'une trinité de fournisseurs, Leuthraud Beauregard, Hoppé, Simon, peut à peine payer. Le charmant visage! la bouche plus fraîche qu'une rose[1]! et l'adorable taille! Et comme chez elle un défaut est un charme! et que dès demain, si ses épaules sont un peu rondes, toutes les femmes se feront bossues[2]! N'est-elle point la mode même? son goût n'est-il pas dictateur? Et l'air de sa robe, et la tournure de son chapeau, ne font-ils point bien souvent jalouse Mme Tallien, toujours jalouse de son visage? C'est une dépensière, fondant les millions au creuset de ses caprices, née pour venger la faim du Directoire, en dégraissant ses Turcarets. Son cœur est une hôtellerie d'où les grandes fortunes de l'époque sont chassées, une fois maigres. A Leuthraud, dont l'amour ne sonne plus, Leuthraud ruiné, et près d'être condamné en police correctionnelle[3], Hoppé succède; un petit commis d'une maison de Hambourg, adroitement venu en France pour réclamer la restitution ou le payement des navires neutres amenés par les vaisseaux et les corsaires français, plus adroitement encore ayant fixé le salaire de ses peines au quart des sommes dont il obtiendrait la rentrée[4]; le petit commis, passé plusieurs fois millionnaire, remplace le vigneron de Corbigny près de cette banale sirène, que conseille cette dévouée Jeannette, cette confidente, ce factotum femelle. — Reconnaissante fille! elle vient d'acheter une très-belle maison dans le faubourg Saint-Germain, et dit, en remerciant sa maîtresse de l'avoir gagnée à son service : « Je vous aime, mais je veux que vous soyez riche; c'est ma

---

1. *Chronique scandaleuse.* 1789. — 2. *Paris.* Janvier 1798.
3. *Grondeur.* Mars 1797.
4. *Gazette des Tribunaux.* Janvier-mai 1795, vol. XII.

folie[1] ! » Et la grosse, grasse, alerte, réjouie courtière
« qui ne prenait, — dit Lavallée, — qu'un sou de commission, » de défendre la porte de la maison de la rue
Saint-Georges à tout amour pauvre diable, qui ne frappe
pas avec un portefeuille. Mais, au moins, Mlle Lange a son
amitié à donner ; et de cette amitié, elle paye la reconnaissance. Et comment ne remercierait-elle pas du plus
pur de son affection cet homme, tout voué à l'art dramatique, qui a préparé ses débuts, et qui, suivant sa carrière
et ses succès, prend fierté et joie de voir la *jeune amoureuse* marcher de progrès en progrès, de lire les éloges de
son intelligence, de son entente de la scène, de la jeunesse
de sa figure, de sa diction séductrice, de son ton sentimental, et même de ce petit air d'hypocrisie virginale
convenant à son emploi[2] ? Lange sait tout cet intérêt ; et si
elle ne peut dîner avec ce véritable ami, M. Antoine, elle
lui écrit de sa mauvaise orthographe, et de son style
câlin : « ... Je voulais refuser ; mais en pansant à votre
« amitié, je me suis dit il me grondera s'il sait que j'ai
« refusé à cause de lui et m'approuvera si j'accepte, je l'ai
« fait sûre que vous ne m'en aimeriez pas moins, — celle
« qui vous aime tous les jours davantage[3]. » — Et Jeannette ne peut encore défendre la courtisane de son cœur,
quand les cris d'une pauvre femme dont on vend les
meubles dans la rue montent éveiller, dans son hôtel,
Lange qui descend bien vite racheter les pauvres
meubles[4] !

Hoppé a chassé Leuthraud. Le carrossier Simon chasse

---

1. *Semaines critiques*, vol. I.
2. *La nouvelle Lorgnette de spectacle*. An VII.
3. *Catalogue d'autographes* Trémont.
4. *Rapsodies*, quatrième trimestre.

Hoppé ; et voilà l'amant d'hier qui réclame à l'actrice l'enfant né de leurs amours, la jeune Palmyre. Les tribunaux s'emparent de l'affaire; la curiosité maligne et la petite presse prennent leurs ébats tout autour. Dans la salle du Palais, pleine de monde, l'attention, l'émotion, sont au dernier point, quand on voit Hoppé tout en larmes pendant la vive plaidoirie de son défenseur, Bonnet. La citoyenne Lange a reçu deux cent mille livres sous la condition expresse de quitter le théâtre; elle a touché la somme et elle est remontée sur le théâtre; Hoppé ne veut pas abandonner à une comédienne l'éducation de cette enfant, baptisée sous son nom dans la chapelle de l'ambassadeur de Suède[1]. Tel est le fond de la plaidoirie de Bonnet, toute méchante et piquante de réticences, tout étayée de grosses raisons, plaçant Mlle Lange dans le cas prévu par les lois qui interdisent à certaines mères de famille d'élever leurs enfants[2]. Mais quel silence, et que d'oreilles tendues lorsque l'avocat de Mlle Lange réplique et lui fait dire : « Ma fille ne doit pas me quitter. La loi, dans le cas de divorce, accorde les garçons aux pères, et aux mères les filles. Lorsqu'il y a mariage, — dit Montesquieu, — les enfants suivent la condition du père ; lorsqu'il n'y a point mariage, les enfants ne peuvent concerner que la mère[3]. » Il ajoute que la promesse de Mlle Lange de quitter le théâtre n'était qu'une promesse en l'air, et que les deux cent mille livres données en assignats ne valaient que quarante mille livres lors de la donation. C'est ce que disaient dans Paris de méchantes langues, prétendant que cette revendication paternelle ne visait

---

1. *Paris.* Décembre 1796.
2. *Censeur des Journaux.* Décembre 1796.
3. *Gazette des Tribunaux*, vol. XII.

qu'à la restitution de la somme en meilleure monnaie. Le tribunal écouta les défenseurs, écouta Mlle Lange, écouta l'avocat de la morale publique, le citoyen Bertolio qui s'écria, dans un mouvement d'indignation : « Que les étrangers gardent leur or, s'il ne doit servir qu'au déréglement des mœurs, aux scandales de nos tribunaux ! » Et quand il eut tout écouté, le tribunal fut embarrassé au moins autant que Salomon. Il se recueillit, fut soudain éclairé, et rendit le plus sage des jugements ; la jeune Palmyre ne fut donnée ni à son père ni à sa mère ; un tuteur lui fut nommé, et les deux cent mille livres lui furent attribuées [1]. — Ce furent des gorges chaudes dans le public. La *Quotidienne* plaignit ironiquement le Crésus hambourgeois, disant que cette petite créature, née sous l'empire de Maximilien, aurait dû être payée au taux du *maximum* [2] ; et les applications mordantes, les applaudissements moqueurs de toute la salle de Feydeau, quand, le procès pendant, Mlle Lange, dans la Claire du *Mercure galant*, répondait à M. de Lamothe, redemandant son argent :

« Tous les dons qu'en m'aimant vous pouvez m'avoir faits
Me sont trop précieux pour les rendre jamais.
. . . .
Retenir vos présents, c'est vous aimer encore [3] ! »

Cette pauvre Lange est prédestinée aux scandales ; et je ne sais quelle fatalité la poursuit, mettant son alcôve dans la confidence du public railleur. A peine sortie de son procès, elle entre en querelle avec Girodet. Le peintre, qu'on disait grandement épris d'elle, fait son portrait :

---

1. *Gazette des Tribunaux*, vol. XII.
2. *Grondeur*. Janvier 1797. — 3. *Paris*. Janvier 1797.

Lange ne le trouve pas ressemblant. Quelques difficultés naissent sur le prix — ou le mode de payement. Girodet demande à le retoucher, le déchire, et du pinceau dont il a caressé cette tête, il peint, avec rage, une Danaé exposée toute nue sous la pluie d'or, Danaé où Lange tout entière est reconnue ; et dans un coin du tableau, il jette, gloussant et la queue en éventail, un gros dindon qui a toutes les envies de ressembler à M. Simon. Cette brutale vengeance est livrée par le peintre à la publicité du salon de l'an vii ; — et toute la ville accourue de s'associer à « cette pointe d'épigramme allant jusqu'au cœur [1]. »

Cette vie d'aventures et d'intrigues, cette vie de beaux hasards, et de folles dépenses de corps, de cœur et d'argent, ce libre, triomphant, et désordonné train d'actrice à la mode et de courtisane régnante, a le dénoûment le moins vraisemblable et le plus prosaïque ; Mlle Lange finit comme un vaudeville : elle épouse le carrossier Simon. Au reste, Mlle Lange joua son rôle d'épousée avec aisance : il y avait déjà longtemps qu'elle répétait la pièce avec son futur mari. — Puis, l'exemple gagnant du fils au père, Simon le père donne pour belle-mère à Mlle Lange Mlle Candeille ; les faiseurs de calembours de dire aussitôt : que *jamais plus belle-mère n'avait eu plus belle-fille* [2]. — Et cette belle créature, cette Candeille, blanche et languissante comme une créole [3], ce joli monstre de talents, cette encyclopédie d'agréments et d'aptitudes, Candeille, la femme de plume, l'actrice, la musicienne, l'auteur de la *Belle Fermière*, le poëte de mille jolies romances ; cette précieuse à peine ridicule, dont le cœur avait tant d'ima-

1. *Petites Vérités au grand jour.* An viii.
2. *Lorgnette de spectacle.* An vii.
3. *Mémoires d'une actrice*, vol. I.

gination, et dont la pensée trottait nuit et jour après l'idéal ; cette théoricienne de l'amour, à qui « l'expérience avait appris, — à l'en croire, — qu'il n'y a rien de mieux que l'attente et l'incertitude[1] ; » ce rêve ambulant, tombé aux réalités de la vie de ménage, se brise les ailes ! Et cela qui pourrait distraire Mme Simon mère de son mari, de ses déceptions et de ses dégoûts, — le retour au théâtre, — ne lui est-il pas défendu par Simon père, comme il est défendu par Simon fils à Mme Simon fille ?

Au-dessous de tous ces grands noms, et les accompagnant, un cortége de petites gloires se déploie, au contentement du public, dans les trois ou quatre théâtres qui se disputent Melpomène et Thalie pendant le Directoire ; c'est Joly, c'est Devienne : celle-ci qui a la finesse, le ton, la grâce, celle-là qui a la rondeur, le mordant, la vérité ; celle-ci plus séduisante, celle-là plus enjouée ; l'une inimitable dans les soubrettes, et l'autre supérieure dans les servantes[2] ; l'une pour qui plaide tout d'abord un physique enchanteur ; l'autre dont le nez touche le menton[3] ; toutes deux près du tombeau : Mlle Devienne qui va mourir ; et cette héritière de Dangeville, une vertu dont la médisance n'avait rien à dire, Mme Joly qui meurt, encore jeune, de la poitrine[4], laissant cinq enfants sans mère[5].

Il faut s'arrêter un moment à Mlle Mézeray. « Elle a coulé à fond Mlle Lange au dernier concert de Feydeau[6]. » Et la *Bambolina*, ainsi que l'appelait peu respectueusement Mlle Contat[7], semble vouloir disputer à la grande Célimène le sceptre de l'éventail. Maintenant que Mézeray

---

1. *Catalogue d'autographes* Hervey.
2. *Lorgnette de spectacle*. An VII. — 3. *Les Miniatures*. 1790.
4. *Paris*. Octobre 1797. — 5. *Bien-Informé*. Floréal an VI.
6. *Paris*. Mars 1797. — 7. *Petites Vérités à l'ordre du jour*. An VI.

a vaincu la paresse et le goût du plaisir[1], qu'elle s'est rangée à de sérieuses études, c'est un jeu brillant, un débit vif, incisif, spirituel, une bouderie enfantine, tout cela soutenu d'une taille charmante et d'un profil plus charmant encore. Elle rallie à son talent, à sa jeunesse, à sa beauté, une cour de désirs; elle conquiert les vieux et les jeunes, et jusqu'à cet inexorable critique, ce Caton le Censeur de l'art dramatique de l'an v, le gourmand Grimod de La Reynière! L'homme aux moignons n'a que miel et sourire, et bienveillants conseils, pour cette enfant gâtée de son journal, pour cette enfant gâtée de son vieux cœur! L'amour refleurit dans le vieillard; mais ce réveil des flammes amoureuses, Grimod le cache, le déguise, le baptise d'un nom modeste et qui ne compromet rien; soupirant honteux, et qui corrige, de ce post-scriptum rassurant « qu'il n'est absolument question entre eux que d'amitié, » la lettre suivante : « Pour la première fois « depuis longtemps, le sommeil ne m'a point offert votre « image. Ah! serait-ce un pressentiment de votre cour-« roux? hélas! j'en mourrais de douleur et de déses-« poir!... Tel est, mademoiselle, l'état de mon âme; vous « y lisez à livre ouvert. Hâtez-vous, au nom de l'huma-« nité, au nom de cette bonté indulgente qui fait de vous « la plus aimable et la plus aimée des femmes, de m'ar-« racher à cette cruelle perplexité. Dites-moi que je ne « vous ai point déplu; rendez-moi ce titre de votre ami « que vous m'avez donné dans cette lettre à jamais pré-« cieuse qui depuis trois jours repose sur mon cœur « agité[2]! » Mlle Mézeray trouva l'amitié du Censeur un peu bien vive; et comme Grimod ne cessait de la lui té-

---

1. *Lorgnette de spectacle.* An vii.
2. *Catalogue d'autographes.* Alliance des arts. Avril 1844.

moigner de cette brûlante façon, Mlle Mézeray se vit forcée de la remercier en cette page de jolie prose : « Quand je
« vous ai prié, monsieur, de ne plus me parler d'un amour
« que je ne partagerai jamais, et de renfermer vos senti-
« ments pour moi dans les bornes de l'amitié, j'étais bien
« loin de supposer que vous chercheriez dans ce mot l'es-
« pérance ou le prétexte d'une liaison intime et d'une
« affection mutuelle. Quelque pure que puisse être votre
« *amitié*, il serait trop aisé de s'y méprendre... Ainsi, don-
« nez à ce mot non pas le sens académique et gramma-
« tical que vous avez choisi, mais celui qu'il a reçu de
« l'usage et de la société. Je ne veux dans mes amis qu'un
« mouvement de bienveillance qui les porte à m'éclairer
« sur mes défauts, qui les engage à me pardonner mes
« erreurs, mais qui cède toujours aux affections particu-
« lières de mon âme, aux convenances générales de ma
« situation... Vous me demandez de me parler au théâtre et
« de me voir quelquefois chez moi. D'abord, je vous ob-
« serve que je n'aime ni le jeu muet ni les conversations
« dans les coulisses; c'est affaiblir l'attention qu'on doit
« à ses rôles, et sans doute le *Censeur dramatique* ne veut
« pas m'y exposer. Quant aux visites, je ne reçois chez
« moi comme amis que ceux d'un homme que j'aime et
« qui m'a consacré sa vie. Si je ne me devais cette con-
« duite à moi-même, je la devrais à son caractère, à ses
« procédés, à son extrême attachement. Je suis fâchée
« que, n'ayant pas l'honneur de vous connaître, il ne
« puisse pas me procurer le plaisir de vous recevoir[1]. »

A la suite de Mlle Mézeray, Mlle Mars, sortie, ainsi que sa sœur, de chez la Montansier, et bien lavée de l'accusation

---

1. *Catalogue d'autographes.* Décembre 1851.

d'avoir crié : « A mort ! » quand d'Esprémesnil, échappé sanglant des Tuileries, passait sous leurs fenêtres[1]; Mlle Mars n'est alors que Mlle Mars cadette. Sa finesse, son intelligence, son doux organe, sont, — dit la critique d'alors, — paralysés par « une timidité et un air de retenue convenables à certains rôles d'*innocentes;* et elle paraît d'un froid glacial dans tous ceux où l'on a droit d'attendre des sentiments ou de la gaieté[2]. »

Derrière ces jeunesses, les vieux talents tiennent encore. Mme Vestris est debout toujours et s'accroche assez bien aux beaux restes de son physique. La Chassaigne, déjà toute rapprochée de ces accès de piété qui la feront coucher à Saint-Mandé avec les clefs de l'église sous son chevet[3], joue les duègnes avec un redoublement de convenance sévère. La tragédie a encore la noblesse de La Rive, le machiavélisme de haut style de Naudet, le dessin fortement arrêté de Saint-Prix, l'intention de Monvel, l'énergie de Vanhove. — Les comiques sont florissants, en belle et bonne santé de rire, en verve et en joie. Baptiste aîné est toujours l'excellent *Glorieux;* Bellemont, le paysan inimitable. Florence a toujours le privilége, quand il joue, d'emplir la salle de jolies femmes[4]. Caumont tient les rôles à manteau avec sa grosse gaieté, sa grosse franchise; Grandménil avec l'esprit de sa physionomie, son tact, son art. La Rochelle met au service des valets son agilité, sa ruse, sa souplesse. Fleury a gardé son *merveilleux patelinage*[5]. Dugazon est toujours Dugazon; son rire n'a pas vieilli

1. *Journal de la cour et de la ville.* Juillet 1792.
2. *Lorgnette de spectacle.* An VII.
3. *Annuaire dramatique,* par Lemonnier. 1822.
4. *Chronique scandaleuse des théâtres.* Thalicopolis. 1793.
5. *Lorgnette de spectacle.* An VII.

d'une note. Un journal monarchique l'a accusé d'avoir été enfouir le corps de Louis XVI[1]. Le parterre l'a malmené. Il porte le tout du plus indifférent de son âme et reste, au demeurant, le grand faiseur de grimaces et le plus joyeux laquais du monde. — Quant à Molé, ce jeune premier sexagénaire, une grande actrice vient de lui dire : « De tous les amoureux que la comédie fait se jeter à mes pieds, vous êtes encore celui que je relève le plus facilement[2] ! »

Et si, des grandes scènes, vous descendez aux scènes inférieures, — vous trouverez au Vaudeville, à l'Ambigu, au théâtre du Palais, des talents véritables qui valent que le goût du public les guide ; et de grands artistes dans le bas, dans le trivial, dans le grossier, dans l'ignoble même, vous seront donnés à voir jusque sur les tréteaux de la Montansier !

N'est-il pas un mime désopilant, un gai paradiste, un parfait *naturel de bête,* ce Brunet, « la coqueluche de toutes les filles du Palais-Royal[3], » ce Brunet dont le portrait est sur toutes les tabatières, figure au Muséum, patronne les recueils de calembours, Brunet qui fait courir tout Paris à ce théâtre Montansier, l'asile, comme on dit, de *Bambin-Brunet*[4] *!*

Le singulier théâtre que ce théâtre Montansier ! temple de la farce où, à côté de Jocrisse, Tiercelin, le *chaudronnier de Saint-Flour,* se dessine des sourcils au milieu du front, se barbouille et se disloque ; où Volange, usé, réduit à jouer les levers de rideau, donne au public les derniers restes d'un *vis comica,* distingué par l'immortel Préville[5] !

1. *Paris.* Mai 1797. — 2. *Vie de Molé,* par Lamésengère. 1803.
3. *Le Coup de fouet.* — 4. *Le nouvel espion des boulevards.* An VIII.
5. *Id.*

Théâtre de parodies sans le savoir, où l'on « joue la comédie en robe de chambre, et le drame en déshabillé. » Pièces lyriques, opéras comiques, et jusqu'à la tragédie en miniature, le Paësiello et le Beaumarchais, tout y est hurlé, beuglé, miaulé, incroyablement [1]. Montansier ! qui, à l'autre bout du Palais-Royal, à l'autre bout de l'art dramatique, a, lui aussi, un foyer vivant, couru, populaire !

Ce ne sont point les charges de Brunet, ce n'est pas la voix fraîche de cette charmante Caroline, la rivale de Guenée [2], qui font tout le succès de Montansier; le théâtre Montansier, c'est le foyer Montansier. Dans la salle, ce ne sont que bourgeoises, billets donnés, gens sans usage ; mais le foyer, quel mouvement, quel flux, quel reflux ! On va, on vient, on se presse, on se pousse, on se heurte, on se replie, on tourne sur son axe, on se marche sur les pieds, on s'écrase, on s'étouffe [3] ! C'est le rendez-vous choisi, le centre des nouvelles, le salon des jeunes gens, des vieillards, des désœuvrés, des débauchés, et de tous ! C'est la Bourse du Plaisir. Et dans cette galerie de glaces, ornée par le citoyen Gardeur de camées blancs sur un fond grisâtre [4], tout ce que Paris a encore de courtisanes, et tout ce qu'il a de filles, les femmes qui se laissent acheter et les femmes qui se vendent, agiotent tous les soirs leurs vénales amours. Les petits-maîtres de l'épaulette, les jeunes officiers de hussards, galonnés et chamarrés, les gros maris des madames Angot, les rimeurs de vaudevilles, — et jusqu'aux rentiers maigres, jusqu'à l'émigré qui se cache dans une large houppelande et sous un grand cha-

---

1. *Vérités à l'ordre du jour.* An vi.
2. *Encore un tableau de Paris*, par Henrion. An viii.
3. *L'Optique du jour ou le Foyer de Montansier*, par Joseph R...y (Rosny). An vii. — 4. *Encore un tableau de Paris.*

peau rond, tout le Paris du Directoire vient au foyer Montansier voir ou choisir, reposer le peigne de sa tresse ou jeter le mouchoir. Toutes les lorgnettes sont en jeu et braquées sur ce balcon garni d'un bout jusqu'à l'autre de femmes demi-nues, des Lise, des Dorothée, des Flore, des Joséphine, des Antoinette, des Destude et des Belleval. Ici une nymphe mignonne pose son bouquet sous le nez d'un fournisseur et lui demande des oranges dont elle lui jette l'écorce au nez; là, partout, sur les sofas du foyer, dans les escaliers, dans les corridors, c'est un fourmillement, un croisement de filles affairées [1]. — Mais quel bruit! C'est un petit jeune homme, le Plutarque-Arétin de ces belles, Henrion, qu'une nuée de spencers écarlates entourent: « C'est lui! c'est lui! » Et les petites mains lui passent un petit livre: *Apollon passant en revue les filles du Palais-Égalité*; et Fanchette Tache-de-Vin, et Aglaé Louchois, et Henriette la Méchante, et cent autres, l'entreprennent, le questionnent, le gourmandent de cent cris et de cent voix: « Comment m'as-tu traitée? — As-tu parlé de moi? — Tu n'as pas bien mis mon article [2]! »

Dans l'histoire du théâtre de la Révolution, la Montansier doit avoir sa place; c'est une figure originale et sans précédents qui demande qu'on la dessine. Ce génie de monopole, qui brasse hardiment les grandes exploitations, cet esprit de ressources dans les crises financières, cette active remueuse d'affaires et de capitaux; cette imagination de Gasconne doublée d'une tête solide, où les chiffres travaillent; cette madrée, qui défend une opinion à son

---

1. *L'Optique du jour.*

2. *Histoires secrètes de toutes les perruques blondes de Paris*, par Henrion. An III.

théâtre[1], et qui, sans se risquer, gare ses pièces de politique, dans l'épidémie jacobine; cette directrice à la Talleyrand, qui se range à tous les faits, et ne se compromet que prudemment avec les choses du jour, réservant le lendemain, ménageant ce qui a été, ménageant ce qui est, ménageant ce qui peut être; venant à Paris fonder un théâtre, en 1789, en se déclarant inséparable de la personne du roi[2]; puis, perdant une représentation et marchant avec tout son personnel, pour remuer civiquement la terre du champ de Mars[3]; puis, équipant une compagnie de quatre-vingts volontaires qu'elle envoie à l'armée de Dumouriez[4]; méridionale commère, Médicis des coulisses, cabalant, intriguant, divisant les comédiens de tous les théâtres; l'ancienne Ursuline de Bordeaux[5], l'ancienne propriétaire du théâtre de Versailles, la cliente de Marie-Antoinette manœuvre, louvoie dans tous les orages des temps, échappe à tout, garde sa tête, maintient sa fortune, s'augmente d'un théâtre jusqu'à ce qu'elle se heurte et se brise au caprice d'un dictateur.

C'avait été une grande idée de la Montansier d'élever, sous le nom de *Théâtre National,* un théâtre réunissant les quatre genres : la tragédie, la comédie, l'opéra, la pantomime[6]. Dès que la Montansier a conçu ce rêve, nulle cesse, nulle trêve, nul repos jusqu'à sa réalisation. Quelle domination elle se voit aux mains! Régir tous les spectacles en un! Vite, avec l'argent de Lepescheux, un terrain de six cents toises est acheté quatre cent soixante mille livres.

---

1. *Journal de la cour et de la ville.* Août 1792.
2. *Chronique de Paris.* Octobre 1789.
3. *Journal de la cour.* Juillet 1790.
4. *Annuaire dramatique.* 1821 et 1822. — 5. *Id.*
6. *Mémoire pour la citoyenne Montansier.*

Les immenses magasins de Versailles et du Palais-Égalité sont vidés. Des traités sont passés avec les artistes; — l'architecte est le fameux Louis[1]. Tout marche, le nouveau royaume de la Montansier est prêt. Mais Robespierre, dont les goûts sont portés vers l'opéra, — Robespierre a vu cette salle qui sort, brillante et dorée, de la main des peintres et des décorateurs; sa pensée se reporte vers le misérable local du théâtre des Arts, exilé au boulevard Martin; vers cette salle ruineuse, dont la charpente pourrie ne promet pas les quarante ans de durée que lui donne Lenoir[2]. — Quelques jours après la visite de Robespierre, Chaumette dit à la Commune : « Je dénonce la citoyenne Montansier, comme ayant fait bâtir sa salle de spectacle rue de la Loi, pour mettre le feu à la Bibliothèque nationale. L'argent de l'Anglais a beaucoup contribué à la construction de cet édifice, et la ci-devant reine y a fourni cinquante mille écus... » Hébert donne la réplique à Chaumette : « Je dénonce personnellement la demoiselle Montansier. J'ai des renseignements contre elle, et il m'a été offert une loge à son nouveau théâtre pour m'engager à me taire. Je requiers que la Montansier soit mise en état d'arrestation comme suspecte[3]. » Et la Montansier était arrêtée au moment où elle montait en voiture, accompagnée de Fabre d'Églantine, pour conclure avec Contat[4].

Bientôt ordre aux artistes engagés par la citoyenne Montansier d'évacuer le théâtre en trois jours et de faire

---

1. *Mémoire pour la citoyenne Montansier.*
2. *Encore sept millions pour le grand Opéra; ça ne prendra pas, rendez la salle à Montansier.* 1795.
3. *Journal de Perlet.* Novembre 1793.
4. *Annuaire dramatique.* 1821 et 1822.

place à la ci-devant Académie de musique[1]. Dans la hâte du déménagement, effets, machines, décorations, peintures, sont abimés, brisés, exposés à la pluie. Et l'Opéra entre, la *baïonnette en avant*[2], abattant, changeant, massacrant.

De prison, — car la mort de Robespierre ne lui apporte qu'un changement de cellule : de la Petite-Force, elle passe au Collége du Plessis, — la dépossédée, qui ne dort ni ne s'engourdit, remue, par ses amis et par les démarches qu'elle dicte, la Convention et tout Paris. Elle rédige et lance un Mémoire énergique. Elle peint de couleurs vives sa ruine, la ruine des citoyens attachés à ses intérêts, son crédit anéanti, les sujets engagés et entretenus à grands frais par elle dispersés, son papier jeté sur la place protesté, les effets et meubles du théâtre dilapidés, quinze cents familles, dix mille personnes souffrantes de la spoliation[3]. Enfin, elle évalue à sept millions quatre cent mille livres sa propriété, c'est-à-dire ce qu'on lui doit. Aussitôt l'opinion publique de crier : « *Rendez la salle à Montansier*. Voulez-vous acquérir encore une propriété nationale, quand vous en avez pour onze milliards à vendre? et allez-vous encore consacrer sept millions à assurer, héberger, protéger, encourager, désaltérer, chausser, ganter et engraisser les chanoines prébendés du Théâtre des Arts? » L'opinion publique de dire avec Tallien : « Laissez les théâtres s'arranger entre eux! Qu'ils fassent comme les théâtres Feydeau et de la République qui font chacun quatre-vingt mille livres par mois, sans importuner de

---

1. *Les propriétaires du Théâtre-National à la Convention nationale.* An III.
2. *Encore sept millions pour le grand Opéra.*
3. *Mémoire pour la citoyenne Montansier.*

PENDANT LE DIRECTOIRE.

leurs demandes pécuniaires aucun comité ! *Plus de canonicals*[1] ! » — Mais la Montansier a contre elle le crédit de Lays, tout fier de s'être opposé aux envahissements de cette ambition ; « qui a employé tous les moyens qu'on lui connaît pour dissoudre le Théâtre des Arts[2]. » Elle a surtout contre elle « les rapports combinés dans les boudoirs des sirènes d'Ulysse, qui, n'ayant plus ni princes, ni gentilshommes de la chambre, ni fermiers généraux, ni intendants des menus, ni milords nouveaux débarqués, se raccrochent au comité des finances[3]. » Lays et les sirènes ont gain de cause : le projet du décret porte que l'on gardera la salle de la Montansier ; et qu'il lui sera payé deux cent mille livres, pour lui tenir lieu de toute indemnité, à raison de sa dépossession. Deux cent mille livres ! Et tous les *créanciers personnels* sont appelés à faire valoir leurs droits sur cette somme dérisoire qui ne forme pas le dixième de leur dû[4].

Ainsi, sortie de prison, mariée à Neuville, son compagnon de captivité, menant le théâtre qui porte son nom, la Montansier, toujours alerte, toujours fébrile, va tout le Directoire, bataillant, courant, plaidant, écrivant, sollicitant, et sollicitant encore, autour de cette créance, dont elle refuse seize cent mille livres de Barras, et qui ne sera réglée que par le décret de Moscou[5].

L'Opéra a Lays, le chanteur moelleux et tendre, le jacobin d'avant 1792, que le 9 thermidor a un moment

---

1. *Encore sept millions.*
2. *Lays, artiste du théâtre des Arts, à ses concitoyens.*
3. *Encore sept millions.*
4. *Mémoire pour la citoyenne Montansier.*
5. *Annuaire dramatique.* 1821 et 1822.

chassé de l'Opéra. Singulière époque, où tout grand artiste, mêlé aux passions de la Révolution, est une opinion bien plus qu'un talent, où tout acteur usurpe un petit coin de l'histoire politique ; où Bathylle même, descendu au forum, suit les fortunes diverses des factions ennemies, et où la nation semble prendre au sérieux les gasconnades patriotiques des histrions, passés de très-bonne foi comédiens de parti ! — Le petit roman comique ; le grotesque et curieux symptôme des exagérations du temps, que le jacobinisme *mangeur d'enfants* [1] du citoyen Lays ! Il part, le voilà parti le 20 juin 1793, pour donner vingt représentations à cinq cents livres à Bordeaux ; bien en règle, bien en mesure, exactement pourctrait en son passe-port : taille de cinq pieds trois pouces ; sourcils châtain clair, yeux bleus, nez aquilin, bouche petite, menton rond, front bombé, visage ovale, cheveux, — les cheveux de l'époque : une perruque [2]. Il est accompagné de qui vous savez, de cette femme riche dont la fortune a servi à soudoyer les ennemis de la République ! et de fait la compagne de Lays, une polisseuse de diamants, gagnait au moins de trente à quarante sous par jour quand il l'épousa [3] ! A peine est-il débarqué, grand bruit, le grotesque Panurge est un conspirateur ! et tout aussitôt scellé sur les papiers du *baron de la Dandinière*, de par la commission populaire de Bordeaux ! Grosse saisie d'une petite liste, la liste des rôles qu'il devait jouer ! Lays essaye de chanter *Œdipe* et les *Prétendus* : tumulte, scandale au théâtre ; ordre de décamper signifié par le conseil général de la commune [4]. — Telle est la campagne jacobine

1. *Lays, artiste du théâtre des Arts, à ses concitoyens.* — 2. *Id.*
3. *Id.* — 4. *Id.*

du chanteur, qu'on accuse des exécutions, de la guillotine, du 2 septembre, et de la Révolution. Lays n'était ni un maratiste, ni un homme du 2 septembre, comme l'avait cru Bordeaux ; c'était simplement une tête faible, que les événements avaient grisée, et qui ne tarda pas à quitter la politique, pour retourner à l'art, — ce dont la politique bénéficia autant que l'art.

L'Opéra est le théâtre où la Révolution est le moins oubliée, et dont le personnel rappelle le plus 1789 et 1793. A côté de Lays, — qui tient le haut bout de l'Opéra et « les premiers rôles à baguette[1] ? » la *déesse de la Raison*, avec sa poitrine robuste, sa stature magnifique, sa chaleur, son énergie[2] : Maillard, la grande et splendide créature, appréciée par le vieux fermier général Chalutz, mère de cinq enfants qu'elle attribue au jeune musicien Berton[3], et maintenant l'amie de Saint-Prix, ce *Benjamin*[4] dont l'amour lui fait bien des jalouses.

Là encore, un ménage qui tient à la Révolution. C'est le ménage d'une basse-taille qui s'appelle Chéron, et de cette faiblesse pathétique qui est Mme Chéron. N'ont-ils point été les victimes de l'ancien régime ? Une injustice ou une sévérité bien dure ne les a-t-elle pas privés, sous le ci-devant roi, de leurs appointements de premiers sujets, pour le premier congé que le mari prenait depuis douze ans, et la femme depuis sept[5] ? Et toute leur gloire n'est-

---

1. *Almanach des spectacles de Paris pour l'an* VIII. Duchesne.
2. *Lorgnette de spectacle*. An VII.
3. *Chronique scandaleuse des théâtres ou les Aventures des plus célèbres actrices, chanteuses, danseuses, figurantes*, etc.
4. *Les Miniatures*. 1799.
5. *Mémoire pour les sieur et dame Chéron, premiers sujets du chant à l'Académie royale de musique contre l'administration de ladite Académie*. 1790.

elle pas fille de la Révolution, qui les a rappelés et poussés au premier rang?

Cette voix pure, c'est un autre persécuté de Dauvergne : Rousseau. Se reposant sur une promesse écrite de son directeur, il se disposait à chanter au concert spirituel, quand une lettre de cachet le chassa de Paris sous vingt-quatre heures, et l'interna à Soissons[1].

Enfin, c'est Moreau, qui, avant de passer à l'Opéra-Comique, pour douze cents livres chante, chante, chante ; écoutez-le : « J'ai chanté pour le citoyen Leroux, qui a chanté dix fois depuis deux ans, j'ai chanté pour le citoyen Gagné, que je n'ai point encore vu depuis deux ans ; j'ai plusieurs fois chanté des premiers rôles ; j'empêchay vingt fois de fermer le théâtre, j'ai doublé les citoyens Dufresne et Bertin, j'ai chanté pour Lhote, pour Villoteau, je chante en outre dans les chœurs[2]. »

Pour la danse, il est bien heureux que le pied mignon de Mlle Millière, ce pied qui avait charmé le duc de Bourbon, fasse attendre au public les célébrités chorégraphiques qui vont naître[3] ; il est bien heureux que Vestris se dise ruiné, et danse encore[4], — l'héroïque Vestris qui refusa à Robespierre lui-même de danser la carmagnole[5] ! — « Bah ! ruiné ? — lui dit un interloculeur de coulisses. — Rouiné ! je n'a pas dou pain à mettre su la dent. — Tu avais, je croyais, encore une petite maison ? — Qu'ap-

---

1. *Mémoire pour les sieur et dame Chéron, premiers sujets du chant à l'Académie royale de musique, contre l'administration de ladite Académie.* 1790.

2. *Catalogue d'autographes Hervey.*

3. *Revue des Comédiens.* — 4. *Déjeuner.* Mai 1797.

5. *Neues Paris, die Pariser und die Gärten von Versailles.* Al bei J.-F. Hammerich 1801.

pelles-t'ou oun petite maison! c'est bien oun beau et bon château; ma tous mon pensions y sont soupprimés et zé n'ai pas dou pain. — Voilà ce que c'est d'avoir un château d'agrément et pas de terre? — Point de la terre, qu'est-ce que tou dis! il y a septante et dix bons arpents de vigne et de patoure; mais je souis rouiné, mou ami, je n'ai pas dou pain. — Les bestiaux manquent? — Et no! trois paires de boufs, dix cavali, trois ânesses, oune douzaine de pourceaux, oune centaine de moutons; ma qu'est-ce que c'est que tout ça pour oun homme comme moi! La Révolution m'a rouiné de fond en comble : ça est-il pas bien crouel pour oun homme comme moi, qui a fait le plaisir de la cour et de la ville? Ma, mou ami, vois-tou, la rivière y coule pour tout le monde. A la *riverisco*. Je vas voir si mon cabriolet il est là. Tou viendras dîner doumain avec moi; je régale le phénix de la danse, *il mio figlio*. Le povero Bambino! Quel dommage que je n'ai pas dou pain. Adio[1]. »

En dépit de cette moquerie au vif du vieux danseur; en dépit de cette caricature des exagérations de sa détresse, la gêne est au foyer de Vestris. Sa belle-sœur écrit en ce temps, au sculpteur Antoine, que, ne touchant rien de son théâtre, rien de ses rentes, rien de la location de son pavillon, « elle est dans une gêne affreuse dans le moment; il faut qu'il lui fasse prêter cent pistoles jusqu'à l'hiver prochain[2]. » — Et le croira-t-on? deux ans après, Mlle Allard elle-même, Mlle Allard, dont Carmontelle avait illustré le pas de *Sylvie*, la mère de Marie-Auguste Vestris, le vice-*diou* de la danse, le fils adoré de Gaëtan-Apolline-

---

1. *Semaines critiques*, vol. II.
2. *Catalogue d'autographes* Trémont, premier supplément.

Balthasar Vestris, Mlle Allard est forcée, — ô misère! — de frapper à la porte de Nicolet! Le 7 pluviôse an vii, Mlle Allard écrit à Nicolet : « Les circonstances fâcheuses où la Révolution m'a plongée me forcent à recourir à me servir de mon talent... Mon nom vous indiquera que j'ay jouis de quelque célébrité[1]. »

La danse n'est pas heureuse. Dauberval, qui avait eu la gloire que Mme Dubarry s'occupât de son mariage, n'est plus assez riche pour tenter un établissement à Paris. Il ne lui reste qu'une chaumière dans le département de l'Yonne, dernier asile de ses parents vieux et infirmes[2].

A Feydeau, à l'Opéra-Comique national, la musique a de jolis interprètes, des voix spirituelles, de frais gosiers, éclos depuis quelques années, ou recueillis dans le naufrage de l'ancien théâtre Italien. Bonnes vieilles actrices et femmes charmantes, la méthode et la jeunesse, tout est mêlé. « Voyez entrer ces aimables bacchantes le pied en l'air, les bras enlacés, la chevelure flottante, fredonnant en chœur une gavotte provençale[3]. » Elles s'arrêtent et parlent, et jargonnent une causerie si vive, si rapide, et si accentuée, que vainement vous courez après le sens qui s'envole. Salut aux deux Gavaudan! dont Spinette la cadette est fidèle à peu près, pendant la Révolution, au substitut du singe de Nicolet, à Mayeur[4].

Timbre pur, sonore, habilement mené, c'est Philippe, qui daigne chanter ce que le compositeur a écrit ; c'est Solié, cette plaisante caricature qui chante d'un si grand goût. — Gavaudan est toujours digne de la couronne dont

1. *Catalogue d'autographes* Hervey.
2. *Id.* Trémont, premier supplément.
3. *Chronique scandaleuse des théâtres ou les Aventures des plus célèbres actrices*, etc. — 4. *Id.*

l'enthousiasme public le couronna dans *le Délire,* parodie de *Nina*[1].

Mme Dugazon, l'actrice du sentiment, tantôt reine, tantôt paysanne, portant d'un naturel aussi parfait et la pourpre et la bure ; Mme Dugazon, qui a séduit Sieyès lui-même[2], Mme Dugazon, la femme qui, toute la Révolution, ne laisse à nulle autre le droit d'être mieux mise qu'elle, et de mieux dire, et d'être plus aimable, et de mieux aimer, et de mieux monter à cheval, — bel Astley du Cirque, vous fûtes son écuyer[3] ! — Mme Dugazon ne songe pas à sonner la retraite de son talent, et à rompre avec le public, qui oublie son acte de naissance, toutes les fois qu'il la voit.

S'il faut un masque vif, un rire à belles dents, et la mutinerie de l'œil, Carline est là, l'admirable Colas de *Fanfan et Colas,* l'admirable Lucas de la *Bonne Mère,* l'admirable Lindor de *l'Amoureux de quinze ans*[4]. — Faut-il se renfrogner, passer dans la comédie qui chante comme une gronderie comique, être la duègne, toujours marmottante, toujours geignante? voici toute prête l'inimitable Mme Gontier, cette commère qui met de ses rôles dans sa prose : « Je me porte fort mal de corps, de cœur, d'esprit, et non d'âme, accoutumée à être depuis vingt ans le bardaut de l'assemblée et des camarades, qui ne m'ont qu'accablée et jamais soulagée[5]. » Survivants précieux du théâtre Italien ! Et la famille serait complète, s'il ne manquait le charmant trio des Colombo, s'il ne manquait

---

1. *L'Espion des coulisses.* An VIII.
2. *Le Contre-poison,* par Dusaulchoy. 1791.
3. *Les Miniatures.* 1799.
4. *Vérités à l'ordre du jour.* An VI.
5. *Catalogue d'autographes Trémont.*

Mlle Renaud, que le mariage jaloux a ravie à la scène ; s'il ne manquait cette Adeline, cette fille *aînée du diable*[1], qui aimait tant les vilains singes et les beaux hommes, qui si vite croquait l'argent, et qui, par plaisanterie, avalait un billet de caisse posé sur une tartine de beurre[2] !

Mais que parlons-nous de tous ces soutiens consciencieux de l'Opéra-Comique, passés de mode? Mme Saint-Aubin! Elleviou! voilà le couple qui accapare aujourd'hui la faveur du public, — et qui se fait la part du lion dans toutes les pièces. Mme Saint-Aubin ne veut pas de rivale. Elleviou ne laisse pas un rôle au talent de Juliet, de Martin, de Trial : Elleviou, Mme Saint-Aubin règnent despotiquement; ils n'ont que deux ministres de leurs succès : Ségur et Dupaty. Mais quels auteurs intelligents et dévoués! comme seuls, ils ont la recette de ces petits rôles charmants, de ces petits duos charmants, de ces riens où Elleviou est en officier, et Mme Saint-Aubin en toute jeune, mais toute jeune ingénuité; c'est le programme : « Dix-huit ans tout au plus, entends-tu, mon cher Dupaty? — et que ça soit ben genti, ben niais, oui, oui, comme l'*Amoureuse du Prisonnier*[3] ! »

« Antoinette, cédant à l'orgueil national, attira en France le célèbre Allemand qui créa chez nous la musique dramatique. En cela, elle fit une imprudence; ce n'est point une erreur de dire que la Révolution opérée par Gluck dans la musique aurait dû faire trembler le gouvernement. Ses accords vigoureux réveillèrent la générosité française; les âmes se retrempèrent et firent voir une éner-

---

1. *Les Miniatures*. 1790. — 2. *Les Miniatures*. 1790.
3. *L'Espion des coulisses*. An VIII.

gie qui éclata bientôt après. Le trône fut ébranlé [1]. » Cette pauvre musique, travestie par Leclerc en alliée de la philosophie, trouve autant de mécomptes que son alliée à la Révolution. Des concerts des Tuileries, elle tombe au lycée du Palais-Royal [2]; des célèbres concerts du comte d'Albaret [3], elle tombe au club des Étrangers de la rue de Chartres [4], elle tombe au gymnase de la milice citoyenne [5]. La *Carmagnole,* le *Ça ira,* la *Marseillaise* sont toute la musique de la France. Et, comme toute Muse d'alors, Euterpe descend au peuple; Méhul rêve des chœurs de trois cent mille voix, un opéra monstrueux chanté en quatre parties par une armée de voix : « La première partie ferait d'abord la tonique; la seconde, la troisième et la quatrième parties donneraient successivement la tierce, la dominante et l'octave; après quoi, ces quatre parties, reprenant simultanément, feraient les quatre notes à la fois [6]. »

Heureusement le vieux Grétry et le jeune Chérubini ramènent la musique à l'Opéra, et la sauvent. Heureusement l'Institut national de musique, sorti de l'association musicale des artistes musiciens de la garde nationale parisienne, succède glorieusement au Conservatoire musical de l'ancien régime : le Dépôt de musique des gardes françaises [7]; succède à l'École de chant ruinée de l'Académie royale de musique; succède enfin à ces six cents gymnases

---

1. *Essai sur la propagation de la musique en France, sa conservation et ses rapports avec le gouvernement,* par Leclerc.
2. *Chronique de Paris.* Janvier 1792.
3. *Dictionnaire néologique des hommes et des choses.* 1795-1800.
4. *Petites Affiches.* Octobre 1790. — 5. *Id.* Brumaire an III.
6. *Essai sur les moyens de faire participer l'universalité des spectateurs à tout ce qui se pratique dans les fêtes nationales,* par L.-M. Réveillère-Lepeaux. An VI.
7. *Paris à la fin du dix-huitième siècle,* par Pujoulx, 1800.

sacrés, les cathédrales où « la routine d'un goût gothique commandait un chant lourd et martelé, des chœurs secs de chant et d'expression [1]. » Les portes des salons s'entre-bâillent; la société fait signe à cette ancienne conviée de toutes les fêtes. Les nouveaux riches savent ce qu'ils doivent à leur fortune nouvelle : ils se sont résignés à toutes les exigences du bon ton; et comme ils ont entendu dire que cela était jadis de bonne compagnie, de prêter quelques heures ses oreilles à un orchestre, — ils écoutent, ils affrontent, ils provoquent les concerts, et s'y ennuient héroïquement. Leurs femmes les ont devancés, dans cette courageuse comédie du ci-devant goût; elles font contre musique bon cœur, d'une patience sans égale; à quarante ans, elles se mettent à apprendre le piano-forté, et ne consentent à se rendre aux eaux qu'avec un clavecin monté sur la bâche de la voiture [2].

Les affiches de concerts couvrent les murs. Les racoleurs d'*ut* courent la France, et la dépeuplent de ténors. Les archets fameux deviennent impayables. Les entrepreneurs, maréchaux des logis de l'harmonie, marquent à la craie les palais les plus somptueux, dont les échos ne vont plus se taire. Concert Marbeuf; concert Prévost; concert de la République; concert des Tuileries où Krasa fait entendre l'*instrument du Parnasse;* concert des aveugles; concerts des sourds et muets; concert Cispadan, où la musique est intelligemment doublée d'un splendide souper [3]; concert du Cercle de l'harmonie, qui tend ses vilaines draperies aurores et bleues dans les appartements de la duchesse d'Orléans, au Palais-Royal [4]; concert à l'Odéon,

---

1. *Petites Affiches.* Brumaire an III.
2. *Semaines critiques,* vol. III. — 3. *Id.,* vol. I. — 4. *Id.*

dont la salle d'or et de stuc ouvre par le *Stabat* de Pergolèse [1] ; tous concerts luttant vainement contre la vogue d'un concert qui semble porter la musique et sa fortune, la mode et ses destins : le concert Feydeau !

Ce concert est le camp du Drap d'or du Directoire. Les femmes y portent sur leurs dos deux ans du revenu de leurs maris; pour y montrer une toilette, elles mettent leurs contrats de rente en dépôt [2]. Une nuée de femmes de chambre assiége, la veille, l'antichambre des modistes, venant chercher le chapeau payé cent francs, sous la clause expresse que nul chapeau pareil ne sera fait avant le concert [3]. Trois jours d'avance, Paris fait queue au bureau de Feydeau, sollicitant les loges à colonnes et les loges grillées où s'exhibent les perruques à *serpenteau* enlacé d'or, les chapeaux chargés de diamants, les robes de dentelles, les *sentiments* à chaque articulation [4]. Le jour même, c'est une presse à désespérer d'y entrer jamais. Ce sont des plaintes, des désespoirs! « C'est incroyable! plus de billets à cette heure! — grasseye un petit-maître, — et pourtant moi, je ne me puis dispenser de paraître à ce concert [5]. » Grande mine de couplets mordants que ce Longchamps des incroyables et des impossibles! Martainville fait jouer le *Concert de la rue de Feydeau* ou l'*Agrément du jour*; René, Perrin et Cammaillo donnent, à l'Ambigu, le *Concert de la rue Feydeau* ou la *Folie du jour*. Durement moqués, un peu injuriés dans leurs habits, les habitués de Feydeau vont siffler à l'Ambigu; on se bâtonne un peu, on crie, on contre-crie : — A bas les Jacobins! — A bas les musca-

1. *Semaines critiques*, vol. I.
2. *Le Concert de la rue Feydeau ou la Folie du jour*, par les citoyens René Perrin et Cammaillo. Ambigu-Comique. Pluviôse an III.
3. *Décade philosophique*, vol. III. — 4. *Id.* — 5. *Id.*

dins! On est un peu empoigné en sortant[1]; et un moment, les Parisiens se demandent s'ils ne vont pas avoir la guerre civile pour une querelle de marchandes de modes.

Feydeau n'a pas que les muscadins. Il est autre chose que le théâtre des élégances, des nouveautés, des sourires, des rubans, des œillades, des coiffures; autre chose que le salon des toilettes : il est un concert, le premier concert de Paris, le bouquet de tous les talents, le régal des amateurs. Tour à tour, il donne à entendre l'archet pur et sonore de Mme Larduner[2], la voix expressive de Mme Walbonne Barbier, le cor de Punto, le violon de Baillot, la harpe de Mme Molinos, et Rousseau, et Gaveaux, et Mme Storace[3]. Mais qu'est-ce? « Les têtes mobiles s'agitent, les plumes voltigent, l'or étincelle, les éventails à la civette frémissent[4]. » Un sympathique murmure court au-devant de quelqu'un qui s'avance. Qu'est-ce? C'est Garat! Garat, l'enfant gâté du succès, Garat à qui la ci-devant reine demandait son jour et son heure! Garat qu'elle envoyait chercher à six chevaux[5]! Garat, ce gosier qui était tout un opéra! Garat qui, sans savoir une note de musique, contrefaisait toutes les voix et tous les timbres, tous les acteurs et toutes les actrices, et tous les instruments, aux applaudissements de Piccini, de Sacchini et de Philidor[6]! Garat pour qui toute femme a les yeux de Mme Dugazon! le

---

1. *La nouvelle Henriotade ou Récit de ce qui s'est passé relativement à la pièce intitulée Concert de la rue Feydeau* (par Martainville).
2. *Tribune publique*, deuxième trimestre.
3. *Petite Poste*. 1797, passim. — 4. *Menteur*, n° 28.
5. *Mémoires secrets pour servir à l'Histoire de la république des lettres en France*. Londres. 1784, vol. XXII.
6. *Mémoires secrets pour servir à l'Histoire de la république des lettres en France*. Londres, 1783, vol. XXI.

coryphée des incroyables! l'Orphée au costume étrange! le joli insolent qui menace M. de Talleyrand de ne plus venir dîner chez lui, pour avoir failli attendre une demi-heure[1]! ce chanteur de voyelles, ce rouleur d'*a, e, i, o, u*[2], qu'on paye quinze cents livres pour chanter deux ariettes[3]! Garat dont tout Paris *caracoule les caracoulades*[4]! Garat! le chanteur des plaintives pastourelles, de l'*amoroso cantabile*, le bienvenu en ce temps de romance[5]!

Garat règne; la romance gouverne. Beaumarchais prévoyait-il un tel avenir à la chanson du cœur, aux couplets tristes et tendres, lorsqu'en 1783 il détachait de son *Barbier de Séville* la romance du *Petit page?* Le petit poëme lyrique a fait fortune; il a grandi après Thermidor, et il est devenu l'opinion publique fredonnée; chacun lui rêve un rôle à sa taille nouvelle. L'un veut que, dans chaque village de France, tout mort digne de la postérité soit chanté par une romance, et reçoive de la rime et de la musique une canonisation civile[6]. D'autres poussent la romance aux passions du temps et à la vengeance des larmes : « La romance, comme une jeune femme éplorée, doit parcourir la France, gémir sur le tombeau des victimes de la tyrannie, et, la harpe en main, consoler leurs ombres plaintives par des chants douloureux. » Ils veulent qu'elle soit une histoire touchante, une tradition émue et une école de sensibilité pour les jeunes enfants[7]. La ro-

1. *Souvenirs du Directoire et de l'Empire*, par la baronne de V... Paris, 1848.
2. *Dictionnaire néologique.*
3. *Semaines critiques*, vol. I. — 4. *Le nouveau Paris*, vol. III
5. *Tribune publique*, vol. III.
6. *De la poésie considérée dans ses rapports avec l'éducation nationale*, par J.-B. Leclerc. An VI.
7. *Petites Affiches.* Pluviôse an III.

mance, plus modeste que ses amis, mieux avisée peut-être, se gare d'être l'ode; elle reste la romance, chante le Troubadour et son amie, ravit les femmes, et garde Garat.

Garat chante : les yeux se mouillent; de doux battements le remercient d'avoir chanté. Mais un sourire, confus à la fois et reconnaissant, voltige de lèvres féminines en lèvres féminines; les éventails s'ouvrent et se disposent en paravents des pudeurs. Garat! C'est encore le bouffe spirituel du rondeau des *Visitandines!* c'est encore le diseur à demi-voix des spirituelles gravelures! Garat chante :

« Un jour de cet automne... »

C'est la fameuse *Gasconne*, que Garat n'a pu refuser aux sollicitations de la salle entière. La chanson d'aller; les femmes de rougir tout haut, et de rire tout bas; et l'applaudissement de mille mains de jeter des bravos au chanteur!

Heureux Garat! à qui la Seine rapporterait ta bague, si tu l'y jetais! Heureux Garat! tu peux dire à la mode : « O ma divinité tutélaire, tous les hommes se plaignent de leur sort, moi je vous supplie de ne rien changer au mien. Les grâces, les plaisirs m'assiégent, ils veulent tous m'avoir, je me laisse entraîner. Ils m'idolâtrent, je les laisse faire; mon costume, mes propos, mon maintien, tout fait époque dans le monde. Une romance de moi est un événement, une cadence chromatique est la nouvelle du jour, un enrouement est une calamité publique... Ma parole suprême! c'est trop de félicité pour un mortel![1] »

1. *Menteur*, n° 28.

XII.

La presse royaliste, directoriale, jacobine. — Dénonciation des fortunes et des dilapidations. — Le 18 fructidor. — Louis-Ange Pitou. — Les déportés.

Dans la presse, une voix tonne.

Une lamentation s'est élevée, grande comme l'amertume de ce peuple. Elle monte dans ces ténèbres et dans cette affliction. Elle dit l'opprobre où cette patrie est tombée, l'abomination du sanctuaire, les princes tués, les mères devenues comme des veuves.

Une indignation a éclaté, criant à ces temps l'exemple des temps de Vitellius et de Vespasien, les discordes armées, la luxure publique, les tombeaux et les chœurs de danse, les bains impurs et les cadavres, Tarente dans Rome qui saigne.

Ce prophète, ce satirique, est Richer-Sérisy. Quelle verge et quelles foudres! Quelle catilinaire nouvelle : l'*Accusateur public!* enhardissant la France à l'impatience des crimes, entraînant les consciences au remords des lâchetés, levant la frémissante armée des rancunes et des deuils, menaçant le Directoire de la ligue des souvenirs!

Comme la feuille palpite! comme elle pleure et comme elle tempête! Quel souffle d'éloquence passe en cette rhétorique, — langue forte, outrée, nourrie, soutenue, enflée d'études et de lectures! — Et de cette plume ainsi taillée, d'une verve sans mesure, sans peur, Sérisy allume toutes les colères, pour rappeler tous les devoirs. Il avertit cette société, — tombereau de muguets et de folles demi-nues charriés de Frascati à Bagatelle, — il l'avertit, dérangeant les joies, évoquant tous ces morts mutilés qu'il promène et fait asseoir aux fêtes des vivants. Il voue la Convention à la Postérité juste; et, comme jaloux d'être le pourvoyeur des gémonies de l'histoire, il traîne, infatigable, au panthéon de l'égout les porte-couronnes de la Révolution : ceux-là qui étaient empereurs, ceux-là qui étaient proconsuls, ceux-là, — populace de bourreaux, — qui n'étaient que les prétoriens de la mort!

Autour de la gazette du Juvénal biblique, quarante journaux, petits ou grands, discutent, attaquent ou caracolent; plus vifs, plus bruissants, plus encouragés, plus applaudis, plus achetés chaque jour, et chaque jour chantant plus haut, plus fort claquant leurs fouets, comme des postillons fleurdelisés qui entreverraient le clocher d'une monarchie; quarante journaux *messieurs*[1], descendant tout le registre des nuances contre-révolutionnaires, depuis le *Thé* jusqu'au *Censeur des journaux*, le journal anti-directorial le moins éloigné des journaux du Directoire.

Le *Thé*, — c'est un malin impitoyable, dont Bertin d'Antilly est le boute-en-train. Et s'il ne peut garder son sous-titre de révolte, *Journal des Dix-huit*, grands regrets!

---

[1]. *Les Candidats à la nouvelle législature ou les Grands Hommes de l'an cinquième*, par le Cousin Luc. An v.

Il se venge en donnant chaque jour le vote d'un constitutionnel dans le procès de Louis XVI. — Les *Rapsodies* bernent l'ennemi en vaudevilles partout chantés. « Avez-vous lu les *Rapsodies du jour?* — C'est bien pitoyable. — Comment cela? — Oui, c'est bien royaliste. » Ainsi, l'on cause du petit journal au théâtre de la République[1]. — Les *Actes des Apôtres*, de Barruel Beauvert, le gendre de M. de Maurepas, disent : « Le salut des honnêtes gens dépend tout à fait d'eux : femmes! excitez-les s'ils ont besoin d'avoir du courage[2]! » — « Voici le grand Miroir! Qui veut se mirer ce soir? » Les crieurs courent Paris, criant : « Voici le grand Miroir[3]! » le *Miroir*, où Souriguères et Beaulieu font la guerre à tout le monde et la chasse aux scandales; seul journal, avec le *Messager du Soir*, vendu à la porte des théâtres, ce dont l'*Ami des Lois* ne décolère pas; — le *Messager du Soir*, cet écho de Blackembourg, dont le rédacteur Isidore Langlois reparait après Vendémiaire, bravant ennemis et juges. Vient la grosse artillerie : le *Courrier Universel*, qui, depuis l'an II jusqu'à l'an VIII, change vingt-trois fois de titre[4]; le *Courrier Français* devenu *Courrier Républicain*; la *Correspondance politique*, « de la méchanceté sans déguisement et un système d'opposition sans moyens[5], » à en croire un adversaire; la *Quotidienne*, lue par toute la bonne compagnie des villes et des châteaux[6]. On crie encore : « Voilà le Grondeur! Qui veut le Grondeur! Lisez le Grondeur! »

---

1. *Les Rapsodies du jour*, par Villiers. Vendémiaire an V.
2. *Actes des Apôtres*, par Barruel Beauvert, vol. IV.
3. *Paris*, par Peltier. Janvier 1797.
4. *Bibliographie des journaux*, par Deschiens. 1829.
5. *Censeur des journaux*. Fructidor an III.
6. *Journal des Hommes libres*. Vendémiaire an IV.

Feuille garée des grands mots et des gros mots, le *Grondeur* ou le *Tableau des mœurs du siècle!* moraliste agréable[1], qui se soucie bien plus de moquer les ridicules que de corriger les vices, et à qui les républicains font reproche de royalisme, et les royalistes de gaieté. — Qui réveille tous les matins le gouvernement d'une petite piqûre acérée ? Le *Déjeuner*. — Qui badine et remet la politique et les affaires sérieuses après le badinage ? Le *Menteur* : il a son titre, et son titre ne lui suffit pas ! Il annonce que dans ses colonnes l'histoire aura la plume d'un romancier, la politique la plume d'un laquais parvenu, la morale la plume d'un ex-membre du comité révolutionnaire, etc. Il annonce encore : « Huet, libraire, rue Vivienne, est autorisé à parier avec les incrédules de Paris trois livres quinze sous, et avec ceux des départements quatre livres dix sous, contre trente-deux numéros, que le *Menteur* existera jusqu'à la fin des siècles[2]. »

Puis le *Journal de Perlet* qui copie l'*Éclair*, le *Bien-Informé*, le *Papillon*, le *Promeneur sentimental*, le *Censeur philosophe* affiché partout[3]; le *Journal des Incroyables* grondant Vernet de sa caricature des incroyables, lui reprochant d'avoir oublié qu'hier une façon de coiffure, une forme de soulier, une taille d'habit était un arrêt de mort[4]; puis les journaux de mode, — tous journaux qui consolent la réaction de la disparition du *Journal des Rieurs*, et tâchent d'être la monnaie de Fréron.

Fréron a été dépassé par ses troupes, et craignant d'être compromis dans leurs victoires, il a renié en ces

---

1. *Le Thé.* Juillet 1797. — 2. *Petites Affiches.* Nivôse an v.
3. *La Tribune publique,* deuxième trimestre, 1797.
4. *Le Journal des Incroyables ou les Hommes à paôle d'honneur,* n° 1.

termes sa milice d'habits carrés, avant de quitter son journal :

« Des roquets, d'une médiocrité jalouse, sont les chefs de cette conspiration risible. Ces petits Machiavel d'antichambre se remuent, se trémoussent, pour désunir les patriotes. Ils sont mus, d'abord, par l'impulsion directe de leur bassesse; ensuite, par l'indirecte incitation des grands conspirateurs, qui voudraient perdre l'un par l'autre Tallien et Fréron, qui unissent leurs efforts pour faire prospérer la République. On a chargé des araignées de filer leurs toiles entre ces deux sentinelles vigilantes de l'opinion publique[1] ! »

Au bas, tout au bas de l'échelle du royalisme, le *Censeur des journaux*, raisonnable en ces fureurs, combat tous les partis excessifs, boude sans vocation, et volontiers se rallie au bon sens; homme d'un talent reconnu par tous, polémiste habile et tolérant que le Censeur, cet ex-moine Gallais, qui défend la France contre les Lebois et contre les Souriguères, et laisse le journal le plus sage et le plus remarquable du Directoire.

Ceux-ci conseillent le gouvernement plus qu'ils ne le blâment, et ne méritent de lui ni persécutions ni faveurs : le *Journal de Paris*, « le récipient de toutes les idées, le défenseur officieux de tous les partis[2]; » rempli des compositions économiques, philosophiques, politiques, analytiques et statistiques de Rœderer; le *Journal des Débats et des Décrets*, qui n'est encore qu'une sténographie sans couleur des séances des deux Conseils; l'*Historien*, l'arche du constitutionnalisme, où Dupont de Nemours ne se soucie guère d'être prévenant pour le Directoire, galant pour

---

1. *L'Orateur du peuple*, par Fréron. Frimaire an III.
2. *Censeur des journaux*. Fructidor an III.

Mᵐᵉ Tallien; les *Nouvelles politiques*, de Suard; pauvre Suard! vous preniez bien votre temps de prêcher la paix au moment où lord Malmesbury répandait l'argent à Paris! Cela vous a valu la calomnie de Méhée : « Si quelqu'un vous dit que vous êtes un sot, envoyez-le-moi; mais si l'on vous dit que vous êtes un fripon, répondez vous-même[1]! » La *Clef du Cabinet*, lourd, pesant, métaphysique[2] et ennuyeux journal, que soutiennent la plume de Daunou et la plume de Garat.

Le Directoire a, plus rapprochés, plus dépendants de lui, les journaux qui ne sont pas un parti, mais une affaire : les journaux de spéculation, le journal des frères Chaigneau, rédigé par Étienne Feuillant; le *Journal du Soir*, ce froid enregistreur de faits, ce tranquille narrateur, qui a mérité autrefois cette phrase d'un vaudeville: « Il était un temps où chaque mot était payé par la mort, quand on ne savait pas le dire comme le *Journal du Soir*[3]; » le journal des frères Chaigneau! cette première grande industrie de la politique, qui rapporte cent mille francs par an à ces deux imprimeurs, maintenant retirés à leur maison de campagne, et bravant les contrefaçons chaque soir organisées dans les taudis de la rue de Chartres voisins de leur imprimerie. Une imagination mercantile et digne de notre siècle a fait la vogue de cette feuille. C'était au premier temps des assignats : beaucoup réalisaient le papier. Il n'existait que des coupures de cinquante livres. Les frères Chaigneau, qui recevaient tous les jours de la petite monnaie de leurs colporteurs, annoncent qu'ils feront l'appoint du papier à leurs souscripteurs en mon-

---

1. *Fragments sur Paris*, par Meyer. Hambourg, 1798, vol. I.
2. *Petites Vérités au grand jour*. An VIII.
3. *Fragments sur Paris*, vol. I.

naie sonnante. Limonadiers et traiteurs refusaient alors le change, un portefeuille plein de papier ne pouvait vous donner à déjeuner et à dîner hors de votre maison : vite, on court s'abonner chez les frères Chaigneau, c'est une foule! L'assignat baisse, c'est une émeute d'abonnements; tant et si bien, que la chose devient une mode et le journal une fortune[1] ! Et à côté du *Journal du Soir*, le *Journal du Matin et du Soir*, qui, imprimé la nuit et les feuilles du matin sortant de la presse à dix heures du soir, donne les nouvelles avant les autres journaux, lorsque les séances finissent très-tard ou se prolongent dans la nuit[2].

Le Directoire a pour échos de ses pensées, de ses confidences même : le *Courrier de Paris*, ou la *Chronique du jour*, par Labatut et de la Platrière, « feuille caméléontique, qui prend toutes les couleurs, figure sous tous les masques, louant les directeurs et les ministres, prêchant aux royalistes la pénitence, aux émigrés le pardon des injures, aux jacobins la modération, rassemblant des anecdotes, insérant des vers aux honnêtes femmes et aux catins, annonçant les livres, recevant les dénonciations[3] ; » journal vendu à la concorde, « honnête et perpétuelle jérémiade sur nos malheurs[4], » grassement payé par les Cinq Hommes. Comme on moque la vignette dont il est timbré en tête! un petit bonhomme en carmagnole qui galope affourché sur un cheval élancé, une feuille périodique en main : « Ah! qu'il est maigre, ce grand cheval! — dit une dame. — Tel qu'il est, — répond une amie, — il peut faire toutes les courses de son maître, et se reposer tous les jours deux heures, chez chacun de ses abonnés[5]. »

1. *Thé.* Juillet 1797. — 2. *Fragments sur Paris*, vol. I. — 3. *id.*
4. *Censeur des journaux.* Fructidor an III.
5. *Grondeur.* Janvier 1797.

Le *Tachygraphe*, cette immense chose de papier imprimé, par ces temps de journaux de poche; le Tachygraphe « que la raison, la justice, le Conseil des Anciens et le trésor public vouent au néant[1], » et qui, avant de mourir, donne son nom à ces fichus qui enveloppent le buste d'une femme[2]; — le *Moniteur* ou *Gazette Nationale*, journal établi, comme toutes les entreprises du citoyen Panckouke, pour gagner de l'argent; journal obéissant aux faits, suivant les choses, aux ordres du Directoire, comme il a été aux ordres de la Convention.

Le Directoire a deux feuilles officielles : le *Rédacteur* et le journal des *Défenseurs de la Patrie*, destiné aux armées, composé sous les yeux du Directoire, et dont la partie diplomatique est revue par le ministre des affaires étrangères[3].

Un journal est encore à la dévotion du Directoire : les *Petites Affiches*, ce recueil naguère jacobin, qui, le premier, adopta la formule du tutoiement, l'épithète d'officieux, le baptême de la rue Montmartre en rue Montmarat. Ce recueil où Ducray-Duminil reprochait tout à l'heure à Gail d'avoir traduit Anacréon, — et pourquoi? Parce qu'Anacréon partagea les plaisirs de Polycrate, *tyran* de Samos[4]! les *Petites Affiches*, qui, malgré ces basses courtisaneries à la Terreur, restent le journal de la vie privée, les archives des mœurs, le témoignage des habitudes, le monument sans prix de l'histoire intime, les mémoires authentiques d'une société.

Le Directoire a à côté de lui, mais au-delà de ses volontés, et par-delà son zèle républicain : la *Sentinelle*, de

---

1. *Manuel des Assemblées primaires.* Hambourg.
2. *Petite Poste.* Nivôse an v. — 3. *Fragments sur Paris*, vol. I.
4. *Petites Affiches.* Thermidor an II.

Louvet, que d'aucuns appellent la *Sentine;* rendez-vous des batailles de partis, feuille constitutionnelle, qui, traitée par Poncelin d'anarchiste et par Le Blois de royaliste, se venge en dénonçant, à la journée, une douzaine de journaux comme royalistes. — A la *Sentinelle,* commencent pour le Directoire des amis importuns, et presque aussi gênants que ses ennemis du camp royaliste. C'est, en montant l'échelle jacobine, le *Bonhomme Richard :* « du républicanisme servi avec cordialité et chaleur dans un style à la portée du populaire [1]. » L'*Orateur plébéien ou le défenseur de la République,* qui a pour épigraphe : « Les bêtes féroces ont un antre pour s'y réfugier, et vous, citoyens, vous n'avez ni un antre, ni un asile, ni même un tombeau. » *Le Batave ou le Sans-Culotte,* « fatigant polémique, mais franc de collier, et constant sur sa ligne [2]; » le *Batave* dont les colporteurs jouent le programme comme une comédie [3]. Le *Postillon de Calais,* dépassé par l'*Ami des Lois,* le *Postillon de Calais* « qui n'avait pas trouvé de concurrence pour la dernière place [4]. » L'*Ami des Lois,* ce journal de colère sur lequel tombent toutes les attaques, et qui répond :

> Frappez, frappez, messieurs............
> Encor quelques soufflets, et je suis à mon aise!
> Je ne les voudrais pas donner pour mille écus [5]!

L'*Ami des Lois,* rédigé par Poultier, journaliste de talent de la presse jacobine. Les royalistes le disent doublé du style d'un jeune homme de dix-neuf ans, de Leclerc des Vosges. « Poultier, — disent-ils encore, — qui

---

1. *Censeur des journaux.* Fructidor an III. — 2. *Id.*
3. *Fragments sur Paris,* vol. I.
4. *Étrennes de l'Institut national.* An VIII. — 5. *Id.*

n'a écrit de sa vie que les quittances de ses myriagrammes, et les reçus des gages qui lui sont payés en sa qualité de calomniateur à la solde du gouvernement [1]..... »
— Quel Gil-Blas de la Révolution que ce Poultier! D'abord un bout de rôle du théâtre des Élèves de l'Opéra, à qui Parisot donnait le pain et le toit; puis l'amoureux du *Siége de Grenade,* en habit de satin lilas, en manchettes de batiste, les jambes toujours prises dans sa longue épée [2]; puis, veste passée et la culotte de son rôle gardée, recevant les billets à la porte, amusant de singeries les passants; puis bénédictin, puis poëte, puis garde national, puis marié puis général à plumet, à épaulettes, traînant un vrai grand sabre [3] ! — *L'Ami du peuple,* cette continuation du journal de Marat par le terroriste Lebois, qui, mis en liberté, ne veut pas défaire son sac de nuit à l'usage des prisons [4]. Le *Journal des Hommes Libres,* baptisé le *Journal des Tigres,* abandonné par Duval, et dont le personnel de rédaction est un curieux assemblage et une singulière réunion: le marquis d'Antonelle, l'altesse sérénissime le prince Charles de Hesse, M. l'abbé Giraut, le frère de l'avocat général Lepelletier [5] !

Le père Duchêne lui-même n'a pas voulu manquer à cette dernière bataille du journalisme; il a reparu: la *Résurrection du père Duchêne.* Le père Duchêne, cette éloquence entrelardée de f... et de b... qui de ses colonnes ont sauté à toutes lèvres, voire même ont fait grand tumulte dans la salle de la Convention, le père Duchêne a rappelé à lui tous ses points d'interjection

---

1. *Le Thé.* Juillet 1797. — 2. *Déjeuner.* Avril 1797.
3. *Miroir.* Prairial an IV. — 4. *Petite Poste.* Janvier 1797.
5. *Dictionnaire des Jacobins vivants.* Hambourg. 1797.

révolutionnaires débandés depuis Hébert; et, de plus belle, les jurons gaillards d'émailler ses plantureuses périodes. Mais le gouvernement révolutionnaire se met à avoir la modestie des mots : ces pauvres b... et f... sont mandés devant Limodin. Et le père Duchêne dessine cette caricature de leur condamnation, et rédige leur testament en ce gras parlage de Ménippée :

« Le grand jugement en dernier ressort du bureau central, section de la politesse, qui bannit à perpétuité les b... et les f... de la République.

« Sur le rapport de messire Galopin et Craquefort, tous deux limiers à nez camus, tous deux l'estomac bardé de la plaque de l'ARBITRAIRE, à l'effet de pouvoir en toute saison, fantaisie et commodité, friser l'arbitraire, ayant été dénoncé qu'il courait de par le monde un chien damné de babillard toujours brûlant du plus pur républicanisme,

« .... Que ledit porte-moustache s'avisait de jurer contre la fourmilière de sacrés coquins comme un grenadier de Sambre-et-Meuse..., a été remontré que de tout temps les intendants bonneaux des menus plaisirs des grands de toute classe, les magistrats furets des lycées et des boudoirs de la prostitution publique, avaient dû proscrire les b... et les f...; que les f..., langage du peuple en humeur grise, sont une preuve palpable d'une tendance à l'anarchie de 1793, qu'il faut pulvériser dans l'alphabet; que les b..., originaires des culs-de-sac de Naples et de Rome, clochetaient mal aux oreilles des petites-maîtresses à belles passions, leur donnaient un cauchemar de diable à cheval sur une marmite fêlée, et tendaient à ruiner le commerce de tous les merveilleux du Palais-Royal;

« A été par ensuite dépapilloté un épouvantable fagot de paperasses en rubans roses enliassant trois cent soixante-quinze billets en prose rimée et en manière de dénonciation de tous les salons dorés, y compris... la motion des honnêtes femmes en jupons courts et gorges nues du bal Richelieu, tendant à faire claquemurer le risible bon sens du père Duchêne... Sur quoi le souverain bureau de police, croassant aux pieds les remontrances triplement cuirassées de raison d'un de ses membres... a opiné pour qu'il fût fabriqué une simagrée de dictionnaire à l'usage des républicains à la manière de Limodin, permis toutefois par grâce aux seuls porte-mousquets à poil existant aux armées de se servir de b... et de f... jusqu'à nouvel ordre... et a décrété que le père Duchêne serait pourchassé comme un vaurien, quoique républicain; qu'il sera de plus, sans broncher, fait un grand message au Conseil des Cinq-Cents à l'effet de déclarer, à la face de la République, que les b... et les f... mettaient la patrie en danger, et qu'il soit, sans plus barguigner, lancé les mille millions de foudres législatives contre les sacripants de b... et de f... dont le gros père Duchêne écorche militairement les oreilles de chien de tous les honnêtes gens du Palais-Royal[1]. »

Robespierre mort, un cri avait couru la France : la liberté de la presse ! Et ce n'est pas un indifférent détail que, dans cette envolée furieuse d'imprimés contre le robespierrisme, l'enchaînement de la presse soit dénoncé à l'opinion publique de façon aussi véhémente que la guillotine. Quand le Directoire, tiraillé sur les deux flancs, dépourvu de moyens répressifs, se retourne vers le jury et implore ses condamnations, le jury, qui garde vivante la mémoire de tout ce qu'a fait le silence et de tout ce qu'il a

---

1. La *Résurrection du père Duchêne*, f...

laissé faire, le jury, qui préfère les excès de la liberté aux excès de la servitude, n'a que verdicts d'acquittement pour toutes les paroles et pour tous les partis. Il acquitte les vendémiairistes; il acquitte les jacobins; il acquitte Lebois le terroriste; il acquitte Michaud le royaliste[1]; il acquitte Langlois; il acquitte les libraires[2]; il acquitte les éditeurs; il acquitte par tête et il acquitte en bloc; il acquitte les individus; il acquitte les fournées savamment combinées. Les haines personnelles de Merlin ne le touchent pas. Richer-Sérisy est acquitté une première fois, il est acquitté une seconde fois. Le tribunal de cassation casse les deux acquittements : le jury de Seine-et-Oise acquitte une troisième fois l'auteur de l'*Accusateur public*[3].

Ainsi désarmé par la conspiration de justice du jury, ainsi trahi dans son espoir de rigueurs, mal défendu par sa presse stipendiée, impuissant à frapper le journal, tant qu'un Vendémiaire ne jette pas les journalistes dans la rue, le Directoire s'ingénie à susciter à la presse de petits tracas et de petits embarras, à la fatiguer de petits coups d'arbitraire et de petites taquineries de détail, à l'inquiéter de menaces fiscales. Il travaille à faire établir une surtaxe sur les journaux, visant à tuer l'abonnement; il répand que si le décret ne passe au Conseil des Anciens, il tient en réserve un timbre, et que, si le timbre ne suffit pas, il fera avancer une patente additionnelle[4]. Il contrarie la criée des journaux. Il fait empoigner, de temps à autre, quelques journalistes, laisse bâtonner quelques colporteurs, intimide quelques rédacteurs par de grosses moustaches, organise comme une terreur en sourdine. Les journalistes

---

1. *Censeur des journaux.* Octobre 1796. — 2. *Id.* Décembre 1796. 3. *Id.* Juin 1796. — 4. *Censeur des journaux.* Novembre 1796.

vivent cachés à la campagne, et, de ces nouveaux souterrains des Cordeliers, lancent des diatribes plus violentes et des numéros plus ardents. Dans ces escarmouches du pouvoir et du journal, du pot de fer et du pot de terre, le le pot de fer perd le premier patience : le pouvoir s'emporte ; et un jour que Poncelin s'est permis sur le compte de Barras des personnalités plus vives que de coutume, Poncelin est saisi à sa maison de campagne et entraîné au Luxembourg ; une quinzaine d'assassins, — sans doute des amis du directeur, auquel il eût été beau de défendre le zèle, — le terrassent, lui lient les mains serrées sur le dos, — c'est Poncelin qui parle, — le battent, le suspendent en l'air par les pieds, et le fouettent[1] ! L'exécution fait grand bruit. Un procès-verbal du récit de Poncelin est dressé chez le juge de paix. La presse s'émeut. Barras accorde à Poncelin de visiter le Luxembourg ; mais le supplicié a-t-il peur, ou bien a-t-il fait marché de son silence ? sa mémoire s'est tout à coup troublée : « il a rêvé qu'on l'avait conduit au Luxembourg ; il a rêvé qu'on avait crocheté ses culottes et qu'on lui avait administré ce que vous savez ; il a rêvé que douze ou quinze grands laquais avaient mis son derrière en marmelade et son corps en crapaudine... Oh ! le pauvre homme que ce M. Poncelin ! — s'écrie un journaliste qui avait pris cette infamie à cœur ; — je veux être pendu si jamais il m'arrive de défendre des fesses comme les siennes[2] ! »

Cette exécution était plus qu'une plaisanterie, et autre chose qu'une brutalité accidentelle ; elle était un symptôme. Je me trompe : elle était l'essai d'un système et le commencement d'un régime, du système que voulait

1. *Grondeur.* Février 1797. — 2. *Id.*

l'enrichi Talot, du régime que Darac demandait à la tribune des Cinq-Cents, dans une langue que n'avait jamais ouïe la tribune d'un peuple : « *Pour les catins, c'est la police et la Salpêtrière qu'il faut; pour les journalistes, il faut Bicêtre! Les uns et les autres exercent un métier de prostitution. Les uns communiquent le poison moral, les autres le poison physique*[1]... »

« Comment ! — dit le gros Lacroix, — on possède une charogne, et on ne trouve pas un endroit de la terre où l'on puisse la dévorer en paix[2] ! » — Et la charogne est belle, savez-vous ! la charogne, c'est Paris et ses hôtels ! la charogne, c'est la banlieue et ses châteaux ! Ces apôtres de Sparte, ces prêcheurs de simplicité républicaine, ces engueuleurs d'abus, ces proscripteurs de la ci-devant opulence nobiliaire, aujourd'hui fermiers généraux de la République, ils scandalisent de leurs fortunes ces jours de l'an II, de l'an III, de l'an IV, de l'an V, de l'an VI, de l'an VII ! La voilà réalisée par les destins moqueurs, au delà même de la pensée du prophète, la prophétie de Dumouriez, « qu'une nouvelle aristocratie allait remplacer celle de la monarchie ; que Chabot habiterait Chantilly ; Bazire, Rambouillet ; Merlin, Chanteloup[3] ! » — Promenez-vous aujourd'hui par la grande ville, à tout hôtel à cour d'honneur, à fronton sculpté, demandez le nom du propriétaire : un nom de conventionnel, de ministre, de directeur, vous sera jeté. Sortez par toutes les portes de la grande ville, à ces châteaux clôturés d'une lieue de verdure, demandez le nom du propriétaire : un nom de directeur, de ministre, de conventionnel, vous sera jeté. Oui, ce que l'ar-

1. *Journal de France.* Pluviôse an V.
2. *Paris.* Juillet 1796. — 3. *Id.*

chitecture a de merveilles ; oui, ce que la nature a de magnificences : le palais et ses splendeurs, la terre et ses richesses, la forêt et ses ombres, c'a été les jetons de cette académie de sang, — la Convention !

Qu'un petit avocat à brevet ait amassé quinze ou dix-huit millions ; que le républicain, père de quatre enfants, mette dans la corbeille de mariage d'une de ses filles huit cent mille livres[1] ; que, sortant du Directoire, le républicain emporte pour ses galas futurs un service de porcelaine de douze mille livres[2], — qui dit cela à la France ? Un journal.

Qu'un tourneur de sabots pour l'hospice de la Pitié achète un des plus beaux hôtels de la rue du Faubourg-Saint-Honoré, et que l'heureux conventionnel, sous les bosquets de ce jardin borné par les Champs-Élysées, se plaigne des doctrines de Babeuf[3], — qui dit cela à la France ? Un journal.

Qu'un chicaneau, qu'un maigre défenseur de maisons religieuses, achète et paye comptant deux cent cinquante mille livres la terre et le château de la Chevrette, où naguère les lettres et les arts venaient faire leur cour à Mme d'Épinay[4], — qui dit cela à la France ? Un journal.

Qu'un ancien enfant de chœur de l'abbaye d'Anchin, élevé par charité, achète le Calvaire ; qu'il le remanie et le transforme à grands frais ; qu'il fasse le château retentissant des aboiements d'une meute, des piaffements d'une écurie pleine, des fredons d'un chœur de filles[5], — qui dit cela à la France ? Un journal.

---

1. *Défense du Corps législatif, du Directoire, de ses agents*
2. *Le Thé.* An v, *passim.* — *La Marmite, la Pelle et la Pincette du Directoire enlevées par Rewbel.* — 3. *Paris.* Mai 1796.
4. *Grondeur.* Mars 1797. — 5. *Censeur des journaux.* Juin 1797.

Que l'un soumissionne pour trois cent mille livres le château de Grosbois, un château de trois millions[1], — qui dit cela à la France? Un journal.

Que l'autre ait fait construire toute une rue, ait dépensé deux millions à la bâtir[2], — qui dit cela à la France? Un journal.

Qu'un autre accapare les plus belles terres de Seine-et-Oise; qu'un autre accumule quatre châteaux[3]; qu'un autre..., qu'un autre.... — qui dit cela à la France? Le journal.

Pourtant, ils sont arrivés pauvres, tous ces hommes; pourtant, ils sont entrés besogneux au service de la Révolution; pourtant, tout à l'heure encore, ils se plaignaient de l'insuffisance de leurs traitements[4]... Comment donc millionnaires subits, ces commis de la patrie[5]? Est-ce par les petites ventes de leurs chandelles, de leur morue, de leur huile, au temps où ils étaient *myriagrammistes*[6]? — Non. — Comment donc?

Qui dit, qui dit à la France, qui dit à ce peuple misérable et leurré, volé de sa part dans le butin du bonheur, qui dit à ce peuple dont les enfants, aux armées, meurent des marchés conclus à Paris mieux que du fer de l'ennemi; — qui dit les sources honteuses de tant et de si colossales fortunes? Qui dit les *pots-de-vin* passés entre les rois de la

---

1. *Paris.* Août 1796. — 2. *Actes des Apôtres,* vol. II, an v
3. *Censeur des journaux.* Juillet 1797. — 4. *Id.*
5. *Testament de Rewbell.* — *Voulez-vous exploiter la République?* — *Réponse du diable Belzébuth au diable Hastaroth.* — *Trente-six chandelles et le nez dessus, vous n'y voyez goutte,* ou *les Comptes-Rendus, par Rewbell et Merlin.* — *Visite du diable aux deux Conseils, au Directoire, et chez quelques ministres de la République française.* — *Confession faite au diable.* — *Oh! que ça va mal*
6. *Paris.* Septembre 1797.

République et les fermiers de la vie de ses défenseurs ? Qui dit ces opulences bâties sur des guêtres à couvrir à peine la jambe d'un petit enfant, bâties sur ces chemises écourtillées dont les grenadiers parviennent à se faire des bonnets de nuit[1], bâties sur des semelles de souliers en carton, bâties sur le fourrage en roseaux de marécage, bâties sur les chevaux affamés, sur les pieds ensanglantés, sur les membres perclus, sur les rhumatismes, sur les jeûnes, sur l'amaigrissement, sur les maladies, sur le martyre des armées de la France ?... Qui dit ces soixante mille bombes vendues dix-huit livres le millier ? ces quarante-huit canons de bronze passés de l'arsenal de Metz chez un ferrailleur ? ces cent cinquante mille canons de fusil vendus à un autre ferrailleur comme fer de rebut[2] ? Qui dit ces tentes militaires vendues dix-huit livres, ces habits neufs trois livres, ces vestes deux livres, ces gibecières cinq centimes, ces sacs de peau un décime ? Qui dit ces arrestations de chariots crevant d'effets militaires[3] ? Le journal.

Qui dit ces marchés où du drap acheté par une compagnie six francs est vendu à l'État dix-sept livres dix-sept sous[4] ? ces marchés où le quintal de farine acheté par une compagnie dix livres est vendu au ministre de la marine vingt et une livres[5] ? ces marchés qui laissent à une compagnie, après quatre millions restitués, huit ou neuf millions de bénéfices ? ces marchés dont les concessionnaires deviennent propriétaires d'une rente de onze millions de

---

1. *Paris métamorphosé ou Histoire de Ragot*, par Nougaret. An VIII.
2. Conseil des Cinq-Cents. Premier Rapport fait par Montpellier (de l'Aube), au nom d'une commission spéciale.
3. *Censeur des journaux*. Octobre 1796.
4. *Journal de France*. Germinal an VI. — 5. *Paris*. Juin 1797.

francs pour un état de fournitures qui monte a onze millions six cent quatre-vingt mille francs[1]? — Qui dit cela? Le journal.

Qui dit encore celui-ci emmagasinant à sa maison de Suresnes cent cinquante mille francs d'objets d'art appartenant à l'État[2]? celui-là payant son boucher avec des tapisseries des Gobelins[3]? celui-là emportant de Versailles quatre voitures de meubles pour meubler le parloir de sa pension[4]? celui-là...? celui-là...? — Qui dit cela? Le journal.

Qui dit encore les spoliateurs de biens particuliers, et force les Abolins à restituer les biens des demoiselles d'Espagne[5]? Le journal.

Tranquilles, ces hommes vivaient dans le repos de la fortune conquise, dans la paix de la possession, dans le luxe qui distrait la conscience; et pendant que, repus, ils dormaient le sommeil de leurs remords, par la rue, une criée nette et claire retentit, qui est l'acte de naissance de ces richesses impardonnables; par la rue, ces contrats de propriété sont exposés, sur lesquels des doigts rouges marquent encore! sur lesquels des mains voleuses ont laissé trace! — Feront-ils comme Legendre? afficheront-ils ce qu'ils possédaient avant et ce qu'ils possèdent après[6]? — Non! — Qu'importe! Le bilan des fortunes révolutionnaires est affiché dans toute la France, partout, comme la sentence criminelle de l'opinion publique. —

---

1. *Nouvelle dénonciation à la France entière de tous les vols, dilapidations et fraudes commises*, par Lagarde.
2. *Censeur des journaux.* Octobre 1796.
3. *Semaines critiques*, vol. II.
4. *Orateur du peuple.* Germinal an III. — 5. *Grondeur.* Mars 1797.
6. *Journal des Hommes libres.* Thermidor an IV.

Alors, toutes ces jouissances troublées se pressent autour du Directoire, et menacées, et tremblantes, et furieuses, et honnies, elles le poussent, elles l'entraînent à licencier la Vérité !

Un matin, Paris se réveillant lit cette affiche :

DIRECTOIRE EXÉCUTIF.

Paris, 18 fructidor an V de la République française une et indivisible.

Le Directoire exécutif arrête, en vertu de l'article 145 de l'acte constitutionnel, qu'il est ordonné à tous exécuteurs des mandements de justice de conduire dans la maison d'arrêt de la Force les individus ci-après nommés :

L'auteur et l'imprimeur du journal intitulé : *Courrier des Départements*, rue du Cimetière-André-des-Arts, n° 6.

L'auteur et l'imprimeur du *Courrier Républicain*, rue Poupée, n° 6.

L'auteur et l'imprimeur du *Journal de Perlet*, rue André-des-Arts, n° 41.

L'auteur et l'imprimeur du *Mercure Français*, rue des Poitevins, n° 18.

L'auteur et l'imprimeur de l'*Éclair*, rue des Grands-Augustins, n° 31.

Isidore Langlois et Lunier, auteurs du *Messager du Soir*, et Porte, imprimeur du même journal, rue Jean-Jacques-Rousseau, n° 145.

L'auteur et l'imprimeur de la *Quotidienne*, rue de la Monnaie, n° 20.

Gallais et Langlois (des Gravilliers), auteurs du *Censeur des Journaux*, et l'imprimeur du même journal, rue Dominique, faubourg Germain, n° 1197.

L'auteur et l'imprimeur de l'*Auditeur National*, rue Macon.

P.-N. de Barle, auteur de la *Gazette Française*, et l'imprimeur du même journal, quai des Augustins, n° 17.

L'auteur et l'imprimeur de la *Gazette Universelle,* rue de la Loi, n° 9.

L'auteur et l'imprimeur du *Véridique,* rue de Tournon, n° 1123.

Crotot, auteur du *Postillon des Armées*, et l'imprimeur du même journal, place Vendôme, n° 12.

L'auteur et l'imprimeur du *Précurseur,* rue Saint-Florentin, près le marchand de vin.

Maille et Jolivet (dit Barallère), auteurs du *Journal général de France,* et Vincent Teuillère, imprimeur du même journal, rue Favart, n° 425.

Richer-Serisy, auteur de l'*Accusateur Public,* rue Vivienne, n° 7, et l'imprimeur du même journal, rue du Colombier.

L'auteur des *Rapsodies* et l'imprimeur du même journal, rue de Chartres, n° 340.

L'auteur et l'imprimeur de la *Tribune* ou *Journal des Élections,* rue Lazare, n° 44.

L'auteur et l'imprimeur du *Grondeur,* rue Neuve des Petits-Champs, au coin de celle de la Loi.

L'auteur et l'imprimeur du *Journal des Colonies,* Palais-Égalité, galerie de bois, n° 224.

L'auteur et l'imprimeur du *Journal des Spectacles,* rue Guillaume, près la rue Dominique.

L'auteur et l'imprimeur du *Déjeuner,* rue Vivienne, n° 8.

L'auteur et l'imprimeur de l'*Europe Littéraire,* cour du Commerce, n° 15.

L'auteur et l'imprimeur de la *Correspondance,* rue Montorgueil, n° 3.

Bertin d'Antilly, auteur du *Thé,* et l'imprimeur du même journal, Galerie vitrée, chez la citoyenne Ragoulleau.

Laharpe, Fontaine et Vauxcelles, auteurs du *Mémorial,* et l'imprimeur du même journal, rue de Thionville, chez Peschard, libraire.

L'auteur et l'imprimeur des *Annales Universelles,* rue des Moulins, n° 549.

Beaulieu, auteur du *Miroir,* et l'imprimeur du même journal, rue des Bons-Enfants, n°s 1310 et 1311.

Suard, auteur des *Nouvelles-Politiques,* et l'imprimeur du même journal, rue

Barruel Beauvert, auteur des *Actes des Apôtres,* et l'imprimeur du même journal, rue

L'auteur et l'imprimeur de l'*Aurore,* rue

L'auteur et l'imprimeur de l'*Étoile,* rue

Tous prévenus de conspiration contre la sûreté intérieure et extérieure de la République, spécialement de provocations au rétablissement de la royauté et à la dissolution du gouvernement républicain.

Pour être poursuivis et jugés comme tels, conformément à la loi du 28 germinal an IV.

Mande au gardien de la maison d'arrêt de la Force de les recevoir; le tout en se conformant à la loi.

Ordonne à tous dépositaires de la force publique, auxquels le présent mandat d'arrêt sera notifié, de prêter main-forte pour son exécution en cas de nécessité.

Les ministres de la police générale et de la justice sont chargés, chacun en ce qui le concerne, de l'exécution du présent arrêté, qui sera inséré au *Bulletin des Lois* et affiché dans la commune de Paris.

Pour expédition conforme,
Le Président du Directoire exécutif,
J.-M. RÉVELLIÈRE-LEPAUX.

Par le Directoire exécutif,
Le Secrétaire général,
LAGARDE.

A PARIS, DE L'IMPRIMERIE DE LA RÉPUBLIQUE, FRUCTIDOR AN V[1].

Où vont-ils ces vaisseaux qui passent les mers?

A quinze cents lieues de France, à la Guyane française.

Qui portent-ils?

Des hommes de lettres; seize généraux et représen-

---

1. Bibliothèque du Louvre.

tants ; Barthélemy, tout à l'heure membre du Directoire exécutif ; Pichegru, qui a promené la victoire de Bruges à Gand, et d'Anvers à Amsterdam.

Qui portent-ils ?

Des moines et des prêtres, des curés de ville et des curés de campagne, des bernardins, des clercs tonsurés, des vicaires, des conseillers d'État au parlement Maupeou, des professeurs de l'Université, pêle-mêle avec des voleurs[1].

Qui portent-ils encore ?

Un homme — qui est la liberté de la chanson !

Sitôt après thermidor, tous les jours un peuple emplit la place en face le portail de Saint-Germain-l'Auxerrois[2], avide d'entendre et l'oreille tendue. — Silence ! un homme de petite taille, la figure expressive, au milieu de la multitude, a dit : « Je veux chanter ou satiriser les coquins, les septembriseurs, les filous, les badauds, les espions et toute la bande à Cartouche[3] !... » — Et il chante, il chante avec une voix qui mord, sur des airs de vaudeville :

« On pille, on vole, on assassine,
Boutiquiers, financiers, bourgeois ;
Pour autoriser la rapine.
Des brigands avaient fait des lois.
Quand la soif de l'or me tourmente,
J'ai des voisins à dénoncer ;
Ils ont cent mille écus de rente,
Donc il faut les guillotiner[4] ! »

---

1. *Voyage à Cayenne, dans les deux Amériques, et chez les anthropophages*, par Louis-Ange Pitou. Paris, an XIII, 1805.

2. *Analyse de mes malheurs et de mes persécutions pendant vingt-six ans.*

3. *Tableau de Paris en vaudeville*, par l'auteur de la *Queue en vaudeville.* — 4. *Id.*

Ce chanteur, qui est un opéra en plein vent et une contre-révolution chantante, est Louis-Ange Pitou, *Pitou l'Auxerrois*[1], comme on l'appelle. De la place voisine de la porte du Louvre et de la rue du Coq, et de la place des Victoires à la place en face de la rue de l'Arbre-Sec, il promène l'attroupement de son public jusqu'à onze heures du soir[2]. Le populaire, les commères ne manquent, un seul jour, de courir à ce Turlupin de Thermidor, qui bouffonne avec une verve grossière, et de gestes parlants assaisonne ses refrains. C'est un Père Duchêne royaliste, et qui joue, et qui mime, et qui fredonne son journal. A-t-il fini de chanter, il parle ; et de comiques réquisitoires contre le Corps législatif, la République, les républicains, le Directoire exécutif, sortent de sa bouche hardie, dans les rires croissants de la multitude ; roi des halles de la chanson, ameutant avec de gais couplets les colères, les ressentiments et les attendrissements! — D'où vient « le beau chanteur? » Nul ne le sait. Grands commérages : l'une le dit prêtre ; l'autre, attaché à la maison de Rohan ; l'autre, maître de musique ; l'autre encore, évêque et confesseur de nonnes[3] ! — Que fait-il? à en croire ce groupe de bavardes, il dit la messe tous les matins[4] ; à en croire les jacobins, c'est un professeur « de la fille aînée des rois, de l'Université de Paris[5] ; » à en croire Babœuf, ce *croquant* est un faiseur d'articles qui vit du jacobinisme, et qui dit en soupirant, faisant commander son estomac à sa conscience : « Allons, puisqu'il faut dîner, faisons encore une toise de démocratie[6] ! » — Ce mystère est encore une

1. *Le Danger des extrêmes.* An VIII. — 2. *Analyse de mes malheurs.*
3. *Voyage à Cayenne.* — 4. *Id.* — 5. *Analyse de mes malheurs.*
6. Haute-Cour de Justice. Suite de la copie des pièces saisies dans le local que Babœuf occupait lors de son arrestation, vol. II, nivôse an V.

fortune pour Pitou ; et, tous les jours, le chanteur de carrefour mène un peu plus l'opinion publique; tous les jours une plus grande foule est suspendue à ses lèvres moqueuses; tous les jours, Pitou fait sonner plus fort le *vaudeville, trompette de la vérité* [1] *!*

Alors c'est un duel entre Pitou et le Bureau central. Le Bureau central fait arrêter Pitou, une, deux, trois fois, — seize fois! et n'ose le garder. Le Bureau central fait mettre en accusation Pitou : les jurés prononcent qu'il n'y a lieu. Le Bureau central lui retire sa permission de chanter : Pitou chante comme devant. Le commissaire de la division des Gardes-Françaises sommant Pitou d'exhiber sa permission : « Où est ton pouvoir pour me faire cette demande ? » — répond fièrement le chanteur. Le Bureau central fait appeler Pitou au bureau de police : le public ordinaire de Pitou s'assemble tumultuairement dans la cour et à la porte pour l'arracher, de vive force, des mains de l'*Inquisition* [2]. Devant ce déploiement d'avocats robustes, le commissaire renvoie Pitou ; et de plus belle, et d'un plus beau courage, le tribun fredonnant moque le Bureau central, bafoue les jacobins, endoctrine les soldats d'Augereau, se sauve de leurs sabres [3], et déclare du plus clair de sa voix qu'il a toujours plaisanté sur la *sainte guillotine :* « Sanson a déjà bien manqué de graisser ses poulies pour me faire jouer à la main chaude; mais peut-être suis-je semblable à l'oiseau qui chante quand on tient le couteau pour lui couper le col [4]. »

Pitou disait vrai : il avait échappé de bien près à *la petite promenade à la barrière du Trône-Renversé.*

1. *Tableau de Paris en vaudeville.* — 2. *Analyse de mes malheurs.*
3. *Journal des Hommes libres.* Thermidor an V.
4. *Tableau de Paris en vaudeville.*

Le 20 octobre 1789, à six heures du matin, un jeune Normand de dix-neuf ans, étudiant depuis six ans dans les séminaires, destiné à la prêtrise et se destinant à tout autre état, fuyant sa famille, huit louis dans sa poche, tombe à Paris. Tout arrivant, place Louis XV, une grande foule lui barre le chemin : c'est la tête d'un boulanger qu'on porte sur une pique. Où aller? Le jeune garçon perche son chapeau au bout de sa canne, fait tourner : la corne droite se fixe à l'E.-S.-E.; il ira par là : et le voilà rue Saint-Jacques. Il se loge, il va voir Molé et Mlle Contat; il se présente chez M. Brune et chez Fabre d'Églantine. Il est volé, puis employé. Il écrit : il prend des notes au Châtelet pour le *Journal de la Cour et de la Ville*. Il rédige le Mémoire en révision pour le marquis de Favras. Le comte de Mahé a besoin d'un gouverneur pour ses enfants : le jeune homme entre chez le comte de Mahé. Le comte de Mahé le renvoie : le jeune homme se met à mourir de faim[1]. Puis un jour qu'il dîne, — c'était chez une Lyonnaise de la rue des Cinq-Diamants, où un certain Pascal l'avait amené; il y avait là un déserteur allemand du nom de Hyrsmann, ami de Clootz, — la causerie s'anime; la Lyonnaise défend les jacobins; Pitou riposte que les choses n'iront bien que quand on aura rasé leur salle; et, — maudits couplets! — il entonne une chanson contre les jacobins et la Convention. Hyrsmann et la Lyonnaise, la femme Morlay, dénoncent Pitou; et de son taudis de la rue Percée-André-des-Arts, le Boufflers d'Eure-et-Loir ne fait qu'un saut à la prison de la section Marat, et de la prison de la section Marat à la Conciergerie. Mauvaise demeure! Sur les murs des vestibules, des images sont

---

1. *Voyage à Cayenne.*

grossièrement peintes avec des couleurs brunies étalées avec le doigt. Là, c'est Montmorin ; là, la bouquetière du Palais-Royal qui avait mutilé son amant ; au bas des figures on lit : *Cette figure est dessinée avec le sang des victimes égorgées ici au 2 septembre*[1]. Enflé, les lèvres noires, tout le corps une plaie, Pitou est transporté de la Conciergerie dans un cabanon de Bicêtre. De Bicêtre on le rapporte à la Conciergerie, et on le jette au tribunal révolutionnaire, salle de l'Égalité, sur le fauteuil de fer. Un hasard sauve Pitou : l'huissier du tribunal a assigné une autre femme Morlay. La femme arrive, a grand'peur, ne reconnaît personne, et s'en va. Hyrsmann, tout seul à accuser, se trouble. Pitou en prend occasion pour chanter de magnifiques couplets du républicanisme le plus pur et le plus ardent : le *Réveil d'Épiménide*. Pitou est acquitté, que dis-je ? il est festoyé. La foule, le voyant si mal en point, lui donne des bouquets et des poignées d'assignats ; un gendarme le soutient, et les jurés du tribunal révolutionnaire l'emmènent dîner avec eux. Troublé, toutes choses se mêlant dans sa tête, et les maux soufferts, et le tribunal, et sa défense, et son ami Pascal condamné, Pitou s'assied. La viande grise bientôt cet estomac délabré. Le greffier du tribunal se lève pour aller expédier son monde, se verse un verre d'eau-de-vie, et offre à l'acquitté de trinquer à la République. — « La République frappe les innocents, — répond Pitou, repoussant le verre, — et pardonne aux plus coupables ; moi, oui, moi, je suis plus coupable que Pascal. » Les convives se regardent. Vilate, avec la présence d'esprit d'un élan de pitié, se jette sur Pitou, le pousse dehors, ouvre la porte, appelle un gen-

---

1. *Voyage à Cayenne.*

darme : — « Le malheur a aliéné la tête de cet homme ; reconduisez-le chez lui, et qu'il ne parle à personne[1]. »

Pitou est libre. Il ne s'agit plus que de manger ; et l'on ne vit guère avec deux onces de pain. Survient Thermidor. Pitou fait imprimer le *Tableau de Paris en vaudeville*. Un jour, il se frappe le front, se dit : Non ! et puis : Oui ! hésite, raisonne, se décide, et à quatre heures du matin le rédacteur de la séance aux *Annales patriotiques et littéraires* descend son escalier, les poches pleines de couplets contre l'agiotage. Il monologue à chaque étage. Au dernier : « Et pourquoi rougirais-je plus de vendre mes chansons qu'un libraire un volume qu'il n'a pas fait[2] ? » — Un carrefour se trouve à point : Pitou chante ses chansons, la honte aux joues, des pleurs lui roulant dans les yeux, le rire aux lèvres. La foule accourt, applaudit, achète. A six heures, le marchand de lettres ambulant a cent écus en papier. Le lendemain il recommence, et le surlendemain il s'habitue à recommencer.

Triste scène que le pont de la *Décade* aux chansons de Pitou ! — Qu'importe ? Échos de Madère et des Açores, vous répétez le testament burlesque dont le déporté console ses camarades de martyre :

« Pour mes biens fonds, faut qu'un séquestreur leste
Scelle d'abord la gueule à tous les rats :
Car mes chansons, c'est tout ce qui me reste ! »

Hélas ! les garderez-vous, chanteur, vos chansons, à la Guyane, terre de deux étés et de deux hivers, sol d'où la mort monte ? les garderez-vous quand vous dînerez d'un morceau de poisson boucané et d'un peu de pain de

---

1. *Analyse de mes malheurs.* — 2. *Voyage à Cayenne.*

racine? quand vous serez mangé de brûlots, de makes, de maringoins, de fourmis coureuses? les garderez-vous, quand Konanama et Sinnamary dévoreront en deux mois soixante-quatre de vos cent vingt compagnons? les garderez-vous, au plus cruel de cette déportation, que Tronçon-Ducoudray, qui va mourir, appelle la *guillotine sèche?* les garderez-vous, lorsque tout autour de vous tomberont, l'un après l'autre, prêtres et représentants du peuple, morts de misère, morts de fièvres putrides, morts de peste, morts rongés de vers, — cadavres pourris tout vivants! — qu'on jette dans les carbets, ou que les nègres enterrent à moitié, les enfonçant en terre en sautant dessus?

Non, vous ne chanterez plus; vous écrirez, et vous peindrez de couleurs si vives l'horreur de ces rives que la pitié s'égarera même sur les persécuteurs, même sur les bourreaux: sur un Billaud-Varennes, sur un Collot d'Herbois! Billaud, que les événements n'ont pas courbé, qui reste la tête haute, dans les malédictions; qui couvre tout de son mépris sardonique, qui garde la majesté de l'insouciance au milieu des poignées d'injures qu'on lui jette, et qui, agaçant nonchalamment son perroquet, murmure, en se tournant de temps à autre vers la foule déchaînée et hurlant: — « Pauvre peuple! — Jacquot! Jacquot! — Viens-nous-en, Jacquot! » — Et derrière Billaud, Collot comme un Sganarelle, effaré, tremblant, se couvrant la figure de sa longue redingote lisérée de rouge; Collot qui meurt, suant le crime, les membres tordus, vomissant, pleurant; Collot de Lyon qui, dans le désespoir du remords, râle le nom de Dieu et de la Vierge [1]!

---

1. *Voyage à Cayenne.*

XIII.

La mode. L'anglomanie. L'anticomanie. Les utopistes du costume révolutionnaire. Projet de Sergent. Rey. Legros. Duplan. Les perruques. Les perruques blondes dénoncées à la Commune. Robes à la Flore, à la Diane, au *lever de l'aurore,* redingotes à la Galathée, etc. Coppe, le *Tibulle du cothurne.* Avénement du linon et de la gaze. Les femmes déshabillées, demi-nues, nues. La *balantine.* — La mode masculine. Heyl. Poupard. Sarrazın. Lasserre. Le *garatisme.* Les *oreilles de chien.* Les cadenettes. La guerre des collet noirs. — Les inconstances de la mode. Le *cartouche.*

Jusqu'à la prise de la Bastille, la mode était venue de Versailles. Versailles était le maître des élégances. Il était la mode même; et Mlle Bertin venait y chercher la veille l'idée que Paris devait adopter le lendemain. — Sous la Révolution, la mode démocratisée est du domaine commun; sa tyrannie, chacun et chacune la prend et l'exerce à son tour, et dans cette anarchie du goût, sur laquelle Mme Tallien règne sans la gouverner, l'initiative individuelle de la coquetterie succède à l'omnipotence des exemples de la cour. Ainsi, libérée d'hier, la mode retourne vers les patrons grecs et romains, et s'en va, encouragée par l'école patriote, aux costumes d'avant Jésus-Christ. En dépit des fantaisies habillées de Watteau et de Lancret qui protestent, ombres voilées, les négligés à la Pompadour disparaissent

exilés dans les fonds de garde-robe, menant, avec les mules
et les boîtes à mouches, le convoi des toilettes du siècle
mort. Vainement le rouge, espérant survivre, se déguise,
modeste, en eau végétale : le tableau de *Psyché et l'Amour,*
de Gérard, met la pâleur en vogue ; rien ne reste plus alors
des vieux accommodements, et, dans l'extrême de cette
réaction, le blanc, d'usage général, fait aux belles qui se
veulent intéressantes le visage *à la Psyché*[1].

Ce n'est pas à dire que la mode française, quelque
divorcée qu'elle soit avec le xviiie siècle, quelque cantonnée
qu'elle paraisse dans le vestiaire grec, se fasse exclusive,
et réprouve tout emprunt à ses aînées et à ses sœurs. Elle
va redemandant, en des accès de cosmopolitisme, la pala-
tine à la Germanie, le falbala au xve siècle, le frac à Var-
sovie. Elle autorise le *chiffon* à subir les influences de tout
peuple. Comme Rome, elle s'approprie ce qui lui paraît
bon chez tout vaincu ; et prenant à l'Espagne, à l'Italie, à la
Turquie, à l'Angleterre, elle fait de la France la halle aux
costumes du monde. Mais de tous ses emprunts, nuls
n'égalent en importance et en succès rapide ceux qu'elle
fait à la Grande-Bretagne ; nuls ne font parmi les Parisiennes
plus d'infidèles à la tunique. L'*anglomanie* est en pleine
fleur : « tout ce qui n'est pas atteint d'*anglomanie* est proclamé, par nos merveilleuses, d'un bourgeois qui effarouche,
d'un maussade à donner des vapeurs[2], » et toute chose
venue de ce pays, avec qui la République est en guerre,
est fêtée et applaudie. Ainsi, la *prussiomanie* avait régné
en France pendant la guerre de Sept ans, et nous nous
vengions de Rosbach en ne portant que des chapeaux à la

---

1. *Souvenirs de Paris en 1804,* par Kotzebue, vol. I.
2. *Le Messager des dames ou le Portefeuille des amours.* An v.

Frédéric. Turbans, châles, chapeaux, spencers « habillement délicieux, » l'élégance révolutionnaire ne les apprécie qu'envoyés d'outre-mer. Miracle! que ce John Bull, commandant d'ordinaire la robe d'Albion sur le continent, devenu soudain le pareur et l'appareilleur de la beauté française! Miracle! si nous ne savions Londres la nouvelle patrie des ouvrières de Bertin[1], envolées aux années mauvaises, et de quelques émigrées devenues, dans le besoin, marchandes de modes, et montrant pour d'autres le goût qu'aux temps meilleurs elles montraient sur elles.

Pourtant l'*anglomanie*, tout en honneur qu'elle soit, est plutôt une diversion qu'une innovation dans le costume : l'*anticomanie* est et demeure la véritable mode. — L'idée une fois ouverte, dès le principe du changement social, d'une palingénésie de l'habit, l'inspiration et le guide n'étaient-ils pas tout montrés et tout trouvés? L'antiquité grecque, l'antiquité romaine, dont tâchait d'hériter en tout la nouvelle République, n'étaient-elles pas les sources où il fallait remonter pour cette révolution des dehors? La peinture n'était-elle pas là pour donner la figuration de l'Athénienne et de la Romaine? David, pour dire comment il fallait la matrone, la vierge, le citoyen? Et les hommes d'État n'avaient-ils pas un bénéfice politique à pousser à ce mouvement auxquels ils se plaisaient comme au décor approprié de la tragédie qu'ils jouaient? — En 1793, les deux Sociétés pour qui la question du costume était une question personnelle, la *Société républicaine des Arts* et le *Club révolutionnaire des Arts,* en avaient mis la discussion à leur ordre du jour : discussions, ici comme là, pleines de vif, de tumultueux et de désordonné. — « Pren-

---

1. *Tableau général du goût, des modes et costumes de Paris.* An v.

dra-t-on le costume grec ou romain? — dit carrément Espercieux. — Le costume grec! crie-t-on. — Prendra-t-on alors, — continue l'orateur, — le manteau ou la chlamyde? »
— Le *Club révolutionnaire*, le 3 germinal, s'élève contre « un costume qui nous assimile aux esclaves. » *Un costume propre au travail, obéissant à la ligne,* voilà son programme. Hassenfratz se faufile à la tribune pour lancer à tout hasard « que le costume des prêtres est emprunté aux peuples mous et efféminés au midi, et qu'il n'habillait presque généralement que des paresseux. » Après quoi le débat tourne bride, et voilà une toute nouvelle discussion, toujours à bâtons rompus, où l'on fait le procès aux restaurateurs de tableaux[1].

Cependant, les idées travaillent autour de ces théories. Le député de Paris, Sergent expose, au salon, un dessin d'un costume républicain de sans-culotte; costume large, commode, et qui n'est « que l'habit journalier des hommes de la campagne et des ouvriers de la ville; » sorte de robe virile que Sergent ne voulait donner aux Français qu'à l'âge de vingt et un ans[2]. — Bientôt, des débats tout infructueux des deux sociétés républicaines le bruit transpirant au dehors, il advient qu'une mère de famille, *désirant se costumer dans le genre antique,* s'adresse à la Société républicaine des Arts; et dans sa séance du 19 floréal, la Société nomme deux commissaires, Espercieux et Petit-Coupray, « pour se transporter près du directeur des costumes du théâtre de la République, afin de procurer à la citoyenne le moyen de couper l'étoffe d'une manière

---

1. *Journal de la Société républicaine des arts*, séant au Louvre, par Détournelle, architecte. Germinal an II.
2. *Description des ouvrages de peinture, sculpture et architecture, exposés au salon du Louvre, le 10 août 1793*, supplément.

convenable; » et l'arrêté pris, Garnerey termine la séance en se déchaînant contre la *dissemblance* et la *bigarrure* du costume féminin[1].

Que dirait-il maintenant, le Spartiate Garnerey? N'aurait-il pas une belle éloquence à débrider contre ces modes renouvelées sans cesse, et surtout contre les variations de l'arrangement des cheveux? Quelle pêle-mêlée! et quel muable engouement! bonnet à la paysanne, bonnet à la Despaze, bonnet Pierrot[2], bonnet à la folle, coiffure à la Minette, bonnet à la Délie, bonnet à la frivole, bonnet à l'Esclavonne, bonnet à la Nelson[3]! Là, un simple entoilage et une barbe de gaze modeste; ici, un turban relevé de cinq plumes bleues! De celui-là, la Despaux, ce *Michel-Ange des marchandes de modes*[4], enveloppera le fond d'un fichu rose; pour cet autre, elle chiffonnera le crêpe lilas, où badinent deux rangs de perles, et le surmontera d'une rose et d'une pensée! — Et le chapeau! Chapeau à la Primerose, lié d'une fanchon négligente[5], chapeau-turban, chapeau rond à l'anglaise, chapeau à la glaneuse[6], chapeau-spencer, et chapeau en castor, que Saulgeot baptise[7]! — Mme Saint-Aubin joue *Lisbeth?* Mlle Bertrand jette un gros bouquet de roses sur de la paille : c'est le chapeau à la Lisbeth[8]. On lance à l'assemblée des électeurs normands le sobriquet d'échiquier de Normandie : voilà le chapeau à damier[9]. Et lorsque le chapeau semble épuisé, Wenzell

---

1. *Journal de la Société républicaine des arts*, séances du Club révolutionnaire des arts. Floréal an II.
2. *Messager des dames*. An V.
3. *Correspondance des dames*. An VIII.
4. *Semaines critiques*, vol. I.
5. *Journal des dames et des modes*, par Lamésangère. An VI.
6. *Messager des dames*. An V. — 7. *Petites Affiches*. Brumaire an III.
8. *Tableau du goût*. — 9. *Semaines critiques*, vol. I.

le renouvelle en l'embaumant de fleurs artificielles odoriférantes[1].

Et toujours la vogue prise, perdue, reprise, reperdue, reconquise! Faut-il dire la perruque? celle de ce matin, celle de deux heures, celle de ce soir, celle qui se montre, celle qu'on a vue, la dernière, l'avant-dernière, et la nouvelle, et l'oubliée, et la régnante? Qu'est-ce que l'*Encyclopédie perruquière* de Marchand à côté de cet étalage : perruque à *tire-bourres*, à *crochets sur l'œil*, à *l'anglaise*, perruque à *l'espagnole*, perruque à *filasse d'enfant*, perruque à *la turque!* et les perruques grecques et les perruques romaines : perruque à *la Vénus*, perruque à *la Titus*, perruque à *la Caracalla*[2], perruque à *l'Aspasie*, et coiffure en artiste dans le genre de la Sapho antique[3]! Et ne semble-t-elle pas une parole toute d'à-propos, cette vue de 1775 : « La perruque devient une affaire de politique par son influence sur le commerce et les manufactures? » Quelle imagination que celle des dictateurs de la tête : Rey, le *ministre des modes* Legros[4], et Duplan, Duplan l'ancien valet de chambre de Talma, Duplan dont le génie s'est révélé au service du grand acteur[5]! Comme, après Thermidor, ils inventent vite, pour le chef féminin, *la coiffure à la victime,* souvenir des prisons d'hier, du guichetier sautant aux cheveux pour prendre le ruban de queue, et vendant un peigne courbé pour les attacher[6]! Puis, de par eux, que de révolutions successives et continuelles! Hier

1. *Incroyables et merveilleuses,* par Henrion. An v.
2. *Journal des dames et des modes.* An vi.
3. *Correspondance des dames,* vol. I.
4. *Comment m'habillerai-je? Réflexions politiques et philosophiques sur l'habillement français,* par Cl.-Fr.-X. Mercier. Paris, 1793.
5. *Manuel des élégants et des élégantes.* Paris, 1805.
6. *Intérieur des maisons d'arrêt,* par Xavier Audouin.

les résilles de Doisy[1], hier plus de chignon, au vent l'or des tire-bouchons en spirale! Aujourd'hui les *frisons* d'ébène, et les mèches antérieures se prolongeant au delà des sourcils, faisant à l'œil droit comme un auvent capillaire; hier les plumets de héron, noirs avec l'extrémité orange; demain les *follètes*, les plumes de vautour et d'autruche. Tantôt le chignon mobile, ondulant de partout, assiége la capote; tantôt c'est un réseau de soie pourpre qui emprisonne les cheveux[2]. Pendant que Bonaparte, entre deux victoires, ramasse en Italie les camées qui orneront à son retour, à la fête chez Talleyrand, les cheveux de Mme Bonaparte[3], les perruques s'enrichissent de plaques d'or, et d'*esprits* en diamant[4]. Duplan ceint les jeunes fronts des maillons étincelants d'une triple chaîne d'or; Rey fait zigzaguer un double rang de perles sur le rouleau de gaze d'un turban oriental que domine en pyramide un ananas doré. Et comptez toutes les transformations! le chignon qui s'amincit en poire, sous une couronne de roses; puis le chignon sans poudre, s'élevant à triple étage dans le triple cercle d'un ruban couleur de feu: soudain, tout l'édifice croulé, et les cheveux présentant l'image d'un porc-épic, et n'ayant plus, de leur racine à leur cime, qu'un pouce de hauteur; puis encore les pointes, au lieu de s'élancer à pic, s'arrondissant en boucles légères, enguirlandées de mousse[5]; et les couleurs qui changent! — on a vu de la poudre jaune[6]; on voit en ce temps des perruques bleues[7]!

1. *Petites Affiches.* Pluviôse an III.
2. *Éloge des perruques,* par le docteur Akerlio. An V.
3. *Paris pendant l'année 1798,* par Peltier. Londres. Janvier.
4. *Petite Poste.* Janvier 1797.
5. *Éloge des perruques.* — 6. *Tout ce qui me passe par la tête.* 1789.
7. *Paris métamorphosé ou Histoire de Ragot.* An VII.

— et les arrivages des antiques du Vatican, auxquels courent les coiffeurs, et qui enrichissent le répertoire du *corymbion* fastueux et des *capillaments* des Poppée, des Julie, des Lucile! Comme dit un contemporain, « le chantre même des métamorphoses ne pourrait décrire toutes celles de la perruque[1]. » Quelle dynastie accrue, dans cette lutte de tant de façons, que cette dynastie des perruquiers! Léonard est bien loin; et Duplan et Roy songent-ils seulement quelquefois, mandés qu'ils sont chaque matin par quarante merveilleuses, qu'il y a quelque vingt ans, un seul perruquier, un pauvre perruquier de Versailles, Larseneur, suffisait à l'accommodement des dames, qui ne se faisaient coiffer par la main d'un homme que le jour de leur présentation[2]? Et comme toutes les gloires s'en vont! et quelle ingratitude pour le passé! Toutes ces perruques, ce n'est plus le parfumeur de la reine, ce n'est plus Fargeon qui les parfume : c'est Dumas, une renommée toute nouvelle[3], et l'on déserte la rue de la Vieille-Monnaie pour la rue de la Loi. A voir ainsi la perruque toute-puissante, les bonnets conspirent; une barbe à gauche, un bouillon à droite, un nœud sur un fond de rubans s'efforçant de singer le double chignon romain, c'est le *bonnet-perruque*, qui s'en va mourir à l'Élysée le soir même de sa naissance. Mais le coup est porté; « aux banquets mêmes du joyeux Vaudeville, la perruque trouve des Zoïles. » Bourgueil, dans *le Pour et le Contre*, l'attaque au nom du goût, de la nature et de l'amour[4]. Picard, au théâtre de la République, persifle « ces charmes qu'il faut déposer chaque soir sur la toilette[5]. » C'est une levée en masse d'épigrammes

---

1. *Éloge des perruques*. — 2. *Mémoires de M*^{me} *de Genlis*.
3. *Éloge des perruques*. — 4. *Id*.
5. *La Perruque blonde*, par Picard, 22 brumaire an III.

contre la perruque ; Laus la bat en brèche, sur le théâtre du Lycée des Arts[1], et le théâtre de Lazzari lui-même retentit des applaudissements prodigués aux ennemis de la perruque[2]. Il se fait un schisme : les unes se font raser, et adoptent la perruque bouclée jusqu'au sommet de la tête et adhérente à la peau; celles-ci, les éclectiques, se hasardent aux *cheveux baignés,* c'est-à-dire aux cheveux vrais, lessivés, et se mariant à la perruque; quelques autres osent se montrer en leurs cheveux naturels, qu'elles ont fait bouillir pendant une heure au-dessus d'une bouilloire[3]. Et les amidonniers, qui tremblent pour leur débit de poudre à la rose, ont beau prédire aux audacieuses des maux de dents et de tête, la perruque est menacée. Soudain on se souvient que la Terreur a proscrit les perruques blondes; on se souvient du discours de Payan à la tribune de la Commune : « Une nouvelle secte vient de se former à Paris, jalouse de se réunir aux contre-révolutionnaires, et des femmes éventées s'empressent d'acheter les cheveux des jeunes blondins guillotinés, et de porter sur leurs têtes une chevelure si chère. » On se souvient du discours; on se souvient de la médisance à voix basse : Payan sert le ressentiment de la maîtresse de Barrère, de la Demailly, contre une rivale blonde; et la perruque blonde prend la vogue générale d'une protestation[4]. Blondes sont les douze perruques de la corbeille de mariage de Mlle Lepelletier Saint-Fargeau[5]; blondes, et allant de la nuance noisette à la nuance dorée, du blond enfantin au blond filasse et du

---

1. *La Perruque blonde,* par Laus, 13 frimaire an III.
2. *Incroyables et merveilleuses.*
3. *Les Modes ou la Soirée d'été.* 1797.
4. *Le nouveau Paris,* par Mercier, vol. II.
5. *Journal de France.* Germinal an VI.

blond jaune au blond rouge[1], sont les trente perruques, à vingt-cinq louis pièce, de Mme Tallien, les trente perruques de Mlle Lange, les trente perruques de Mme Raguet[2]. — Le matin, les belles nymphes, au sortir du *thalamus*, promènent le *galericon* conique en ruche; à trois heures, Cynthies chantées par d'autres Tibulles, elles vont montrer, à Passy, leur *flave* perruque en anneaux de Saturne, et le soir, Dianes s'égarant aux bosquets d'Idalie, elles font scintiller dans les ombres le croissant de diamant balancé à leur front[3].

La robe coupée sur un patron antique, pour une mère de famille, sous les yeux d'Espercieux et de Petit-Coupray, a fait son chemin. Les glaces de Caille, au *Costume romain*, rue Vivienne[4], les miroirs de la petite Eulalie, la marchande de frivolités des galeries Égalité[5] ne conseillent et ne reflètent plus, du soir au matin et du matin au soir, que robes à *la Flore*, robes à *la Diane*, tuniques à *la Cérès*, tuniques à *la Minerve*, redingote à *la Galathée*, robes au *lever de l'aurore*[6], robes à *la Vestale*[7]. La petite Eulalie n'est occupée qu'à relever et à passer dans la ceinture les queues amples des robes à *l'Omphale*[8]. Si le comique d'Égine revenait, il trouverait des actrices toutes costumées pour jouer sa *Lysistrata*. Sur ce monde vêtu de mythologie, deux paires de ciseaux règnent: Nancy seule sait échancrer la robe à la grecque; et Mme Raimbaut

---

1. *Histoires secrètes de toutes les perruques blondes de Paris*, par Henrion. An III. — 2. *Paris*. Décembre 1796.
3. *Le nouveau Paris*, par Mercier, vol. IV.
4. *Petites Affiches*. Nivôse an VI.
5. *Rapsodies*, troisième trimestre.
6. *Tableau du goût*. An V. — 7. *Messager des dames*. An V.
8. *Petite Poste*. Prairial an V.

règne sans partage sur la robe à la romaine[1]. Et puis, la robe essayée et reçue, c'est le tour de Coppe, s'élançant de son wiski bleu barbeau, apportant pour chausser les déesses deux semelle légères[2], plus légères encore que les *chribes* de Silvain[3] ! Le temps n'est plus des souliers bordés de *comette* nacarat, avec une empeigne de peau de chèvre rose, falbalassée et brodée en comette et soie verte, rose et bleue[4]. Le cothurne est le dieu du jour, le cothurne agrafé avec un gland sur le milieu de la jambe; et, pour vingt écus, Coppe le fait d'un *coloris, d'une fraîcheur, d'une éloquence, d'une poésie,* à n'être pas indigne du pied d'une héroïne de Rétif ou du pied de Mme de Staël; et, si demain vous le faites revenir pour un cothurne déchiré, l'artiste, après l'avoir regardé, manié, ausculté, après avoir hoché la tête en homme qui cherche vainement une explication, se frappant la tête tout à coup après un grand silence, et comme illuminé d'une idée soudaine : « Ah ! parbleu ! — dira le *Tibulle du cothurne,* — je gage cinquante louis que madame aura marché[5] ! »

A cette restauration de l'Olympe, les *Impossibles* de la *nouvelle France* se trouvent tellement bénéficier qu'elles se mettent à gagner tout doucement le nu. La robe se retire peu à peu de la gorge; et les bras habillés jusqu'au coude, suspectés d'être de vilains bras, accusés de s'envelopper dans une robe *à l'hypocrite,* se dénudent jusqu'à l'épaule[6]. Puis les jambes et les pieds font comme les

---

1. *Les Modes.* An v. — 2. *Petite Poste.* Thermidor an v.
3. *Petites Affiches.* Janvier 1792.
4. *Journal de la mode et du goût ou les Amusements du salon et de la toilette,* par Lebrun. 1790.
5. *Petite Poste.* Thermidor an v. — 6. *Paris.* Février 1797

bras. Des lanières gemmées s'enroulent autour des chevilles,

> Le diamant seul doit parer
> Des attraits que blesse la laine [1],

et des anneaux d'or cerclent les doigts de pied [2]. Dans ce courant de la mode allégeant le costume de fête en fête, les maladies emportent les faibles et les délicates. Le docteur Desessarts affirme « qu'il a vu mourir plus de jeunes filles depuis le système des *nudités gazées* que dans les quarante années précédentes [3]. » Les survivantes se maintiennent, héroïques, en ce costume fait pour un ciel qui n'a que caresses. Elles renchérissent même ; et les Terpsichores des jardins d'été, serrées dans une culotte de soie rose d'une applique rigoureuse, sous une chemise de linon clair, donnent à voir « leurs jambes et leurs cuisses embrassées par des cercles diamantés [4]. » C'est à peine si les avertissements de l'hiver leur font mettre sur leurs épaules découvertes la bordure de martre d'une redingote de satin sans manches [5], — étrange, au reste, et gracieuse toilette de Lodoïska grécisée que couronne si bien dans les miniatures du temps le bonnet *à la jokei* en velours puce [6]. Bientôt l'on se plaint de la soie et de la laine, et de leurs plis cassants et rebelles qui commandent la forme plutôt qu'ils ne la suivent, la traduisent plutôt qu'ils ne la révèlent, et déconcertent l'œil comme les verres striés. On veut les tissus mousses, lâches. L'interdit est mis sur

---

1. *Rapsodies*, troisième trimestre.
2. *Méthode économico-patriotique pour engraisser en très-peu de jours les oies et les dindons dans la République française.*
3. *Paris.* Octobre 1798. — 4. *Le nouveau Paris*, vol. III.
5. *Paris.* Janvier 1797. — 6. *Id.* Décembre 1796.

l'empois[1]. Un peu plus, et les femmes eussent consenti à porter les étoffes mouillées des anciens sculpteurs, tant ces *Phrynès craignaient d'être transformées en pagodes, ces Vénus de Praxitèle en cariatides égyptiennes*[2]. On n'aime plus que la mousseline, le linon, et leurs indiscrètes obéissances. Tout ce qui contourne et moule la forme est de grande préférence. Bertin ne suffit pas aux commandes; et sur ce monceau de mousseline, de linon et de gaze, dans ce royaume du blanc, léger comme une nuée tissue, se promène, vierge de goût, Mme Récamier, en sa toujours blanche toilette! — C'est l'heure où le bon sens de la pudeur fredonne sur ces épouses et ces mères, dont la vertu se trouve suffisamment logée dans une aune de coton :

> Grâce à la mode
> Un' chemise suffit.
> Un' chemise suffit,
> Ah! qu' c'est commode!
> Un' chemise suffit,
> C'est tout profit [3] !

C'est l'heure où un journaliste peut résumer ainsi la garde-robe féminine : « Il faut à une Parisienne trois cent soixante-cinq coiffures, autant de paires de souliers, six cents robes et douze chemises [4]. » Un beau jour ce dernier article est supprimé : un beau jour, les salons de Paris apprennent que de la veille au soir la chemise n'est plus de mise. La chemise « dépassait la taille, s'arrangeait gauchement; un *juste* bien fait perdait de sa grâce et de sa

---

1. *Tableau du goût.* An v.
2. *Tableau général du goût, des modes et des costumes.* Mai 1797.
3. *Paris.* Octobre 1798.
4. *Souvenirs de Paris,* par Kotzebue, vol. I.

précision par les plis ondulants et maladroits de ce vêtement antique. » Ce dernier et intime vertugadin à bas, rien ne se perd des avantages de tournure, et, les lignes ainsi racontées à tous, l'on remporte des victoires, comme les Scythes, en fuyant ; et l'on laisse dire l'ironie et chanter la poésie : « *Voilà plus de deux mille ans que les femmes portaient des chemises ; cela était d'une vétusté à périr*[1] *!* » — et Panard contant qu'au dernier conseil de l'Olympe, Vénus s'est opposée à un vêtement d'air tramé :

> ... Les attraits qu'en tous lieux,
> Sans voile, aujourd'hui l'on admire,
> A force de parler aux yeux.
> Au cœur ne laisseront rien à dire[2] !

Dans l'audace même du nu il y a des audaces : un décadi soir de l'an v, deux femmes se promènent aux Champs-Élysées, nues, dans un fourreau de gaze ; une autre s'y montre les seins entièrement découverts. A cet excès d'impudicité plastique, les huées éclatent ; on reconduit, dans les brocarts et les apostrophes mérités, jusqu'à leurs voitures, ces Grecques en costume de statues[3]. Les femmes à la mode se résignent à se laisser un peu plus deviner. Les journaux annoncent que Mme Hamelin s'est décidée à remettre des chemises. Une semaine la mode des *sans-chemises* avait duré.

Les femmes se sont si bien façonnées aux habitudes de corps antiques dans cette guerre à tout pli, à tout drapé, qu'elles ont passé leur éventail à leur ceinture, qu'elles ont mis leur bourse dans leur sein, et qu'elles ont chargé

---

1. *Paris*. Décembre 1796. — 2. *Id.* Décembre 1798.
3. *Petite Poste.* Messidor an v.

de leur mouchoir un favori qui leur devient presque aussi nécessaire qu'un *ridicule*. La poche, cette poche que la petite-maîtresse portait, au temps de l'agiotage, toute gonflée d'échantillons de carottes de Virginie et de cuir d'Irlande [1], — la poche est rayée du costume féminin. Mais voyez l'embarras! souvent être séparé de son porte-mouchoir par deux portées de voix! La Providence intervient. Des élégantes aperçoivent, aux Petits-Augustins, je ne sais quelle effigie de matrone du xve siècle, son escarcelle pendant à son côté. Escarcelle! le vilain mot! Escarcelle au côté, l'on court chez le Dacier, le Saumaise, l'alpha et l'oméga de la science, le citoyen Gail. « Mon cher monsieur Gail, dites-nous comment s'appelait en grec le charmant petit meuble que vous voyez là, à nos ceintures? — Mes belles dames, répond M. Gail sans hésiter, il s'appelait *Balantine* [2]. » Balantine! délicieux! inconcevable! et balantines de voltiger, balantines d'être suspendues à de jolis cordons, balantines de battre les genoux des belles comme la sabretache de la mode.

A côté de ces femmes en quête de toutes les agaceries et de toutes les coquetteries, et qui se font désirables même par l'indécence, il semble que les hommes aient ambitionné, par un sacrifice et une immolation de galanterie, le rôle de repoussoir. Celles à qui ils donnent le bras ou qu'ils lorgnent sont toutes enjolivées d'aigrettes, de fleurs, de panaches flottants, de touffes de rubans, de colifichets [3], ou bien toutes parées d'elles-mêmes ; eux, ils

---

1. *L'Accusateur public*, vol. I. — 2. *Spectateur du Nord*, deuxième trimestre. 1799.
3. *L'Éventail*, poëme, par Milon. An viii.

se tiennent à la rusticité des modes anglaises, dont Lauraguais est le grand maître. Non que leur toilette soit celle de tout le monde ou qu'ils portent leurs habits sans les commander : ils font de leur mise une grande question de leur vie ; mais ils s'appliquent, ils visent au sale, au malpropre, au négligé, au chiffonné, comme s'ils voulaient préparer le type de Robert Macaire pour les bals masqués de l'avenir. Ils demandent aux ciseaux des ouvriers de manquer telle chose de telle façon ; et ils ont, pour les habiller en caricatures, des fournisseurs en grand crédit. Cet habit vert-bouteille à boutons de nacre[1], que porte cet incroyable, habit informe, plissant à plaisir, calomniant la taille par fait exprès, et qui ne semble façonné que pour venger les bossus sur le dos d'un homme droit, sort de la grande boutique du fameux Heyl. Seul, Heyl sait établir ces habits carrés, dont les boutons se touchent par derrière au bas des reins, et dont les basques retombent en lambeaux de mandille[2]. Seul, Heyl donne à ses pratiques l'aspect de *bustes revêtus d'un sac et montés sur des échasses*[3]. Écoutez dans Henrion ces *inimaginables* qui se complimentent : « Mon cher, vous êtes une mode ambulante, un miracle de goût... Votre habit est carré comme quatre planches[4]. » — Pour la tête, il faut qu'elle sorte comme d'une lucarne, entre l'engoncement du collet et le chapeau, dont Poupart a relevé les bords en gondole[5]. — La cravate est une grande affaire. N'est pas cravaté qui n'a pas au cou un goître énorme de mousseline, l'énorme cravate *écrouélique*, blanche, vermicellée de rouille : la

---

1. *Messager des dames.* An v. — 2. *Éloge des perruques.*
3. *Censeur des journaux.* Octobre 1795.
4. *Incroyables et merveilleuses.* An v.
5. *Éloge des perruques.*

cravate à la *Laignadier*[1]. Viennent les manières de la cravate : les professeurs vous apprendront qu'une cravate, pour être mise, a besoin de caresser de son sommet la lèvre inférieure, de façon à ce que la tête du jeune homme, « appuyée sur cette espèce de piédestal, produise de loin l'effet d'un saucisson de Boulogne[2]. » La culotte, pochée par Sarrazin[3], doit goder tout du long; et l'élégant ne manque d'attacher adroitement le bouton sur le genou, pour donner à la jambe un délicieux je ne sais quoi de bancroche et de cagneux. Pour les bas, il y a choix entre les bas tire-bouchonnés et les bas blancs à larges bandes bleues, dont les plaisants disent qu'ils ressemblent « à un pied saigné mal bandé[4]. » Aux pieds, des bottines pointues, petites-filles des souliers à la poulaine, signées Lasserre[5]; plus le fin escarpin, plus le bas de soie : la botte, la botte apportée dans nos mœurs par les généraux de la République[6], la botte à *la Leuthraud*[7]. Plus les recherches exquises du linge et du point, le luxe des manchettes et des dentelles : c'est à peine si quelques originaux portent des chemises de batiste, fermées d'un papillon d'or[8]. — Et la culotte elle-même va mourir : les bretelles ont commencé[9]; le pantalon de nankin vient d'être reçu dans la société.

Ainsi déguisés, « faces tombant dans les poches du gilet, menton tombant dans la cravatte, culotte tombant

1. *Rapsodies*, troisième trimestre.
2. *Parisiens, voyez ce que vous étiez en 1788, et voyez ce que vous êtes aujourd'hui.*
3. *Éloge des perruques.* — 4. *Semaines critiques*, vol. I.
5. *Éloge des perruques.*
6. *Dictionnaire néologique des hommes et des choses.* 1795-1800.
7. *Rapsodies*, troisième trimestre.
8. *Le nouveau Paris*, vol. V. — 9. *Petites Affiches.* Mai 1702.

dans les mollets, » les jeunes gens du Directoire paradent. Ainsi accoutrés, ils marchent, carrés et solides comme des pancratiastes, courbés, voûtés, les épaules rondes, les lunettes, — mises à la mode par les avocats du tiers de 1789, — à cheval sur le nez[1] ; et la main bien appuyée sur un bâton noueux, *leur pouvoir exécutif,* comme ils disent, ils ne ressemblent pas mal à « des toucheurs de bœufs[2]. »

Par une contradiction fréquente dans les choses de mode, ces *fiers-à-bras, à bâtons courts*[3], ont adopté une voix de femmelette, un zézayement enfantin, un parlé gazouillé et mourant. Ils ont des muscles à tuer un bœuf ; ils simulent une gorge si faible, qu'une lettre sonore la déchirerait ! — Tout un monde à *paole supème,* à *paoles vetes,* à *paole panassées,* met l'alphabet sur le lit de Procuste ; et les grasseyeurs du temps d'Alcibiade, tombant parmi les grasseyeurs du Directoire, seraient traités d'écorcheurs d'oreilles ! La langue française, — cette langue où les *R* résonnent majestueux, alliant le noble rhythme du latin à la pompe musicale de l'Italien moderne, — n'est plus qu'un roucoulement. Le *garatisme* a succédé à la prononciation. L'*R* mis hors la loi tout d'abord, la mode marche de proscription en proscription. Tantôt c'est un *D* qu'elle éconduit de chez *ma-âme,* pour l'euphonie à pleine bouche du mot. *Ch* est forcé de céder sa place à un *S* pour ne pas effaroucher les *sarmes* d'une belle, et *G* devient trop grossier pour figurer dans son *visase anzélique.* Et de suppressions en suppressions, de substitutions en substitutions, quelques milliers de gens arrivent à parler, en France, le plus étonnant patois de rossignol qui ait jamais moqué les

---

1. *Rapsodies,* quatrième trimestre. — 2. *Censeur dramatique,* vol. I.
3. *Le Bonhomme Richard.* Vendémiaire an IV.

consonnes! — Que dit cet habit carré à ce joli *vestinquin* de taffetas rose ? — « Savez-vous, savez-vous une histoi-e singu-ière qui vient d'a-iver au théât-e Moliè-e; c'est, en vé-ité, chamant! — Vous m'int-iguez, dit l'incroyable femelle, quelle est donc cette avantu-e singu-ière? — Vous connaissez la Duza-din. Eh bien! on zouait Figa-o ; on en était au second acte, le spectac-e était b-illant; chacun cont-e l'o-dinai-e était attentif au zeu des acteurs ; moi-même, ze -is de ma faib-esse, z'écoutais avec p-aisi. Tout d'un coup des c-is d'enfant pa-tent du fond d'une loze, on tou-ne les yeux de ce côté pou- fai-e cesser le b-uit ; mais quelle est la su-p-ise commune! la Duza-din en t-avail d'enfant, et ce n'était aut-e çose que le petit poupon qui avait atti-é nos -egards [1]. »

Modes de voix, modes de corps, modes d'accoutrement, la mode masculine, bornée et tournant sur elle dans le grasseyement, dans le ridicule, dans le basin et le drap, n'eut point de variations quotidiennes. Pour une mode, elle dura. Elle n'eut d'inconstance et de nouveauté qu'en ce qu'elle portait en elle de manifestation politique.

La coiffure et le collet sont une profession de foi. La poudre hors d'usage [2], — c'est le district Saint-Eustache qui renonça le premier à la poudre [3], — les *oreilles de chien*, battant sur les oreilles, entrent en lutte avec les cheveux à *la Brutus*, coupés au-dessus de la nuque, et les cheveux à *la Titus*, que rejoignent deux larges nageoires bien noires [4]. Ce ne sont, parmi les *chouans* évapo-

---

1. *Journal des Incroyables ou les Hommes à paole d'honneu.* An III.
2. *Tableau général du goût, des modes et des costumes de Paris.* An V. — 3. *Le Modérateur.* Novembre 1789.
4. *La Correspondance des dames.* An VII.

rés du boulevard, que chignons relevés avec un peigne sur le sommet de la tête, que cadenettes. Et que d'injures des porteurs de deux, trois ou quatre tresses, aux *exclusifs* à têtes tondues : « Vous avez pris le parti de vous faire tondre comme des criminels qui rament sur les galères de Marseille et de Toulon, ou comme des pailleux de Bicêtre à qui la vermine a rongé les cheveux, ou comme des fous de l'Hôtel-Dieu à qui on donne des douches, ou comme des ramoneurs qui, par état, ne peuvent avoir de cheveux, ou, enfin, comme des valets de ruelle qu'on appelle jockeis[1] ! » Au milieu de la querelle, la police survient : cadenettes, oreilles de chien, et jusqu'aux catogans, les coquetteries capillaires sont proscrites en masse[2]. La jeunesse parodie dans les rues l'arrêté du bureau central : « *Grande victoire de Bréon-Vaudeville et des autres administrateurs sur les cadenettes!* » Et l'arrêté parodié, elle oublie les cadenettes et l'arrêté.

La guerre des collets noirs et des collets rouges fut plus grave : elle manqua devenir une guerre civile; et l'on vit, comme en une Constantinople déchirée par les verts et les bleus, deux factions dans la patrie s'ensanglanter les mains pour une couleur; des luttes, des blessures, des morts, pour un drapeau de la mode! Le collet aristocrate, vert jusqu'en 1795, passe noir; c'est bientôt une cocarde blanche que le collet noir. Les moins braves le portent *à volonté*, c'est-à-dire agrafé à l'habit, et s'enlevant sitôt qu'il fait mauvais le montrer. Mais presque tous les jeunes gens du bel air l'ont à demeure et le défendent avec toutes armes. Les jacobins insultent les collets noirs; les collets

---

1. *Les têtes tondues, sifflées, critiquées et traitées comme elles le méritent. Réponse des têtes tondues aux belles queues.*

2. *Grondeur.* Mars 1797.

noirs bâtonnent les jacobins, quand ils n'en sont pas bâtonnés. Les rixes sont journalières[1]. Les conseils d'hier ne sont pas oubliés. « Soyez toujours muscadins! — A toute voie de fait contre vous, FRAPPEZ; n'oubliez pas que la défense personnelle est de droit légitime et naturel[2]! » — « Otez votre collet noir, — leur crie l'un; — et pour éviter le bruit, remplacez-le par un autre qui soit couleur de sang. C'est le petit uniforme de la demi-Terreur. — Mais si je cède aujourd'hui, — riposte un collet noir, — demain ils m'arracheront mes boutons! — La prudence exigera encore... — Vous plaisantez, bonhomme; car, après mes boutons, ils m'ôteront... mon chapeau. — Eh bien, vous irez à l'ombre. — Y pensez-vous? Le chapeau m'étant enlevé, ils me feront sauter la tête[3]! » De tout cela, il est conclu par les muscadins que, pour sauver sa tête, il faut défendre son collet. Un jacobin, ayant attaqué un collet noir, est jeté roide mort sur le carreau en plein Palais-Royal. « La mode de se défendre est venue, lecteur; ne l'oubliez pas, » dit un journal à propos de ce fait[4]. Un autre jour, un jacobin met la main sur un collet noir : « S... b... de chouan! de qui portes-tu le deuil? — — De toi! » fait le chouan, et il lui brûle la cervelle[5]. — Les brutalités, les meurtres étaient ainsi à l'ordre du jour au cœur même de Paris, entre Français, quand des bandes de prétoriens viennent se mêler à ces discordes, quand des militaires *envinés* se mettent à vouloir pacifier la ville à coups de plat de sabre. Les soldats d'Augereau se lancent

---

. 1. *Petite Poste.* Thermidor an v.
2. *Un Vieillard de la Butte des Moulins aux jeunes gens de Paris* Thermidor an iii. — 3. *Déjeuner.* An v.
4. *Actes des Apôtres*, par Barruel Beauvert. Août 1797.
5. *Censeur des journaux.* Août 1797.

sur les boulevards, crient : *A bas les collets noirs!* et les coupent de force[1]. Augereau a dit, assure-t-on, à ses aides de camp : « Quand m'apporterez-vous donc les épaules de tous les *zeunes zens* à collets noirs[2]? » L'indignation est générale; l'exaspération n'a plus de bornes. Un M. de Saint-Léger exhorte tous les honnêtes gens à porter le collet noir, *comme sûr moyen de le faire respecter*[3]. Un pamphlet s'écrie : « De quel droit viendrait-on me prescrire la forme de mes vêtements? — Mais où des soldats égarés ont-ils lu qu'ils dussent exercer cette censure injurieuse et ridicule? Est-ce à l'ordre? Est-ce dans les adresses des armées d'Italie? — Et de quel salaire paye-t-on cet infâme métier[4]?... » Serment est prêté par les collets noirs d'opposer la représaille à l'insulte, la résistance à l'opposition, la force à la violence. L'affiche le *Tocsin des jeunes gens* est collée aux murs. Le cadavre d'un militaire est trouvé rue de la Marche[5]. Soldats, jeunes gens, ne marchent plus que par pelotons, les armes prêtes, la menace dans les yeux. Sur le boulevard Italien une patrouille de cavalerie ayant voulu prendre parti pour un coupeur de collets que les jeunes gens conduisaient au corps de garde, — des pierres sont lancées; un cavalier tombe sur le pavé, un œil hors de la tête; des coups de fusil sont tirés des fenêtres; la patrouille s'enfuit[6].

Mais déjà les jeunes gens n'étaient plus une armée; la réquisition avait éclairci leurs rangs, décimé leurs cohortes. L'étrange spectacle que cette réquisition du Directoire, venant empoigner la jeunesse jusque dans les salons de

---

1. *Petite Poste.* Fructidor an v. — 2. *Déjeuner.* Thermidor an v.
3. *Censeur des journaux.* Août 1797.
4. *La Guerre des collets noirs.* — 5. *Petite Poste.* Fructidor an v.
6. *Déjeuner.* Fructidor an v.

danse! Au milieu d'une contredanse, des soldats entrent; les danseuses sont enfermées à droite, les danseurs à gauche; les danseuses maugréent, les danseurs sont examinés; les beaux danseurs liés et garrottés, les danseuses délivrées, on danse comme devant[1] et voilà comme la jeunesse dorée de Fréron finit, — jolis hommes, lancés au canon et sitôt aimés par la Victoire!

Pour les femmes, c'est par ces temps peu assis, par ces jours de vacillement gouvernemental, un changement dans les choses du goût, une mutabilité, une succession d'adoptions et d'abandons, des tentatives, des retours, du nouveau, du rajeuni, de l'étrange, de l'inouï, une transfiguration, un flux, un reflux, des triomphes d'un jour, d'un soir, une mode-Protée, si renaissante et si renouvelée et si journalière et si diverse d'une matinée à l'autre, que tel des riens effleurés de sa baguette semble tout neuf et fait étonnement rue de l'Université, quand il est déjà passé, et vieux pour la rue Favart[2]. Les souliers plats qui renvoient les souliers à talons; les couleurs qui se succèdent : le vert, proscrit sous la Terreur à cause du chapeau vert de Charlotte Corday[3], d'abord régnant; — puis, le vert chassé, la nuance *violet cul de mouche* lui succédant; puis, la nuance *fifi pâle effarouché* victorieuse; puis, toutes trois chassées par la couleur jonquille qu'arborent en même temps Mme Tallien et les affiches jacobines[4], — ce qui la fait presque une couleur de ralliement; les tailles des robes aujourd'hui en cœur, tout à l'heure

---

1. *Paris.* Mars 1706. — 2. *Paris.* Février 1707.
3. *Courrier de l'Égalité.* Juillet 1793.
4. *Censeur des journaux.* Juillet 1707.

en ailes de papillon[1]; hier, robes, fichus, sacs, tout est quadrillé[2]; maintenant, jupes, manches, dos, corsages, tout est lacé. Et dans tout cela, les diamants qui sortent des cachettes où les comités révolutionnaires les avaient fait se tapir[3]; les épaules en ruissellent; sur toutes les têtes scintillent les perles de Cabasson; à chaque bal, parure nouvelle, et les plus merveilleuses payent deux mille livres le droit de se servir, seules, d'un dessin choisi[4]. Parmi ces éclats et ce rayonnement, Mme Raguet resplendit au spectacle, le buste entier cuirassé de diamants; — c'est le temps où les assignats de cent sous s'appellent des *corsets*. « Madame, — lui dit un plaisant, — vous payerez votre emprunt forcé à bon marché. — Comment cela? — Il ne vous en coûtera qu'un corset[5]. » — Arrive-t-il des nouvelles de paix, il semble, murmure le rentier demi-nu, que messieurs les fournisseurs se jugent ruinés; ce n'est plus que paille dans la toilette appauvrie des dames : chapeaux de paille, cornettes de paille, bonnets de paille, rubans de paille, panaches, ceintures, glands, éventails de paille[6]! Et sur les paillettes proscrites il y a un an, écoutez la chanson du jour :

> « Paillette aux bonnets,
>   Aux toquets,
> Aux petits corsets!
>   Paillette
> Aux fins bandeaux,
> Aux grands chapeaux!
>   Paillette

1. *Le nouveau Paris*, vol. III. — 2. *Bien-Informé*. Messidor an VI.
3. *Paris*. Décembre 1796. — 4. *Id.* Mars 1797.
5. *Semaines critiques*, vol. I.
6. *Rapsodies*, troisième trimestre.

>   Aux noirs colliers,
>   Aux blancs souliers!
>   Paillette
>   Paillette aux rubans,
>   Aux turbans,
>   On ne voit rien sans
>   Paillette[1] »

Une femme, pourtant, dans cette course et ces aventures de la mode, la suit plus près encore que Mme Hamelin en tous ses zigzags, en toutes ses erreurs, sans que nul la puisse prendre jamais en retard d'une coupure de robe ou d'une façon de coiffure. C'est Mme Tallien qui trouve la première à dépenser quarante louis pour une robe de mousseline promenée à l'hôtel d'Aligre[2]; la première, elle paraît au bal de l'Opéra les doigts de pied cerclés de *carlins* d'or; au salon de 1796, en pleine victoire de la perruque blonde, elle n'a qu'à se faire voir en perruque noire, et la beauté brune est remise à l'ordre du jour. Et quand Mme Hamelin, dans cette Fronde contre les voiles de la forme, la précède et se déshabille avant elle, la fille de la belle Galabert, cette éclaireuse habituée de la mode, la *Dona Theresia*, que Bordeaux a vue passer, dans la stupeur, debout sur un char, le bonnet rouge sur la tête, une pique à la main, un bras sur l'épaule du maître, la Tallien se montre un soir, la gorge enserrée dans une rivière de diamants; le diamant, en sa chaîne ondulante, côtoie les seins d'un contour d'étincelles, mettant comme une rampe de feu à ces orbes proconsulaires; il s'abaisse, il se relève à chaque battement de cœur, faisant jaillir sur la peau mate mille étoiles enflammées : c'est le *cartouche*[3], —

---

1. *Paris.* Février 1799. — 2. *Id.* Janvier 1796.
3. *Id.* Décembre 1796.

ainsi est baptisée cette ceinture de Vénus remontée; et Mme Tallien défie Minerve et Junon : Mme de Stael et Mme Raguet.

XIV

La France. — Bonaparte.

La France ! — une lande, ce sol fécond, cette terre nourricière, qui rassasiait à leur appétit vingt-cinq millions d'hommes; — la charrue abandonnée au milieu du sillon entr'ouvert; — le bétail arraché à la prairie qu'il engraissait, jeté aux boucheries de nos quatorze armées; — le cheval enlevé tout jeune, jeté à la remonte; — l'homme pris aux champs, jeté à la frontière[1]; — la France, les mamelles taries! et laissant mourir, faute de pain, quinze cents de ses enfants dans un hôpital de Paris[2] !

La France ! cette Gaule, le vignoble de Probus! la France ! — des vignes par tout coteau, et ces nouvelles et toutes jeunes vignes encore montées sur les collines, lors

---

1. *Aux assemblées primaires électorales de France* (par Dumouriez). Hambourg. 1795.
2. *La Politique chrétienne.* Juin 1797.

de la suppression des *aides,* taillées en *ruines*[1] par le vigneron besoigneux; ceps épuisés! — des forêts, des domaines d'ombres, abattus par la cognée, sans qu'un seul plant nouveau, planté d'une main prudente, promette de succéder aux verdures centenaires! — le lin, le chanvre, sans culture[2]; — des routes qui ne sont plus carrossables; des ponts dont les pierres roulent sous le pied des chevaux; — l'exploitation enfermée et blottie chez elle, comme en un temps de moyen âge; — et les loups, que les capitaineries générales n'inquiètent plus, les loups laissés libres en leurs amours par la Révolution, les loups reprenant cette terre sauvage[3]!

La France! — un grand chemin mal famé, barré par les voleurs; — vingt-trois courriers volés et assassinés en quelques mois[4]! — et dans Paris, les compagnies de Mandrin ressuscitées, le vol sans répression; le vol à main armée en plein spectacle[5], l'assassinat en plein Louvre, en plein jour[6]!

La France! — une traînée de faillites! — le Havre, tous ses magasins fermés[7]; — Nantes, Orléans, villes mortes; — des dix-huit mille métiers de Lyon, trois mille battant, — les velours, les brocarts, les satins tués par les mousse-

---

1. *Tableau historique et politique des pertes que la révolution et la guerre ont causées au peuple français,* par sir Fr. d'Ivernois. Londres. 1799.
2. *Coup d'œil sur les assignats,* par sir Fr. d'Ivernois. Londres. 1795.
3. *Tableau historique et politique des pertes.*
4. *Actes des Apôtres,* par Barruel Beauvert, vol. I. 1796. — *Paris pendant les années 1796 et 1797,* par Peltier, *passim.*
5. *Paris,* par Peltier. Janvier 1797.
6. *Journal de France.* Messidor an v.
7. *Petite Poste.* Thermidor an v.

lines ; — Lyon réduit à exporter ses soies comme matières premières[1] !

L'exportation ruinée ! ruinée par la suppression des anciens plombs qui garantissaient l'aunage et la qualité ; — perdue, l'exportation du drap de Carcassonne ; perdue, l'exportation des toiles de la ci-devant Bretagne ; perdue, l'immense fourniture aux Espagnes ; perdue, l'immense fourniture aux échelles du Levant[2] !

La propriété ballottée de main en main, comme un enjeu d'agiotage, incertaine, inquiète, menacée par l'avenir ; le propriétaire traitant la propriété en possession douteuse, en usufruit, en chose temporairement et à demi concédée, lent à la cultiver, paresseux à la réparer[3] ;

Le travail qui chôme ; — la main-d'œuvre perdue ; — l'ouvrier distrait de son état par le *forum* ouvert à sa porte, et par l'exercice de cette souveraineté démocratique tombée à tous[4] ;

Les lettres ravalées ; — les arts sans salaire ; — l'éducation publique négligée en de si grands intérêts ; — le contrôle des aptitudes aboli, aboli pour les sciences même qui touchent à la vie de l'homme : la médecine pratiquée à volonté, sans concours, sans examen, sans diplôme, sans autorisation de la loi[5] !

La France ! — des rentiers non payés ; — des employés non payés ; — la France créancière de cette banqueroutière si pauvre qu'elle n'a pas même de quoi faire dresser son bilan ! de cette République, qui, voulant relever l'état général de ses finances, compte soixante-treize de ses dépar-

---

1. *Tableau historique et politique des pertes.* — 2. *Id.*
3. *Coup d'œil sur les assignats.*
4. *Aux assemblées primaires électorales de France.*
5. *Tableau historique et politique des pertes.*

tements hors d'état de lui envoyer le tableau nécessaire, faute de fonds pour en payer le travail[1] !

La liberté, — une licence asservie à vingt mille lois, à des millions de règlements qui asservissent jusqu'au foyer domestique, asservie à une police qui est une inquisition[2] !

Du sang ici, du sang là : — du sang au nord, du sang au midi, du sang à l'ouest, du sang à l'est, — du sang partout! le sang engraissant cette terre des vengeances! — la carabine du *barbet*[3] vengeant le sang ; — le tison enflammé du chauffeur vengeant le sang[4] ; — la massue du *chiffoniste* vengeant le sang ; — le couteau du *mathevon* vengeant le sang! — le Rhône vengeant la Loire, roulant rouge à la mer! — une boucherie vengeant la guillotine ; — et sur ses genoux tachés d'une pourpre fumante, la Patrie en deuil berçant des générations qui grandissent pour s'entre-poignarder!

Des scepticismes et des mysticismes ; des croyances et des désespérances, des appétits et des plaies, que le Directoire endort avec des évangiles de morale ou des spectacles de paganisme, avec des catéchismes de philosophie ou les pompes des idolâtries du Nil, traînées par les chevaux de Franconi[5] !

Des consciences où le juste et l'injuste sont confondus ; — des relâchements de justice ; des compromis avec les sévérités de la loi ; des miséricordes sans exemple ; des compagnonnages avec le crime ; des jurys complices! — des jurys acquittant les pères engrosseurs de leurs filles[6] !

La France! l'avilissement des esprits, — l'égoïsme des

---

1. *Paris.* Décembre 1796. — 2. *Bien-Informé.* Décembre 1797.
3. *Journal des Hommes libres.* An IV et an V, *passim.*
4. *Paris.* Janvier 1797. — 5. *Censeur des journaux.* Septembre 1796.
6. *Paris.* Juillet 1796.

cœurs, — la servitude des pensées, — la dégradation des instincts, — la souillure des principes, — l'ébranlement des vérités, — la matérialisation de l'homme!

La France! comme un convive à la fin d'une orgie, la France lasse : lasse de dieux, de tribuns, de héros, de bourreaux; lasse de luttes, d'efforts, de cris, d'anathèmes, d'enthousiasmes, de fièvres, d'ivresses, de tempêtes, de triomphes, d'angoisses; — la France lasse de révolutions, de coups d'État, de constitutions, de législatures; lasse de 10 Août, lasse de Thermidor, lasse de Prairial, lasse de Fructidor; — lasse de vaincre, lasse d'être sauvée; — la France lasse de Belgique soumise, d'Italie conquise, la France à qui toutes les aigles d'Allemagne portées aux Invalides ne feraient pas tourner la tête[1]! — la France lasse d'escalader le ciel, d'amasser les empires, d'accaparer le monde; la France assouvie de gloire; la France brisée, couchée sur un matelas de cadavres, couchée sur un lit de lauriers; la France épuisée d'hommes, d'argent, de crimes, d'idées, d'éloquence; — la France, comme Mirabeau mourant, ne demandant aux médecins de ses destinées qu'une chose, une seule chose : — *dormir!*

Un homme, un général de vingt-huit ans, porte l'espoir de ce troupeau d'hommes aux abois. Toute l'opinion publique est tournée vers cet homme : ainsi le voyageur égaré dans la nuit, et tâtonnant son chemin, regarde vers l'Orient. — L'espoir des partis, l'espoir des familles, l'espoir des villes, l'espoir des campagnes, l'espoir des philosophes, l'espoir des prêtres, l'espoir des jacobins, l'espoir de la Terreur, l'espoir de la République, l'espoir de la Royauté,

---

1. *Les Rapsodies du jour*, troisième trimestre.

l'espoir des émigrés qui reveulent une patrie, l'espoir des acquéreurs de biens nationaux, l'espoir des ambitions et l'espoir des misères, l'espoir des rentiers et l'espoir des enrichis, l'espoir des armées, et l'espoir même de ceux qui espèrent le temple de Janus enfin fermé, — l'espérance universelle est en prière devant cet homme.

Cet homme a ensorcelé la Victoire, la France, et la femme, et le peuple.

La lyre du poëte [1], le ciseau du sculpteur, la brosse du peintre [2], — le rire même du Vaudeville [3], et jusqu'aux pinceaux de l'éventailliste [4], — il les occupe, il les poursuit comme le dictateur de l'imagination nationale.

Du fond du désert, il emplit la patrie, et, quand poudreux des sables d'Égypte, il débarque à Fréjus, poussant devant lui le bruit de son nom, la France aux écoutes, agenouillée devant un repos, une paix et un lendemain, — la France agenouillée est prête pour César.

Il y a sept ans que parmi les soldats de Condé, à Coblentz, un gazetier bientôt martyr, Suleau, s'écriait, avec la magnifique éloquence du désespoir : — « ... Je répète
« froidement que le dieu tutélaire que j'invoque pour ma
« patrie, c'est le despote... pourvu qu'il soit d'ailleurs
« homme de génie. C'est l'altière inflexibilité d'un Riche-
« lieu que je réclame ; il ne faut à un pareil homme que
« de la terre et des bras pour créer un empire. La France
« ne peut être recomposée en corps de nation qu'après
« avoir été courbée en silence sous la verge d'airain d'un
« maître farouche et intraitable. — Quand j'appelle à

---

1. *Athènes pacifiée*, par Cailhava. An v. — 2. *Paris*. Octobre 1797.
3. *Id.* Mai 1798. — *Les Têtes à la Titus*, par Lombard de Langres. An vii.
4. *Petites Affiches*. Floréal an vi.

« grands cris le despotisme au secours de ma malheureuse
« patrie, j'entends l'unité de pouvoirs dans les mains d'un
« maître impérieux, d'une capacité féroce, jaloux de la
« domination, et réellement absolu. Je veux un usurpateur
« magnanime, éclairé, qui sache, par un superbe et écla-
« tant cromwélisme, faire admirer et redouter un peuple
« qu'il force à respecter et bénir sa servitude[1]. »

Louis XV régnant, comme si Dieu laissait parfois entrer le génie dans la vue de ses providences, Jean-Jacques Rousseau disait de la Corse, au livre II, au chapitre dixième de son *Contrat social* : « J'ai quelque pressentiment que cette petite île étonnera l'Europe. »

1. *Journal de Suleau*. 1792, n° 9.

FIN.

TABLE

Pages

I. Paris après la Terreur. Les encans. — Le Pont-Neuf. La Cité et ses églises. La Sorbonne et les colléges. L'ancienne Comédie-Française. Le café Procope. Le faubourg Saint-Germain et ses églises, hôtels, maisons religieuses. Les quais. Les Invalides. — Les Champs-Élysées. Le quartier Saint-Honoré. La place de la Révolution. Les Tuileries. La place des Victoires. — Les Capucines. La Chaussée-d'Antin. Architecture et mobilier du Directoire. La chambre de Mme Récamier. Les faubourgs Saint-Denis, Saint-Martin. La Courtille. Le faubourg Saint-Antoine. — La place de la Bastille. Les boulevards. La rue de la Loi. Le palais Égalité. — Le Louvre. La place du Châtelet. Les Halles. Rues Montmartre, Saint-Denis, Saint-Martin, du Temple. La place de Grève. Le Marais et ses hôtels, églises, couvents. La place Royale. L'Arsenal. — Environs de Paris. Chantilly, Choisy, Marly, etc. Versailles. Trianon.   1

II. Le neuf Thermidor. — Les pamphlets thermidoriens. — *L'Intérieur des Comités révolutionnaires.* — Réaction sociale contre la Terreur. Les muscadins. Le 13 vendémiaire   115

III. Six-cent quarante-quatre bals à Paris. Le bal des Victimes. Les bals d'Aligre, d'Orsay, de Richelieu. Les *balladères* du pavillon de l'Échiquier. Le bal Longueville. — L'hiver de 1796. Le déréglement du prix des choses. — Le Perron. Le cours du louis. Les enrichis. — L'agiotage. *Le Thé à la mode ou le millier de sucre.* — Misère des rentiers. 137

IV. La société. — La galanterie. L'amour. Les bureaux de mariage. — Le divorce. — Culte du corps. Athlétisme. — La mort. — La bureaucratie. — Les thés. — Les femmes de la nouvelle France. *Mme Angot*. 167

V. Le jour de l'an de l'an v. La décade et le dimanche. — Longchamps. — Duel de Chénier. 195

VI. Les jardins d'été. Biron. Monceaux. L'Élysée. Tivoli. Idalie. Ruggieri. Concurrence des fêtes. — L'ambassadeur turc. — Les ballons. Blanchard et Garnerin. — Les glaciers. Garchy. Velloni. Juliet. — Le Petit Coblentz. — Babeuf. 207

VII. Les tireurs de cartes. — Philosophisme. Catholicisme. Théophilanthropisme. — Les Lycées. La Harpe chrétien. 230

VIII. Les lettres. — Le théâtre. — Le livre. — Les traducteurs. — Mancini-Nivernois 253

IX. Le salon de 1793. — Fondation du musée du Louvre. — Le salon de l'an IV. — L'art assujetti à la patente. Discours de Mercier. — Le salon de l'an v. — David. — Les chefs-d'œuvre de l'art à Paris. La fête du 10 thermidor de l'an VI. — Le salon de l'an VI. Gérard, Girodet, Guérin, Isabey, Carle Vernet, Houdon, etc. Prudhon 264

X. Mme de Staël. — Mme Tallien. L'intérieur du Directoire . . . 290

XI. Sageret, directeur des trois théâtres de la République, de l'Odéon et de Feydeau. — Fermeture de Louvois. — L'Odéon. L'Opéra, etc. Polichinelle. — Le public. — Saint-Huberti. Clairon. Dumesnil. Sainval l'aînée. Préville. Le banquier Perregaux. — Contat. Raucourt. Desgarcins. Julie Talma. Talma. Lange. Candeille. Joly. Devienne. Mezeray. Mars, etc. — Brunet. Le foyer de la

Montansier. Mlle Montansier. — Lays, Vestris, etc. — La musique. Les concerts. Le concert Feydeau. Garat... 303

xii. La presse royaliste, directoriale, jacobine. — Dénonciation des fortunes et des dilapidations. — Le 18 fructidor. — Louis-Ange Pitou. Les déportés 371

xiii. La mode. L'anglomanie. L'*anticomanie.* Les utopistes du costume révolutionnaire. Projet de Sergent. Rey. Legros. Duplan. Les perruques. Les perruques blondes dénoncées à la Commune. — Robes à la Flore, à la Diane, au *lever de l'aurore.* Redingote à la Galathée, etc. Coppe, le *Tibulle du cothurne.* Avénement du linon et de la gaze. Les femmes déshabillées, demi-nues, nues. La *balantine.* — La mode masculine. Heyl. Poupard. Sarrazin. Lasserre. Le *garatisme.* Les oreilles de chien. Les cadenettes. La guerre des collets noirs. — Les inconstances de la mode. Le *cartouche.* 400

xiv. La France. — Bonaparte 426

FIN DE LA TABLE.

2334-92. — Corbeil. Imprimerie Crété.

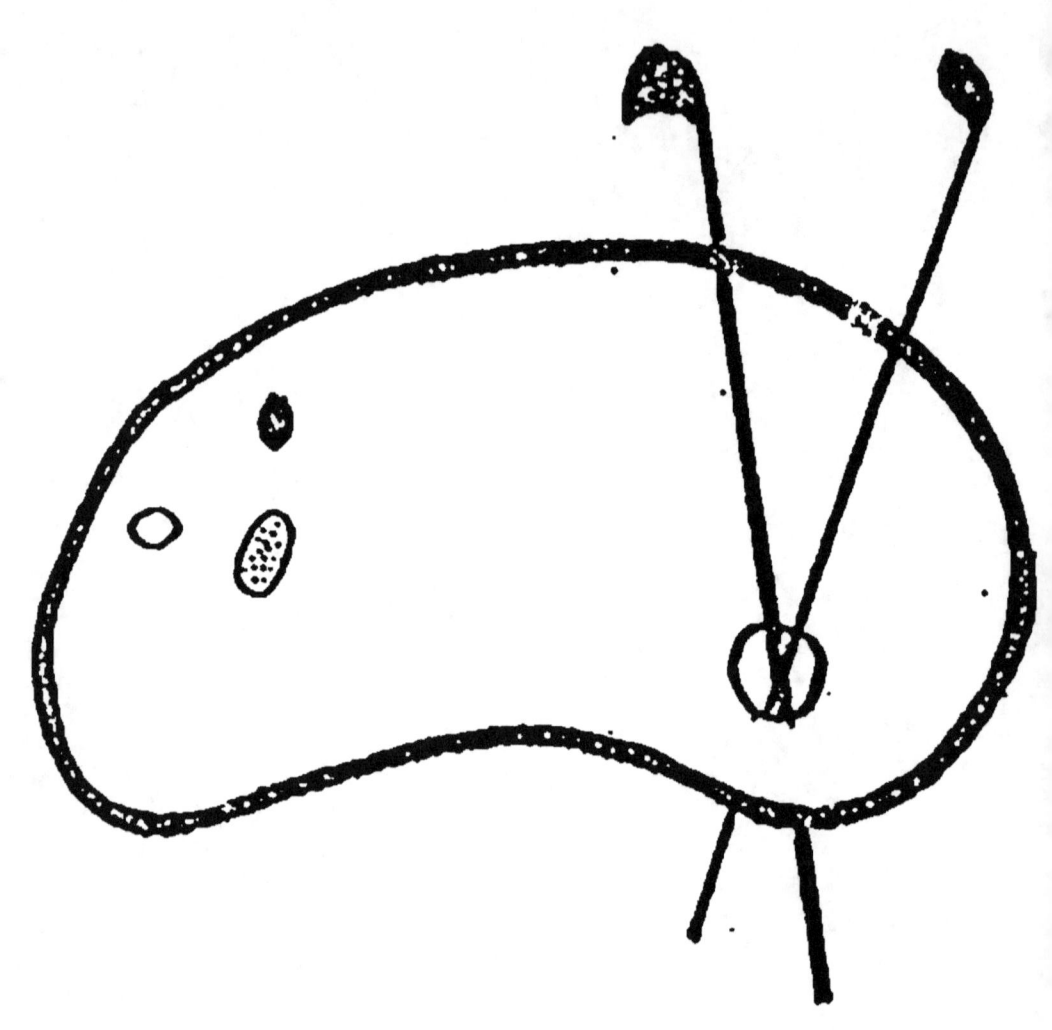

ORIGINAL EN COULEUR
NF Z 43-120-8

www.ingramcontent.com/pod-product-compliance
Lightning Source LLC
Chambersburg PA
CBHW051826230426
43671CB00008B/850